**Explain
Me This**

Explain Me This

구문문법 : 구문의 창의성, 경쟁 그리고 부분적 생산성

Adele E. Goldberg 지음
강병규, 박원기, 유수경, 박민준 옮김

學古房

일러두기

1. 본서는 Adele E. Goldberg의 『Explain Me This』를 한국어로 번역하였다.
2. 본서의 원어 용어는 한국어 번역용어와 함께 병기한다. 전체 용어는 권말에 수록되어 있다.

   예) 구문(construction)
3. '한국어(영어)' 병기는 원칙상 각 장에서 최초 출현 시에만 등장하고, 이후 '한국어' 용어만 제시한다. 단, 각 장, 또는 절에서 특별한 목적을 위해서는 병기를 다시 제시할 수 있다.
4. 고유명사의 표기

   1) 사람의 이름은 기본적으로 영문으로 표기한다.

   2) 국가명 또는 국가언어명의 경우, 한글로 표기한다. 경우에 따라 영문을 병기할 수 있다.
5. 모든 제시된 예문은 한국어 번역을 원칙으로 한다. 단, 비문의 경우 하지 않을 수도 있다.
6. 본문에 있는 [역주]는 역자들이 별도로 삽입한 것으로 본문 이해를 돕기 위한 것이다.
7. 본문에 " ", ' ' 등으로 표시된 단어나 구, 문장 등이 다수 존재하는데, 이중 일부는 저자가 표시한 것도 있으나 가독성을 위해 역자들이 추가적으로 표시하기도 하였다.

차례

제1장 서론

제2장 어휘 의미

제3장 구문 - 범주 형성을 위한 초대장

Foreword to the Korean Edition

A very simple observation lies at the center of the usage-based constructionist approach as outlined in this book. In order to express our message in context, we need to access formal patterns from our memory and combine them. In order to understand language, we need to construct the intended message on the basis of the formal patterns we witness together and the non-linguistic context. These simple observations require that we learn and use pairings of form and function, or constructions. If we fail to access an optimal combination of constructions, we choose constructions that are good-enough for current purposes.

I very much appreciate that Korea has a rich and vibrant community of linguists, including a long tradition of functionalist research on Korean grammar and psycholinguistics as well as a great deal of valuable work on English as a first and second language by Korean scholars. This book aims to make a small contribution to this valuable body of work by offering a perspective that emphasizes humans' complex, associative, content-addressable memory. The constructionist approach respects differences across languages and the multitude of distinctions made within each and every language in order to allow us to share content, humor, anger, affiliation, love, and musings with one another.

Since this book was published, our group has extended our research into new domains, focusing on island‐constraints, metaphor, and autism. The rise of large language models adds another exciting dimension to the usage‐based approach to language.

I am immensely grateful to Prof. Kang Byeongkwu and professors Park Wonki, Yu Sukyong, Park Minjun for taking the time and effort to translate this volume into Korean. It is my hope that this translation encourages further research, discussion, and collaborations among scholars and practitioners.

최선을 다할게요,

Adele Goldberg
M. Taylor Pyne Professor of Linguistics
Princeton University
Princeton, NJ

한국어판 추천사

이 책에서 설명하는 사용 기반 구문주의 접근법의 핵심에는 단순하면서도 심오한 통찰이 있습니다. 우리가 언어 사용 맥락에서 메시지를 표현하려면, 기억 속에 저장된 형식적 패턴들을 끄집어내어 적절히 조합해야 합니다. 또한 언어를 이해하기 위해서는 형식적 패턴들과 비언어적 맥락을 토대로 메시지가 의도한 바를 파악해야 합니다. 이러한 간단한 관찰을 통해 우리는 형식과 기능이 짝을 이루는 구문(constructions)을 배우고 사용해야 한다는 사실을 알 수 있습니다. 만약 최적의 구문 조합을 찾지 못할 경우, 사람들은 그 상황에서 대체될 만한 다른 형태의 구문을 선택하게 됩니다.

한국에는 언어학자들로 구성된 활발하고 역동적인 학문 공동체가 있다는 점이 참으로 고무적입니다. 이들은 한국어 문법과 심리언어학 분야에서 기능주의적 연구의 오랜 전통을 이어오고 있을 뿐만 아니라, 영어를 모국어 또는 제2언어로 습득하는 과정에 대해서도 학술적으로 큰 가치를 지니는 연구 성과들을 다수 축적해 왔습니다. 저는 이 책을 통해 "인간의 언어가 복잡하고 연상적(associative)이며 내용 지정이 가능한(content-addressable) 기억 체계에 기반을 둔다."는 점을 강조하는 새로운 관점을 제시하고 있는데, 이러한 관점이 한국의 언어학 분야에서 이루어져 온 귀중한 연구 성과들을 위해 작게나마 기여할 수 있기를 희망합니다. 구문주의 접근법은 언어 간의 차이와 각 언어 내부의 세부적인 변별적 특징을 중시합니다. 이는 사람들이 언어를 통해 메시지의 내용과 유머를 공유하고, 분노와 유대감을 표현하며, 사랑과 깊은 생각을 나눌 수 있게 해줌니다.

이 책의 출간 이후, 제가 속한 프린스턴대학 연구진은 섬 제약(island-constraints), 은유, 자폐증 등의 새로운 분야로 연구 영역을 확장해 나가고 있습니다. 더 나아가, 자연어처리 분야에서 거대 언어 모델(large language models)의 등장은 사용 기반 접근법에 흥미로운 새 지평을 열어주고 있습니다.

끝으로, 본서를 한국어로 번역하는 데 많은 시간과 정성을 기울여 주신 강병규 교수님과 박원기, 유수경, 박민준 교수님께 진심으로 감사드립니다. 이번 번역이 언어학자들과 교육 종사자들 사이의 활발한 연구와 토론, 그리고 협력을 촉진하는 계기가 되기를 희망합니다.

"최선을 다할게요."

아델 골드버그(Adele Goldberg)
프린스턴대학 언어학과 석좌교수

저자 서문

　많은 학생들과 선생님, 그리고 언어 연구자들의 경우, 복잡하고도 미묘한 언어 지식이 어떻게 습득되고 사용되는지에 대해 큰 관심을 갖고 있다. 이 책은 바로 이들을 위한 친절한 입문서가 되는 것을 목표로 한다. 필자의 주된 관심사는 바로 '언어의 심리학적 기제'로, 특히 의미와 커뮤니케이션 요인이 우리의 언어 지식을 구성하는 '구문 네트워크(혹은 구문 구조, the network of construction)' 형성에 어떤 역할을 하는가에 초점을 맞추고 있다. 이 책은 기본적으로 관련 주제에 대한 필자의 선행 연구들과 일관성을 유지하고 있다. 그와 동시에, 언어 지식의 '사용 기반(usage-based)' 측면을 더욱 깊이 있게 다루면서, 기억력(memory), 모델링(modeling work), 선험적 지식(prior knowledge)의 역할에 주목하기 위해, 내용을 보다 업데이트하였다. 필자는 이 책이 꾸준히 성장 중인 '사용 기반 구문주의 접근법(usage-based constructionist approach)'에 잘 부합한다고 생각한다. 다만, 관련 선행 연구 모두를 검토하지 못한 점에 대해 미리 양해를 구하는 바이다.

본문에서 참조한 코퍼스

현대 미국 영어 말뭉치 (COCA, Davies, 2009)	5억 2천만 단어 규모 (1990 – 2015)
미국 영어 통시적 말뭉치 (COHA, Davies, 2010)	4억 단어 규모 (1810 –)
영국 국립 말뭉치 (BYU-BNC, Davies, 2004)	1억 단어 규모 (1980년대 – 1993)
웹 뉴스 말뭉치 (NOW, Davies, 2013)	57억 단어 규모 (2010 –)

　본문과 표에 제시된 예시들 중 특별히 명시된 주석이 없는 것은 Google을 통해 얻은 것임을 밝힌다.

『Explain Me This』는 구문문법 분야에서 세계적인 권위자로 꼽히는 Adele E. Goldberg 교수(프린스턴대학)의 최신 저작이다. Goldberg 교수는 구문문법 연구에 선구적인 업적을 남긴 학자로 평가받는다. 그의 대표적인 저서인 『Constructions: A Construction Grammar Approach to Argument Structure』(1995년 출판)은 15,000회 이상 인용되었고 구문문법 연구자들의 필독서로 자리 잡았다. 2006년에 출간된 『Constructions at Work』 역시 8,000회 이상 인용되었다. 그의 연구 성과에 대한 인용횟수를 종합하면 39,467회에 달하고, h-index 62, i10-index 106를 기록하고 있는데, 이러한 피인용지수만 보더라도 Goldberg 교수가 구문문법 연구에 있어서 얼마나 영향력 있는 학자인지를 알 수 있다. 그리고 그의 저서는 전세계적인 독자층을 형성하여 95년도 저서는 이미 한·중·일 3개 언어로 번역되었고, 『Explain Me This』도 이미 중국어와 일본어로 번역되어 있을 정도이다.

역자들은 모두 중국어학을 전공하는 연구자이다. 중국어학계에서는 수년 전부터 구문문법의 관점을 지지하는 학자들이 크게 늘고 있다. 중국에서 구문문법을 주제로 발표된 논문이 6,000편을 넘어서고 있는 것을 보면, 구문문법 이론이 주요 언어학 이론으로 자리매김한 것이 분명하다. 한국에서도 '구문문법'과 관련된 논문이 300편이 넘는 것으로 확인되는데 이 중 상당수가 중국어 구문을 다루고 있다. 그러나 한 가지 아쉬운 점은 이러한 연구 중 다수가 Goldberg의 초기 연구에 머물러 있다는 점이다. 즉 논항구조구문이나 특수구문의 의미와 형식의 대응 관계를 묘사하는 수준에 그친 연구가 적지 않다. Goldberg의 구문문법 이론은 후기로

갈수록 언어 사용자의 관점에서 구문이 어떻게 습득되고 창의적으로 확장되는지를 탐구하는 방향으로 발전해 왔다. 그리하여 단순히 '특수한 구문'만을 위한 분석 방법론에 그치지 않고 언어 자체를 넓게 조망하고 관찰할 수 있는 수준까지 발전하였다. 이 과정에서 그는 다양한 심리언어학적 실험과 증거를 토대로 구문의 생산성에 대한 새로운 관점을 제시하였다. 특히 언어 경험을 통해 구문 지식이 확장된다는 심리언어학적인 관점을 적극 수용하고 있는데, 이 부분에 대해서 국내의 구문문법 연구는 상대적으로 관심이 부족한 편이다. 역자들은 이러한 아쉬움을 조금이라도 달래보고자 Goldberg의 최신 저서를 공부하기로 마음먹고는 2년여에 걸쳐 그룹스터디를 진행하였다. 그 과정에서 원문을 꼼꼼하게 읽고 번역하는 작업을 진행하게 되었다. 아울러 대학원생들에게 해당 이론을 적용한 논문을 쓰도록 지도하기도 하였다.

『Explain Me This』에서는 "인간의 언어는 왜 창의적으로 구사되면서도 동시에 제약을 받는가?"라는 문제가 제기된다. 예를 들어, 영어 모국어 화자들은 "Explain this to me"라는 표현은 자연스럽게 여기지만, "Explain me this"는 어색하게 느낀다. 이 책은 이것을 '부분적 생산성(partial productivity)' 현상을 상징하는 하나의 사례로 놓고 이에 대해서 풀이를 해 나가는 방식으로 기술하고 있다.

저자는 언어의 생산성을 설명하기 위해 '사용 기반 구문문법(usage-based construction grammar)' 모델을 채택했다. 이 모델에 따르면, 언어 지식이란 단어나 규칙의 목록이 아니라 실제 언어 사용 경험을 통해 습득되는 구문(construction)의 네트워크라 할 수 있다. 구문이란 언어의 기본 단위로서 형식과 의미·기능이 결합된 쌍을 말한다. 저자는 우리가 언어를 사용하면서 이런 구문들을 익히고 이들 간의 유사성과 차이를 인식하며 이를 바탕으로 새로운 표현을 창조해 낸다고 보았다.

이 책에서 Goldberg는 언어 사용과 관련하여 'CENCE ME' 원리를 제시했다. 첫째, 언어 사용자들은 표현성(expressiveness)과 효율성(efficiency) 사이에서 균형을 찾으려 한다. 둘째, 인간의 언어 기억은 방대하지만 완벽하지 않으며 부분적으로 추상화된다. 셋째, 언어 표현에 대한 기억은 유사한 형식과 기능을 공유할 때 함께 군집화되어 구문을 형성한다. 넷째, 새로운 언어 정보는 기존의 정보와 연결되어 풍부한 구문 네트워크를 구축한다. 다섯째, 언어 사용과정에서 여러 구문은 서로 경쟁(competition)을 벌인다. 여섯째, 언어 이해 과정에서 예측과 실제 관찰 간의 불일치는 오류 기반 학습(error-driven learning)을 통해 구문 네트워크를 조정한다.

이러한 원칙에 기초하여 이 책은 언어의 부분적 생산성을 '창의성', '경쟁', '통계적 선점', '적용범위' 등의 개념으로 설명하고 있다. 간단히 말하면 구문은 '적용범위(coverage)'가 넓을수록 일반화되어 사용 범위가 확장되지만, 기능적으로 유사한 구문 간 '경쟁'이 일어나면 특정 구문이 다른 구문을 '통계적으로 선점(statistical preemption)'함으로써 언어 사용이 제한된다는 것이다. 이 책에서 저자는 이러한 역동적인 과정이 언어의 창의성과 제약을 동시에 낳는다고 주장한다.

'적용범위'란 한 구문이 얼마나 다양한 언어 표현을 생성해낼 수 있는지를 가리킨다. 어떤 구문은 제한된 맥락에서만 사용되는 반면, 또 어떤 구문은 훨씬 넓은 범위에서 유연하게 쓰일 수 있다. 가령 영어의 이중목적어구문(double object construction)은 'give', 'send' 등 제한된 동사와만 결합하지만, 타동구문(transitive construction)은 대부분의 동사를 허용한다. 즉 전자의 적용범위는 상대적으로 좁고, 후자의 적용범위는 넓다고 할 수 있다. 이 책은 구문의 적용범위가 해당 구문으로 표현된 사례들이 얼마나 다양한 의미를 지니는지, 그리고 그 사례들의 수가 얼마나 많은지에 따라 결정된다고 보았다. 다시 말해, 의미적으로 이질적인 사례들로 구성되고 사례의 수 자체도 많은 구문일수록, 새로운 표현을 수용할 수 있는 적용범위가 넓어진다는 것이다.

그러나 이러한 확장 경향은 종종 구문 간 '경쟁'에 의해 제어된다. 가령 영어의 이중목적어구문(double object construction)과 to-여격구문(to-dative construction)은 모두 수여의 의미를 나타낼 수 있다는 점에서 의미적으로 유사하다. 그러나 이중목적어구문으로 사용될 수 있는 동사는 상대적으로 소수에 불과하다. 의미적으로 수여나 전달의 의미가 있다고 하더라도 모두 이중목적어구문으로 사용될 수는 없다. 특히 대체되는 경쟁 표현(여격구문)이 존재하면 이것이 통계적으로 선점 효과를 발휘하여 다른 표현으로 확장을 억제하게 된다. 현대 영어 화자들이 "Explain this to me"와 같은 to-여격구문은 자연스럽게 여기면서도 "Explain me this"와 같은 이중목적어구문은 어색하게 느끼는 이유가 여기에 있다. 수여를 나타내는 맥락에서 to-여격구문이 존재하기에 "Explain me this"라는 구문은 확장이 제한되는 것이다.

요컨대, 언어 안에는 구문의 사용 범위를 넓히려는 '확장 압력'과 유사 구문 간 경쟁으로 인한 '제약 압력'이 공존한다. 전자가 구문의 창의적 사용을 가능케 한다면, 후자는 그것을 제동하는 역할을 한다. 이 책은 바로 이러한 역동적 긴장 관계가 언어의 유연성과 안정성을 동시에 보장하는 기제라고 주장한다. 구문은 고정된 실체가 아니라 끊임없이 변화하는 과정이며, 언어는 항상 확장과 제약 사이를 오가는 불안정한 평형 상태에 있다는 것이다. Goldberg는 이것이 언어의 근본적 속성이라고 역설했다.

언어의 제약은 단순히 창의성을 가로막는 걸림돌이 아니라, 오히려 언어 체계의 안정성과 학습 가능성을 담보하는 필수 요소로 간주되어야 한다는 주장도 이 책에서 참고할 만한 부분이다.

역자들은 번역 과정에서 원문의 내용을 최대한 충실히 전달하면서도 우리말로 자연스럽게 옮기고자 노력을 기울였다. 영어에 익숙하지 않은 독자들도 이해하기 쉽도록 영어 예문을 모두 한국어로 번역하는 한편, 영어와 한국어의 어순 차이를 고려하여 문장을 재배열하였다. 아울러 영어 관용 표현은 문맥에 맞게 의역하되 원문의 뉘앙스를 최대한 살리려 했다. 언어학 용어의 경우에는 가급적 기존의 정착된 번역어를 따랐으나, 용어 사용이 통일되어 있지 않아 혼동의 여지가 있는 경우에는 원어를 괄호 안에 병기하였다. 다만 역자들의 전공이 영어학이 아니다 보니 영어에 대한 이해가 부족하여 번역 과정에서 오역의 가능성을 완전히 배제할 수는 없다. 영어학 전공자들의 조언을 얻어가며 최선을 다해 원문을 번역하고자 했으나, 여전히 미진한 부분이 남아 있다. 번역상의 미흡한 부분은 추후 개정판에서 수정하고 보완하겠다는 마음으로 이 책을 출간하고자 한다.

끝으로 어려운 출판 환경에도 불구하고 이 책의 출간을 흔쾌히 맡아주신 학고방 관계자 여러분께 깊은 감사의 말씀을 전한다. 바쁘신 중에도 번역서의 교정과 교열에 각별한 정성을 기울여 주셨기에 이 책이 세상의 빛을 보게 되었다. 이 자리를 빌려 감사의 인사를 드린다. 이 책을 통해 구문문법 이론의 새로운 면모를 조망하고, 언어의 본질에 대해 깊이 성찰하는 계기가 되었으면 한다. "구문이란 단순한 형식의 집합이 아니라, 언어 사용자의 창의성이 발현되는 역동적이고 유연한 체계임"을 깨닫게 될 것이다. 아울러 언어의 다양성 이면에서 작동하는 제약과 한계, 그리고 그 근저의 메커니즘에 대해서도 새롭게 조명해 볼 수 있는 기회가 되리라 믿는다. 마지막으로 언어에 대한 깊이 있는 관찰과 고민을 보여준 저자에게 삼가 경의를 표한다.

2024년 봄
역자 일동

제1장

서론

언어에 대한 지식은 당연한 것으로 생각하기 쉽다. 우리는 책가방을 메고 처음으로 학교에 가기 전부터 언어를 배우며 매일 깨어있는 시간에는 거의 언어를 사용한다. 양자 이론을 모르거나 호머와 제임스 조이스를 읽지 않았더라도 자신의 모국어는 아주 잘 구사한다. 그러나 학교에서 또는 성인으로서 외국어(제2언어)를 배울 때 우리 모든 학습자가 직면하는 도전은 더욱 명백해진다.

영어를 모국어로 하는 사람들은 완벽하게 이해할 수 있음에도 불구하고 기피하는 많은 발화들이 있다. 원어민 화자들에게 물어보면, 해당 언어표현이 정확히 어디가 틀렸는지 설명하기는 힘들지만 뭔가 '어색하다'는 점에는 동의할 것이다. 예를 들어, 영어로 누군가가 "driving us crazy (또는 bananas, insane)(우리를 미치게 한다)"고 말할 수 있지만 "driving us angry(우리를 화나게 한다)"라고 하면 이상하게 들린다고 말한다. 우리는 분명 'tall bushes(키가 큰 수풀)'가 'high bushes(높은 수풀)'라는 것을 알고 있지만, 'high teenager(십대 후반)'가 반드시 'tall(키가 큰)'한 것은 아님을 안다.

우리는 언어 사용 방식에서 창의적일 수 있다. 그러나 우리의 창의성은 정확하게 설명하기 어려운 어떤 방식에 의해 제약을 받을 수 있다. 예를 들어, 영어 화자가 "tell me something(나에게 뭔가 말해줘)" 또는 "tell something to me(뭔가를 나에게 말해줘)"라고 표현할 수 있지만, 'explain'은 "explain this to me(이것을 나에게 설명해 줘)"라고만 해야 한다. 즉 "explain me this"라는 표현은 영어 모국어 화자에게는 다소 전형적이지 않은 것처럼 들린다. 이 점이 바로 이 책에서 설명하고자 하는 것이다. 모국어 화자들은 언제, 왜, 그리고 어떻게 언어에 대해 '창의적(creative)'이면서도 다른 한편으로는 또 훨씬 더 '보수적(conservative)'일 수 있는 것인가?

당연히 화자들은 (상대방이) 부정적으로 반응할 거라고 생각되는 표현은 회피한다. 다음은 그러한 부적절한 발화의 예시들이다.

Sorry Mom, I didn't mean to get caught.
(미안 엄마, 나는 붙잡힐 의도는 아니었어.)
I only care about my grade in this course.
(나는 이 과목에서 성적에만 관심이 있다.)
Your nose is too big for your face.
(너는 얼굴에 비해 코가 너무 크다.)

그러나 아이들은 이 책에서 문장 앞에 '?'라고 표시된 발화 유형에 대해 체계적으로 오류 교정을 받지는 않는다.(예컨대, ?explain me this,

?drive him angry 등). 부모나 보호자들은 아이의 말이 충분히 명확하다면 언어 형식보다는 그 내용에 중점을 둔다. 예를 들어, 엄마는 "Me loves you, mommy"라고 말하는 아이에게 문법 교육을 하기 보다는 그를 꼭 안아 줄 것이다. 반면, "I have just completed a mural on the living-room wall with indelible markers(나는 방금 지워지지 않는 마커로 거실 벽에 벽화를 완성했다)."처럼 놀랄 만큼 문법적으로 올바른 표현을 하는 아이는 대부분의 부모로부터 칭찬을 받지는 못할 것이다. 원어민이 어색하다고 느끼는 아이들의 언어 표현(formulations)은 문법 교사가 지적하는 비문 유형과는 분명 다르다. 왜냐하면 아이들이 말하는 비문은 일반 원어민들이 거의 사용하지 않아서 주의해서 가르칠 필요가 없기 때문이다.

엄밀하게 말하자면 "explain me this(또는 drive him angry)" 또는 모든 화자들이 하나같이 이상하다고 생각하는 어색한 표현을 절대로 듣지 못하는 것은 아니다. 사실 어감에 대한 화자의 판단은 정도성이 존재하며(gradient), 이것은 특히 이 책에서 중점을 두고 있는 상호 연관된 여러 가지 요인에 의존한다. 그러나 말뭉치 연구나 실험 연구에 따르면, 원어민 화자들이 일부 발화 유형을 우연히 예상되는 것보다 훨씬 더 사용하기 꺼린다는 사실이 밝혀졌다. 모국어 화자와 외국어 학습자들이 이러한 언어적 지식을 어떻게 학습하는지를 고찰하기 위해서는 그들이 말하고자 하는 의도를 생각해 보는 것이 중요하다.

1.1 원어민의 언어 사용과 관련된 수수께끼

학습자의 목표는 자신이 접한 언어 형식을 통해 그 의미를 이해하고 자신이 전달하고자 하는 메시지가 있을 때 적절한 언어 형식을 만들어 내는 것이다. 따라서 화자는 발화과정에서 언어 형식과 기능이 어떻게 대응되는지를 학습해야 한다. 이 책에서는 학습된 '형식과 기능의 쌍(parings of forms and functions)'을 '문법적 구문(grammatical CONSTRUCTIONS)'이라고 부른다. 또한 화자는 언중들의 언어적 관습을 고려하면서 의도된 메시지를 효율적이고 효과적으로 표현하는 것을 목표로 한다. 이에 대해서는 아래에서 더 자세하게 논의될 것이다.

구문은 일반적으로 우리가 언어 지식을 새로운 상황과 경험에 적용하는 데 도움을 준다. 영어는 구문이 생산적으로 활용되는 방식에서 특히 유연한 경향이 있다. 각각의 친숙한 구문을 생산적으로 사용한 예시는 표 1.1과 같이 나타나며, 각 문법 구문에 대한 명칭이 오른쪽에 표시된다.

표1.1 다양한 구문의 생산성을 보여주는 생소한 실례[1]

"Hey man, *bust me some fries.*" (야, 네가 가진 감자튀김 좀 나눠줘.)	이중목적어구문
"Can we *vulture your table?*" (우리가 테이블을 좀 차지해도 될까?)	타동사역구문
"Vernon *tweeted to say she doesn't like us.*" (Vernon은 우리를 안 좋아한다고 트위터에 썼어.)	To-부정사구문
"What a *bodacious thing to say.*" (무슨 그런 대담한 말을 하는 거야.)	한정적수식구문

---

[1] 관찰된 용례는 따옴표로 표시된다. 별도로 명시하지 않는 한 여기와 해당 용례는 Google에서 찾은 것이다.

표1.1에 예시된 구문은 한편으로 생산성을 보여주지만, 다른 면에서 의도된 의미가 아주 명확하더라도 특정 동사나 형용사와 함께 사용될 때, 생산적이지 않은 모습을 보여주기도 한다. 그리고 표1.2에는 전혀 생산적이지 못한 예들이 제시되어 있다. 비문법적인 용례 밑에는 문법적으로 전혀 문제없는 자연스러운 예문들이 괄호로 표시되어 있다. 표1.2의 예시들은 영어 원어민들이 이러한 이상한 문장들을 어색하게 느끼는 이유와 관련하여 간단하면서도 뭔가 체계적인 설명이 없다는 것을 보여주고 있다. 따라서 구문은 일부 단어와 함께 사용하도록 확장될 수 있지만(표1.1), 일반적인 제약 조건을 위반하지 않더라도 완전히 생산적이지는 않다(표1.2). 원어민은 어떻게 특정 표현을 피하면서도 언어를 창의적으로 사용하는 방법을 알 수 있을까? 이 기본적인 질문은 지난 40년 동안 언어학자와 심리학자들을 괴롭혔다고 해도 과언이 아니다.

표1.2 원어민이 이상하다고 판단하는 생소한 언어표현

?She explained him the story. (cf. She told/guaranteed him the story.) 그녀는 그에게 그 이야기를 말해줬다/(사실이라고) 보증했다.	이중목적어구문
?He vanished the rabbit. (cf. He hid/banished the rabbit.) 그는 토끼를 숨겼다/쫓아냈다.	타동사역구문
?She considered to say something. (cf. She hoped/planned to say something.) 그는 뭔가 말하기를 희망했다/계획했다.	To-부정사구문
?The asleep boy (cf. The astute/sleepy boy) 똑똑한/졸린 소년	한정적수식구문

1.2 로드맵

이 책이 다루고자 하는 것은 구문의 '부분적 생산성(PARTIAL PRODUCTIVITY)'이라는 역설이다. 우리는 또한 직접적으로 관련된 것으로 간주되지 않았던 몇 가지 문제점에 대해서도 다룰 것이다. 특히 2장에서는 단어의 의미를 어떻게 규정하는지에 대한 논의가 이루어진다. 단어의 의미를 깊게 살펴보면, 화자가 각 단어의 의미와 그 단어가 어떤 다른 단어와 함께 자주 나타나는지에 대한 풍부한 문맥적 지식을 가지고 있음을 알 수 있다. 그러나 어린 아이들은 언어 학습 초기에 특정한 오류를 범한다. 아이들은 'moon(달)'이나 'mailman(집배원)'이라는 단어를 제대로 배우고 익히기 전에 달을 'ball(공)'이라 하거나, 집배원을 'Daddy(아빠)'라 부르기도 한다. 즉, 아이들은 특정 문맥에서 어떤 단어들이 어떻게 사용되는지 경험하면서 그 단어들의 사용 범위를 좁혀나가야 한다. 이 책의 나머지 부분에서는 단어 의미를 학습하고 한정하는 데 사용되는 메커니즘이 문법적 구문을 학습하고 제한할 때도 사용된다는 사실에 대해 알아볼 것이며, 우리가 "?explain me this"와 같은 표현을 피하는 방법을 어떻게 알게 되었는지에 대해 특히 위의 과정을 통해 알아본다. 그리고 단어의 의미부터 시작함으로써, '문법적 구문의 부분적 생산성'이라는 주요 주제에 대한 논의를 더 알기 쉽게 만들고자 한다. 즉, 단어의 의미를 더 잘 이해하면, "단어가 어떻게 행동할 것인가?"라는 질문을 통해 문법적 구문에 접근할 수 있다.

특정 언어 커뮤니티 내에서 문법적 구문이 어떻게 사용되는지에 대해 우리는 모종의 지식을 갖고 있는데, 이러한 지식에 영향을 미치는 여러 가지 요소들에 대해 3장에서 개괄적으로 설명한다. 이러한 요소에는 '형식적 특징(통사론)', '단어 및 부분적으로 채워진 단어(형태론)', '의미(의미론)', '담화 기능(정보 구조)', 그리고 '사회적 맥락'이 있다. "explain-me-this" 수수께끼의 해답을 찾기 위해서는 이러한 요소들에 대한 깊은 이해가 필수적이다. 3장에서는, 또한 사람들이 모어의 구문을 적절하게 사용하기 위해 얼마나 많은 것을 학습해야 하는지를 강조하고자 하는데, 이를 위해 세계 여러 언어에서 단순 절(simple clause)이 어떻게 표현되는지에 대한 놀라울 정도로 다양한 범언어적 변이를 강조하여 소개한다.

'부분적 생산성' 수수께끼와 관련하여 어떤 해결책을 제안할 수 있으며, 이 해결책을 통해 우리는 '일반화(표1.1)'와 '예외(표1.2)' 모두를 같은 메커니즘으로 학습할 수 있다. 특히, 4장과 5장에서는 두 가지 핵심 요소인 '적용범위(COVERAGE)'와 '경쟁(COMPETITION)'의 개념을 논의한다. 4장에서는, 언어에 대한 우리의 표상이 존재하는 이른바 '초차원적 개념공간(hyper-dimensional conceptual space)' 내에서 범례들이 군집화(cluster)됨에 따라, 의미와 사용에 대한 제약이 어떻게 '나타나는지(emerge)' 설명한다. 4장에서는 군집화가 구문의 창의적 사용을 어떻게 허용하는지에 대한 개괄적 설명이 이어진다. 특히 하나의 단일 요소인 '적용범위'가 '가변성(variability)', '유형 빈도성(type frequency)' 및 '유사성(similarity)'과 결합하게 된다. 특히 새 예시는 해당 예시를 포함하는 데 필요한 해당 범주가 잘 검증(충분히 '적용'됨)될 정도로 허가가 부여된다. 또한, 이 장에서는 필요한 메커니즘을 형식화하기 위한 유용한 모델, 즉 '점진적 베이지안 군집화 알고리즘(incremental Bayesian clustering algorithm)'(Barak et al., 2014, 2016; Alishahi & Stevenson, 2008; Matusevych et al., 2017 참조)이 개괄적으로 소개된다.

5장에서는 경쟁의 중요한 역할에 대해 상세히 논의한다. 발화를 이해하면서, 우리는 화자가 다음에 무엇을 말할 것인지 예측하려고 시도하며, '오류 기반 학습의 과정(a process of error-driven learning)'을 통해 화자의 실제 발화를 사용하여 미래의 예측을 개선시킨다. 특정 유형의 맥락에서 특정 형식이 반복적으로 목격되면, 해당 '문법적 구문'과 '의도된 문맥적 메시지(intended-messages-in-context)'의 관계가 강화된다. 이로 인해 이전에 목격된 메시지 유형을 표현하기 위해 관습적인 형식이 더 접근하기 쉬워진다. 주어진 맥락에서 의도된 메시지를 표현하는 데 쉽게 사용할 수 있는 형식이 있을 경우, 그것은 보통 '생소한(novel)' 형식을 앞서게 된다. 이 책의 제목처럼, 기억하기 쉽거나 장난스러운 표현을 위해서라면 가능하긴 하나, 관습적인 형식을 깨기 위해선 특별한 노력이 필요하다. 그러나 화자의 '의도된 문맥적 메시지'를 표현하기 위한 쉽게 접근 가능한 문법적 구문의 조합이 없을 경우, 화자는 언어를 창의적으로 확장해야 한다.

본서의 주제는 6장에서 더 큰 맥락으로 다루어진다. 많은 연구들에 의해 아동이 처음에는 성인보다 창의적이지 않다는 사실이 확인되었다. 예를 들어, 아동은 성인들보다 구문을 자유롭게 일반화하는 데 있어 '보수적'으로 행동한다. 그러나 다른 연구들은 아동이 성인들보다 더 넓게 일반화한다는 것을 발견했다. 이러한 명백한 모순은 아동이 '초차원적 개념 공간' 내에서 지식의 조각들을 정렬하는 데 능숙하지 못하다는 것을 인식함으로써 해결된다. 그리고 때때로 아동은 적어도 충분한 확신을 가지고 하는데도, 범례들 간의 관련된 유사성을 인식하지 못하여 보수적으로 행동한다. 또 어떤 경우엔 아동이 관련된 차이점을 인식하거나 유지하는 것을 실패하여 오히려 일반화하거나 단순화하기도 한다. 언어사용자는 각 구문에 대한 관련 조건 요인을 학습했을 때 문법적 구문을 적절하게 사용하게 되며, 기억에 저장된 적절한 구문에 더 능숙하게 접근하게 된다.

6장에서는, 또한 제2언어를 배우는 성인 학습자들이 이 책에서 다루는 '특이한 형식("?explain me this"을 포함)'을 피하는 데 특별한 어려움을 겪는 이유에 대해, 전반적으로 살펴본다. 제시된 이유들은 성인이 전반적으로 더 적은 언어 입력을 받아들인다(언어에 노출된 양이 적다)는 사실뿐 아니라 실제로 받아들이는 입력조차 학습에 그다지 적합하지 않다는 점 등이 해당한다. 특히, 성인 학습자들은 새로운 언어를 처리하기 위해 학습한 모국어를 억제해야 하며, 오히려 "새로운 언어 내의 구문 간 경쟁을 충분히 활용하는 능력"이 이로 인해 감소되는 것으로 나타난다. 통계적 선점을 통한 일반화를 제한하는 데 있어서 '경쟁'이 핵심이라고 여겨지기 때문에(5장), 제2외국어 학습자는 말은 되지만 모국어 사용자가 체계적으로 피하는 특정 유형의 언어 형식을 생성하는 데 있어, 더 취약한 경향이 있다. 또한, 성인들은 일반적으로 '초차원적 개념공간' 내에서 언어적 표상을 군집화하는 데 필요한 유사성과 차이점의 차원을 빠르게 식별하는 데는 능숙하지만, 동시에 모국어에서는 중요하지 않은 매우 미묘한 유사성과 차이점을 간과하기 쉽다.

1.3 CENCE ME 원칙

이 책에서 설명하는 언어에 대한 기본적인 이해는 다음 장에서 자세히 설명하는 표1.3에 나열된 주요 아이디어를 기반으로 한다. 이 원칙에서 핵심 단어의 약어는 EEMCNCE이지만 EEMCNCE는 발음이 불가능하므로, EEMCNCE라는 말 대신 "CENCE ME"를 사용하겠다. "CENCE ME"는 "sense me"로 발음되며 합리적인 의사소통의 중요성을 강조하기 위한 것이다. CENCE ME는 또한 문구 자체가 타동구문의 새로운 용법이기 때문에 '생산성(productivity)'을 유용하게 설명하고 있다. CENCE ME 원칙은 언어에 대한 보다 일반적인 접근 방식이면서 널리 공유되는 이른바 '사용 기반 구문주의 접근법(USAGE-BASED CONSTRUCTIONIST APPROACH)' 중 몇 가지 주요 가정을 설명하고 있다(Bybee, 2010; Christiansen & Chater, 2016; Goldberg, 2006; Kapatsinski, 2018; Langacker, 1988; Tomasello, 2003; Traugott & Trousdale, 2013 등 참조). 이 접근법은 또한 기억 기반(memory-based)의 '범례 기반 모델(EXEMPLAR-BASED MODELS)'(Aha et al., 1991; Bod, 2009; Bybee, 2002; Daelemans & van den Bosch, 2005; Gahl & Yu, 2006; Kruschke, 1992; Nosofsky, 1986)과도 많은 점을 공유한다. CENCE ME 접근 방식에 따르면, 초차원적 개념공간 내에서 '예시(즉, 구문화된 표현)'가 군집화되어 창발적인 구문을 생성하게 되고, 또 의사소통 목적으로 필요에 따라 확장이 될 수도 있다고 한다.

표1.3 he CENCE ME principles

A. 화자들은 자신들의 언어 공동체의 관습을 준수하면서 표현성(Expressive)과 효율성(Efficient) 사이의 필요성을 균형 있게 조정한다.
B. 우리의 기억력(Memory)은 방대하되 불완전하다: 기억 흔적은 보존되지만 부분적으로 추상적이다("손실됨(lossy)[2]").
C. 손실된 기억들은 형태와 기능의 관련된 측면을 공유할 때 정렬되어, 중첩되고 창발하는 표상의 군집, 즉 **구문들(Constructions)**을 형성한다.
D. 신정보(New information)는 구정보(old information)와 연관되어, 풍부한 구문의 네트워크를 만들어낸다.
E. 발화 중에 여러 구문이 활성화되어 서로 **경쟁(Compete)**하며 우리의 의도된 메시지를 표현한다.
F. 언어 이해 과정에서, 기대와 실제 관찰 사이의 불일치는 **오류기반학습(Error-driven learning)**을 통해 학습된 구문 네트워크를 미세 조정한다.

사실상 개별 언어는 눈에 띄는 방식으로 다를 수 있다. 그러나 여기에서 채택된 '사용 기반 구문주의 접근법'을 통해, 'CENCE ME 원칙'이 모든 자연어에서 작동하여, '가능한 인간 언어의 범위'를 제한하고 형성하는 역할을 하는 것을 알 수 있다. 이 책은 설명할 실험 및 모델링 작업의 대부분이 영어로 이루어졌는데, 영어가 필자가 가장 익숙한 언어이기 때문에 영어로 된 예가 부각되었다.

구문의 개념에 대한 필자의 이해는 점점 발전되어 왔다. 초기에는(구문에 대해) 다음과 같이 정의했다.

C가 구문이 되기 위해서는 C는 형태-의미의 쌍인 $\langle F_i, S_i \rangle$이어야 하며, F_i의 어떤 측면이나 S_i의 어떤 측면이 C의 구성 요소들이나 이전에 확립된

---

2   'lossy'는 원래 컴퓨터 과학에서 사용되는 용어로, 모든 것들이 완벽하게 아주 상세히 명세화되지는 않는다는 차원에서 이 용어를 썼다.

다른 구문들로부터 정확하게 예측될 수 없어야 한다(Goldberg, 1995, 4).[3]

나중에, 필자는 이 정의가 너무 좁다는 것을 인식했다. 우리의 언어에 대한 지식은 구문의 네트워크로 구성되어 있으며, 그것이 특이하지 않을 지라도 우리는 전형적인 표현들을 분명히 알고 기억한다. 그래서 필자는 구문에 대한 정의를 다음과 같이 확장했다.

모든 언어 패턴은, 그 형식이나 기능의 일부 측면이, 구성 부분으로부 터 엄격하게 예측되지 않거나, 또 이미 존재하는 다른 구문으로부터도 엄 밀하게 예측되지 않는다면, '구문'으로 인식된다. 또한 패턴이 충분한 빈 도로 발생한다면, 비록 완전히 예측 가능하더라도 역시 구문으로 저장된 다.(Goldberg, 2006, 5)[4]

본서에서는 인간의 '기억', '학습', '범주화'에 대한 보다 나은 이해를 바 탕으로 하여, 구문이 무엇인지에 대한 더 포괄적인 관점을 제공한다. 여 기서, 다음 장에서 설명되는 바와 같이, '구문'이란, "공유된 '형식', '기능', 그리고 '문맥적 차원'을 기반으로, 우리의 '초차원적 개념공간' 안에 정렬

---

3   C is a CONSTRUCTION if and only if C is a form-meaning pair $\langle F_i , S_i \rangle$ such that some aspect of F_i or some aspect of S_i is not strictly predictable from C's component parts or from other previously established constructions. (Goldberg, 1995, 4)

4   Any linguistic pattern is recognized as a construction as long as some aspect of its form or function is not strictly predictable from its component parts or from other constructions recognized to exist. In addition, patterns are stored as constructions even if they are fully predictable as long as they occur with sufficient frequency. (Goldberg, 2006, 5).

되어 있는 '손실된 기억 흔적들(lossy memory traces)'이 창발적으로 군집화한 것"으로 이해할 수 있다.

어떤 독자들은 대안적인 관점을 지지하거나 현재의 제안과 다른 제안을 좀 더 자세하게 비교하고자 할 수 있는데, 이에 대해서는 제7장의 내용을 참고하면 된다. 7장에서는 구문의 '부분적 생산성'을 설명하려는 최근의 여러 대안적 주장을 소개하고 있다. 예를 들면, 화자가 경험하고 익숙한 표현과 동떨어진 것을 피한다는 주장('강화를 통한 언어적 보수주의(conservatism via entrenchment)'), 학습자가 어떻게 이것들을 식별할지 지정하지 않고 투명한 통사적 구분기호나 기본 구조를 설정하는 것이 유용하다는 주장, 예외의 수에 상한을 두고 일반화를 따르는 사례의 수에 하한을 두는 것이 일반화가 생산적인 방법과 시기를 보장한다고 보는 주장(the Tolerance & Sufficiency principles of Yang [2016]), 공식적인 규칙에 불확실성의 정도를 통합하는 것이 예측적이라는 주장(O'Donnell, 2015) 등이 포함된다. 이러한 관점은 저마다의 가치가 있지만, CENCE ME 원칙에 의해 설명된 '사용 기반의 구문주의 접근법'이 사실을 보다 완벽하게 설명한다는 것을 알게 될 것이다. 마지막 장은 논의를 더 넓은 맥락에서 바라보고, 여전히 해결되어야 하는 몇 가지 주요 문제를 제기한다.

1.4 화자는 효율적(Efficient)이고 표현력이 뛰어나며(Expressive) 규범을 준수한다

서론을 마무리하기 전에 'CENCE ME 원칙' 중 첫 번째 원칙을 살펴보고자 한다. 그것은 바로 "우리는 언어 사용 집단의 규칙을 지키면서 메시지를 효과적이고 효율적으로 표현하는 것을 목표로 한다."는 것이다. 이 원리에 포함된 핵심적인 용어를 다시 명확히 해 보면 다음과 같다.

1. 표현성(Expressiveness) : 언어적 선택은 청자가 이해할 수 있도록 화자의 생각, 신념 및 태도를 전달하기에 충분해야 한다.
2. 효율성(Efficiency) : 더 적거나 더 짧은 구문이 더 많거나 더 긴 구문보다 배우고 만들어 내기 용이하다.
3. 규범의 준수(Obeying conventions) : 학습자는 자신의 언어 공동체에서 다른 사람들이 하는 방식으로 언어를 사용하려고 한다.

언어는 화자의 생각, 신념, 그리고 태도를 의사소통 실패 없이 적절히 전달할 수 있는 수단을 갖추었을 때에만 충분히 표현력 있는 것으로 간주된다. '표현력이 가장 풍부한(maximally expressive)' 언어는 지속적으로 증가되는 단어와 구문을 갖고 있으며, 가능한 차이점들이 모두 고유한 형태로 표시될 수 있다. 반면에, '최대한 효율적인(maximally efficient)' 언어는 배우고 사용하기 쉬운 단일 형태(아마도 'ah' 형태일 것)[5]를 가진다. 언어 사용자가 효과적이며 '그리고(and)' 효율적이어야 한다는 사실은 자연어가 이러한 두 가지 상반되는 요소 사이에서 균형을 찾아

---

5   [역주] 'ah'라는 형태는 언어가 달성할 수 있는 효율성의 극단적인 예를 보여주기 위해 선택된 것이다. 이는 언어가 단 하나의 단순하고 배우기 쉬운 형태로 구성될 수 있는 상황을 가정한 것으로, 'ah'처럼 발음이 쉬운 하나의 형태로 모든 의미를 표현하는 상황을 가정한다. 이러한 단순한 형태는 언어의 복잡성과 다양성, 그리고 풍부한 표현력과 대비되며, 다양한 의미와 뉘앙스를 효과적으로 전달할 수 있는 언어의 능력과 어떻게 균형을 이루어야 하는지를 강조한다.

야 함을 의미한다. 이는 기능주의 언어학자들이 오랫동안 논의해 온 주제이다(Briscoe, 1998; Bybee, 1985, 2003; Givón, 1979; Goldberg, 1995; Grice, 1975; Haiman, 1985; Levinson, 1983; Paul, 1888; Slobin, 1977; von Humboldt, [1832] 1999).

언어가 효율적이고 표현력 있어야 한다는 인식과 이러한 요구 사항들이 서로를 제약한다는 사실은 '잡음 채널(noisy-channel)' 언어 처리 접근 방식 내에서 새롭게 주목받고 있다.[6] 이 접근 방식은 화자들이 불완전하거나 잡음이 있는 상황에서 가능한 한 효율적으로 정보를 전달하려고 노력한다는 것을 인정하고 있다(Gibson et al., 2013; Jaeger & Levy, 2006). 잡음 채널 접근법은 효율적이고 표현력 있는 의사소통 사이의 균형을 위한 역동적 성질을 강조한다. 발화자가 의도한 메시지가 성공적으로 전달될 것이라고 합리적으로 확신할 때, 균형은 효율성 쪽으로 기울어지며, 형태가 간소화되고 구별이 명확하지 못하게 표현된다(Hopper & Traugott, 2003; Jaeger, 2010; Levy, 2008). 가장 흔히 나타나는 현상 중 하나는 동사 형태 자체가 축소되는 것이다(Gahl & Garnsey, 2004). 마찬가지로, 'that'과 같은 보문소가 문맥상 예측 가능할 때 생략될 가능성이

---

6 [역주] 잡음-채널(noisy channel) 접근 방법은 언어 처리 과정을 설명하는 이론적 틀이다. 언어에서 효율성을 높이면 정보를 더 빠르게 전달할 수 있지만, 표현력이 떨어지면 오해가 발생할 수 있다. 잡음-채널 접근은 이러한 균형을 설명하는 데 매우 유용하다. 이 이론의 주요 내용은 다음과 같다.
(1) 정보 전달 효율성: 말하는 사람은 가능한 한 적은 에너지와 자원을 사용하여 원하는 정보를 전달하려고 한다.
(2) 잡음: 언어 사용은 완벽하지 않으며, 발음 실수, 청취 오류, 모호한 문법 등으로 인해 잡음이 발생할 수 있다.
(3) 채널 모델: 이 접근은 언어를 정보 전달의 채널로 생각하며, 정보는 송신자(말하는 사람)로부터 수신자(듣는 사람)에게 전달된다. 채널은 잡음이 있을 수 있으며, 정보가 손실되거나 왜곡될 수 있다.

더 높다(Wasow et al., 2011). 반면에, 잡음이 많거나 불확실한 상황에서는 구별이 과장되고 언어가 여러 방법에 의해 덜 모호해지게끔 만들어질 수 있다(Bradlow & Bent, 2002; Buz et al., 2014; Gibson et al., 2013; Hall et al., 2013). 따라서 효율성과 표현성은 서로 균형을 이루어, 언어로 하여금 한쪽으로는 주어진 메시지를 전달하기 위해 더 짧거나 적은 형태를 사용하게끔 하고, 또 다른 한쪽으로는 메시지가 의도한 대로 이해되도록 새롭고, 또는 더 길거나 추가적인 형태를 채택하게끔 하는 줄다리기를 한다.

마지막 개념으로 "화자들은 자신들의 언어 공동체의 관습을 따르는 경향이 있다"라는 것이 있는데, 이는 인간이 언어를 규범적인 활동으로 간주한다는 사실을 나타낸다. 예를 들어, 특정 공동체 내의 사람들은 다른 공동체에서 단어를 다르게 발음한다고 인식하더라도, 단어를 발음하는 '올바른' 방법이 있다고 믿는 경향이 있다. Gershwins의 유명한 가사, "You like tomato and I like tomahto……Let's call the whole thing off(당신은 토마토(tomato)를 좋아하고 나는 토마하토(tomahto)를 좋아해…… 그냥 전부 포기하자)"[7]는 이 개념을 상징적으로 나타내준다. 인간은 한 공동체 내에서 공유되나 다른 공동체에서 사용되는 것과는 구별되는 임의의 의사소통 상징을 사용하는 매우 드문 존재이다(Tomasello, 2016). 사실, 인간은 대체로 많은 일들을 수행하는 데에 있어 문화 특유의 '올바

---

7   [역주] The Gershwins' famous lyric"은 조지 거슈윈과 아이라 거슈윈 형제가 1937 년에 발표한 노래 "Let's Call the Whole Thing Off"의 가사 중 일부를 가리킨다. 이 노래에서는 두 연인이 "토마토(tomato)"와 "토마하토(tomahto)"처럼 같은 단어를 서로 다른 발음으로 말하는 것을 두고 말다툼을 하는 내용이 나온다. 결국 연인들은 이러한 사소한 차이로 인해 헤어지자고 했다가 결국에 사랑하는 사이에는 이런 작은 차이가 문제가 되지 않는다는 것을 깨닫게 된다. 이 노래 가사는 언어 사용에 있어서 개인 간에 존재하는 차이를 인정하면서도, 그러한 차이가 소통과 이해의 장벽이 되어서는 안 된다는 메시지를 담고 있다.

른' 방법과 '잘못된' 방법이 있다는 것을 인식하며, 다른 동물 종과는 다르게 이러한 관습을 따르도록 배운다(Boyd & Richerson, 1988; Horner & Whiten, 2005). 많은 규범적 관습은 최소한 처음에는 '자의식적(self-conscious)'이다. 예를 들어, '예의 바르게 음식을 먹는 방법', '식당에서 얼마나 팁을 줄지', '공공장소에서 재채기나 트림을 하는 것이 예의에 맞는지' 등에 대한 우리의 지식이 그러하다. 그런데 그 외의 다른 사회적 규범의 경우, 자의식적 인식 없이 준수될 수 있는데, 여기에는 '대화하는 동안 서로 얼마나 가까이 서 있어야 하는지', '어떤 종류의 음식이 아침 식사에 적합한지' 등이 있다.

철학 분야에서는 인간 행동에 대한 '문화적 규범(cultural norm)'의 중요성을 오랫동안 인식해 왔다(Korsgaard et al., 1996). 우리는 규범적 행동 패턴을 존중함으로써 복잡한 문화적 관습을 만들 수 있다. 예를 들어, 달러 지폐는 가치를 부여하는 사회적 합의가 없다면 아무 의미도 없을 것이다. 우리는 다른 운전자들이 일반적으로 표준 운전 관행을 따를 것이라고 신뢰할 수 없다면, 아마도 운전을 무서워하게 될 것이다. 다시 말하지만, 인간과 다른 영장류를 비교한 연구에 따르면, '문화적 규범'은 특히나 명확한 목적(생존과 같은 실질적이고 실용적인 목적)[8]이 없음에도 그것을 지키려는 인간만이 가지는 고유한 특징이라고 한다(Horner & Whiten, 2005; McGuigan et al., 2011).

'규범성(normativity)'은 세대를 거쳐 학습자들이 '명확한 의사소통 기

---

8 [역주] 이 문장은 문화적 규범이 실용적 기능과 무관하게 존재할 수 있음을 시사한다. 인간사회의 문화적 규범 중에는 뚜렷한 실용성 없이 관습적으로 지켜지는 것들이 있다. 반면 다른 영장류 사회에서는 그런 비실용적 규범이 잘 관찰되지 않는다. 즉 이 문장은 실용적 합목적성과 무관한 문화적 규범의 존재가 인간만의 독특한 특징일 수 있음을 강조하는 것이다.

능을 제공하지 않는 제약'을 준수한다는 점에서, "explain-me-this" 수수께끼에는 매우 중요하다. 우리는 언어 입력 과정에서 분명한 패턴을 존중한다. 예를 들어, "she vanished it"이라는 표현이 더 쉽게 이해될 수 있어 보이고, 또 "she made it vanish(그녀는 그것을 사라지게 만들었다)"라고 말하는 것이 다소 효율적이지 못할 수 있다. 그러나 영어 원어민은 간단한 표현보다는 관습적으로 '우언적 표현(periphrastic form, 즉, "she made it vanish")'을 선호한다. 즉, 부분적으로 익숙한 표현이 완전히 새로운 표현보다 접근하기 더 쉽기 때문에, 우리는 대체로 우리 공동체가 수용 가능하다고 여기는 형태를 생성하는 경향이 있는데, 바로 이점을 기계적으로 설명하고 있는 것이다. 한 마디로, '더 관습적인 형태'는 실제로 말하기에는 더 효율적이지 못하더라도 오히려 기억속에서 더 빨리 떠올릴 수 있기 때문이다(4.5절 참조). 원어민은 더 긴 구문("explain this to me")을 의도된 의미를 표현하는 '올바른' 방법으로 보고, 짧은 구문("?explain me this")을 '잘못된' 방법으로 판단하는 경향이 있다. 그리고 발화의 용이성보다 친숙함이 더 중요하게 여겨지기도 한다. 이러한 두 가지 경향의 이유는 우리가 우리 공동체의 다른 구성원들처럼 말하고 싶어 하는 욕구가 있기 때문이다. 즉, 언어는 사회적이며 규범적인 활동이기 때문이다.

2장에서는 단어 의미의 본질을 간략히 검토하고, 우리가 단어를 적절히 사용하는 방법을 어떻게 배우는지에 대해 질문한다. 이어지는 장에서는, 단어 의미에 대한 이해로부터 얻은 많은 교훈들이 우리의 주요 질문으로 자연스럽게 확장될 것인데, 그 질문은 바로 "우리는 어떻게 기본 절유형인 논항구조구문(ARGUMENT STRUCTURE CONSTRUCTIONS, ASCs)을 창의적이면서도 제약된 방식으로 사용하는 방법을 배우는가?"이다.

어휘 의미

　모어화자는 "어떤 단어는 새로운 방식으로 다른 단어와 결합할 수 있지만 어떤 단어는 그렇지 않다"라는 사실을 잘 알고 있다. 본서의 주요 목적은 바로 1장에서도 소개했듯이, 모어화자가 그러한 사실을 어떻게 아는지를 설명하는 것이다. "?explain me this(나에게 이것을 설명해 줘)[1]"라는 문장이 의도하는 의미는 아주 명확하지만 그럼에도 불구하고 영어를 모국어로 쓰는 사람들에게는 자연스러운 것처럼 들리지 않는다(그래서 문장 앞에 '?' 표시를 하였다). 그래서 필자는 이것을 이른바 "explain-

---

1　[역주] 영어 모어화자들은 "Explain me this"라는 표현은 어색하다고 판단한다. 보통 이러한 경우에는 "Explain this to me"라는 여격구문이 사용되기 때문이다. 그러나 저자는 "나에게 이것을 설명해줘"라는 의미를 나타내기 위해 이론적으로 이중목적어 구문을 사용할 수 있으므로 "Explain me this"가 가능하다고 말한다. 저자는 이러한 표현이 모어화자들에게는 가능하지만 어색하게 들리는 이유를 구문문법적 관점에서 설명을 시도하고 있다.

me-this 수수께끼"라고 부르는데, 이 표현이 바로 이러한 현상의 적절한 예가 되기 때문이다. 이 문제를 다루기 전에, 우리는 먼저 '개별 단어를 적절하게 사용하는 법'[2]을 화자들이 어떻게 배우는지에 대한 간단한 사례에 초점을 맞추고자 한다. 그 이유는 단어 학습과 구문 학습 사이에는 몇 가지 공통점이 존재하기 때문이다. 즉, 두 경우 모두 창의적이면서도 일정한 제약을 받는 방식으로 언어를 사용하는 법을 배워야 한다.

2.1 의미는 풍부하고 구조적이며 부분적으로 추상적이다

많은 사람들은 단어 의미에 대해 그다지 깊이 있게 생각해 보지 않는 다. 그래서 우리는 단어를 적절하게 사용하기 위해 얼마나 많은 복잡한 지식이 필요한지 잘 모를 수도 있다. 예를 들어, "한 사람이 어떤 상황이 나 장소를 떠나도록 강요당한다는 것"을 암시하는 동사들이 십여 개나 있는데, 이들을 구별하기 위해서는 상당히 구체적인 지식이 필요하다(표 2.1 참조). 이 단어들은 모두 그림2.1에 나타낸 것과 동일한 추상적인 유 형의 사건을 지칭하지만, 각 단어들의 상황은 문맥의 범위에 따라 그 적 절성이 각각 다르게 나타난다.

---

2   [역주] 단어 습득 과정이라고 이해할 수 있다.

표2.1 어떤 상황이나 장소에서 사람을 제거하는 것을 나타내는 동사의 목록

Banish(추방하다)	Dismiss(해산시키다)	Extradite(송환시키다)
Blackball(배척하다)	Evacuate(피난시키다)	Fire(해고하다)
Blacklist(블랙리스트 올리다)	Exile(추방하다)	Kick out(해고하다)
Cast out(추방하다)	Expatriate(추방하다)	Lay off(해고하다)
Deport(쫓아내다)	Expel(내쫓다)	Oust(내쫓다)

그림2.1 표2.1의 동사들이 윤곽화(profile)하는 추상적 사건 유형의 구체적인 묘사

표2.1의 여러 단어는 '제거된 사람'이 어떤 식으로든 법이나 규율을 위반했음을 암시하는데, 다만 제거된 사람이 어떤 조직이나 장소에서 제거되는지에 대한 관점이 다르게 나타나고 있다. 'banish'는 '문명사회에서 사람을 추방하는 것'이고, 'expel'은(이 단어의 한 의미로) '학교에서 추방하는 것'이고, 'deport'는 '한 나라에서 추방하는 것'이고, 'fire'는 '직장에서 사람을 제거하는 것'이다. 또 'lay off'는 직장을 떠나야 하는 사람에게 오명이 붙지 않는다는 점에서 'fire'와 다르다. 그리고 'blacklist'에 오른 사람은 종종 불공평하고 정치적인 이유로 어떤 종류의 일을 하지 못하게 된다. 또한 사람들은 정치인이어야만 '지위가 박탈(oust)'될 수 있다. 이

러한 종류의 '문맥 정보'나 '백과사전적인 지식(상식)'은 언어 지식의 일부이며, 다음 장에서 "explain me this 수수께끼"을 다룰 때 논의할 예정이다.

다양한 유형의 단어 의미에는 다양한 유형의 세계 지식이 필요하다. 영어 단어 중에 'walk(걷기)', 'skip(건너뛰기)', 'hop(깡충깡충 뛰기)', 'jog(조깅)', 'power walk(파워 워크)', 'run(달리기)', 'race(운동경주)', 'sprint(단거리 달리기)', 'waltz(춤추며 뛰기)' 등의 의미를 구별하기 위해서는 매우 구체적인 '신체 동작(motor sequences)'에 대한 지식이 필요하다. 이러한 용어들을 명시적으로 정의하는 것은 어렵겠지만, 우리는 한눈에 그 행동을 파악할 수 있다. 게다가, 우리는 이전에 이러한 개념어를 접해 본 경험이 있어서, 그러한 다양한 개념어에 대한 부수적인 연상 작용을 할 수 있다. 우리는 '줄넘기'가 어린이들이 가장 많이 하고, 근심 걱정이 없는 것과 관련이 있다고 알고 있다. 또 '파워워킹'은 쇼핑몰에서 많이 이루어지고, 어머니나 은퇴자들에 의해 더 흔하게 행해지는 것도 알고 있다. 그리고 '왈츠'는 결혼식과 같은 공식적인 행사들과 관련이 있다는 것도 알고 있다.

실제로 우리가 알고 있는 단어의 실제 범위를 생각하기 시작하면, 단어의 의미를 "쉽게 구별되고 식별되는 어떤 특징(또는 속성)들의 유한한 목록"으로 간단하게 축소할 수는 없을 것이다(Fodor et al., 1980). 그리고 단어의 의미는 어떤 실제 상황에서 발생할 수 있는데, 단어 의미는 그와 같은 실제 상황에 대한 지식으로부터 쉽게 분리되지 않는다는 사실도 명확해질 것이다(Palmer, 1996; Wilits et al., 2015). 예를 들어, 만약 'bachelor'라는 단어를 정의하려고 한다면, 많은 사람들은 '미혼남(unmarried man)'을 제안할 것이다(Fillmore, 1975). '미혼남'이라는 단

어는 철학 수업에서 종종 인용되듯이 '미혼(unmarried)'과 '남성(male)'
이라는 단순한 의미 자질로 정의할 수 있기 때문이다. 그러나 이 정의
는 'bachelor'을 '교황(Pope)', '타잔', '장기 동거 파트너를 가진 미혼 남
성', 그리고 '생명유지 장치를 달고 있는 미혼 남성'으로 분류하는 것으
로 볼 수 있다. Fillmore가 오래 전에 지적했듯이, 이 정의에는 분명히 무
엇인가 빠져 있는 것 같다. Fillmore는 'bachelor'의 의미가 사실 '정형화
된(stereotypical) 세계 지식'의 배경에 바탕하여 정의되는 것 같다고 지
적했다. 이 정형화된 지식은 남자 아이들이 성장하며, 일정 기간 동안 여
러 사람을 사귀고, 결혼을 하게 되고 결혼 상태를 유지한다는 것을 당연
하다고 본다. 이러한 '정형화된 틀(stereotype, 즉, 고정관념)' 속에는 '미
혼남자가 bachelor인 시기'가 분명히 있다. Fillmore는 각 단어가 관습적
인 '의미론적 틀(SEMANTIC FRAME)'[3]을 환기시킨다고 제안했다. 여
기서 '틀'이란 "일관성 있는 문맥 집합에 대한 구조화된 추상화 또는 형상
화"(Fillmore, 1975, 1977, 1982, 1984; Austin, 1962; Bartlett, 1932; Lakoff,
1987; Langacker, 1987)를 가리킨다. 'bachelor'라는 단어는 '미혼 남성'
을 윤곽화(profile)시키지만, 방금 언급된 일련의 정형화된 사건들의 관련
'배경 틀(background frame)'을 포함할 수 있다. '배경 틀'이 적용되지 않
으면 단어 또한 적용되지 않는다.[4]

단어 의미에 대한 적절한 특징을 묘사하기 위해 우리의 세계 지식이
필요하며, 의미 틀은 그러한 세계 지식의 풍부한 측면을 기술한다[5]. 실험

---

3   [역주] Fillmore는 이러한 의미 틀에 기초하여 실제로 대규모 "Frame Net" 데이터
    베이스 프로젝트를 설계했다.
4   [역주] 단어가 그런 용법으로 사용되지 않는다는 의미.
5   [역주] Fillmore의 의미론적 틀 이론에 따르면, 단어나 표현들은 그 자체로 독립적
    인 의미를 갖지 않는다. 대신, 단어나 표현들은 그들이 속한 더 큰 지식 구조, 즉 '틀'

적인 연구에 따르면, 지식의 의미론적 틀이 문맥적으로 유발되었을 때, 모종의 심리적 관련성이 있다고 한다. 예를 들어, Bar(2004)에 따르면, 사람들이 시각적으로 필터링된 동일한 형태를 감지하여, 욕실 싱크대의 문맥에서는 분명히 헤어드라이어로 인식하지만 작업대의 문맥에서는 드릴로 인식한다고 한다(Beck & Kastner, 2009; Biederman et al., 1982; Murphy & Wisniewski, 1989; Walther et al., 2009; Zettersten et al., 2018 참조). 우리가 개별 단어를 해석할 때, 그 단어들을 다양한 행동이나 지각과 연결시키는 신경 영역이 확실히 활성화될 수 있다. 그리고 이로 인해 우리의 감각적 지식은 직접적으로 경험을 했든 상상을 했든 간에 단어 의미에 연결되게 된다. 특히나 다리나 팔, 얼굴에 의해 수행되는 각종 행동을 가리키는 단어들(예컨대, kick, pick, lick 등)은 대뇌피질(primary motor cortex)[6]이나 그 근처에서 행동을 환기시키는 역할을 한다. 물론 대뇌피질은 우리가 우리의 발이나 손, 혀 등을 움직일 때, 활성화된다(Hauk 등, 2004). 우리의 운동 피질은 특정 단어들이 은유적으로 사용될 때(예를 들어, 'to grasp the idea(아이디어를 파악할 때)', 'to kick an idea around(아이디어를 생각해낼 때)'와 같은 표현에서) 활성화가 유발된다(Cacciari et al. 2011; Desai et al. 2011; Pulvermüler et al., 2005). '체성 감각 피질(somatosensory cortex)'에서 '질감 선택 영역(texture selective

---

내에서 의미를 갖게 된다. 예를 들어, '팔다'라는 동사는 '판매'라는 틀 내에서 의미를 갖게 되며, 이 틀은 판매자, 구매자, 팔려는 물건 등의 요소를 포함한다.

6   [역주] primary motor cortex: 대뇌피질(大腦皮質, Cerebral cortex)은 대뇌의 표면에 위치하는 신경세포들의 집합이다. 두께는 위치에 따라 다르지만 1.5~4밀리미터 정도이다. 대뇌피질은 부위에 따라 기능이 다르며 각각 기억, 집중, 사고, 언어, 각성 및 의식 등의 중요기능을 담당한다. 이 중에 1차 운동 피질은 중심구 바로 전측에 있으며, 운동 통제에 관여하는 뉴런들이 존재한다. 이곳의 특정 부위를 전기적으로 자극하면 신체 반대쪽 특정 부위에서 움직임이 일어난다.

region)'은 문자 자체적이든 은유적이든 간에, 역시 질감과 관련된 단어들에 의해 활성화된다. 예컨대, "She had a rough day(그녀는 힘든(rough) 하루를 보냈다)"같은 것이 그러하다(Lacey et al., 2012). 그리고 음식을 맛보면서 유발되는 피질 영역은 맛과 관련된 단어가 독립적인 상황에서 사용되든 관습적 은유의 상황에서 사용되든 간에, 모두 활성화된다. 예컨대, "That was a bitter breakup.(그것은 쓰라린 이별이었다)"같은 것이 있다(Citron & Goldberg, 2014). 사실, 다양한 단어들은 거의 전체 피질에 걸쳐 활성화를 촉진하는데, 이는 단어 의미가 광범위한 다른 두뇌 피질과 연관성이 있음을 시사한다(Bergen, 2012; Huth et al., 2016). 그러므로 단어들은 단어들이 목격된 맥락에서 수집된 풍부한 개념적, 지각적 정보를 환기시킨다.

2.2 방대한 함축적 기억

단어 의미에 필요한 풍부한 구조적인 표현은 어떻게 습득할까? 한 저명한 철학자는 그 질문이 너무 어려워서, 우리는 실제로 모든 가능한 현재, 과거, 미래의 단어 의미를 가지고 태어나야 한다고 결론지었고, 그래서 학습자로서 우리의 일은 이미 존재하는 개념에 꼬리표를 붙이는 것일 뿐이라고 하였다(Fodor, 1975). 그러나 이 생각은 터무니없게도 아브라함 링컨이 'computer(컴퓨터), fax(팩스), drone(드론)' 같은 개념에 대한 의미를 가지고 태어났으며, 당신의 할머니는 'frack(프랙), twerk(트웍)[7],

---

7 [역주] 몸을 낮추고 엉덩이를 흔들며 추는 춤.

rap(랩)'의 의미에 대한 지식을 가지고 태어났다는 것을 의미할 수도 있다. 그러나 언어학습이 그렇지는 않을 것이다.

단어는 단 한 번 접히더라도, 그 사용의 기억 흔적이 남을 가능성이 분명히 존재한다. 어째서 이것이 분명할까? 반대의 경우를 생각해 보자. 단 한 번의 노출 후에 기억의 흔적이 존재할 수 없다면, 두 번째에 그 단어를 접하더라도 처음과 정확히 같을 것이다. 그런데 이 경우 두 번째 접하더라도 그 단어에 대한 기억의 흔적은 역시 남지 않을 것이다. 이 상황은 의미의 기억 흔적이 유지되지 않은 채 무한대로 반복될 수 있다. 만약 그렇다면, 우리는 전혀 단어를 배울 수 없을 것이다. 따라서 후속 노출 시 강화되기 위해서는 초기 기억의 흔적이 존재하는 것이 가능해야 한다.[8] 비록 기억들이 쉽게 의식으로 전달되지 않을 수도 있지만(즉, 그 기억들을 항상 기억하거나 분명하게 만드는 것이 쉽지는 않지만), 다행히도, 우리는 인간의 뇌가 암묵적인 기억력에 대한 방대한 능력을 가지고 있다는 것을 알고 있다. 예를 들어, 시각의 영역에서, Brady 등(2008)은 참가자들에게 각각 3초 동안 구별되는 물체의 2,500개의 이미지를 보여주었다. 놀랍게도, 참가자들이 "같은 범주의 다른 사진에서 본 사진"(예컨대, '또 다른 저녁식사 종', '불가사리', 또는 '나무 책상')을 성공적으로 선택할 수 있었다는 점에서, 그들이 본 사진을 우연적인 확률보다 훨씬 높은 비율로 인식할 수 있었다. 참가자들은 "다른 위치에 배치된 동일한 물체의 다른 사진"(예컨대, '문이 닫혀 있거나 한 개의 문이 열려 있는 캐비닛')에서 본 사진들도 구별할 수 있었다(Standing, 1973 참조). 적어도 이러한 어렴풋한 기억의 흔적 중 일부는 우리가 자는 동안 장기 기억으로 통합되는 것

---

8   [역주] 단어를 접하면 그 단어에 대한 기억은 우리 머릿속에 어딘가에 존재한다.

으로 보인다(Marshall & Born, 2007; Stickgold, 2005).

단어를 기억할 수 있는 인상적인 능력도 발견되었다. 우리가 '같은' 단어의 형태를 들을 때마다, 약간 다르게 발음되는데, 그것은 다른 화자에 의해, 또는 다른 속도로, 또는 다른 단어의 맥락에서 말할 수 있기 때문이다. 우리는 다른 예시(token)들 속에 같은 단어가 포함된다는 것을 인식하기 위해, 이러한 다른 예시(token)들에 이르기까지 쉽게 일반화하는 경향이 있다.[9] 그런데 동일한 화자가 말을 할 경우, 단어의 반복을 식별하는 것이 더 빠르며, 적어도 일정 기간 동안 그 화자의 음성적 측면이 기억과 함께 유지될 수 있다는 점이 밝혀졌다(Kleinschmidt & Jaeger, 2015; Palmeri et al., 1993). 실제로, 사람들은 처음에 단어 목록을 읽었던 그 방과 같은 방에서 테스트를 받을 때, 목록에서 단어를 더 쉽게 회상한다는 것을 발견했다. 그리고 사람들에게 단어 목록을 회상하기 직전에 원래 방을 상상하도록 요청할 때에도 이러한 이점이 발휘될 수 있다. 마치 상상이 원래 맥락을 복원하기에 충분한 것처럼 말이다(Smith, 1979; Godden & Baddeley, 1975도 참조). 또 다른 실험에서 사람들에게 일련의 단어(예컨대, spoon, table, house)와 그림(예컨대, fork, chair, shed)을 보여주었고, 그 후 그들이 자기공명영상(fMRI) 장치에 누워있을 때 질문을 했다. 그들에게 특정한 단어나 그림을 보았는지 아닌지를 물었고, 이때 그들의 뇌 활동을 자기공명영상 장치로 기록하였다. 그리고 예컨대, spoon이나

---

9   [역주] 우리는 단어가 서로 다른 화자, 속도, 또는 주변 단어에 따라 조금씩 다르게 발음되는 다양한 사례들을 접하면서도, 그러한 차이를 초월하여 결국 같은 단어라는 것을 쉽게 일반화할 수 있다. 다시 말해, 우리는 단어의 미묘한 발음 차이를 넘어서서 그 단어의 본질적인 의미를 파악할 수 있는 것이다. 그러나 흥미롭게도, 만약 같은 화자가 단어를 반복해서 말한다면, 우리는 그 단어를 더 빨리 식별할 수 있다고 한다. 이는 우리의 기억 속에 그 화자의 목소리 특성이 단어와 함께 어느 정도 시간 동안 유지될 수 있음을 시사한다.

fork 등과 관련된 질문에 대답을 할 때 올바른 대답은 아마도 'yes'가 될 것이다. 질문은 모두 구두로 이루어졌다. 즉, 처음에 본 사진들은 두 번 다시 제시되지 않았다. 그러나 뇌의 '시각 피질'은 실험 중 사진으로 암호화된 개념에 대해 더 활동적인 것으로 밝혀졌다(Vaidya et al., 2002). 즉, 실험의 맥락에서 시각적 이미지가 목격되었다면 질문 중에 사용된 단어 라벨(예: fork)이 그림의 시각적 기억을 불러일으킨 것으로 보인다. 연구에 매우 익숙한 단어가 사용되었기 때문에, 연구 결과는 단어와 관련된 문맥이 '문맥에 민감한 방식(context-sensitive way)'으로 지속적으로 업데이트된다는 것을 보여준다(Goldinger, 1998; Hintzman, 1988 참조).

우리는 단어들이 어떻게 사용되는지에 대한 풍부한 문맥 정보를 가지고 있다. 이러한 사실은 앞에서 언급했던 것처럼 우리의 어휘가 풍부하고 매우 미묘한 뉘앙스를 가지고 있기 때문에 더욱 더 분명해진다. 이를 통해, 우리는 단어의 의미를 배울 때 "단어가 어떻게 사용되는지에 대한 매우 구체적인 문맥 정보를 유지해야 한다."는 것을 알 수 있다(Borovsky et al., 2010; Johns et al., 2016; Nelson & Shiffrin, 2013; Walker & Hay, 2011 참조). 예를 들어, 한 아이가 'write(쓰다)'라는 단어를 "She's writing it now"와 같은 문장에서 처음 들었다고 상상해보자. 과연 아이가 글을 쓰는 데 사용되는 속도와 주의 사항을 기억할까? 또 정확히 무엇이 쓰여졌는지, 글이 종이 위에 쓰여졌는지 아니면 벽 위에 쓰여졌는지, 또 작가가 유명했던지 아닌지 등을 기억할까? 비록 이러한 비언어적 문맥의 모든 측면이 기억될 것 같지 않지만, 우리는 단어의 의미를 배우면서 문맥의 세부적인 측면을 기억할 수 있어야 한다. 그렇지 않으면 명시적인 지시 없이는 'scribble(빠르게 쓰다)', 'scrawl(부주의하게 쓰다)', 'sign(필기체로 자신의 이름을 쓰다)', 'endorse(수표에 필기체로 자신의 이름을 쓰다)', 'autograph(유명인이 자신의 이름을 쓸 때)'와 같은 단어들의 정확한 의미를 배울 수 없을 것이다. 그러므로 우리의 단어에 대한 기억은 방대할 뿐만 아니라 그러한 단어들이 경험되는 맥락과도 연결된다.

동시에, '더 관련성이 있다고 인식'되는 문맥 측면, 또는 '주어진(또는 가중치가 더 높은) 단어를 더 독특하게 예측'하는 문맥 측면, 이러한 것들이 유지될 가능성이 더 높으며, 우리는 이것을 인정해야 한다. 즉, 문맥의 '놀랍거나 특이한' 측면은 기존의 특징보다 기억에 저장될 가능성이 더 높은 것이다. 그리고 상관관계가 매우 높거나 '상호 정보성(Mutual information)'이 더 높은 문맥 측면 및 단어들 또한 유지될 가능성이 더 높다. 아이들은 화자가 말하는 것이 무엇을 의미하는지 해석하려고 시도하기 때문에, 아이들에게 특히 중요한 것은 바로 화자의 인식된 의도이다(Austin, 1962; Carpenter et al., 1998; Clark, 1996; Levinson, 1983; Tomasello, 2001; Tomasello & Barton, 1994). 요컨대, 접하게 되는 각각의 표현은 관련성이 있다고 인식되는 정보와 예측 단서를 우선시한다.

게다가, 경험이 완전히 사실적으로 표현되지 않는 한, 어떤 경험에 대한 기억은 반드시 '부분적으로 추상적'이다. 이른바 '손실된 압축(LOSSY COMPRESSION)'[10]이란 "모든 정보가 다 그대로 유지되지는 않는다."라는 것으로, 우리는 이 개념을 중심으로 사건 표현을 설명할 수 있다. 예를 들어, 우리는 금귤이 놓여 있던 부엌 식탁의 색깔, 표면의 작은 흠집, 줄기의 길이로부터 '추상화된 금귤'을 본 기억 흔적이 있을지도 모른다. Christiansen & Chater(2016)에 따르면, 언어처리의 빠른 시간 스케일[11]을 위해, 우리의 뇌는 '입력되는 정보'를 '재변환(recode)'하고 '압축

---

10 [역주] 정보 손실이 있는 압축을 의미한다.

11 [역주] 인간이 언어를 이해하는 것은 아주 빠른 속도로 이루어진다.

(compress)'해야 한다고 한다.[12] 따라서 '경험의 기억 흔적'은 아무리 생생하더라도 우리의 경험으로부터 "부분적으로 추상화"되기 마련이다.

요약하면, 화자가 단어를 처음 접하게 될 때는 단어가 지시하는 의미의 우선순위를 정하는 이른바 '손실 구조적인 표상(lossy structured representation)'을 형성하게 된다. 그리고 단어 사용에 대해 관련성도 있고 또 정보성이 있는 것으로 인식되는 다양한 문맥적 요소를 포함하게 된다. 그런데 이러한 단어는 바로 형식, 의미, 문맥과 관계된 매우 상세한 정보를 포함하고 있다. 그림2.2A는 이것을 개략적으로 도식화한 것으로 그와 같은 '표상'을 나타내고 있다. 여기서 '더 중요한 측면'이 '더 어두운 타원'으로 표시된다. 그림2.2B에 의해 제시된 바와 같이, 동일한 단어를 다시 경험하게 되면 일반적으로 초기의 단어 개념적인 표상과 어떤 면에서 겹치게 되며, 이를 통해 그러한 공유된 측면을 강화하는 동시에, 그 특정 경험에 고유한 문맥적 정보를 잠재적으로 추가하게 된다(Atkinson & Shiffrin, 1968; Light & Carter-Sobell, 1970). 한 단어를 여러 차례 접촉한 결과, 우리의 초차원적 개념공간(HYPER-DIMENSIONAL CONCEPTUAL SPACE) 내에 위치한 '중첩된 구조화된 표상(그림2.2C)'은 역동적으로 군집화가 이루어지게 된다.

2.2A에서 2.2C까지의 변화에서 나타나는 것처럼, 각 문맥의 측면이 추가될수록 단어의 표상은 더 넓어진다. 동시에, 한 단어를 반복적으로 학습함으로써 나타나는 겹쳐진 '기억 표상'은 시간이 지남에 따라 강화되므

---

12 Christiansen & Chater의 말은 "'끊임없는 언어적 입력의 범람'은 곧 기억의 억제에 의한 기존 언어학적 재료를 '제거'하는 행위를 한다."라고 주장하는데(2016,1), Morten Christiansen & Nick Chater와의 대화를 통해, 각 세대마다 언어 경험의 기억 흔적이 오랜 기간의 기억(그것들이 강화되는 동안)으로 유지된다는 것을 그들도 충분히 인식하고 있음이 밝혀졌다.

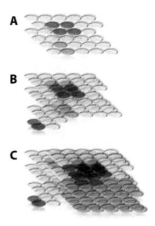

그림2.2 A - 상황 문맥에서 접하게 되는 한 단어의 단일 기억 흔적이 추상적이고 구조적이며 분산된 표상으로 나타난 것; B - 단어의 강화된 표상이며 시간 경과에 따라 반복되는 측면으로 나타난 것(더 진한 노드로 표현됨); C - 단어의 표상이 경험을 통해 계속 강화되는 것

로, 이것은 한 단어의 더 핵심적인 의미가 된다. 그림2.2에서, 중복되는 측면들은 점점 더 어두워지는 부분으로 나타난다. 기억의 흔적이 쌓이면서, '단어 사용에 대한 독특한 경험(unique encounters)'은 변화를 한다. 이것은 우리가 하나의 일관된 단어 의미(또는 어휘 항목)로 생각하는 '새로운 군집(EMERGENT CLUSTER)'(또는 '집합')으로 전환되며, 그림2.2는 바로 이러한 내용을 나타낸다.[13]

언어를 위해 필요한 표상 공간은 '초차원적(hyper-dimensional)'이고

---

13 그림2.2에 있는 표상들이 비록 작은 공간 속 빽빽한 군집화를 묘사하고 있지만, 개별 단어에 의해 환기되는 뉴런의 군집화는 전형적으로 복합적인 뇌 영역까지 뻗어나가게 된다.
[역주] 기억은 추상적일 수 밖에 없다. 우리는 정보를 손실이 있는 압축을 통해 저장한다. 정보가 오버랩되면 이는 강해진다. 한 단어를 여러 번 접하면 겹쳐지는 구조화된 표상이 우리의 초차원적 개념공간에 자리잡는다. 이 '새로운 군집(emergent cluster)'은 곧 단어의 의미가 된다.

그것은 우리의 개념 시스템의 일부여야 한다. 왜냐하면 그러한 문맥적 요소들의 열린 배열이 단어 의미 표상에 필요하기 때문이다. 즉, 위에서 설명한 바와 같이 단어 의미는 복잡한 관계 구조를 수반하지만, 우리가 인식 가능한 의미자질의 목록과 완전히 일치하지는 않는다('extradite(범죄자를 인도하다)'라는 단어의 의미자질을 분석하다 보면 이러한 사실을 깨닫게 될 것이다.)

언어의 형식적인 영역(예컨대, 소리, 단어 형태, 단어 순서 등)은 비언어적 문맥의 개방적인 영역보다 가변성이 훨씬 낮다. 이 때문에, 표상 간의 형식적인 유사성은 "우리가 단어를 경험하면서 만들어지는 표상이 어떻게 함께 어우러지는지"를 결정하는 데 중요한 역할을 한다. 개별 단어들은 '추상화된 음성의 배열순서 집합'과 '구조화된 문맥 기반의 의미 표상'으로 표현된다. 군집은 표상 내의 유사성과 다른 기존 군집 간의 차이점에 기초하여 나타난다. 따라서 '단어'란 사실 '초차원적 개념공간' 내에서 '부분적으로 겹치는 구조화된 표상(partially overlapping structured representations)'의 집합이다(Elman, 2009; Kapatsinski, 2018; Pierrehumbert, 2002 참조).

동시에, 언어에 사용되는 개념적 공간은 우리의 지각적, 개념적 지식이나 역량 전체를 커버하지는 못한다. 즉 우리는 어떤 관습적인 단어나 구문에 의해 필수적으로 포착되지 않는 냄새, 감정, 시각적 지식, 자전적 기억의 무수하고 미묘한 경험을 가지고 있다. 게다가, 우리가 보게 될 것처럼, 단지 몇몇 언어에서는 '언어적 표상'과 밀접하게 관련되는 그런 차원이 존재한다. 그러므로 언어에 사용되는 초차원적 개념공간은 훨씬 더 복잡한 우리의 지각과 개념 체계의 일부분이다.

그림2.2의 표상은, 각 단어의 표현이 '단어를 접하게 되는 빈도(출현

빈도(token frequency))', 그리고 '해당 단어가 사용될 때의 문맥 범위'
에 의해 영향을 받는다는 사실을 나타내기 위한 것이다. 그리고, 실제로
더 자주 접하게 된 단어들은 다양한 인지 과정에서 더 빠르고 쉽게 이
해할 수 있다는 점이 선행연구를 통해 잘 알려져 있다(Broadbent, 1967;
Jescheniak & Levelt, 1994; King & Kutas, 1995; Meyer & Schvaneveldt,
1971; Oldfield & Wingfield, 1965; Rayner & Duffy, 1986). 우리는 심지어
단어들의 '상대적 빈도성(relative frequency)'에 대해 분명한 직관을 가지
고 있다. 예를 들어, 우리는 'elephant(코끼리)'가 'pachyderm(후피동물)'
보다 사용빈도가 높다는 것을 알고 있으며, 'elephant(코끼리)'라는 단어
보다는 'dog(개)'가 더 자주 사용된다는 것을 안다. 사람들은 또한 실험
환경에서 마주치는 단어의 상대적 빈도성을 꽤 정확하게 판단할 수 있다
(예컨대: Balota et al., 2001; Brysbaert & New, 2009; Hintzman, 1988).

단어가 사용된 '다양한 상황 맥락'도 "그 단어를 얼마나 빠르고 정확
하게 이해하는지"에 대해 중요한 역할을 하는 것으로 보인다(Adelman
et al., 2006; McDonald & Shillcock, 2001). 좁은 범위의 문맥에서만 출
현하는 단어들은 그 문맥에만 제한적일 수 있다. 예를 들어, 우리가 Dr.
Seuss의 "Yertle the Turtle"[14]을 몇 번이나 읽었더라도, 우리들 중 아무도
'Yertle'이 유명한 이름이라고 생각하지 않는다. 대신 이 단어를 듣게 되면

---

14 [역주] Dr. Seuss의 "Yertle the Turtle"은 1958년에 출간된 아동용 그림책이다. 이
    책의 저자는 유명한 미국 아동문학 작가 Dr. Seuss이다. 책의 주인공은 다른 거북이
    들 위에 올라타 자신의 왕국을 확장하려는 거북이 왕 Yertle과 그 밑에서 고통받는
    거북이 Mack이다. 이야기는 Yertle이 자신의 야망을 채우기 위해 다른 거북이들을
    발판 삼아 점점 더 높이 올라가지만, 마지막에 Mack이 반항하면서 Yertle의 계획은
    물거품이 되고 만다. 이 작품은 권력욕과 독재에 대한 경고의 메시지를 담고 있다고
    해석되곤 하며, Dr. Seuss 특유의 운율감 있는 문체와 상상력 넘치는 그림이 어우러
    진 그림책으로 오늘날까지도 널리 사랑받는 작품 중 하나이다.

곧바로 Dr. Seuss의 책을 떠올리게 될 것이다. 영국 친구가 'chuffed(기쁘다)'고 말할 때, 나는 그 문맥에서 의도된 의미('기쁨')를 이해할 수 있을지 모르지만, 그 단어를 영어의 다른 방언과 연관시킬 것이기 때문에 그 단어를 내가 직접 사용할 것 같지는 않다.

이러한 관점은 단어에 대한 지식이 단순히 알거나 모르거나의 문제가 아니라는 것을 의미한다. 문맥 속에서 '생소한(novel)' 단어의 의미를 정확히 파악하는 능력(예컨대, Carey & Bartlett, 1978; Woodward 등, 1994)은 그 단어의 의미를 성공적으로 회상하거나, 일정 시간이 지난 후에도 그 단어를 인식하는 능력을 필요로 하지는 않는다. 한 연구에서, Horst와 Samuelson(2008)의 연구에 따르면, 익숙한 이름을 가진 두 개의 물체(예컨대, 안경 하나, 장난감 개 하나)와 함께 각각의 새 단어가 제시될 때, 2살 아이들은 생소한 물건(예컨대, 'cheem')에 새로운 의미 라벨을 4개까지 구분해서 기억할 수 있다고 한다 하였다. 그러나 아이들이 새 물체(예컨대, 'cheem')가 다른 두 개의 생소한 물건과 함께 제시됐을 때, 5분 뒤에는 단어와 물체를 연결시켜 기억하지 못한다고 한다. 따라서 처음 단어를 접했을 때 많은 암묵적 정보를 유지하고 있긴 하지만, 다양한 문맥에서 단어 수준의 추상적 정보를 적극적으로 활용하는 능력은 단어에 대한 시간과 경험을 통해 점차 발전한다(Fernald 등, 1998 참조).

2.3 관습적이고 관련된 의미의 집합

대부분의 경우, '새로운 문맥'은 '친숙한 문맥'과 관련성이 있고 그래서 우리는 친숙한 의미를 전달하기 위해 단순히 배운 단어를 사용할 수 있다. 그러나 때때로 우리는 중요한 새로운 맥락과 마주하게 되는데, 부분적으로는 세계 그 자체가 끊임없이 변화하고 있기 때문이며, 부분적으로는 또 세계와의 관계가 변화하고 있기 때문이다. '특별히 새로운 문맥'에 직면했을 때, 우리는 기존의 단어를 창의적인 방법으로 사용할 필요가 있을 것이다. 예를 들어, 'file(파일)', 'folder(폴더)', 'paper(종이)', 'trash(쓰레기)'와 같은 용어들은 컴퓨터 인터페이스에 적용될 때 새로운 의미를 나타낸다. 또한 그것들은 원래의 의미와 명확한 관련성을 가지므로 바로 해석이 가능하다. 표2.2에는 본래의 의미 외에 새로운 관습적인 의미를 갖게 된 몇 개의 단어들이 제시되어 있다. 새로운 목적을 위해서 기존의 단어를 사용하는 것은 신조어를 만들어 의사소통의 실패를 무릅쓸 필요가 없는 화자에게 효율적이다. 그것은 또 청자들에게도 효율적이다. 청자들은 새로운 의미를 해석해 낼 때, 어떤 단어의 기존 의미와 관련된 지식을 사용하곤 한다. 단어가 가지는 원래의 익숙한 의미는 의도하고자 하는 어떤 내포적 의미를 나타낼 수 있다. 처음에는 한 단어의 파생 의미가 임시로 생겨나지만, 더 많은 언어 공동체에서 익숙한 단어의 새로운 사용이 발견되면, 새로운 의미는 그 단어의 관습적인 의미 항목이 된다. 이로 인해 '개별 단어에 대한 관련 의미의 네트워크'라고 할 수 있는 이른바 '관습적인 다의성(conventional POLYSEMY)'[15]이 생겨나게 되는 것이다.

---

15 [역주] 한 단어가 2개 이상의 의미를 갖는 것을 의미한다. 우리는 새로운 문맥에서 익숙한 단어를 통해 새 의미를 만든다. 이는 이전 의미와의 연관성으로 인해 쉽게 이해 가능하며, 여기서 관습적 다의성이 나타난다. 관습적 다의성은 개별 단어의 연관된 의미들의 네트워크라고 할 수 있다. 예) friend: 가족이 아닌 가까운 사이가 원래 의미이나, '페이스북 친구' 의미로 확장됨.

표2.2 비교적 최근에 새로운 의미를 갖게 된 익숙한 단어

단어	원형 의미(여전히 사용 중)	새로운 의미
Bandwidth	(대역폭) 채널을 따라 전송할 수 있는 최대 정보량	사람의 정신 능력 예) I don't have the bandwidth to set up a carpool(카풀을 설정할 능력이 없다).
Lit	동사: light의 과거형	형용사: 취하거나 흥분한 상태 예) I was lit; The party was lit(나는 술이 취했다. 파티는 신이 났다).
Friend	가족이 아닌 친밀한 사이	페이스북(Facebook) 피드에 대한 명시적 접근 권한을 부여받은 사람
Optics	(광학) 빛에 관한 연구 분야	공공 사건이 인식되는 방식
Spam	(스팸) 저렴하고 알 수 없는 고기의 여러 부위를 다져서 만든 고기 브랜드명	(스팸메일) 원하지 않았는데도 대량으로 발송된 불쾌한 전자우편
Literally	(축자적으로) 과장이나 은유적 해석 없이 사실적인	(매우) 사실이 아닌 강조의 의미. 예) We were literally killing ourselves laughing(우리는 정말 웃겨 죽는 줄 알았다).[16]

예를 들어, 'to fire' 동사의 원형 의미는 총에서 총알을 매우 빠르고 맹렬하게 발사시켜 부상이나 사망에 이르게 한다는 것을 포함하고 있으

---

16 출처: 『Oxford English Dictionary』 제3판

며 종종 화가 나서 이러한 행동을 한다는 의미도 포함된다. 누군가가 직장에서 'fired(해고)'될 때, '총기 발사'의 원형 의미 중 '빠르고 잔혹한 의미'는 그대로 유지되지만, 다른 측면은 그렇지 않다. 우리는 또한 편지를 'fire off(발송)'할 수 있는데, 이 편지는 긴급함이나 분노로 이루어진 빠른 동작이라는 의미를 공유한다. '뉴런(neuron)'이 'fire(활성화된다)'라고 할 때는 의지, 대상, 분노, 해악은 없지만 아주 빠르고 직접적인 사건이 발생한다고 이해한다. 만약 'fire'라는 동사의 의미가 가지는 모든 의미 중에 공통점을 추출한다면 "any quick, directed action(빠르고 직접적인 행동)"과 같은 개념 의미를 생각해 볼 수 있을 것이다. 그러나 그러한 의미는 너무 일반적이다. 왜냐하면 이런 의미는 나무를 자르거나 달걀을 깨서 그릇에 담는 것도 'fire'의 사례가 될 수 있음을 내포하기 때문이다. 또한 이런 의미로는 해를 끼치는 대부분의 함축적인 의미(그러나 뉴런이라는 신경세포가 활성화된다는 의미는 아님)를 나타내지는 못할 것이다. 오히려 다양한 의미는 대개 풍부하고 원형적(종종 정형적)인 의미 틀 주변에 모여 있는데, 다의적 의미는 의미 틀의 모든 속성이 아닌 '부분적 의미가 파생된 형태'로 연결되어 있다(Lakoff, 1987). 방금 설명된 의미는 표2.3과 그림2.3으로 표현되어 있다.[17] Lakoff(1987)는 일찍이 단어가 '풍부한 원형 의미론적 틀'에서 나오는 의미의 '방사형 범주(radial category)'와 공통적으로 연관되어 있음을 관찰한 바 있다. Lakoff(1987)는 그러한 의미의 군집이 대부분의 명사와 동사에 존재한다고 주장한다.

---

17 동사 'fire'의 원형적인 의미는 또한 명사 'fire'와 관련이 되어 있다. 그것은 무기의 발사가 대개 '화염'을 포함하기 때문이다. 명사 'fire'는 'fire clay(점토를 불에 태우다)'와 'fire up a conversation(대화의 불을 지피다)'와 같은 추가적인 동사 의미와도 직접적으로 관련이 있다.

다만, 간헐적으로 사용되거나 제한된 기술적 맥락에서 사용되는 군집은 예외이다(Dautriche, 2015; Durkin & Manning, 1989; François, 2008; Heylen et al., 2015; Tuggy, 1993). 요컨대, 단어들이 풍부한 '틀 의미론적 개념(frame-semantic meaning)'을 전달하되, 전형적으로 관련 의미의 네트워크에 연결되어 있다는 것은 분명하다. 이는 일반적으로 새로운 맥락에 적용될 수 있는 단어에 대한 수요(필요성)로부터 새로운 의미가 생겨나기 때문이다.[18]

표2.3 동사 'fire'와 관련된 의미

Original prototype on which other conventional senses arose historically: *to fire* a gun (다른 관습적 의미들이 역사적으로 생겨난 원래의 원형 의미: "총을 발사하다")	The quick action of pulling a trigger on a gun in a directed way, with the intention of causing a bullet to strike something; repeated rapidly; often done out of anger and with the intention of causing physical harm or death (총에 방아쇠를 당기는 빠른 동작으로, 총알이 어떤 것을 맞히도록 하려는 의도로, 빠르게 반복된다; 종종 분노로 인해, 그리고 육체적 위해나 죽음을 일으킬 의도로 행해진다.)

---

18   시간이 지나면서 원래의 의미는 사라질 수 있다. 이 과정에서, 보다 새로운 의미를 남기게 된다. 예를 들어, 'divest(빼앗다)'는 'undress(옷을 벗다)'나 'deprive others of rights or possessions(타인의 권리나 소유권을 박탈하다)'라는 의미로 사용된다. 물론, 최근에는 어떤 유형의 투자물을 매각하는 것으로 제한되기도 한다. 'clue(실마리)'란 단어는 '실뭉치'를 지칭할 때 사용된다. 무언가를 알아내기 위해 '실마리 따라가기'에 대해 이야기한다면, 새 의미와 옛 의미는 관련이 있을 것 같지만, '실마리'의 원래 의미는 상실된 것이다. 더 보편적으로, 우리가 'fire'의 복합적인 의미의 케이스와 표2.2의 모든 예를 살펴봤을 때, 옛 의미와 새 의미는 공존한다고 볼 수 있다.

To fire someone
(누군가를 해고하다.)

To lay off someone from employment, typically resulting in financial and emotional <u>harm</u> to the employee; done <u>quickly</u>(without warning); sometimes done <u>out of anger</u> (일반적으로 종업원에게 금전적, 정서적 <u>해악</u>을 초래하는 누군가를 해고하는 것; <u>빠르게</u>(경고 없이), 때로는 <u>분노로 인해</u> 해고되는 것.)

To fire questions or insults at someone
(누군가에게 질문이나 모욕을 퍼붓는다.)

To communicate comments in a <u>quick</u>, repeated <u>rapidly</u> and <u>harsh</u> way(<u>빠르고 반복적</u>이며 <u>가혹한</u> 방법으로 의견을 전달하다.)

Neurons *fire*
(뉴런이 점화되다(활성화되다).)

The action potential of a cell sends an electrical signal down the axon (<u>quick</u>, <u>directed</u>)(세포의 작용 전위는 (신경 세포의) 축색 돌기 아래로 전기 신호를 보낸다(<u>빠른</u>, <u>의도적으로</u>).)

To fire off a letter
(편지를 발송하다.)

To <u>quickly</u> <u>direct</u> a communicative act toward someone, typically <u>out of anger</u> ((우편을 통해) 누군가에게 보통 <u>분노에 의해</u>, <u>신속하게</u> <u>의사소통</u> 행위를 보내다.)

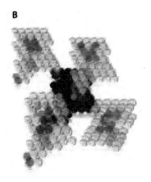

그림2.3 A: 동사 'fire'의 상징, B: 동사 'fire'와 관계된 추상적이고, 구조화되고, 분포적인 의미 표상.

2.4 창의성

단어에 의미를 부여하는 것은 어렵고 복잡한 작업으로 인식된다
(Gleitman, 1990; Quine, 1960). 단어에 의미를 부여하는 것은, 처음에 단
어와 연관된 의미들이 일상적으로 부정확하며, 수정이나 제거가 필요하
다는 생각으로 이어지게 된다. 한 가지 일반적인 생각은, 학습자들이 새
로운 단어의 의미에 대해 잠정적인 가설을 세운 다음, '새로운 맥락'에서
단어와 마주쳤을 때 그 의미를 확인하거나 거부한다는 것이다. '새로운
맥락'이 '가정된 의미'와 일치되지 않는다면, 학습자는 단어와 원래 의미
사이의 처음 제안된 연관성을 다 삭제하면서 가정된 의미는 무시되는 방
향으로 생각이 전개될 것이다(Aravind et al., 2018; Berwick & Weinberg,
1986; Siskind, 1996; Trueswell et al., 2013; Woodard et al., 2016).

그러나 '단어 의미'에 대해 완전하게 이해한다면, 우리는 이 "Propose
but Verify" 모델[19]이, 그것이 불렸던 것처럼, 가능할 수 없다는 것을 알 수
있다. 왜냐하면 단어들은 전형적으로 '다중 변별적 의미(multiple distinct
senses)'를 갖고 있기 때문이다. 즉, 단어의 두 번째 의미를 접한다고 해
서 첫 번째 의미를 버릴 수는 없는 것이다. 예를 들어, 고용 상황에서 사
용되는 'fire(해고하다)'라는 동사를 접한다고 해서 학습자가 총기와 관련
된 'fire(총을 쏘다)'의 의미를 없애지는 못한다. 단어의 다중 의미가 반드
시 그들 사이에 어떤 특정한 속성을 모두 공유하지는 않기 때문에, 학습
자는 잠재적으로 가정된 의미의 특정한 속성을 지우지도 못한다. 예를 들

---

19 [역주] 단어 의미에 대한 가설을 제안하고 상황에 따라 이를 확인, 수정하는 가설. 그
러나 저자는 단어가 구별된 다양한 의미를 지니기 때문에 이 가설이 타당하지 않다
고 주장한다.

어, 'breakfast(아침 식사)'라는 단어를 생각해 보자(Fillmore, 1976). 만약 아이가 "eat your breakfast(아침 식사를 먹어라)"는 말을 듣는 맥락에서 'breakfast'라는 단어를 처음 접하게 된다면, 아이는 'breakfast'가 "food, like this cereal, that constitutes the first meal of the day(이 시리얼과 같은, 하루의 첫 식사를 구성하는 음식)"을 가리킨다는 가설을 세울 수 있다. 하지만 나중에 아이가 식당에서 저녁 식사로 '아침 식사'를 주문할 수 있다는 것을 듣게 된다면 어떨까? 그 아이는 원래 가설을 버려야 하는가? 분명히 아니다. 그 어린아이는 하루 중 시간의 제한을 삭제하고 "food such as cereal(시리얼과 같은 음식)"이라는 의미 속성만 남겨야 하는가? 후자의 해석은 처음 두 가지 맥락에서는 충분할 수 있지만, 나중에 누군가가 '아침 식사'로 피자를 먹었다는 것을 들었을 때 아이는 어떻게 생각할까? 이 세 번째 맥락이 추가되면 '아침 식사'가 "food such as cereal"이나 "food that constitutes the first meal of the day"를 지시했던 가설을 삭제해야 한다. 그러나 그때 아이는 'breakfast'를 위해 어떤 의미도 남겨두지 않을 것이다.

"Propose but Verify" 모델은 가정된 의미가 현재 문맥과 어울리지 않을 때마다 자동으로 '제거'되지 않고 가정된 의미가 점차적으로 '억제'될 수 있도록 하기 위해, 이후 'Pursuit' 모델로 수정되었다(Stevens et al., 2017). 그러나 이상하게도 이 모델은 단어에 대한 하나의 잠재적 의미만을 고려한다고 규정한다.[20]

---

20 [역주] Pursuit 모델의 설명 부분이다. 새로운 문맥에서 이전 가설이 제거되는 대신, 점차 억제된다고 보는 관점이다. 그러나 이 가설 역시 단어의 다의적 의미를 설명할 수 없다.

가장 개연성이 높은 가설이 확정되지 않으면, 모델은 두 번째로 개연성이 높은 가설을 검정하기보다는 대신 현재의 맥락에서 의미를 선택한다. 나아가 새로운 의미의 선정도 최소주의자 전략을 따른다. 즉, 여러 의미로 해석될 수 있는 경우, 모델은 이전에 본 의미를 선호하지 않고 완전히 무작위로 선택한다(Stevens et al., 2017, 12).[21]

이러한 이유로, 'Pursuit' 모델은 이전의 "Propose but Verify" 모델처럼, 단어들이 여러 가지의 관련 의미와 체계적으로 연관되는 것을 허용하지 않는다(Floyd & Goldberg 출판 예정 참조).

'breakfast(아침 식사)'가 "아침에 먹는 시리얼과 같은 음식"을 의미한다는 가설을 삭제하거나 억제하는 대신, 아이는 이런 의미를 유지하며 "시리얼처럼 언제 먹어도 상관없는 음식", "무엇이든 상관없이 하루의 첫 끼니를 구성하는 음식" 등 추가적인 의미를 '더하는 것'이 나을 것이다. 첫 번째 문맥은 결국 단어의 가장 보편적이거나 원형적인 의미를 예시하고, 후자의 두 의미는 관습적으로 확장된 의미이다. 이때 제안되는 것은 '단어 형태와 문맥의 기억 흔적(memory traces of word forms and contexts)'은 단지 추가된다는 점이다. 단어와 의미 사이의 연관성은 같은 단어에 대한 추가적인 학습 경험으로 제거될 수는 없다.

대부분의 경우, 1살 반의 나이를 지나면 학습자들은 생소한 단어에 올

---

21 If the most probable hypothesis fails to be confirmed, the model does not test out the second most probable hypothesis, but rather chooses a meaning from the current context instead. Furthermore, the selection of the new meaning also follows a minimalist strategy: If there are multiple meanings available, the model does not favor meanings it has seen before but chooses completely randomly (Stevens et al., 2017, 12).

바른 의미를 부여하는데 놀랄 정도로 정확해진다. 왜냐하면 '의도된 의미'를 결정할 수 있는 다양한 단서를 이용하기 때문이다(Akhtar et al., 1996; Baldwin & Tomasello, 1998; Childers & Tomasello, 2002; Imai et al., 1994; Landau et al., 1988; Markman, 1989; Mervis et al., 1994; Soja et al., 1991). 해석을 할당함에 있어서, 나이 어린 아이들도 자신의 담화적 맥락에 대한 지식뿐 아니라 화자의 현재 지식 상태로서 무엇을 생각하는지를 역동적으로 고려한다. 예를 들어, Tomasello & Haberl(2003)에 따르면, 12개월과 18개월 된 유아들이 있을 때, 이들이 각각 똑같이 세 가지 장난감에 친숙하고 관심이 많은데, 그때, 어른이 "정말 멋지다! 나에게 그거 줄 수 있겠어?"라고 요구하면, 어른에게 생소한 장난감 하나를 제공하는 경향이 있다고 한다(Gweon et al., 2014 참조). 즉, 아주 어린 아이들도 그 어른이 어른에게 생소하고 신기한 장난감에 관심을 갖고 있을 가능성이 높다는 것을 인식한다는 것이다. 물론, 여전히, 학습자들은 다양한 유형의 실수를 할 수 있고 또 하기도 한다. 즉, 문맥이 단지 추가되는 것만으로도 실제로 효과가 있을지 의문이다.[22]

---

[22] [역주] 필자는 학습 과정에서 새로운 문맥들이 단순히 추가되기만 하는 것이 언어 학습자들이 단어의 의미를 이해하고 활용하는 데 있어서 얼마나 효과적일 수 있는 지에 대한 의문을 제기한다. 이는 학습자들이 새로운 단어를 배울 때, 그 단어를 다양한 문맥에서 경험하는 것이 중요하지만, 단순히 새로운 문맥을 추가하는 것만으로는 충분하지 않을 수 있음을 시사한다. 대신, 학습자들이 단어의 다양한 사용법을 실제로 이해하고 내면화하기 위해서는 그 문맥들 사이의 연결과 관계를 인식하고 통합하는 능력이 중요하다는 점을 강조하는 것으로 해석될 수 있다.

2.5 경쟁은 단어 의미를 제약한다

아이는 단어와 잘못 연결되어 있는 의미를 기억에서 어떻게 지울('unlearn') 수 있을까? 예를 들어, 만약 아이가 'breakfast(아침 식사)'는 '시리얼(cereal)'을 의미한다고 잘못 가정한다면? '시리얼'의 추가적인 맥락에서 'breakfast'라는 단어를 접함으로써, 아이가 이런 의미로 판단하고자 하는 생각을 단념시키지는 못한다. 또한 우리는 '시리얼'이 없는 맥락에서 'breakfast'라는 단어를 경험했다고 해서 아이가 이런 의미로 판단하지 않도록 설득해서도 안 된다고 주장한다. 그렇다면 어떻게 아이가 'breakfast'의 의미를 보다 구체적인 의미인 '시리얼'과 구별할 수 있을까?

사실 'cereal'이라는 단어는 반드시 차별화시켜 이해해야 한다. '아침 식사'가 아닌 '시리얼'이 의도된 맥락에서, 아이는 'cereal'이라는 단어를 확실히 들을 것이다. 'cereal'과 추가적인 용례로 사용된 '시리얼' 사이의 새로운 연관성은 결국 'breakfast'와 '시리얼'[23] 사이의 이전의 연관성보다 더 강해질 것이다.[24] 즉, 각 단어는 그 자체의 의미와 분포의 틈새 부분을 채우게 된다(Aronoff & Lindsay, 2016; Clark, 1987; Gauger, 1973). 단어들은 서로 교체할 수 없으며 진정한 동의어는 거의 없다. 각 단어는 이미 논의한 바와 같이 '풍부한 맥락의 네트워크'나 '의미 틀'과 연관되어 있기 때문에 다른 단어와 구별할 수 있다. 비슷한 동의어들은 분명히 서로 다른 '문맥적 제약(contextual restrictions)'이나 '배경 틀(background

---

23 [역주] 본문 중 'breakfast', 'cereal'처럼 영어로 표기한 것은 영어 단어 형식이고, '아침 식사', '시리얼'처럼 한글로 표기한 것은 그 단어의 의미를 나타낸다.

24 [역주] 아침 식사로 주어진 시리얼을 보고 아침 식사를 시리얼을 뜻하는 단어로 생각한 아이는 점차 시리얼을 지칭하는 상황들을 경험하게 된다. 결국 이 사이의 연결이 시리얼과 아침 식사 간의 연결보다 강해지게 된다.

frames)'을 가지고 있다. 예를 들어, '형식성(dog(개)와 pooch(잡종개))', '관점(ceiling(천장)과 roof(지붕))', 또는 '태도(skinny(여윈)와 slim(날씬한))'의 측면에서 차이가 날 수 있다.

단어에 대한 우리의 기억은 그 '사용 맥락'의 측면을 포함한다는 것을 보았다. 따라서 유사하게 연관된 맥락에서 동일한 유형의 메시지를 의도하게 되면, 이전에 "그러한 유형의 메시지를 표현하기 위해 해당 유형의 맥락에서 사용된 단어"를 '활성화(activate)'시키는 데 도움이 되는 것으로 충분히 판단할 수 있다. 여러 단어가 '활성화'되긴 하나, 하나로 합쳐질 수 없을 때, 단어들은 서로 '경쟁'한다.

따라서 아이들이 처음에 단어의 의미를 잘못 부여하면, 결국 의도된 의미에 더 적합한 다른 단어를 배우게 된다. 이런 식으로, 단어 형태는 의미[25]를 두고 서로 경쟁한다. 다시 말하면, 결국 'cereal'이라는 단어는 '아침 식사'와 'cereal' 사이의 잘못된 연관성을 '통계적으로 선점(STATISTICALLY PREEMPT)'하게 될 것이다. 그리고 더이상 적절한 단어가 없다면 아이들이 그 단어에 대한 의미를 수정할 필요도 없고, 또 그렇게 한다는 증거도 없다. 대신에, 그 단어를 추가적인 문맥에서 경험하게 됨에 따라, 그 단어에 대한 적절한 해석은 시간이 지나면서 점차 강화될 것이다.

다른 언어의 예를 들어보면, 단어가 다른 단어의 잠재적 의미에 영향을 미친다는 사실은 분명하다. 예를 들어, 독일어로 'Blase'라는 단어는 '거품(bubble)'을 의미하는데, '비누 거품'뿐만 아니라 '물집(blister)'을 가리키는 데에도 사용된다. 하지만 영어 사용자들 중, 특히 아이들이나 제2

---

25   [역주] 이때의 의미는 상황과 맥락을 반영하는 의미이다.

외국어 사용자들만이 '물집(blister)'을 'bubble'이라고 부를 가능성이 있다.[26] 왜냐하면 'blister'란 단어가 존재하고 있고 이것이 더 적절한 대안이기 때문이다. 고대 일본인들은 파란색과 초록색 중 하나를 묘사하기 위해 'ao(あお)'라는 단어를 사용했지만, 영어 사용자들은 하늘을 'green(초록빛)'이라고 부르거나 풀을 'blue(파랗다)'라고 말하지 않는다. 왜냐하면 다른 단어가 '의도된 의미'를 전달하기에 더 적합하기 때문이다. 반대로, 영어에서는 '알다'라는 의미를 표현할 때 '어떻게 아는지(knowing how)'와 '무엇을 아는지(knowing something)'를 구별하지 않고 하나의 동사를 사용한다. 그러나 프랑스어에서는 이 두 가지 의미를 'savoir'와 'connaître'라는 두 개의 동사로 구별하여 표현한다.

위에서 논의한 '시리얼' 예에 대한 가상의 'breakfast'라는 단어는 아이가 단어를 처음 배울 때 단어 의미를 '과소일반화(undergeneralize)'하는 경우에 해당한다. 그러나 그 아이가 처음에 단어의 의미를 '과잉일반화(overgeneralize)'한다면 어떨까? 단어 학습의 초기 단계에서, 어린 아이들은 그 언어에서 관습적이지 않은 방법을 이용하여, 자신의 '작은 어휘목록(small vocabulary)' 속에서, 한 단어를 과잉일반화하여 사용한다(Bloom, 1975; Clark, 1973).

예를 들어, 아이들은 'ball'이라는 단어를 '단추'나 '달'을 가리키기 위해

---

26 [역주] 영어를 모어로 하는 성인은 일반적으로 "blister"와 "bubble"의 의미와 용법 차이를 명확히 구분한다. "Blister"는 피부에 생기는 물집을 가리키는 데 사용하고, "bubble"은 주로 비눗방울이나 액체 속에 생기는 작은 기포를 의미한다. 따라서 성인 모어 화자들은 물집을 "blister"라고 하지, "bubble"이라고 하지 않는다. 반면, 영어를 제2 언어로 배우는 학습자나 어린 아이들은 "blister"와 "bubble"의 의미와 용법 차이를 완전히 이해하지 못할 수 있다. 이들은 "bubble"의 의미를 확장하여 물집을 가리키는 데 사용할 수도 있다. 이는 아직 "blister"라는 단어를 배우지 않았거나, 두 단어의 미묘한 차이를 파악하지 못했기 때문이다.

사용할 수 있다. 그들은 모든 동물에게 라벨을 붙이기 위해 'dog'라는 단어를 사용할지도 모르고, 그들이 작별 인사('bye')를 해야 할 때 'hi'라고 말할지도 모른다. 이러한 과대 확장은 아이들이 기억하는어휘목록이 단지 50~150 단어로 구성되었을 때 가장 흔히 나타난다(Gershkoff-Stowe, 2001). 이것은 바로 그들이 그 특정 순간에 표현하고자 하는 의미를 더 잘 표현할 수 있는 단어가 없다는 것을 의미한다. 한 중요한 연구에서, Kuczaj(1982)는 아이들에게 "show me the dog(개를 보여줘)" 또는 "show me the ball(공 좀 보여줘)"라고 요구했을 때, 자신의 발화를 과잉일반화한 아이들은 다른 동물의 사진에 대해서 개라고 하고 둥근 모양의 사물을 표현한 사진은 모두 공이라고 표현한다는 점을 발견했다(Gelman & Naigles, 1995; Huttenlocker, 1974 참조).

즉, 아이들은 적어도 'dog'라는 범주에서 가장 적합한 실례는 '개'이고, 'ball'이라는 범주에서 가장 좋은 실례는 다른 둥근 것이 아닌 실제 '공'이라는 것을 알고 있는 것 같다. 이것은 다름 아닌 단어와 마주친 기억의 흔적이 남아 있다는 점을 시사하는데, 즉, 아이들은 처음에는 단어를 지나치게 넓은 방식으로 사용할 수 있지만, 그들은 "자신의 표현에 더 잘 맞는 상황이 더 적절하다"는 것을 인식하게 된다. 따라서 아이들은 다른 단어가 학습되지 않았거나 말하는 상황에 적절한 단어를 구사할 수 없을 때 '과잉일반화'를 하게 된다(Harmon & Kapatsinski, 2017 참조).

'과잉일반화'는 '과소일반화'와 마찬가지로 결국 아이의 어휘목록 속에 새로운 단어가 학습되면서 회피된다. 아이는 더이상 '달'을 'ball'이라고 부르지 않게 된다. 이는 그 아이가 추가적인 맥락에서 공이라는 단어를 접하기 때문이 아니라, 보다 적절한 단어인 'moon'을 배우고 사용하기 때문이다. 'moon'이라는 단어는 달을 지시하기 위해 'ball'이라는 단어를 '통계적으로 선점(즉, 차단)'한다. 지금까지 우리가 배운 것은 바로 '문맥에서 의미를 나타내는 풍부한 표현의 범위'와 '단어 형태' 사이의 상관관계이다. 그다음에 제안하는 것은 서로 다른 단어 형태들이 특정한 의미 해석을 위해 서로 경쟁하고 있다는 것이다. 예컨대, 만약 'moon'이라는 단어가 특정한 종류의 문맥에서 '달'을 가리키기 위해 사용된다면, 'ball'은 그러한 문맥에서 그 의미를 표현하기 위해 사용되지 않는다.

다음 절에서는 바로 이 아이디어를 뒷받침하는 증거를 검토한다. '통계적 선점을 통한 경쟁'의 개념은 "explain-me-this 수수께끼"에 대한 우리의 해결책에도 중요한 역할을 할 것이다.

2.6 학습 및 유창성은 과잉 일반화를 감소시킨다

동일한 '문맥적 의미(meaning-in-context)'를 표현하기 위해 서로 다른 형태의 단어들이 사용 경쟁을 한다. 한 단어가 다른 단어보다 선호되는 문맥은 거의 항상 존재한다. 예를 들어, 'quick'과 'fast'라는 단어가 상호 교체가 가능하다고 알고 있는데, 사실 'quick shower(빠르게 샤워하기)'와 'fast car(빨리 달리는 차)'라는 표현이 'fast shower' 또는 'quick car'보다 더 자연스럽다. 이는 'quick'이라는 단어는 분명한 종점이 있을 때 사용되는 경향이 있는 반면, 'fast'라는 단어는 종점 없이 속도를 나타내기 때문이다. 위에서 논의한 바와 같이, 특정 단어와 연관되는 관련 문맥은 상당히 풍부하고, '구별 가능한 해석(distinguishable CONSTRUAL)' 또는 '문맥적 메시지(MESSAGES-IN-CONTEXT)'와 연관되어 있다. 심지어 의미적으로 상당히 가까운 경우에도 그러하다(예컨대, jock vs.

athlete; thrifty vs. stingy; banish vs. deport)(Langacker, 1987).

단어는 학습되기 때문에, 단어 '형태(forms)' 간의 경쟁에 대한 충분한 증거가 있다. 약 1살 반 정도 되는 어린아이들에게, 여러 사물 중에서 'moop'이라는 단어를 찾도록 요구한다면, 아이들은 이미 익숙한 라벨이 있는 단어는 제외할 것이고, 'moop'은 낯선 사물을 가리키는 것이라고 생각할 것이다. 이러한 경향은 "새로운 단어가 새로운 사물을 지칭한다." 라고 가정하는 편견으로 설명되어 왔다('상호 배타성')(Markman, 1989; Markman & Hutchinson, 1984; Markman & Wachtel, 1988; Xu, 2002). 그러나 실제 세계에 존재하는 '동일 사물'은 종종 여러 가지 방법으로 라벨을 붙일 수 있다([tele]phone, cell, device, thingy). '편견'이란 정확히 말하면, 동일한 '의미 해석' 또는 '문맥적 메시지'를 나타내는 데에, 두 개의 구별되는 단어를 사용하지 못하게 되는 것이다.

"동일한 '문맥적 메시지'를 설명하기 위해 구별되는 단어들이 경쟁한다"라는 생각은 때때로 상당히 다른 주장과 혼동된다. 즉, 우리는 "하나의 라벨이 둘 이상의 '문맥적 메시지'와 연관되지 않을 것"이라는 편견이 존재한다는 것이다. 이러한 후자의 주장은 적어도 '문맥적 메시지'가 의미론적으로 서로 연관되어 있을 때는 문제 없는 것으로 보인다('fire'라는 단어의 다양한 의미를 상기시켜 보라)(Floyd & Goldberg참조, 출판예정).

단어 학습의 경우, '단어 형태 간의 경쟁'을 통해, 일반적으로 "새로운 단어가 새로운 구별 가능한 개념을 지시한다"고 가정하는 이유를 알 수 있다. '단어 표현(word choices in both production)'(Bates & MacWhinney, 1987; Horst & Samuelson, 2008; Rayner & Springer, 1986; Yurovsky et al., 2013)과 '단어 이해(comprehension)'(Gaskell &

Dumay, 2003; McClelland & Elman, 1986) 사이에서, 어떤 단어를 선택할 것인지를 '경쟁'이라는 개념을 활용하여 설명하려는 다양한 연구 모델이 제안되었다.

기존 방언 안에 있는 단어들이 분포적인 틈새를 놓고 경쟁한다는 관점은 생물학 분야에서도 유사하게 논의되고 있다. 생물학 분야에서 동일한 생태적 틈새를 공유하는 두 종은 장기적 균형상태에서 공존할 수 없다. 한 종은 약간의 우위를 차지하게 될 것이고, 이러한 우위는 시간이 지남에 따라 눈덩이처럼 불어나 궁극적으로 다른 종을 멸종시키거나 새로운 생태적 틈새로 몰고 갈 것이다(Darwin, [1859] 1993; Grant & Grant, 2002). 사실 다윈은 오래전에, "두 단어가 모두 같은 의미와 연관되어 있다면 장기적인 평형 상태를 유지할 수 없다"는 점에 주목하면서 언어에 유추를 끌어냈다. 또 Aronoff와 Lindsay(2016)는 '승자 독식의 경쟁' 현상이 생물학을 넘어 모든 복잡한 체계에까지 확장된다고 제안했다. 그들은 언어가 진정한 동의어를 선호하지 않는 현상에 대한 설명으로, '가우스의 경쟁 배제 일반 법칙(Gause, 1934)'을 인용한다. 그러나 단어는 종이 아니며, 의미는 음식이 아니다. 그렇기 때문에 "완전히 동일한 맥락에서 사용될 수 있고, 자유로운 변형을 가질 수 있는 단어들이 존재하지 않는 이유"에 대해 물어보는 것이 더 나을 것이다.

비록 영역(buy vs. purchase), 방언(pop vs. soda), 함축(stingy vs. thrifty), 배경 틀(land vs. ground), 분포(*sofa* bed vs. therapist's *couch*)에서만 의미가 다르더라도, 각 라벨에 구별적인 '문맥적 의미'를 부여하는 기능적 이점이 있다. 구별이 존재한다는 사실로 인해, 화자가 말할 때 '의도된 문맥적 메시지(intended-messages-in-context)' 내용과 가장 일치하는 최선의 메시지에 더 빨리 접근할 수 있다. 만약 두 단어가 진정으로 상호 교환이 가능하다면, 화자는 두 단어 중에 어떤 단어를 사용할지 완전히 무작위적으로 결정해야 할 것이다. 그런데 이는 표현성에 기여하는 바도 없으며, 'CENCE ME 접근법'의 효율성 측면을 위반할 수 있다. 왜냐하면 편향되지 않는 의사결정은 시간이 더 오래 걸리고(Ratcliff et al., 2004) 추가 정보를 제공하지 않기 때문이다.

"만약 화자가 '숟가락'을 언급하려 했다면 'spoon'이라는 단어를 사용했을 것이다. 따라서 이 단어는 '숟가락'을 의미해서는 안 된다."[27] (Clark, 1987; Diesendruck & Markson, 2001; Goldberg, 1995). "각 단어에 고유한 분포적 위치가 있다"는 주장은 위의 이 추론이 학습자에게 기인하고 있다는 점에서, 바로 '화용적 추론'에 근거한 것으로 생각되어 왔다. 이런 유형의 추론은 고학년 아이들과 어른들이 할 수 있는데, '단어 형태' 간의 경쟁 효과를 설명하기 위해, 높은 수준의 추론, 혹은 인간에게 특정한 추론을 내세울 필요는 없다. 잘 훈련된 개들은 '생소한 의미'를 부여받는 '생소한 단어'를 선호하는 것으로 밝혀졌다. 특히, 보더 콜리 Rico는 'sirikid'(새로운 용어)를 가져오라고 했을 때, 이미 익숙한 라벨이 붙어 있는 몇몇 익숙한 사물 중에서 하나의 새로운 물체를 선택하는 것이 발견되었다(Kaminski et al., 2004). 이러한 효과는 '고전적인 간섭(classic interference)' 때문일 수 있다. 이를테면, 'A → B 연관성'을 일단 학습하면 'C → B 연관성'을 배우는 것이 더 어렵다(Ellis, 2006). 즉, 한 단어 형

---

27 [역주] 이 부분에서 필자는 언어 학습 과정에서 학습자가 사용하는 화용적 추론에 대해 설명하고 있다. 여기서 "화자가 '숟가락'을 의미하려 했다면 'spoon'이라는 단어를 사용했을 것이다; 따라서 이 단어는 '숟가락'을 의미하지 않는다"라는 추론은, 학습자가 화자의 의도와 선택한 단어 사이의 관계를 이해하는 방식을 나타낸다. 만약 화자가 특정 객체를 지칭하고자 했으나 그에 대응하는 명확하고 흔히 사용되는 단어(이 경우 'spoon')를 사용하지 않았다면, 학습자는 화자가 다른 의미를 전달하고자 한다고 추론한다.

태(A)가 특정한 의미(B)와 연관되면, 관련 없는 단어(C)가 같은 의미를 갖는 것으로 해석하기가 더 어려워진다. 그러나 다의어(polysemy)의 '편재성'에 따르면, 'A → B 연관성'을 배웠다고 'A → B′ 연관성'을 배우는 것이 더 어렵지는 않다고 한다. 여기서 B와 B′는 분명히 서로 연관성이 있는 구별되는 의미들이다.

2.7 요약

사실 단어의 의미, 단어의 학습 그리고 사용 방법과 관련하여 언급할 내용이 훨씬 많다. 이러한 일반적인 주제는 각각이 여러 권의 단행본 정도의 작업을 요구할 만큼 가치가 있다(Bloom, 2000; Bowerman & Levinson, 2001; Clark, 1995; Fellbaum, 1998; Hart & Risley, 1999; Lakoff, 1987; Murphy, 2002; Pustejovsky, 2012; Tomasello, 2003). 그러나 이 책에서 우리의 주요 초점은 단어 의미나 단어 학습이 아니다. 본서에서는 학습자들이 특정 구문 형식을 사용하지 않을 수 있는 능력에 초점을 둔다. 설사 그 구문 형식들이 쉽게 해석 가능하고 통사적으로 잘못 형성되지 않음에도 불구하고 말이다. 즉, 우리가 추구하는 것은 바로 "explain-me-this 수수께끼"이다. 본 장에서 다룬 내용은 다음과 같다.

- 단어들은 '사용 맥락'으로부터 '부분적으로 추상화'되었으면서, 또 '의미론적으로 풍부'하고 '구조화'된 그런 의미를 환기시킨다.
- 단어 사용 방법에 대한 기억은 방대하다.
- 우리는 규칙적으로 기존의 단어를 새로운 용도로 사용한다. 그 결과

일반적인 단어들이 '전통적이며, 관련되어 있는 의미들'의 군집을 불러일으키게 한다.

- 새로운 표현들이 추가된 후, 우리의 초차원적 개념공간 내에서, 이 새로운 표현들은 동일한 단어의 이전 경험과의 중첩이 강화된다.
- 단어의 의미는 다른 단어들과의 경쟁에 의해 제한된다.
- 화자들은 의도된 의미를 위해 더 적절한 라벨을 학습하고 유창해짐으로써 과도한 일반화를 피한다.

다음 장에서, 우리는 이러한 각 포인트가 '형태와 기능의 더 추상적인 쌍'에도 적용되는 것을 살펴볼 것이다. 특히 다음 장에서 소개될 '논항구조구문(ARGUMENT STRUCTURE CONSTRUCTIONS)'에도 적용되는 지 살펴볼 것이다. 그리고 앞으로 우리는 4장부터 6장에 걸쳐 "explain-me-this" 수수께끼를 본격적으로 다룰 것이다.

제3장

구문 - 범주 형성을 위한 초대장

앞 장에서는 개별 단어가 불러올 수 있는 다양한 해석의 종류를 논하였다. 이번 장에서는 "우리가 발화를 해석할 때, '단어의 결합 방식'에도 주요하게 의존한다."는 사실에 초점을 맞추고자 한다. 예를 들어, 우리는 동일한 단어가 출현함에도 불구하고, "The boys ate an alligator(소년들이 악어를 먹었다)"와 "An alligator ate the boys(악어가 소년들을 먹었다)"는 두 문장의 차이를 이해한다. 이는 영어의 '타동구문(TRANSITIVE CONSTRUCTION)'이 어떤 명사구가 '행위주'를 지시하고 어떤 명사구가 '행위를 받는 대상'인지를 결정하기 때문이다[1]. 타동구문은 '논항구

---

[1]　이러한 일반화에 대한 논의는 Dowty(1991), Fillmore(1968), Foley & Van Valin(1984)를 참조하라. 피행위주를 향한 동작주의 행동에 대한 해석은 분명히 "This line meets that line(이 선과 저 선이 만나다)"나 "She underwent an operation(그녀는 수술을 받았다)"와 같은 특정한 타동문과는 관련이 적다. 이는 다른 의미적 특성을 가진 다른 '다양한 타동구문'이 존재하는지(Ambridge & Lieven,

조구문(ARGUMENT STRUCTURE CONSTRUCTION, ASC)'의 실례이다(Goldberg, 1992a). 그러한 논항구조구문(ASC)은 각 언어의 기본절 유형을 결정하고, "누가 누구에게 무엇을 했는지"에 대한 해석을 제한한다.

논항구조구문(ASC)은 개별 단어의 의미보다 더 추상적이다. 그런데 이것이 발화 의미를 해석하는데 있어, 중요하면서도 때로는 미묘한 방식으로 기여하는 것을 볼 수 있다. 이와 관련하여, 논항구조구문(ASC)은 종종 '정보구조(INFORMATION STRUCTURE)'의 중요한 측면도 결정한다. 예를 들어, 논항구조구문(ASC)은 문장의 어느 부분이 신정보를 전달하는지, 또 어떤 측면이 담화에서 환기되었는지를 제한한다. 어떤 경우, 논항구조구문(ASC)은 어떠한 사회적 맥락이 적절하게 사용될 수 있는지, 심지어 거기에 나타나는 동사가 어떻게 발음되어야 하는지 까지도 제한한다. 이러한 각 '조건화 요인(CONDITIONING FACTORS)'의 사례는 아래에 제시되어 있는데, 이것은 개별 논항구조구문(ASC)의 특징을 결정하는데 도움이 되는, 다양한 차원의 맛보기를 제공한다. 개별 구문의 '형식적인 문법 패턴'은 학습자가 구문 사용의 규칙을 찾도록 유도한다. 즉, "Words are invitations to form categories(단어는 범주 형성을 위한 초대장이다)"라는 유명한 논문 제목처럼(Waxman & Markow, 1995; Zettersten & Lupyan, 2018 참조) '문법 구문(grammatical constructions)'도 단어처럼 학습자가 범주를 형성하도록 '초대'한다.

2015), 아니면 2장에서 논의한 바와 같이, 단어들이 원형적 의미와 확장된 의미를 가진 것처럼, 문장도 단일 구문의 비전형적인 확장인 것인지에 대해 의문을 제기한다. 4장에서 우리는 '구문'이 부분적으로 추상적인 범례들의 군집을 구성하기 때문에, 구문이 좁게 정의되는지(개별 군집들) 넓게 정의되는지(군집들의 군집들)에 달려있다는 사실을 관찰함으로써 그에 대해 답을 할 것이다.

동일한 언어의 방언마다 논항구조구문(ASC)이 사용되는 방식은 차이가 있지만, 주어진 방언에 대한 적절한 요소들이 식별된다면, 주어진 맥락에서 주어진 메시지를 표현하는데 가장 적합한 논항구조구문(ASC)을 거의 정확하게 예측할 수 있다. 이번 장의 마지막에선 언어 전반에 존재하는 논항구조구문(ASC)의 몇 가지 현저한 차이점에 대해 간략히 조사할 것이다. 이를 통해 여러분은 우리가 관찰한 언어를 기반으로, 우리가 얼마나 많이 학습해야 하는지를 어느 정도 이해할 수 있게 될 것이다(3.7에서 소개).

3.1 의미(의미론)

'이중목적어구문(DOUBLE-OBJECT CONSTRUCTION)'은 언어 연구에 있어 '생물학의 초파리'와 같은 존재로, 다른 어떤 구문보다 많은 연구의 초점이 되어 왔다. 사전에 양해를 구할 점은 본 장의 논의는 균형적이지 못하고, 이중목적어구문에 집중될 것이라는 점이다. 그것은 바로 이중목적어구문이 앞서 언급된 논항구조구문(ASC)의 주요한 측면들, 바로 의미론적, 정보구조적, 음운론적, 방언적 제약을 유용하게 묘사하고 있기 때문이다. 그렇지만 그 외의 다른 논항구조구문(ASC)도 몇 개 소개할 것이고, 8장에서도 다른 내용이 논의될 것이다.

이중목적어구문(아래 3.1)은 명칭에서 추측할 수 있듯이, 동사 외에 두 개의 명사구 목적어가 있으며, "두 유정물 간의 전이(transfer between two sentient beings)"라는 상당히 구체적인 의미를 환기시킨다.

Double-object construction **이중 목적어 구문**

3.1 (Subject$_x$), V, Obj$_y$, Obj2$_z$ "X causes Y to receive Z"

3.1 (주어$_x$), 동사, 목적어$_y$, 목적어2$_z$ "X는 Y가 Z를 받도록 하다"

구문이 '해석에 기여'하는 점을 확인하려면 예(3.2)에서 생소한 동사인 'moop'이 무엇을 의미할 수 있는지 추측해 보기 바란다.

3.2 She mooped him something.   double-object construction

     (그녀는 그에게 무언가를 했다)   (이중목적어구문)

예(3.2)에 대한 당신의 해석은 'moop'의 사전 지식에 의존할 수 없다. 왜냐하면 'moop'은 새롭게 만들어 낸 단어이기 때문이다. 실험에 따르면, 대다수 사람들은 'moop'의 의미를 '주다'로 추측하고, 그 외의 일부 사람들도 유사하게 'moop'이 문자 그대로 또는 은유적으로 '전달(TRANSFER)'(예컨대, 'tell')을 의미한다고 가정한다(Ahrens, 1995; Ellis & Ferreira-Junior, 2009; Goldberg, 1995; Goldwater & Markman, 2009; Kako, 2006; Rowland & Noble, 2010).

이중목적어구문이 익숙한 동사와 함께 출현하는 경우, 구문은 전이를 포함한 해석(전이가 의도된 것인지, 실재한 것인지 아니면 거부된 것인지 간에)을 요구할 것이다. 예를 들어, 이중목적어구문의 또 다른 예(3.3)

---

2   이 표현은 문법적 범주(NP)보다는 문법적 관계(Subject, Obj 등)를 나타낸다. 왜냐하면 어떤 NP(명사구)들은 목적어가 아닌 술어일 수 있기 때문이다. 예를 들어, 'He called them fools'에서 'fools'라는 단어는 명사구이지만 관계적 용어에서 목적어가 아니다. 'He called them foolish'에서와 같이, 형용사도 이 위치에서 거의 변화 없이 나타날 수 있다는 점을 주목할 만 하다.

은 "Sam이 Chris에게 케이크를 주려는 의도"를 필요로 한다. 이는 예(3.4)와 같이 다른 구문에서 'bake'가 사용되는 경우엔 필수적으로 요구되지 않는다. 즉, 여기서 'bake'는 선택적인 'for-수혜격구(BENEFACTIVE for phrase)'을 가진 '타동구문(transitive construction)'에 출현하고 있다.

3.3 Sam baked Chris a cake. (이중목적어구문)

   (Sam은 Chris에게 (주려고) 케이크를 구웠다.)

3.4 Sam baked a cake for Chris. (타동구문 + 수혜격)

   (Sam은 Chris를 위해 케이크를 구웠다.)

예(3.3)의 이중목적어구문은 "Sam이 Chris에게 '줄(give)' 의도로 케이크를 굽는 것"을 의미할 뿐이다. 예(3.4)도 동일 맥락에서 사용될 수 있지만, "Chris가 몸이 좋지 않기 때문에 샘이 Chris 대신 다른 누군가를 위해 케이크를 굽는다"라는 의미로도 사용될 수 있음을 주의해야 한다. 또 예(3.4)는 "Sam이 Chris에게 던지기 위해 케이크를 굽는 것"으로도 사용될 수 도 있다(이 경우 수혜격이라는 문법 용어는 잘못된 것이다). 예(3.4)에 대한 다양한 해석은 다음과 같은 사실을 시사한다. 즉, (3.3)의 문장이 의도된 전달을 함축한다는 사실은 (3.3)의 동사'bake'나 (3.3)의 다른 특정한 단어의 결과가 아니라는 사실이다.

언어학자들은 '수여(giving)' 혹은 한 유생물에서 다른 유생물로의 전이 의미가 영어의 이중목적어문법구문과 관련이 있다는 사실을 오래전부터 인식해 왔다(Green, 1974; Oehrle, 1976; Partee, 1970; Goldberg, 1992b; Pinker, 1989; Rowland & Noble, 2010). 이후 실험적 판단 연구 (Ambridge et al., 2012b; Ambridge, Pine, et al., 2014)와 말뭉치 분석

(Goldberg et al., 2005) 등이 이 사실을 지지해주고 있다. 한편, '수령자에 대한 전이'에 있어서 그 의미를 제한하는 것은 예(3.5)가 이상하게 들리는 이유를 설명하기도 한다.

3.5 ?She sent that place a package. (이중목적어구문)

(?그녀는 그 장소에 소포를 보냈다.)

예(3.5)의 허용 가능한 '바꿔서 표현하기(paraphrase)' 구문으로, 우리는 또 다른 구문을 들 수 있다. 바로 'to-대격(dative)', 혹은 더 일반적인 용어로 '사역이동구문(CAUSED-MOTION CONSTRUCTION)'이다.

3.6 She sent a package to that place. (사역이동구문)

(그녀는 그 장소에 소포를 보냈다.)

'사역이동구문'은 예(3.7) 및 (3.8)과 같이 다양한 동사와 함께 사용되며, 명칭이 의미하는 바와 같이 '야기된 동작(caused motion)'을 표현한다[3].

3.7 Pat loaded some hay onto the wagon. (사역이동구문)

(Pat은 약간의 건초를 마차에 실었다.)

---

3 3.7-3.8 및 3.9-3.10의 구문은 일반적으로 '처소 교체(locative alternation)'로 불리지만 '사역-동작(caused- motion)'과 '타동+준도구(the transitive + quasi-instrumental)'는 여기에서 독립적인 구문으로 취급된다. 이는 이들 각각의 구문이 매우 일반적인 방법으로 서술될 수 있기 때문이다. 단지 상대적으로 소수의 동사만이 두 구조 모두에 나타나고, 이들 동사에만 초점을 맞추면 더 큰 일반화가 모호해진다(Goldberg [2002]를 참조).

3.8 Pat sprayed the paint onto the wall. (사역이동구문)

(Pat은 페인트를 벽에 칠했다.)

일부 동사는 '선택적 준도구구문(optional quasi-instrument phrase)'(*with*〈something〉, '준도구'로서의 'with구'에 관한 토론은 Goldberg(2002)를 참고하라)을 허용한 '타동구문'으로 대체할 수 있다. 이 경우 사역의 해석을 함축하는데, 바로 '타동+준도구' 구의 결합이 직접목적어가 '어떤 방식으로든 영향을 받음'을 함축한다는 것이다. 예(3.9) 와 (3.10)은 '마차'나 '벽'이 각각 건초로 가득 채워지거나 페인트로 뒤덮인 상황으로 자연스럽게 해석되는 반면, 예(3.7) 또는 (3.8)은 그렇지 않다는 점을 유념해야 한다(Anderson, 1971).

3.9 Pat loaded the wagon with hay. (타동+준도구)

(Pat은 마차에 건초를 실었다.)

3.10 Pat sprayed the wall with paint. (타동+준도구)

(Pat은 벽에 페인트를 뿌렸다.)

사실상 '타동+준도구' 구문에서 나타나는 '수용성'은 "동사가 어느 정도까지 상태변화를 일으킬 수 있는가 하는 그 정도"와 관련 있다 (Ambridge et al., 2012a; Gropen et al., 1989).

3.1.1 증거

'구문의미(constructional meaning)'에 대한 증거는 다양한 실험 연구에서 발견된다. 어떤 연구는 동사 의미는 구문에 의해 '강요(coerce)'될 수 있고, 화자는 이것에 민감하다는 사실을 보여준다. 예를 들어, Ambridge & Noble, et al.(2014)은 애니메이션 선택 테스트에서 3살 아동과 성인들을 대상으로 "?Bob laughed Wendy"와 같은 비문법적인 문장에 대한 두 가지 가능한 해석 중 하나를 선택하라고 요청하였다. 첫 번째 해석("Bob made Wendy laugh", Bob이 Wendy를 웃게 했다)은 동사가 나타내는 타동구문의 의미(즉, 'X acts on Y(X는 Y에 행동을 가한다)')를 유지하고 있다. 두 번째 해석("Bob laughed at Wendy", Bob이 Wendy를 비웃었다)은 동사(laugh)의 의미를 그대로 유지하고 있는데, 이는 구문의미를 희생시킨 것이다. 대부분 실험에서 성인과 아동 모두 '구문-합치적 해석 (construction- congruent interpretation)'을 선택했다(Michaelis, 2003; Naigles et al., 1992, 1993; Sethuran et al., 1997 참조).

또 다른 연구는 사람들에게 다수 문장을 전체 문장의미가 비슷한 세트끼리 '분류'하도록 요청했다. 그 결과 주요 동사보다 많지는 않지만, 사람들이 논항구조구문(ASC)을 많이 사용한다는 사실이 발견되었다(Bencini & Goldberg, 2000; Gries & Wulff, 2005; Liang, 2002). 구체적으로 보면, 실험은 참가자들에게 16개 문장 세트를 제공하였는데, 이는 4개의 각기 다른 구문에서 사용되는 4개의 동사로 구성되었다. 이 16개 문장을 전체 문장의미에 따라 4개의 그룹으로 분류해 달라고 했을 때, 참가자들은 동사가 분명히 의미자질을 공유함에도 불구하고, 같은 의미자질의 동사를 공유하는 문장을 분류하는 것만큼이나 같은 구문의 예를 함께 분류하는 경향성을 보였다.

Kaschak & Glenberg(2000)는 "익숙한 명사(familiar nouns)로부터 생성된 생소한 동사(명원동사(denominal verb) (Clark & Clark, 1979))"라는 주제로 일련의 연구를 진행하였고, 그 결과 구문의미에 대한 추가적인 증거를 제공하였다. 특히 실험 참가자들에게 (3.11a, b)와 같은 '바꿔서 표현하기'를 요청했고, 별도의 그룹에게는 이와 관련한 '명원동사'를 정의하도록 했다.

3.11a Allyn crutched Tom her apple to prove her point. (이중목적어구문)
(Allyn은 자신의 주장을 증명하기 위해 Tom에게 사과를 건네주었다.)[4]
3.11b Allyn crutched her apple to prove her point to Tom. (타동구문)
(Allyn은 Tom에게 자신의 관점을 증명하기 위해 사과를 건네주었다.)

참가자들은 예(3.11b)보다 (3.11a)에서 '전이(transfer)'가 발생했다고 판단할 가능성이 높고, 또 생소한 동사(crutch)는 (3.11b)보다 (3.11a)에서 전이를 나타내는 동사로 판단할 가능성이 높다고 결정했다. Kaschak & Glenberg의 "통사구조가 일반적인 장면을 명시화한다."라는 결론처럼, '생소한 동사'로 구체적인 정보를 채우는 것이다(p. 508).

Goldwater & Markman(2009)도 마찬가지로, "행위주(agent)나 사역주

---

4 [역주] 'Crutch'는 원래 목발이나 지팡이를 의미하는 영어 단어이다. 주로 걷는 데 어려움을 겪는 사람들이 몸을 지탱하거나 균형을 잡는 데 사용한다. 확장된 의미로, 어떤 사람이나 상황에서 심리적, 정서적 지지나 도움을 제공하는 것을 의미하기도 한다. 이 문맥에서는 '건네주다' 또는 '주다'의 의미로 해석될 수 있다.

(causer)를 전제로 하는 '목적절(purpose clause)'이 수반될 때, 행위주나 사역주를 환기시키지 않는 '중간태구문(MIDDLE CONSTRUCTION)'의 사례가 불합리한 것으로 판단되는 경향"을 발견했다. 이러한 특징은 행위주나 사역주를 환기시키는 '수동태구문(passive construction)'에서는 그렇지 않다.

3.12 ?The ripe tomatoes had sauced well to complement the pasta at the gala dinner. (중간태(middle))

(?잘 익은 토마토가 갈라 디너에서 파스타와 어울리도록 잘 소스 처리 되었다.)

3.13 The ripe tomatoes were sauced well to complement the pasta at the gala dinner. (수동태(passive))

(잘 익은 토마토가 갈라 디너에서 파스타와 어울리도록 잘 소스처리 되었다.)

한 걸음 더 나아가서, Kako(2006)에 따르면, 명사와 동사 대신 '말도 안되는 단어(nonsense word)'가 등장할 때조차 화자들이 구문의미를 간파한다고 한다. "The rom gorped the blickit to the dax"와 같은 문장을 예로 들 수 있다(Lavani & Lenci, 2016). 이러한 연구는 공통적으로 논항구조구문(ASC)이 화자의 최종적인 문장 해석에 중요한 역할을 한다고 주장한다.

회의론자는 이 모든 과제가 전략적 대응에 적합하다고 주장할 수도 있다. 즉, 관련된 각 과제는 참가자들에게 "이 말이 가능한가요?"(Goldwater & Markman, 2009), "이것이 무슨 뜻인가요?"(Kako, 2006), "이 문장을 다른 표현으로 바꾸어 보세요."(Kaschak & Glenberg, 2000), 또는 "전체 문장의미에 따라 분류하세요."(Bencini & Goldberg, 2000)와 같은 질문을 통해 명시화된다는 것이다. 그리고 또 어린아이들의 '동사 습득(통사적 자동처리, syntactic bootstrapping[5])'에서 구문의미에 대한 역할을 입증하는 작업은 매우 흥미롭지만, 지금까지 이들 연구에서 증명된 의미는 주로 관련 논항 수에 초점이 맞추어져 있다.

그러나 "실제로 현장에서 실시간으로 노출된 문장의 이해 및 그에 적합한 시간 척도에 관한 최근 연구"에 따르면, 의식적인 반영 없이도 구문의미를 사용할 수 있는 것으로 나타났다. 특히 Kako가 사용한 '재버워키(Jabberwocky)[6] 문장 유형(예컨대, She jorped him the miggy)은 문장의 논항구조구문(ASC)이 의미적으로 관련 있는 실제 동사를 암묵적으로 '점화(PRIME)'하는 것으로 밝혀졌다(Johnson & Goldberg, 2013). 특히 참가자들은 개별 단어(및 비단어)가 단어인지 아닌지를 가능한 한 빠른 시간 내에 결정하는 '어휘결정실험(LEXICAL-DECISION TASK)'을 수행하도록 요청받았다. 실제 동사의 결정에 대한 참가자의 반응 시간은 의미적으로 일치하는 구문이 선행되었을 때 더 빠른 것으로 나타났다. 예를 들어, 'give', 'handed', 'transferred'와 같은 단어들은 의미적으로 '일치하지 않는 점화 문장(INCONGRUENT prime sentence)'(예컨대, She jorped it on the lorp)보다, 의미적으로 '일치하는 점화 문장

---

5 [역주] 곽호완(2008)의 실험심리학용어사전에 의하면 '통사적 자동처리(syntactic bootstrapping)'는 아이들이 새로운 단어의 의미를 추론할 때 통사적인 지식을 이용하는 것을 말한다.

6 [역주] 루이스 캐럴의 『거울 나라의 앨리스』에 등장하는 말장난으로 가득한 시로, 이해하기에 쉽지 않은 정도를 넘어서 거의 이해할 수가 없는 문장이다. '재버워키'는 현재 '이해하기 힘든 헛소리'라는 의미로 쓰인다(나무위키).

(CONGRUENT prime sentence)'(예컨대, He daxed her the norp) 뒤에 출현할 때 더 빨리 단어로 판단됨이 밝혀졌다. 또한 'put', 'placed', 'positioned'과 같은 단어도 의미적으로 '일치하는 점화 문장'(예컨대, She jorped it on the lorp) 뒤에서 더 빨리 인지되었다. 주목할 점은, 이들 목표단어에는 각 구문의 '고빈도 연관어(high-frequency associates)'(예컨대, 이중목적어구문은 'give', 사역이동구문은 'put'), '저빈도 연관어(low-frequency associates)'(예컨대, handed, placed) 및 '의미적으로 관련성이 있지만 각 구문에서 실제로 거의 출현하지 않은 비연관어'(예컨대, transferred, positioned)가 모두 포함되었는데, 이 세 종류의 동사 모두에서 더 '빠른 반응 시간(priming)'이 관찰되었다는 점이다. 특히 주목할 만한 점은, 'transfer'는 이중목적어구문에 거의 출현하지 않음에도 불구하고, 사람들은 이중목적어 '재버워키' 문장 뒤에서 이 단어에 반응했다는 것이다(3.3 참조). 따라서 논항 구문 패턴의 '재버워키' 유형의 예들은 "그 추상적 의미와 관련된 동사"를 점화(prime)한다.

개별 구문에 대한 신경언어학 연구는 아직 초기 단계에 있지만, 한 실험에서 참가자들은 예(3.14), (3.15)와 같은 이중목적어구문과 사역이동구문 세트를 수동적으로 이해했다.

이중목적어구문의 예

3.14a James e-mailed Matt a document.

   (James가 Matt에게 서류를 이메일로 보냈다.)

3.14b Josh took David a notebook.

   (Josh는 David에게 공책을 가져갔다.)

3.14c Jessica sold Mike a hot dog.

(Jessica는 Mike에게 핫도그를 팔았다.)

사역이동구문의 예

3.15a James e-mailed a document to Matt.

(James가 서류를 Matt에게 이메일로 보냈다.)

3.15b Josh took a notebook to David.

(Josh는 공책을 David에게 가져갔다.)

3.15c Jessica sold a hot dog to Mike.

(Jessica는 핫도그를 Mike에게 팔았다.)

위의 예와 같이, 두 종류의 예문 세트에는 동일한 명사와 동사가 사용되었고, 해당 문장도 매우 유사한 의미를 지닌다. fMRI 데이터를 활용한 새로운 분석법인 '다중 복셀 패턴 분석(MVPA)'을 통해, 연구자들은 특정 영역의 활성화 패턴이 유사한 자극을 구분할 수 있는지 여부를 판단할 수 있다. Allen et al.(2012)은 '명제 내용', '명사와 동사', '복잡성' 및 '빈도'를 제어했음에도 불구하고, '이중목적어구문'과 '사역이동구문'을 구분할 수 있음을 밝혔다. 그 구분에서 결정적 역할을 한 것은 '좌뇌의 전측두부(left hemisphere, 좌측 전방브로드만 영역 22)'로서, '의미 구성(semantic composition)'에 의해 유발되는 것으로 알려졌으며, 이는 두 구문이 '의미 구성 방식'에 미묘한 차이가 존재함을 시사한다. '능동형'과 '수동형' 비교에 관한 연구에서도, 의미 조합에 관여하는 것으로 알려진 피질의 인근 측두엽 영역에서 구분이 가능하다는 사실이 유사하게 확인되었다

(Frankland & Greene, 2015).

종합적으로 이들 실험 연구는 다음과 같은 사실을 알려준다. "관련된 주동사가 동사가 아닌 명사로 표현되는 경우"나(Goldwater & Markman, 2009; Kaschak & Glenberg, 2000), "주동사가 '말이 안 되는 단어(nonsense word)'라서 이전에 전혀 사용되지 않았을 경우"(Johnson & Goldberg, 2013; Kako, 2006), 또 "동사가 표현되었지만 의미가 구문 의미와 상충되는 경우"조차도(Ambridge, Noble, et al., 2014; Naigles et al., 1993; Sethuraman et al., 1997) 논항구조구문(ASC)이 의미와 관련되고 있다. 분류 및 fMRI 연구와 같이, 관련된 주요 동사의 형태론적 형식을 통제한 경우에도, '구문의미'의 증거는 존재한다(Alen et al., 2012; Bencini & Goldberg, 2000). 더욱이 '재버워키' 문장을 사용한 점화 연구와 MVPA를 사용한 fMRI 연구는 명시적인 판단이나 해석에 의존하지 않는 자동 처리를 사용했다(Alen et al., 2012; Frankland & Greene, 2015; Johnson & Goldberg, 2013). 이러한 광범위한 증거에 기초하여, 우리는 "논항구조구문(ASC)이 해석(interpretation)과 연관되어 있다"고 결론을 내릴 수 있다.

3.1.2 구문목록(Construct-i-con)

논항구조구문(ASC)의 일부 목록은 표3.1에 제시되어 있다. 두 번째 열을 보면, 논항구조구문(ASC)의 형식은 부분적으로 그 '해석'에 의존하고 있다는 점이 분명히 드러난다. 즉, '아래첨자'(예컨대, 'path'와 같은)를 통해, "어떤 보어는 어떤 특정한 방식으로 해석되어야 함"을 나타내고 있다. 그리고 보다 완전하게 명시된 의미는 표의 세 번째 열에 제시되고 있다.

우리는 '숟가락(spoon)과 관련된 동작'(비록 동사로 사용되는 단어 'spoon'이 이 의미를 전달할 수 있지만)과 같이, 극히 구체적인 사건을 지시하는 논항구조구문(ASC)을 기대하지는 않는다. 이는 논항구조구문 (ASC)이 그 정의처럼 여러 동사와 함께 사용되기에 다양한 맥락과 관련성을 가져야 하기 때문이다. 실제로 논항구조구문(ASC)은 '이동', '변화된 상태', '다른 대상에게 동작을 가하는 사람이나 힘', '진행 중인 상태' 등을 포함한, "인간과 관련되는 경험의 장면(humanly relevant scenes of experience)"을 나타낸다(Goldberg, 1995, 1999). 그리고 은유적 확장을 통해, 이러한 기본 장면을 문자 그대로 표현할 뿐 아니라 상당히 추상적인 주제에도 적용할 수 있게 한다(Fillmore, 1968; Goldberg, 1995, 1997; Lakoff, 1987; Pinker, 1987; Talmy, 2003). 동시에 많은 연구자가 제안하고 수정한 것처럼, 논항구조구문(ASC)은 종종 다소 '미묘한 제약조건'을 가진다(Bergen & Chang, 2005; Booij, 2002; Croft, 2003; Culicover & Jackendoff, 2005; Goldberg, 1992a, b, 1995, 1999, 2002, 2006; Hwang, 2014;Jackendoff, 1992, 1997, 2002 ; Michaelis, 1996; Stefanowitsch & Gries, 2009).

표3.1 영어 논항구조구문(ASC)의 불완전한 목록

구문	형식 / 예	의미
이중목적어구문 (Double-object construction)	**Subj,V,Obj,Obj2** She gave him something. She mooped him something.	X가 Y가 Z를 받도록 하다
Way 구문 (Way construction)	**Sub$_{ji}$,V,<poss$_i$>way,Oblique$_{path}$** She made her way into the room. "Heather handstands her way out of the bathroom."	X가 path를 만들어 그것을 통해 Z로 이동하다.
자동이동구문 (Intransitive motion construction)	**Subj,V,Oblique$_{path}$** She went down the street. "Skiers whooshed down the slopes."	X가 Y(에게/로부터) 이동하다.
사역이동구문 (Caused-motion construction)	**Subj,V,Obj,Oblique$_{path}$** She put the ball in the box. "He sneezed the bullet right out of his right nostril."	X가 Y로 하여금 Z(에게/로부터) 이동하도록 하다.
결과구문 (Resultative construction)	**Subj,V,Obj,Predicate$_{AP}$** He made her crazy. She kissed him unconscious.	X가 Y를 Z가 되도록 야기하다.
타동사역구문 (Transitive causative construction)	**Subj,V,Obj,(Oblique$_{instrument}$)** He broke the plate (with a hammer).	X가 Y를(Z를 이용하여) 변화상태를 경험하도록 직접 야기하다.
Rely-on구문 (Rely-on construction)	**Subj,V,Oblique$_{on}$** She relied on him. She lived on vegetables.	X가 Y에 의지하다(물리적 혹은 정신적)
의사소통능동구문 (Communication conative construction)	**Subj,V,Oblique$_{at}$** She yelled at the duck.	X가 Y에게 강력한 행동을 하다.

위 표의 약어는 다음과 같이 해석된다. AP: 형용사구, Obj: 명사구 목적어, poss: 속격, Oblique: 사격/전치사구 논항, Subj: 주어, V: 동사

* 논항구조구문(ASC)의 형식에서 보충 설명 사이의 쉼표는 단어 순서가 사전에 고정되어 있지 않음을 암시한다. 우리는 3.2에서 이 부분을 다시 다룰 것이다.

각 논항구조구문(ASC)은 문법적 관계, 의미 및 관련된 정보구조적 속성(내포된)의 집합에 의해 정의된다. 현재 목적상, 이러한 구문은 '어휘적 템플릿'(Hovav & Levin, 1998; Müler, 2007; Müler & Wechler, 2014) 또는 '다중 단어 논항구조구문'(Goldberg, 1995, 2013, 2014)으로 해석될 수 있다.

단어에 대한 우리의 지식이 그러하듯, 구문은 우리의 '초차원적 개념공간' 내에서 상호 관련된 지식 네트워크를 형성한다(Booij, 2010; Fallbaum, 2010; Goldberg, 1995, 2016; Goldberg, 1995, 2016; Goldberg와 Van Der Auwera, 2012; Jackendoff, 1997; Kim & Sales, 2013; Lakoff, 1987; Goldberg & Michaelis, 2017; Sung, 2017; Sung & Makairon, 2016). 이와 같이 언어에 대한 우리의 지식은 '구문목록(CONSTRUCT-I-CON)'을 형성하는데, 여기에는 '단어', '부분적으로 채워진 단어(일명 형태소)', 그리고 '단일 단어보다 더 큰 표상(representation)'이 포함되며, 이들 모두는 우리가 어휘목록에 해당하는 것으로 알고 있던 것처럼 복잡한 동적 네트워크로 표현된다. 예를 들어, 그림3.1에 묘사된 것처럼, 표3.1의 구문들은 그들 간의 관계를 포함하는 표상에 의해 더 잘 표현된다. 구문 사이의 양방향 화살표는 "구문들이 상호 동기를 부여하고 그 표상의 측면을 공유한다"라는 생각을 표현한다. 결과구문(예컨대, She drove him crazy)은 사역이동구문(예컨대, She drove him to Chicago)의 은유적 확장이며, Way구문(예컨대, She drove her way across the country)은

자동이동구문 및 사역이동구문 모두와 동시에 관련이 있다(Goldberg, 1995). 구문과 구문의 연결은 다른 곳에서 논의된 바와 같이 별도로 규정되어야 할 많은 제약조건을 설명할 수 있다(Booij, 2010; Goldberg, 2016; Goldberg & Michaelis, 2017; Goldberg & Van Der Auwera, 2012; Janda, 1990).

'구문목록(construct-i-con)'은 '네트워크'이기 때문에 표3.1의 구문 중 일부는 언어학 문헌에서 제안된 것보다 더 구체적인 구문들을 포괄하고 있다. 예를 들어, '이중목적어구문'은 'to'와 'for'를 사용한 '바꿔서 표현하기'를 가진다. 이러한 '상위 레벨 분석(higher-level analysis)'을 지지하는 증거는 Goldberg(2002)를 참조하라.

이중목적어구문(Double-object construction)

3.16a Zach sent Sue a cake.　　　　(cf., Zach sent a cake to Sue.)

(Zach는 Sue에게 케이크를 보냈다.)

(cf., Zach는 Sue에게 케이크를 보냈다.)

3.16b Zach baked Sue a cake.　　　　(cf., Zach baked a cake for Sue.)

(Zach는 Sue에게 케이크를 구워줬다.

(cf., Zach는 Sue를 위해 케이크를 구웠다.)

마찬가지로, '사역이동구문'에는 to-여격 구문(3.17a, b)과 전치사 'into'나 'onto'를 사용하는 경향이 있는 이른바 '대상-처소(figure-locatives)구문'(3.17c, d)이 포함된다.

사역이동구문(Caused-motion construction)

3.17a Zach sent a cake to Sue. (Zach는 Sue에게 케이크를 보냈다.)

3.17b Zach sent a cake to the truck. (Zach는 트럭에 케이크를 보냈다.)

3.17c Zach loaded the cake into the truck. (Zach는 케이크를 트럭에 실었다.)

3.17d Zach put the cake onto the truck. (Zach는 케이크를 트럭에 놓았다.)

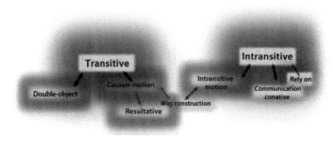

그림3.1 논항구조구문: '추상적'이고 '구조화'되며 '분포적'이고 '부분적으로 겹친' 표상들이 군집화한 네트워크

3.1.3 상용성(相容性, compatibility)

동사는 간혹 일반적으로 잘 출현하지 않는 구문에 사용될 수도 있다. 이 경우, 해당 구문은 해당 동사가 다른 맥락에서는 잘 환기시키지 않는 해석을 '강요(coerce)'할 수 있다(Goldberg, 1995; Michaelis, 2003, 2005). 예를 들어, 동사 'sneeze'와 'think'는 예(3.18), (3.19)와 같이 '사역이동구문'에서 사역 동작을 암시하는 의미로 해석된다.

3.18 "He sneezed the bullet out of his right nostril."

(그는 재채기를 해서 오른쪽 콧구멍에서 총알을 꺼냈다.)

3.19 "His dad basically thought him into his mother's womb."

(그의 아빠는 기본적으로 아이가 엄마의 자궁에 들어갔다(임신했다)고 생각했다.)

마찬가지로 동사 'kiss'는 일반적으로 '상태 변화 동사(change-of-state verb)'로 여겨지지 않지만(누군가 벽에 키스를 해도 벽에 아무런 영향을 주지 않지만), 키스 행위가 효과가 있는 것으로 '해석(construe)'할 수도 있다. 따라서 'kiss'는 예(3.20)과 같이 결과구문과 '상용(相容)'될 수 있다.

3.20 She *kissed* him unconscious.

(그녀는 그에게 키스를 해서 정신을 잃게 만들었다.)

또 다른 구문인 'Way구문'(예컨대, she made her way into the room)은 "장애물을 통과하거나 어려움을 극복하고 길을 만드는 의미"와 관련 있다(Goldberg, 1995; see also Israel, 1996; Jackendoff, 1990; Perek, 미발표 MS 참조). 보행은 특별히 어렵지 않기 때문에 예(3.21a)의 'Way구문'은 자연스럽게 수용될 수 있는 수준은 아니다. 그러나 특정한 맥락에서는 보행이 도전으로 해석될 수 있으며, 이 경우 (3.21b)의 예와 같이 수용성이 개선된다.

3.21a ?She *walked her way* across the room.

(?그녀는 방을 가로질러 걸어갔다.)

3.21b "[The disabled bride] *walked, yes walked, her way* down the aisle."
([장애인 신부]가 걷고, 그래 걸어서 통로를 따라 걸어 내려갔다.)

동시에, '일반적인 의미적 상용성(compatibility)'은 충분한 것은 아니다. (3.22a – c)의 문장들은 우리가 논의하기 위해 의도적으로 설정한 일종의 이상한 예들로, 해석은 가능하지만 관습적이지 않으며 이상하게 들릴 수 있다는 점에 유의해야 한다(Ambridge et al., 2012a; Robenalt & Goldberg, 2015).

3.22a ?She *disappeared* the rabbit. (?그녀는 토끼를 사라지게 만들었다.)
3.22b ?She *filled* the water into the cup. (?그녀는 컵에 물을 채웠다.)
3.22c ?He *drank* himself ill. (?그는 과음에서 병이 났다.)

예(3.22)의 동사와 구문이 왜 상용될 수 없는지에 관한 경험적인 근거는 존재하지 않는다. 이는 유사한 예가 다른 언어에서 허용되는 것을 볼 때 명확해진다. 예를 들어, 소실동사 또는 기타 '내부적으로 야기된' 변화 동사(예컨대, giggle, laugh)는 영어에서 '사역적'으로 사용되지 않지만(Levin, 1993), '오스트로네시아어'와 '마야어'에서는 가능하다(Dixon, 2000). 또 동사 'fill'은 영어에서 사역구문으로 제한되지만, 독일어에서는 사역이동구문이나 사역구문 모두에 사용될 수 있다(*Sie füllte Wasser in das Glas, Sie füllte das Glas mit Wasser* : 그녀는 유리잔에 물을 채웠다.) (Ambridge & Brandt, 2013).

프랑스어, 힌디어, 디르발어 등의 언어들은 논항구조구문(ASC)으로 표현되는 동일한 사건 유형을 어휘적으로 기호화(encode)하는데 그 동사를 사용한다는 점에서 영어보다 훨씬 제한적이다(Dixon, 2000). 예를 들어, 어떤 사람은 "She kissed him unconscious."를 아무리 키스가 열정적일지라도 이것을 곧바로 디르발어의 타동구문으로 번역하지는 않을 것이다. 그리고 '주다' 의미의 동사는 영어에서는 일반적인 '사역이동구문'에 사용될 수 있지만, 러시아어에서는 사용될 수 없다(Levin, 2008). 다양한 언어에서 동사의 의미가 결정적으로 다르다고 주장한다면 모를까 (다르다고 주장하지 않는다면), 동사 의미가 그 분포를 직접적으로 결정한다고 주장하는 것은 타당하지 않다.

더욱이 3.7에서 요약된 바와 같이, 논항구조구문(ASC)의 형식적 표상은 언어별로 현저한 차이가 있는데, 이는 구문이 '성급한 일반화(emergent generalizations)'임을 나타낸다(Croft, 2001; Dixon, 2000; Haspelmath, 2015; Mithun, 1986). 요약하자면, 일반적으로 사람들은 해석 가능한 말만 하는 것은 사실이지만, 그렇다고 "왜 일부 해석 가능한 표현이 다른 표현보다 덜 수용적으로 판단되는지"를 설명하지는 못한다.

3.2 형식(통사론)

논항구조구문(ASC)의 형식적 특성은 전통적으로 '결합가(valency)'를 통해 표현되는데, 이는 절에 포함된 '보어(논항)'의 수와 유형을 말한다(Herbst & Schüler, 2008; Tesnier, 1953). 논항구조구문(ASC)은 어순을 명세화하지는 않는다. 대신 어순은 '주술구문(subject-predicate construction)', '동사구구문(verb phrase construction)' 등 논항구조구문(ASC)과 결합하는 개별 구문에 의해 결정될 수 있다(Goldberg,

2014, 2016; Stallings et al., 1998; Wasow, 2002). 따라서 필자는 예 (3.23b, c)와 같이 '의문구문(question construction)' 또는 '분열구문(cleft construction)'과 결합할 때도 동일한 '이중목적어구문'이라고 가정한다.

3.23a They gave him *a satchel*. (그들이 그에게 가방을 주었다.)

3.23b "*What* did they give him?"~COCA~ (이중목적어+의문구문)

(그들이 그에게 준 것은 무엇인가?)

3.23c "It was *a satchel* they gave him."~COCA~ (이중목적어+분열구문)

(그들이 준 것은 책가방이었다.)

우리는 지금까지 '동사구', '명사구'와 같은 통사적 범주와 마찬가지로 '주어', '직접목적어', '간접목적어'와 같은 문법적 관계도 당연하게 인식해 왔다. 이러한 범주들은 그 원형적 의미 기능을 넘어, 주어, 목적어, 동사, 형용사 또는 다른 통사적 범주를 식별하는 범언어적으로 유효한 통사적 검증 방법이 존재하지 않기 때문에, 매번 주어진 입력(input)에서 학습되어야 한다(Boas, 1911; Croft, 2001; Haspelmath, 2010). 언어연구자가 새로운 언어의 어떤 단위를 '명사(nouns)'라고 불러야 할지를 결정하는 방법은, '어떤 단어가 구체적인 대상을 지칭하는지' 파악한 다음, '다른 단어가 동일한 분포를 공유하는지'를 밝히는 것이다. 유사한 절차가 동사에도 적용된다. 언어조사자들은 어떤 단어가 동작을 지시하는지 파악함으로써 '동사(verbs)'라고 부를 단어를 식별하고, 그런 다음 유사한 분포를 공유하는 모든 단어를 동사로 간주한다.

그러나 우리가 보편적으로 예상할 수 있는 '명사'와 '동사'의 속성은 그렇지 않은 것으로 밝혀졌다. 예를 들어, Croft(2001)는 '시제-상-양태의 굴절 현상'이 동사 범주를 언어학적으로 결정하는 결정적 요소로 볼 수 없다고 주장했는데, 이는 아메리카 원주민어인 마카(Makah)어를 영어로 번역할 때 동사뿐 아니라 명사, 형용사, 부사로 번역되는 단어가 인칭, 상, 양태에 따라 굴절하는 반면, 베트남어에서는 이러한 범주들이 굴절하지 않기 때문이다. 따라서 어떤 사람이 마카어에서 모든 단어가 동사이고, 베트남어에서는 어떤 단어도 동사가 아니라고 말하지 않는 한, 우리는 이러한 굴절 현상을 통사 범주인 '동사'의 기준으로 삼을 수 없다.

심지어 한 언어 안에서 문법 범주의 모든 구성원을 포괄하는 기준을 마련하는 것조차 쉽지 않다(Culicover, 1999; Herbst & Schweller, 2008, Ch. 3, Langacker, 2008). 예를 들어, 영어에서 형용사(예컨대, ripe)는 전형적으로 수식어(ripe banana) 또는 술어(the banana seems ripe)로 사용되지만, 어떤 단어는 그중 한 가지 방식(the child seems asleep, ?the asleep boy)으로만 사용되고, 또 어떤 단어는 그중 또 다른 한 방식으로만 사용된다(the ultimate test, ?the test seems ultimate). 요약하자면, 화자들은 자신의 언어가 사용되는 방식을 일반화함으로써, 문법 범주가 어떻게 구현되는지를 학습해야 한다. 그와 동시에, 언어는 필수적으로 일반화를 포함하는데, 그렇지 않으면 언어를 창조적으로 사용하는 것이 불가능할 것이다(Steels, 2005).

3.3 음성 패턴(음운론)

논항구조구문(ASC)은 때로 동사가 어떻게 소리나는지도 제약한다. 영어의 이중목적어구문은 '라틴계 어원'이 아닌 '게르만어 어원'으로 발음되는 동사를 선호한다(Green, 1974).

3.24a She told me a story.

(그녀는 나에게 이야기 하나를 들려주었다.)

3.24b ?She explained me a story.

(?그녀는 나에게 이야기를 설명했다.)

3.25a She gave/bought/showed him a book.

(그녀는 그에게 책을 주었다/샀다/보여주었다.)

3.25b ?She transferred/purchased/displayed him a book.

(?그녀는 그에게 책을 전달/구매/전시했다.)

영어 사용자 중에서 자신이 사용하는 단어의 역사적 기원을 아는 사람
은 거의 없지만, 게르만어계(로 소리 나는) 동사는 일반적으로 짧고(예
컨대, give, buy, ask, tell), 라틴어계(로 소리 나는) 동사는 길이가 더 길
고, 구분되는 부분(trans-, re-)을 포함하거나 두 번째 음절에 강세가 주
어지는 경향이 있다(transfer, purchase, requEST, exPLAIN). 게르만어계
와 라틴어계의 구분에 대한 민감성은 '의미 없는 동사(nonsense verbs)'
를 사용한 여러 실험 연구에서도 확인되었다(Ambridge et al., 2012b;
Gropen et al., 1989). 또한 우리는 영어 사용자들이 'tell/descript, give/
transfer, buy/purchase, ask/request'와 같은 의미적으로 관련된 쌍을 어
떻게 사용하는지를 살펴봄으로써, '이중목적어구문에서 라틴어계 동사
의 비선호성'을 발견할 수 있다. 5억 2천만 단어의 COCA 말뭉치(Davies,
2009)에서 라틴어계 동사는 '전치사로 바꿔서 표현하기(prepositional

paraphrase)' 하는 경향이 강한 반면, 게르만어계 동사는 그림3.2[7]에서 묘사된 것과 같이 '이중목적어(double-object)구문'을 선호한다. 그러나 언어에서 예외적인 현상은 흔하게 발견되기 마련인데, 동사 'guarantee'는 라틴어임에도 불구하고 이중목적어구문을 강하게 선호한다.

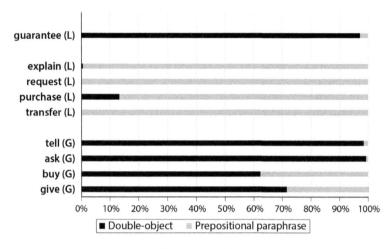

그림3.2 COCA 코퍼스에 있는 라틴어계(L)와 게르만어계(G) 동사의 이중목적어구문과 전치사 바꿔서 표현하기 관련 퍼센티지.

이러한 관찰은 'Explain-me-this' 수수께끼와 관련이 있다. 'explain' 은 라틴어계이고 라틴어계로 발음되며(첫 음절에 ex-가 포함되고, 두 번째 음절에 강세가 주어짐) 다른 대부분의 라틴어계 발음 동사처럼 영어

---

7   분석되지 않은 말뭉치에서 검색의 용이성을 위해, 검색 문자열에 대명사 직접목적어를 포함하였다. 예를 들어, give.[v*] [pp*] [d*]; 혹은 give.[v*] [pp*] to. 즉, 검색은 동사(give) 뒤에 대명사(him/her/them)가 오고 그 뒤에 관사(a/the/some, 이중 목적어 구문의 경우) 또는 전치사(to, for, of, 전치사 바꿔서 표현하기 문장에 따라 다름)가 온다.

의 이중목적어구문으로 사용되지 않는 경향이 있다. 그러나 분명한 점은 아이들은 이러한 이상하면서도 영어에 특화된 내용을 태생적으로 알지 못한다는 것이다. 선행 연구에서는 게르만어계 동사는 '보이지 않는 특징("G")'이 포함되어 있다고 제시하고 있지만(Pesetsky, 1996), 이로 인해, 아이들이 이러한 자질이 존재하는지를 어떻게 아는지, 또 어떤 동사에 할당되는지, 그리고 그 동사의 분포가 무엇을 의미하는지에 대한 의문을 제기하게 된다(Pinker, 1989, 5.2 참조). 라틴어계 발음의 동사는 구문에서 해석하기 어렵지 않으며, 이들이 모두 기피되는 것은 아니다('guarantee'를 떠올려 보라). 따라서 우리는 'guarantee'를 구문에서 자유롭게 사용하는 반면, '이중목적어구문'에서 대부분의 라틴어계 발음 동사의 사용을 기피하는 방법을, 화자들이 어떻게 배우는지에 대해 설명해야 한다. 따라서 음운론적 일반화는 'explain-me-this' 수수께끼를 푸는데 부분적인 도움만 될 뿐이고, 이 문제를 만족스럽게 해결하지 못했다. 이중목적어구문에서 라틴어계 발음의 동사 사용에 대한 확률적 제약은 역사적인 모종의 이유로 인해 생겨난 것으로 보인다.

18세기, 이중목적어구문은 모두 라틴어계(발음) 동사인 'allow, delivery, inform, procure, repeat, provide'와 함께 쉽게 사용되었다 (Bybee, 2015; Colleman & De Clerk, 2011). 예(3.26 – 3.28)에서 설명된 것처럼 당시에는 이중목적어구문이 다양한 해석으로 사용되었다(증명된 예는 Colleman & De Clerk, [2011]에 의해 인용되었다. 원본 인용 일자는 괄호 안에 있다).

3.26 "[no one] shall rob me this rich purchase" (1613)
([아무도] 우리로부터 이 풍성한 구매를 강탈하지 못한다.)

3.27 "the young Benedictine holding him the torch as he wrote" (1767)

(그가 글을 쓸 때 횃불을 들고 있는 젊은 베네딕도회.)

3.28 "an English woman clean me my house" (1881)

(영국 여자가 내 집을 청소해 준다.)

지난 2세기 동안 이중목적어구문의 사용 범위가 좁아졌다는 사실은 오늘날의 구문 제약이 그리 멀지 않은 과거와 다르다는 증거이다. 따라서 우리는 여전히 원어민들이 오늘날 어떻게 이중목적어구문의 사용 방법을 알게 되었는지를 설명해야 할 필요가 있다.

3.4 담화 맥락(정보구조)

우리는 일반적으로 무엇이 '청자와 화자가 공유하는 지식'이나 '공통의 근거'로 이해되는지를 고려하게 된다. 그리고 바로 이것을 통해, 구문은 일반적으로 문장에서 정보가 '포장되는(packaged)' 방법에 제약을 가한다. 한 마디로, 구문이 '정보구조(INFORMATION STRUCTURE)'를 결정하는 것이다. 즉, 발화의 어떤 부분이 '초점'으로 의도되고, 어떤 부분이 '배경화'되거나 당연하게 여겨지는지, 또한 어떤 논항이 이미 담화에서 주어지거나 접근 가능한 것이고, 어떤 것이 새로운 것인지, 바로 이러한 것들을 결정하는 것이다[8].

---

8   정보구조에 관한 일반적인 연구는 Ariel(1991), Birner & Ward(1998), Chafe(1976), Clark(1996), Clark & Haviland(1977), Du Bois(1987), Erteschik-Shir(2007), Goldberg(2004), Gundel(1985), Halliday(1967), Halliday et al.(2014),

이중목적어구문은 의미론적, 음운론적 제약 외에도 특정 정보구조의 제약과 관련이 있다. 특히 다수의 말뭉치 연구에 따르면, '수령자(RECIPIENT)' 논항은 담화에서 압도적으로 이미 소개된 것인 반면(일반적으로 대명사로 표현), '전달된 실체(대상(THEME) 논항)'는 신정보가 되는 경향이 있다고 한다. 이중목적어구문의 대표적인 예가 (3.29)에 제시되어 있다.

3.29 Sally told <u>her</u> a story. (이중목적어구문)
(Sally가 그녀에게 이야기를 들려주었다.)

이중목적어구문은 예(3.30)처럼 수령자 논항이 대상 논항보다 신정보이거나 긴 성분일 경우 잘 사용되지 않는다.

3.30 Sally told <u>a little girl</u> <u>the story</u>. (적절하지 않은 정보구조의 이중목적어구문)
(Sally는 어린 소녀에게 이야기를 들려주었다.)

바꿔 말하자면, 이중목적어구문에서 수령자 논항은 담화상 이미 '화제적인(TOPICAL)' 경향이 강한 반면, 대상 논항은 '초점(FOCUS)'의 일부가 될 가능성이 더 높다는 것이다(이러한 논술의 다양한 주장에 대해서는 아래 연구를 참조하라. Arnold, Wasow, et al., 2000; Bresnan et al., 2007; Collins, 1995; Dryer, 1986; Erteschik-Shir, 1979; Givón, 1979,

---

Lambrecht(1994), Michaelis & Lambrecht(1996), Birner & Ward(1998)을 참조하시오.

1984; Goldberg, 1995, 2006; Green, 1974; Hovav & Levin, 2008; Oehrle, 1976; Thompson, 1990, 1995; Wasow, 2002).

3.5 사회적 맥락

논항구조구문(ASC)은 종종 '사회적 맥락(social context)'에 적용할 수 있다. 간혹 언어가 변화함에 따라, 역사적으로 오래된 구문은 보다 '격식 있는 영역'과 관련된다. 이는 Goldberg & van der Auwera(2012)가 분석한 'IS-TO 구문'으로, 그 예는 (3.31)과 같다.

> 3.31 "Arguments are to be avoided; they are always vulgar and often convincing."(Oscar Wilde)
>
> (논쟁은 회피해야 한다. 언제나 천박하고 종종 설득당하기 때문이다.)

이 구문은 다양한 해석이 가능하지만, 현재의 논점상 중요한 점은 이 문장이 간접적인 명령문으로 사용될 경우 다소 제약을 받는다는 점이다. 즉, 아이가 부모에게 말할 때 또는 학생이 선생님에게 말할 때 이런 구문을 사용하는 것은 다소 무례하게 들릴 수 있다. 문맥상의 부적절함은 예 (3.32)와 (3.33)에서 '#'로 표시된다.

Adult son or daughter to parent (indirect command):

(성인 아들이나 딸이 부모에게 (간접 명령))

3.32 #You are to arrive home by 11 p.m.

　　(#당신은 오후 11시까지 집에 도착해야 합니다.)

Adult son or daughter to parent:

(성인 아들이나 딸이 부모에게)

3.33 #Cars are to drive on the right side

　　(#차는 오른쪽으로 주행해야 합니다.)

그러나 아래의 경우에는 간접 명령형이 가능하다.

3.34 You are supposed to arrive home by 11 p.m.

　　(당신은 오후 11시까지 집에 도착해야 합니다.)

3.35 Cars are supposed to drive on the right side of the street.

　　(자동차는 도로의 오른쪽으로 주행해야 합니다.)

　미국 영어에서 'is-to 구문'에 대한 이러한 제약은 영국 영어에는 적용되지 않는 것으로 보이며, 영국 영어에서는 이 구문이 더 일반적으로 사용된다(Leech, 2003, 229). 사실 구문은 방언에 따라 종종 미묘하게 다른 방식으로 사용된다.

3.6 방언 간 차이

　이미 검토한 바와 같이, 표준 미국 영어에서 이중목적어구문은 수령자 논항이 대상 논항보다 더 짧고 더 화제적일 것을 강하게 선호한다. 이에 따라 대상 논항이 3인칭 대명사 'it'일 경우, 그것은 항상 화제적이기 때문에 이러한 이중목적어구문이 선호되지 않을 것으로 예측할 수 있으며, 이러한 예측은 또 실재한다(Green, 1974).

    3.36 ?She gave him it. (표준 미국 영어에서 부적절한 문장)

        (?그녀는 그에게 이것을 주었다.)

    그러나 영국 영어의 어떤 방언에서는 이러한 제약이 현저하게 약하다. "give me it"의 비선호 경향은 여전히 존재하지만("give it to me"가 BNC 말뭉치에서 3배의 사용빈도가 관찰된다), 그래도 이중목적어구문에서 'it'을 대상 논항으로 사용하는 것에 대한 상대적인 편향 차이는 크게 감소한다. 이는 아래 표3.2에서 미국 영어와 영국 영어의 "give me it"과 "give it to me"의 출현빈도 비교를 통해 분명하게 나타난다.

표3.2 미국과 영국 영어에서 'give me it'과 'give it to me'의 출현빈도

Corpus	이중 목적어 Give me it	To-여격 Give it to me	이중목적어의 비율 표현
COCA Amrican English	8	412	1.9
BNC	26	80	24.5

    출현빈도(token frequence)는 COCA 말뭉치(Davies, 2009)와 BNC(Davies, 2004)에서 수집된 것이다. 이 방언들에서의 분포는 차이가 있다(Fisher's exact test p ⟨ .0001).

Hughes & Trudgill(1996)은 예(3.37a, b)과 같이 영국 북부의 어떤 방언에서 수령자 및 대상 논항의 '어순(order)'이 바뀔 수 있음을 발견하였다(Siewerska & Hollmann, 2007)[9].

3.37a She gave the book him. (Hughes & Trudgill, 1996, 16)

　　　(그녀는 책을 그에게 주었다.)

3.37b "Give it me"[BNC]

　　　(그것을 나에게 줘.)

미국 영어의 어떤 비표준적 방언들은 이중목적어구문에 있어 다른 종류의 자유 어순이 존재한다. Webelhuth & Dannenberg(2006)는 미국 남부의 많은 화자들이 다음과 같은 이중목적어구문을 사용한다는 점에 주목했다.

3.38a "I love me some cheesecake."[NOW corpus]

　　　(나는 치즈케이크를 정말 좋아한다.)[10]

3.38b "I'm gonna get me a burger."[NOW corpus]

　　　(나는 햄버거를 먹을 것이다.)[11]

9　호주 영어에서의 이중목적어구문에 대한 심층 분석은 Bresnan & Ford(2010)을 참조하라. 이는 또 다른 방식으로 표준 미국 영어와 다르다.

10　[역주] 미국 남부의 구어적이고 친근한 방식으로, 특정 음식이나 다른 것들을 매우 즐긴다는 강한 선호를 나타내는 데 사용된다. "I love me some~"이라는 구문은 자신이 특별히 좋아하는 것을 강조하기 위해 쓰이며, 이 경우 치즈케이크를 매우 좋아한다는 것을 표현하고 있다.

11　[역주] 미국 남부의 일상적이고 구어적인 방식으로 자신의 계획이나 의도를 나타내는 데 사용된다. 여기서 "get me a"는 "내가 ~을 가져오다"라는 의미로, 자신을 위해

이러한 이중목적어구문의 확장된 사용은 "남부 이중목적어구문"이라고 불렸는데, 사실적 또는 은유적 전이를 필수적으로 암시하지 않으면서, '동사가 가리키는 사건이나 상태'에 대한 주어 논항의 관여를 강조하고 있다(Webelhuth & Dannenberg, 2006). 그 외에, 또 인도에서 사용되는 영어의 이중목적어구문의 차이점은 Hoffmann & Mukherjee(2007)에 의해 논의되고 있다.

물론 이중목적어구문이 방언의 변형과 역사적 변화의 영향을 받은 유일한 구문은 아니다(Barðdal, et al., 2015; Delbecque et al., 2005; Mondorf, 2014; Östman & Trousdale, 2013; Rickford, 1997; Wulff et al., 2007). 서부 펜실베이니아(Western Pennsylvania) 영어 사용자들은 예 (3.39)와 같이, 미국 표준 영어에서는 받아들일 수 없는 방식으로 동사의 과거형을 특정 동사(need, wash)에 사용한다(Tenny, 1998, 592; see also Kaschak, 2006; Murray et al., 1996).

3.39 "it's something that needs addressed."_{NOW}

　　　(논의해야 할 문제이다.)

애팔래치아(Appalachian) 영어 사용자들은 주어 위치에 '비지시적 주어(there 또는 they)'가 출현하고, 논리적 주어는 동사 뒤에 수량화된 구로 표현하는 "분리된 주어(split-subject)" 구문을 허용한다.

3.40a They didn't nobody live up there. (Zanuttini & Bernstein, 2014)

햄버거를 구매하거나 먹으러 가겠다는 의사를 표현한다.

(거기에는 아무도 살지 않았다.)

3.40b There can't nobody ride him. (Montgomery & Hall, 2004)

(거기에는 아무도 그를 태워줄 사람이 없다.)

이러한 차이는 주어진 방언 안에서 체계적인 방법으로 나타나고 있고, 또 방언에 따라 다르게 나타난다. 이러한 사실을 통해, 학습자의 구문 지식이 목격된 언어에 의해 역동적인 방식으로 형성되어야 한다는 것을 알 수 있다. 그리고 방언을 넘어, 서로 관련이 없는 언어들의 상황을 보면, 우리는 논항구조구문(ACS)이 훨씬 더 극적인 방식으로 다르게 나타나는 것을 알 수 있다.

3.7 범언어적 변이

모든 언어에는 "누군가 행동한다", "어떤 것이 무엇을 다른 곳으로 이동하게 한다", "어떤 것이 상태의 변화를 겪는다", "누군가가 무언가를 경험한다"라는 의미를 전달하는 방법이 있다. 언어는 이러한 인간 경험의 기본적인 의미를 표현하는 수단이 있어야 한다. 왜냐하면 이것은 사람들이 소통하고자 하는 기본적인 능력이기 때문이다. 많은 이들은 논항구조구문(ASC) 및 이와 관련된 의미가 모든 언어에서 동일하며, 따라서 실제로 목격된 개별 언어에 기초하여 배울 것은 많지 않을 수 있다고 가정한다(예컨대, Baker, 1997; Landau & Gleitman, 1985; Pinker, 1989). 형식과 의미 간의 관계가 자의적이지 않다는 것은 사실이지만(예컨대, Bybee et al., 1997; Givon, 1979; Goldberg, 2006; Haiman, 1983; Lakoff, 1987), 그러함에도 불구하고 '기본 절 유형'과 '의미 해석'에는 범어적으로 큰 차이가 존재한다. 이들 중 몇몇은 아래에 조사되어 있다.

3.7.1 참여자가 하나인 사건들

가장 단순한 유형의 사건, 즉 한 명의 참여자만 참여한 사건을 고려한다면, 다양한 언어가 복잡한 논항구조구문(ASC)를 사용한다는 사실을 알 수 있다. 영어에서 '자동사절'은 주어와 동사를 포함하는 것으로 단순하게 묘사될 수 있다(She left, It broke). 영어는 공식적으로 행위주인 자동사 논항(예컨대, The man ran, "그 남자가 달렸다.")과 그렇지 않은 것(Her stocking ran, "그녀의 스타킹(올)이 나갔다.")을 구분하지 않는다. 하지만 많은 다른 언어는 이것을 구별하며, 또 어떻게 구분하는지도 차이를 보인다. 예를 들어, 가나에서 사용되는 니제르-콩고(Niger-Congo)어인 에웨(Ewe)어에서는 의도적인 행동은 반드시 두 번째 논항과 함께 나타난다. 예컨대, '달리다'는 fú du(글자 그대로 'move limbs course')로 표현되고, '수영하다'는 fú tsi(글자 그대로 'move limbs water')로, '불다'는 gbɔ ya(글자 그대로 'breathe air')로 표현된다(Ameka, 2006; Essegbey, 1999). 다른 언어들은 단일 논항으로 의도성을 표시하지만, 이들도 사실 "동작이 의도적으로 처리되는지 여부를 개별 '동사'가 결정하는지", 아니면 "행위주 표지가 특정 맥락에서 '화자'에 의해 의도적인 것으로 간주되는지 여부"에 따라 다르다(Aïkhenvald, 2000; Dixon, 1994, 70 – 83).

게다가 언어에서 무엇을 '주어'로 간주하는지는 판단하기 어려운 문제이다. 주어는 단어의 어순만으로 식별할 수 없다. 세계 언어의 대다수가 다른 논항보다 앞서 행위주 논항을 표현하지만(목적어 앞에 주어 출현), 일부 언어는 행위주 논항을 일상적으로 문미에 배치한다(Tagalog, Malagasy). 사실, 모든 언어에서 '주어'나 '목적어' 중 하나를 선택할 수 있는 공식적인 기준은 없다(Croft, 2001; Fried, 1995; LaPolla, 2009).

언어학자들이 여러 언어에서 주어를 식별하기 위해 사용하는 문법적 '테스트'로, '의도성(intentional)', '동적인 논항(active argument, 동작주)', 혹은 '담화에서 이미 주어지고 중심인 논항(즉, 화제)'을 식별한다. 그러나 동작주와 화제 모두 분명히 통사적 범주가 아닌 '기능적 범주'에 해당한다. 일부 언어에서 '행위주적 논항'은 '화제성(topical)'을 가져야 하지만, 일부 다른 언어는 화제와 행위주 논항을 체계적으로 구분한다(Foley, 2008; Givon, 1979; LaPolla, 1994).

영어는 '자동 사건'의 단일 논항을 '2개 혹은 3개 논항 사건'에서 더 활동적인 논항과 같은 방식으로 처리하여, 이 둘 모두를 주어로 간주한다. 영어에서 우리는 또 화제적이지 않거나 활동적이지 않은 단일 논항도 주어로 취급하지만, 이러한 유형의 주어는 특수한 문장 억양에 의해 표지된다(Lambrecht, 1994). 바로 "What happened?"라는 질문에 대해 영어 화자는 "My CAR broke down(내 차가 고장 났다)."이라고 말할 수 있는데, 이때 'my car'는 담화에서 환기되지 않았고 동작주(actor)도 아닌데 주어 논항이 되었다. 반면, Lambrecht(1994)는 프랑스어 화자는 신정보(my car)를 주어로 다루지 않는 특수 구문을 사용한다고 지적했다(J'ai ma VOITURE qui est en PANNE(I have my car that is in breakdown. 즉, "내 차가 고장 났다.").

3.7.2 참여자가 둘인 사건들

한 절에 두 개의 논항이 있을 때, 어느 쪽이 행위주적 참여자인지 구별할 수 있다면 문제 해결에 유용한데("the alligator ate the boys"와 "the boys ate the alligator"), 사실상 언어는 이 두 논항을 어떤 방식으로든 명확하게 구별한다. 그러나 '타동구문' 패턴에서 행위주적 논항이 '자동구문'의 단일 논항과 같은지 여부는 언어마다 다르다. 영어에서는 같게 보며, 이 둘을 모두 주어로 언급하는 것이 합리적이다(*They* ate soup; *The sticks* broke). 그런데 다른 언어(예컨대, 디르발어(Dyirbal)에서는, 단일 자동사 논항이 타동사 표현의 '피동작주(undergoer)' 논항의 패턴을 가진다. 즉, 이 언어의 단일 자동사 논항은 "They ate soup"의 'soup'에 가깝다 (Dixon, 1977; Du Bois, 1987). 그리고 오네이다(Oneida)와 같은 이로쿼이(Iroquoian)어[12]에서는, 일반적으로 '유정 행위주'와 '유정 피동작주'가 동사의 접두사로 표시되며, '무생물 논항'은 수의적으로 독립 구로 표현된다(Koenig & Michelson, 2017). 많은 다른 언어들은 일반적으로 영어에서 직접 목적어에 해당하는 논항을 '주동사의 일부'로 표현하지만, 영어는 가끔식만 그러하다(예컨대, duck-hunting). 이러한 언어는 논항이 동사에 '포합(incorporation)' 되는 정도가 다르며, 각 언어 내에서 개별 동사도 그 포합 정도가 다를 수 있다(Mithun, 1984). 때로 영어에서 맨명사(bare noun)와 동사는 의미적으로 결합하여 단순 동사로 표현되는 의미를 표현한다. 다음 예는 페르시아어(Farsi, 이란 지역의 언어)의 예이다.

---

12 [역주] 북미 인디언 이로쿼이족의 언어.

3.41a *gush dodan* (ear + give: 'to listen')

3.41b *xamiyaze keshidan* (yawn + pull: 'to yawn')

'복합 술어(complex predicate)'는 그 세부 사항이 매우 다양하지만 많은 언어에 존재한다(e.g., Alsina et al., 1997; Evans, 1997; Family, 2006).

3.7.3 참여자가 셋인 사건

영어와 많은 다른 언어에서 동사가 '이중목적어구문'이나 '사역이동구문'과 같이 세 개의 논항과 함께 출현하는 것이 허용된다. 흔히들 중국어와 영어가 '동일한' 이중목적어구문을 가진다고 하지만, 중국어 구문의 두 목적어 명사구는 영어 구문보다 더 다양한 의미를 허용한다. 특히 예 (3.42)와 같이 수령자(recipient)에게 주는 것이 아니라 수령자[13]로부터 무엇을 가져오는 것을 의미하는 데에도 사용될 수 있다.

3.42 约翰偷了玛丽一本书(yue1han4 to1 le ma3li4 yi4 ben3 shu1).

(John이 Mary에게서 책 한 권을 훔쳤다.)

반투(Bantu)어의 이중목적어(응용격[14], applicative) 구문은 훨씬 더 다양한 의미를 허용한다. 두 개의 목적어 논항 중 하나는 도구, 처소 또는

---

13   [역주] 원문에서는 수령자로 표시하였지만 전이방향의 기점이 된다는 점을 고려할 때, 기점 혹은 출처의 의미에 가깝다.

14   [역주] 한국어 용어에 대한 논의가 진행중이며 현재 부가태, 응용격, 추가격 등으로 불린다.

사건의 수혜자일 수 있다(Alsina & Mchombo, 1993). 그리고 모든 언어에서 하나의 동사가 두 개 이상의 논항을 가지는 것이 허용되지는 않는다. 예를 들어, 라오(Lao)어에서는 세 개의 의미적 참여자를 표현하기 위해 다양하게 특화된 구문을 이용할 수 있다. 추가적인 동사 없이 세 개의 논항을 허용하는 동사는 소수에 불과하다(Enfield, 2002). 많은 언어가 의미적으로 복구할 수 있거나 관련 없는 모든 논항을 생략할 수 있도록 허용하며, 이들 언어 집합 내에서 화자가 이러한 가능성의 잇점을 취할 수 있는 범위에는 체계적인 차이가 존재한다(예컨대, Bickel, 2003).

3.7.4 연속동사(serial verb) 언어

행동을 표현하기 위해 얼마나 많은 술어를 사용하는지도 언어에 따라 다르다. 영어는 일반적으로 한 절에 하나의 동사만을 허용하지만(그러나 Goldberg(2006), 50 – 54를 참조하라), 가나(Ghana)의 아칸(Akan)어의 예처럼, 많은 다른 언어들은 하나의 절을 표현하기 위해 동사를 일상적으로 결합한다.

3.43 akwadaa no **bɛ-weá** **a-kɔ** dan no mu

CHILD definite future-CRAWL potential-GO ROOM definite CONTAINING.
REGION

"The child will crawl into the room." (Ameka & Essegbey, 2013, 24)

(아이가 방으로 기어들어 올 것입니다.)

예(3.43)와 같이 아칸(Akan)어는 동사 'crawl'과 'go'가 결합하여, 영어에서 동사와 전치사 조합(crawl into)에 의해 표현되는 의미를 만든다. 이러한 유형의 '연속동사구문(serial verb construction)'은 일본어, 중국어, 디르발어에서도 흔히 볼 수 있다(Aïkenvald & Dixon, 2006; Suren, 1990; Slobin, 2004).

이 절에서는 동일한 일반적인 기능을 제공하는 구문이 어떻게 다양한지를 강조했지만, 각 구문의 목적과 다른 구문과의 관계가 전형적으로 구문의 형태에 '동기부여(motivate)'한다는 것을 명심해야 한다(Givón, 1979; Haspelmath, 2001). 이를 이해하려면, 언어 구조를 지붕과 같은 유용한 구조물과 비교해야 할 것이다. 지붕은 그들의 거주자와 소유물을 다른 요소로부터 보호하는 역할을 한다. 지붕의 특수한 기능으로 인해, 지붕이 취할 수 있는 합리적인 형태는 제약을 받지만, 세부적인 형태에 있어서는 다양한 모습을 띤다(지붕은 평평할 수도 있고, 피라미드형일 수도 있으며, 기울어지거나, 정자형일 수도 있다).

3.8 구문은 회귀적으로(반복적으로) 결합된다

실제 발화는 일반적으로 다중 구문으로 구성된다. 즉, 구문의 '개방 슬롯(OPEN SLOT)'은 잠재적으로 '회귀적인 방식(recursive way)'으로 다른 구문의 사례에 의해 채워진다. 예를 들어, 예(3.44)에서 묘사된 바와 같이, 하나의 논항구조구문(ASC)은 동사와 절 보어(목적어)를 포함한다.

3.44 "I thought that we had made an impact." (동사+절 보어 구문)

(나는 우리가 영향력을 미쳤다고 생각했다.)

'think'의 절 보어는 '생각'을 기술하는 어떤 절에 의해서도 채워질 수 있다. 즉, 또 다시 생각하는 것을 생각할 수 있기 때문에, '개방 슬롯'은 예 (3.45)와 같이, 절 보어 자리에 '개방된 슬롯을 포함하는 절'에 의해서 채워질 수 있다.

3.45 "She'd thought that he believed that's what he'd done."
(그녀는 그가 그렇게 했다고 (그가) 믿는다고 생각했을 것이다.)

구문이 열린 슬롯을 가지고 있으며, 그 자체로 열린 슬롯을 포함하는 구문이 그 슬롯을 채울 수 있다는 사실은 우리의 유한한 구문 네트워크가 무한한 잠재적 문장 집합을 허용하게 한다(von Humboldt, [1832] 1999; Everret [2005] 및 Futrell et al.[2016]의 연구는 이러한 속성이 모든 언어에 필수적으로 적용되는 것은 아니라는 증거를 제시한다).

앞서 살펴본 바와 같이, 구문의 슬롯은 일반적으로 그 형태와 기능 면에서 제한되며, 다른 구문의 슬롯을 채우는 구문의 조합은 이러한 제약 조건에 충족되어야 한다(Ambridge & Goldberg, 2008; Chaves, 2012; Goldberg, 1995, 2014; Goldberg & Perk, 곧 출시). 즉, 결합된 구문의 형태와 기능은 '상용적(相容的, compatible)'이어야 한다. 그렇지 않은 경우, '상용 불가능 정도'에 따라, 발화는 허용되지 않을 수 있다. 일단 우리가 각 구문이 자신의 제약을 가진다고 인정하면, 그 결합에 대한 제약은 어떠한 조건 없이 따라야만 한다.

3.9 요약

우리는 논항구조구문(ASC)이 어떤 동사가 구문에 출현하는지 의미적 제약을 가하며, 담화 맥락, 사회적 영역, 방언 차이에 민감하다는 사실을 발견했다. 또한 "?Explain me this"나 "?drive him ill"과 같이 '상대적으로 비선호'되는 문장의 예처럼, 상당히 임의적인 방식으로 제약을 받을 수도 있음을 알게 되었다. 많은 언어에 걸쳐 존재하는 다양한 논항구조구문(ASC)은 어린아이가 그들의 언어에서 "누가 누구에게 무엇을 했는지"를 표현하는 방법에 대해 많은 것을 배워야 함을 분명히 한다. 이어지는 세 장에서는 그들이 이 과제를 어떻게 관리하는지, 어떻게 자신의 언어에서 창의적이지만 제한된 방법으로 논항구조구문(ASC)의 사용을 성공적으로 학습하는지에 대해 다루고자 한다.

제4장

창의성 - 적용범위가 핵심이다

앞 장에서, 우리는 누가 누구에게 무엇을 했는지를 표현하는 기본적인 수단으로 '논항구조구문(ARGUMENT STRUCTURE CONSTRUCTIONS, ASCs)'을 살펴보았다. 적절한 논항구조구문을 선택하는 것은 다양한 요인에 의해 조건화되며, 구문은 어떤 논항이 이미 담화에서 주제로 다루어졌고 어떤 것이 새로운 정보를 제공하는지를 제약할 수 있다. 이러한 구문들은 특정 사회적 맥락에서 사용되기 위해 제한될 수 있으며, 때로는 특정한 형용사, 전치사, 또는 첨사(particle)와 같은 언어 요소를 요구하기도 한다. 우리는 논항구조구문이 때때로 동사의 음운적 특징과도 관련된다는 것을 알게 되었다. 우리는 이러한 구체적인 조건화 요인들을, 우리가 접하는 언어를 바탕으로 학습해야 한다. 그것은 이러한 요인들이 보편적이지 않기 때문이다(특히 3.6 및 3.7절을 참고 바람). 그러므로, 어떤 동사가 어떤 구문과 함께 나타날 수 있는지 설명하기 위해 조건화 요인이나 제약 자체에 의존할 수는 없다. 왜냐하면, 이는 또 제약이 어떻게 학습되는지에 대한 근본적인 질문을 제기하기 때문이다. 또한 이 장과 다음 장에서 살펴보겠지만, 형식, 의미, 정보구조, 사회적 맥락에 대한 제약 역시 존재하는데, 이것들도 빈도(frequency), 가변성(variability), 경쟁이 중요한 역할을 한다는 사실을 설명하지 못한다.

이 장은 '단어', '단어 조합', 그리고 '구문'의 의미와 분포가 우리 기억의 본질에 의존한다고 주장한다. 특히, 부분적으로 추상화되고(정보 손실이 있는, lossy) 구조화된 예시들이 우리의 '초차원적 개념공간' 내에서 역동적으로 군집화된다. 이러한 군집화(cluster)는 이전 장에서 검토한 형식적, 의미적, 그리고 맥락적 제약조건들을 초래한다. 즉, 새로운 표현들은 기존 군집 내에 적절하게 들어맞는 범위 내에서 허용된다. '적절하게 들어맞는다(comfortably fit)'는 것이 무엇을 의미하는지는 이 장에서 소개되는 '적용범위(coverage)' 개념을 통해 정의될 것이다. 일반적으로 귀납과 관련된 것으로 알려진 요소들 ―가변성(variability), 빈도, 유사성(similarity)― 이 언어 생산성(productivity)의 특별한 사례를 설명한다고 주장한다. 이러한 과정이 어떻게 작동하는지 자세히 살펴보자.

4.1 지식과 기억

우리가 친숙한 영역에 대해 알고 있는 것을 고려해 보면, '부분적으로 추상화되고 체계화된 지식'이 '방대한 상호 연관 네트워크'로 축적되어왔음이 분명하다. '주거지'에 대해 알고 있는 것을 예로 들어보자. 우리는 집에는 문이 있지만, 텐트나 이글루에는 문이 없다는 것을 안다. 또한 우리는 주택, 고층 빌딩, 기차 칸, 교회, 차고 등에서 발견할 수 있는 문의 유형을 구별할 수 있다. 우리는 저택과 기숙사 방 사이의 차이를 인식하며, 살았거나 방문한 개별 주택에 대한 구체적인 기억도 가지고 있다. 어떤 유형의 가구가 어떤 유형의 방에서 발견될 가능성이 높은지, 어떤 상황에서 어떤 유형의 방을 가장 자주 마주치게 될지(저녁 파티를 위한 식당; 친구들과의 숙박을 위한 침실 등)도 안다. 이 모든 지식을 대부분은 당연시하며, 명시적으로 배운 적은 없다. 많은 부분이 암시적(implicit)으로 남아 있다. 즉 우리는 자동문이 우리가 다가갈 때 열려야 한다는 것을 직감적으로 알고 있으며, 계단의 높이가 동일해야 한다고 예상하며, 열차의 객차 사이를 이동할 때 듣게 되는 소리에 놀라지 않는다. 우리는 이러한 사실들을 단순히 알고 있는 것이 아니라, 서로 어떻게 연결되어 있는지를 이해한다. 또 우리는 바닥, 벽, 천장, 문이 주거 공간 내에 어떻게 배치되어 있는지, 그리고 전등 스위치, 발매트, 화장지 롤이 어디에 있을 가능성이 높은지를 안다.

인지심리학 분야에서 수십 년 동안 진행해 온 연구는 '기억이 중요하게 연상적(ASSOCIATIVE)'이라는 점을 강조해 왔다. 이는 개별 기억들이 서로로부터 모듈식으로 격리되어 있지 않고, 대신 '상호 연관 네트워크(interrelated network)'를 형성한다는 의미이다(Anderson & Bower, 2014; Hinton & Anderson, 2014 참조). 새로운 지식은 이전 지식과 통합되며(Vygotsky, 1978), 각 '기억의 흔적(memory traces)'은 이에 다른 관련 기억의 흔적들과 불가분하게 연결된다. 또한, 우리는 경험의 새로운 기억 흔적을 '맹목적으로' 남기지 않는다. 대신 우리는 추론을 하고 적절하게 대응하기 위해 다음에 무엇을 경험할지 예측하는 것을 목표로 하기 때문에, 정보적이거나 예상치 못한 측면에 더 많은 주의를 기울인다. 우리는 인과 관계와 이전 상태를 추론하고, 부분 및 그것이 더 큰 실체와 어떻게 연관되는지를 인식한다. 우리는 지식의 통합된 네트워크를 학습하며, 각 새로운 경험은 기존의 연결과 표현을 강화 또는 추가하거나, 이전 연결을 약화시킴으로써 우리의 이전 지식을 업데이트하고 확장하는 역할을 한다.

우리의 기억은 또한 '내용 지정이 가능하다(즉, 내용별로 주소가 정해져 있다, 내용 지정적(CONTENT ADDRESSABLE))'. 이것은 우리가 무언가를 떠올리고 싶을 때, 우리가 찾고 있는 어떤 것과 속성을 공유하는 표현들의 기억을 더듬어 찾아간다는 것이다. 우리가 '과일'을 생각한다면, 가장 접근하기 쉬운 종류의 과일이 즉시 떠오른다(예컨대, 사과, 오렌지, 바나나). 만약 우리가 '애완동물'을 생각한다면, 우리는 개와 고양이에 접근할 가능성이 매우 높다. 우리는 머릿속에 무작위로 개념을 찾지 않는다. 우리가 이전에 그것들을 얼마나 자주 생각했는지에 따라 순차적으로 찾는 것도 아니다. 비록 더 강화된 개념들이 더 쉽게 접근할 수 있지만, 다른 것들은 대체로 평등하다. 언어에 대한 지식도 지식이고(Knowledge of language is knowledge), 기억과 지식에 대해 우리가 아는 것은 언어에도 적용된다.

4.2 언어에 대한 기억

우리는 말을 할 때, 일반적으로 이전에 여러 번 듣고 사용했던 표현들을 많이 사용한다. '어휘적으로 명세화된 구문(LEXICALLY SPECIFIED CONSTRUCTIONS)'을 창의적으로 사용한다.[1] 예를 들어, 코미디 천재

---

1   [역주] 어휘적으로 명세화된 구문(Lexically Specified Constructions)은 발화 시 자주 사용되는 특정 패턴이나 표현을 의미한다. 이러한 구문들은 특정 단어나 구를 포

Jon Stewart는 인터뷰 진행자로부터 '크로스파이어'와 '하드볼' 중 어느 것이 더 웃기냐는 질문을 받았다. Jon Stewart의 대답은 다음과 같다. 아래에서 눈에 잘 띄는 구문 요소와 구문, 즉 어휘적으로 명세화된 구문은 기울임꼴로 표시되어 있다.[2]

Crossfire or Hardball? Which is funnier? Which is more *soul-crushing, do you mean*? Both are equally dispiriting in their . . . *you know, the whole idea* that *political discourse* has degenerated into shows that have to be entitled Crossfire and Hardball. And *you know,* "*I'm Gonna Beat Your Ass*" or *whatever they're calling them these days* is *mind-boggling.* Crossfire, espe-cially, is completely an apropos name. It's what *innocent bystanders* are caught in when gangs are fighting. And it just *boggles my mind* that that's given *a half hour, an hour a day* to . . . *I don't understand how* issues can be dissected from the left and from the right *as though* . . . even *cartoon characters* have *more than left and right.* They have *up and down.*

('크로스파이어'랑 '하드볼' 중 어떤 게 더 웃겨요? 영혼을 더 짓누르는 건 어느 쪽이냐고요? 둘 다 그들의… 잘 아시다시피, 정치 담론이 '크로

함하여 고정된 형태로 사용되며, 언어 사용자에게 익숙하고 쉽게 인식된다. 예를 들어, 일상 대화, 문학, 미디어 등에서 반복적으로 사용되는 관용구, 고정된 표현, 특정 문구들이 이에 해당한다.

2 Jon Stewart 인터뷰, Now, PBS, 2003년 7월 11일, http://www.pbs.org/now/transcript/transcript_stewart.html. Jon Stewart가 쇼에서 '크로스파이어'에 대한 비판을 했는데, 이는 해당 프로그램이 취소되는 데 기여한 것으로 평가된다.

스파이어'와 '하드볼' 같은 제목을 달고 쇼로 전락했다는 그 전체적인 아이디어에서 동등하게 우울합니다. 그리고, 알다시피, "내가 네 엉덩이를 때릴 거야"나 요즘 그들이 어떻게 부르든 간에, 정말 놀랍죠 특히 '크로스파이어', 이름부터가 딱 들어맞아요. 갱단들이 싸울 때 무관한 사람들이 휘말리는 그 상황이란 말이죠. 그리고 그게 하루에 반 시간, 한 시간 동안 방송된다는 게, 정말 제 머리를 어지럽힙니다…어떻게 문제를 왼쪽이나 오른쪽에서 분석할 수 있다는 건지, 이해가 안 가요. 심지어 만화 캐릭터들조차 왼쪽, 오른쪽 말고도 위, 아래가 있잖아요.)

어휘적으로 명세화된 구문을 사용하는 것은 모국어와 같은 정도의 발화 품질을 증명하는 것이다. Pawley와 Syder는 이렇게 말했다, "실제로 전체 문법적 문장 집합 중 극히 일부만이 형태적으로 원어민과 같다. 원어민 정보 제공자에게 평범하고 자연스러운 표현 형태로 쉽게 받아들여지는 의미에서 그러하며, 문법적이긴 하지만 '비유어적인', '이상한' 또는 '외래어적'으로 판단되는 표현들과는 대조적이다."라고 했다(1983, 193). 그러므로 다음과 같은 또 다른 대답 표현은 아마도 Jon Stewart의 반응을 훨씬 덜 원어민 같게(그리고 훨씬 재미없게) 만들었을 것으로 보인다.

어휘적으로 명세화된 구문이 없는 대답:

Crossfire or Hardball? Which is funnier? Which *causes less enthusiasm, do you intend?* Both are equally disheartening in their . . . *you are aware,   the complete* idea that *talk of politics* has degenerated into shows that have to be entitled Crossfire and Hardball. And *you are aware,* "*You will be Defeated*" or *whichever names they are labeling them currently* is *upsetting*. Crossfire, especially, is completely an apropos name. It's what *uninvolved people* are caught in when gangs are fighting. And it just *jiggles my brain* that that's given *0.5–1/24 hours* to…*I do not comprehend in what way* issues can be dissected from the left and from the right *in the manner* . . . even *characters in cartoons* have *things in addition to right and left*. They have *down and up*.

('크로스파이어'랑 '하드볼' 중 뭐가 더 웃기죠? 뭐가 덜 열광적이길 바라는 거죠? 둘 다 마찬가지로 우울하죠. 알잖아요, 정치 얘기가 이제는 '크로스파이어'랑 '하드볼' 같은 제목 붙은 쇼로 전락했다는 거. 그리고 지금은 "널 이길 거야" 같은 걸로 불리는지 뭐하는지 모르겠는데, 그런 걸 보고 있으면 머리가 어질어질하죠. '크로스파이어'는 특히 이름이 딱 맞아요. 갱단 싸움에 휘말린 무고한 사람들이 바로 그런 상황이니까요. 하루에 30분에서 한 시간이 그런 걸로 채워지는 게, 이해가 안 가죠. 문제가 왼쪽이나 오른쪽에서만 다뤄질 수 있다니… 만화 캐릭터조차도 왼쪽, 오른쪽 말고도 위, 아래가 있잖아요.)

원어민 화자는 비원어민 화자보다 '어휘적으로 명세화된 구문'에 더 많이 의존한다(Dąbrowska, 2014; Ellis, 2008; Lewis, 2008). 이는 6.4절에서 다시 언급될 주제이다.

많은 연구자들은 우리가 표현을 '고빈도(high frequency)'로 목격한 경우에만 그 표현을 유지한다고 가정해왔다. 이전 연구에서 필자도 이런 가설을 세웠고, "패턴은 그것들이 '충분한 빈도(sufficient frequency)'로 발생하는 한, 예측 가능하더라도 구문으로 저장된다."라고 언급한 바 있다

(Goldberg, 2006, 5). 그러나 이 가정은 말이 되지 않는다. 왜냐하면 '충분한 빈도'는 화자가 n-1의 빈도로 발생한 예시의 어떤 기억의 흔적을 유지하지 않는 한 어떤 수 n을 포함할 수 없기 때문이다. 이로 인해 빈도가 후속 노출에 따라 증가할 수 있다. 같은 논리로, 빈도가 n-1인 구문은 빈도가 n-2로 기록되지 않았다면 기록될 수 없다. 이러한 추론을 반복적으로 적용하면, 화자가 단일 노출(빈도 1)을 암묵적으로 기억할 수 있어야 하며, 적어도 후속 예시가 발생하여 기억이 강화될 수 있는 충분한 시간 동안이어야 한다(Bybee, 2010 참조). 보강된 기억의 흔적은 더 강해지거나 더 많이 '강화된다(ENTRENCHED)'(Savage et al., 2003). 그리고 '충분한 강화'는 유창한 기억 회상을 위해 필수적일 수 있다. 그러나 단일 노출에 대한 기억의 흔적이 유지되지 않으면, 각 노출은 맨 처음 노출과 같을 것이며, 강화는 결코 증가할 수 없다. 어떠한 구문도 '충분한 빈도'를 가질 수 없을 것이다.

우리가 들은 말을 단어 하나하나 정확히 기억할 수 있다는 생각에 대해서는 아직 의견이 엇갈리고 있다.[3] 초기 연구들 중 일부는 우리가 발화 형태에 대한 어떠한 기억도 유지하지 않는다는 것을 보여주는 것으로 잘못 해석되기도 했다(Sachs, 1967). 그러나 실제로, 이 연구는 의미나 '핵심'에 대한 기억이 형태에 대한 기억보다 더 강하다는 사실을 강조했다. 이는 의미가 본질적으로 단어 하나하나 정확히 기억된 모든 문

---

3   [역주] "Verbatim"은 라틴어에서 유래한 단어로, "말 그대로", "단어 하나하나 정확히"라는 뜻을 가진다. 예를 들어, "그는 연설을 verbatim으로 기억했다"라고 하면, 그 사람이 연설의 내용을 단어 하나하나 빠짐없이 정확하게 기억했다는 의미이다. "verbatim language"라고 하면, 듣거나 읽은 언어를 단어 단위로 정확히 기억하는 것을 의미한다. 즉, 의미만 기억하는 것이 아니라 사용된 단어와 표현 하나하나를 그대로 기억한다는 뜻이다.

장에서 '읽어낼' 수 있기 때문에 전혀 놀라운 일이 아니다. Potter & Lombardi(1990)의 연구는 '우리가 언어 형태에 대한 기억이 없다'는 것을 보여주는 것으로 종종 인용된다. 이 연구에서 참가자들은 일련의 문장을 읽으면서 동시에 각 문장을 읽기 전이나 후에 문장에 포함된 몇몇 단어들의 '가까운 동의어'를 목격하도록 했다. 이 '가까운 동의어'들은 참가자들의 기억에 방해를 주었고, 참가자들이 문장을 회상하고 인식하는 데 자주 개입했다. 그러나 이러한 방해에도 불구하고, 참가자들이 상당히 긴 문장들(11-15단어)을 정확히 그대로 인식하는 능력은 결코 사소한 것이 아니었으며, 대략 75%의 정확도로 나타났다는 점은 주목할 가치가 있다.

사실, "기억은 어려운 것이 아니다(Memory is cheap)." 우리는 우리가 목격하는 언어에 대한 엄청난 양의 정보를 보유하고 있다는 것에 대한 많은 증거가 있으며, 여기에는 특정한 단어들이 이전에 결합되었던 방법도 포함되어 있다. Gurevich et al.(2010)의 일련의 실험에서는, 긴 이야기(300단어)를 들은 후 전체 절에 대한 평균 이상의 인식 기억력이 있음을 발견했다. 이는 모든 명사, 동사, 형용사가 이야기의 두 가지 다른 버전에 걸쳐 통제된 데다가, 참가자들이 그들의 기억이 테스트될 것임을 모르고 있었음에도 불구하고 그런 특징이 관찰된 것이다. 한 실험에서, 참가자들은 두 가지 버전의 이야기 중 하나를 듣고 일주일 후에 다른 실험을 위해 돌아오라는 요청을 받았다. 그들이 실험실로 돌아왔을 때, 참가자들은 단순히 실험자에게 그 이야기를 '다시 말해보라(retell)'고 요청받았다. 눈에 띄게도, 그들은 일주일 전에 들었던 이야기의 어느 버전이든 그 표현을 똑같이 되풀이하는 경향이 있었다.

특정 단어 조합을 기억한다는 증거는 성인과 3세 미만 어린이들에 대한 연구에서 나온다(Arnon & Clark, 2011; Arnon & Snider, 2010;

Bannard & Matthews, 2008; Ellis et al., 2008; Matthews & Bannard, 2010; Reali & Christiansen, 2007; Tremblay et al., 2011; 또한 Arnon et al., 2017 참조). 고빈도의 문자열과 저빈도의 문자열(예컨대, 'back in the box' vs. 'back in the car')을 반복하여 말하도록 요청받았을 때, 최종 단어 ('back' vs. 'car')와 최종 바이그램(bigram)(the box vs. the car)의 빈도가 빈도별로 일치하도록 했음에도 불구하고, 사람들은 더 높은 빈도의 문자열을 반복할 때 더 빠르고 오류가 적었다. 이는 모든 문자열이 완전히 문법적이며 의미론적으로 타당함에도 불구하고 나타난 현상이다.

Dąbrowska(2014)가 발견한 바에 의하면, 영국 영어의 원어민 사용자들은 의미론적으로 해석될 수 있는 다른 네 가지 표현들보다 '자연스럽거나 익숙하다'고 판단하는 다양한 '두 단어 어구(two-word collocation)'를 정확하게 선택할 수 있다. 예를 들어, 영국 원어민 영어 사용자들 중 80%는 'absolute silence(절대적인 침묵)'이 'pure silence(순수한 침묵)', 'sheer silence(완전한 침묵)', 'stark silence(적나라한 침묵)', 'supreme silence(최고의 침묵)'보다 더 익숙하다고 판단하였다. 또한 90% 이상이 'arouse suspicions(의심을 불러일으키다)'가 'incite suspicions(의심을 선동하다)', 'kindle suspicions(의심을 불태우다)', 'revive suspicions(의심을 되살리다)', 'stimulate suspicions(의심을 자극하다)'보다 더 익숙하다고 인식하였다. 모든 문자열이 완전히 문법적이고 의미론적으로 타당함에도 불구하고, 사람들은 더 '강화된' 표현들을 더 잘 인식하는 경향이 있다.

우리는 관찰된 모든 발화에 대한 '기억의 흔적'이 영원히 유지된다고 가정할 필요가 없다. 그리고 확실히 사람들은 목격된 단어 조합을 원자 단위로 보존하지 않는다. 그렇게 하면 '조합 폭발(combinatorial explosion)'이 금방 일어날 것이기 때문이다(Baayen 등, 2013). 하지만 기억의 흔적은 '내부 구조'를 가지고 있으며 원자적이지 않다. 따라서 관련 기억의 표현은 신경학적으로 중첩되어 조합 폭발에 대한 우려를 완화한다.

언어를 '글자 그대로 완벽히 기억하는(verbatim memory) 경우'가 과대평가되어서는 안 된다. 우리의 뇌는 예측 기계이므로, 어떤 정보는 다른 정보보다 보존될 확률이 더 높다. '의미 있는 구문에 대한 기억(memory of meaningful phrases)'이 특별한 처우를 받는 것은 이치에 맞다. 왜냐하면 언어 사용자의 2가지 목표는 "형태로부터 의미를 예측하는 것(이해)"이고, "의미 있게 메시지를 표현하기 위해 형태를 선택하는 것(생산)"이기 때문이다. "상호 정보량이 높은 단어 간의 연결을 유지하는 것"은 예측하는 데에 가치가 있다. 또한, 예측하지 못한 놀랍거나 예상치 못한 정보는 더 강한 오류 신호를 만들어내기 때문에, 기억에 더 큰 영향을 미친다는 것도 알고 있다. 이는 더 큰 가중치 변화와 더 많은 학습을 가져온다. 우리의 목표는 '주어진 문맥적 메시지(messages-in-context)의 형태'와, '형태가 주어진 문맥 메시지(messages-in-context)'를 예측하는 것이기 때문에, 언어에 대한 우리의 지식 네트워크는 이러한 예측을 최적화한다.

'초기 기억의 흔적'은 수면 중에 피질에 기억된 '사전지식'과 통합된다는 증거가 있다(Rothschild et al., 2017; Stickgold, 2005). 이런 식으로, 기존의 기억과 겹치는 기억의 흔적은 '언어의 분포적 표현' 내에서 강화된다. 사전지식과 통합되지 않거나 잘 통합되지 않은 기억 흔적은 해마(hippocampus)에 더 많이 의존할 수 있다(Kim et al., 2014; Marshall & Born, 2007; Schlichting & Preston, 2016).

화자들은 인식 가능한 '어휘적으로 명세화된 구문(lexically specified

construction)'을 완전히 똑같은 형태로 기억하는 것은 아니다. 만약 우리가 말뭉치 데이터를 검토하여 "arouse suspicion(의심을 불러일으키다)"라는 구문이 원어민에 의해 어떻게 사용되는지 고려한다면, 우리는 'suspicion(의심)'이 '전형적인 명사'처럼 행동한다는 것을 발견한다. 즉, 이 단어는 다양하게 사용될 수 있다. 예를 들어, 복수형으로 사용되기도 하고(arouse suspicions(의심들을 불러일으킨다)), 소유격이나 명확한 한정사와 결합되기도 하고(arouse their suspicion(그들의 의심을 불러일으킨다); arouse the suspicions(의심들을 불러일으킨다)), 수식어를 수반하기도 하고(arouse grave suspicions(심각한 의심을 불러일으킨다)), 보문절 형태로 사용되기도 한다(aroused new suspicions about the smugglers(밀수업자들에 대한 새로운 의심을 불러일으켰다)). 마찬가지로, arouse(불러일으키다)라는 단어도 다른 동사와 유사한 기능을 한다. 이 동사는 여러 시제에 사용되며, 수동구문으로 사용되며(suspicions were aroused by(의심이 불러일으켜졌다)), 분사형태로 사용될 수 있다(his newly aroused suspicions(그의 최근에 불러일으켜진 의심들)). 이러한 유연성을 표현하기 위해서는, 어느 정도의 '정보 손실(lossy)'을 수반하는 표현'이 유용하다. 우리는 다음과 같이 '어휘적으로 명세화된 구문'을 개략적으로 표현할 수 있다.

$$\text{AROUSE}_v\{X_{arouser}, \text{SUSPICION}_{arousee}\}$$

이러한 표현은, 명세화된 명사 'SUSPICION(의심)'이 'AROUSE(불러일으키다)'의 '대상(arousee)'임을 간략히 나타내려는 것이다. 따라서 명사의 수나 동사의 시제를 구체적으로 명세화하지 않는다. 이 표현은 'suspicion' 이외의 다른 명사들과 함께 'arouse'가 사용될 때, 'arouse' 의 다른 사용 사례들을 구문과 연결할 수 있게 해주는데, 이는 이러한 사용 사례들 역시 명시적이거나 암묵적인 'arouser' 논항과 'arousee' 논항을 포함하기 때문이다. 또한, 'suspicion'을 언어 지식 네트워크 내의 다른 '어휘적으로 명세화된 구문'들(divert suspicion, suspicious coincidences) 과 연결시킨다. 우리의 기억은 '내용 지정적(content addressable)'이므로, 'creating suspicions(의심을 만들어내다)'라는 메시지를 전달하고자 할 때, 이 '어휘적으로 명세화된 구문'은 활성화되어 사용할 수 있게 된다. 청자에게 이 구문이 목격되면, 더욱 '강화'되어 나중에 더 접근하기 쉬워진다. 우리는 이에 대해 4.5절에서 다시 논의할 것이지만, 먼저 "우리가 어떤 동사가 어떤 구문에서 사용되었는지에 대한 기억의 흔적, 즉 논항구조 구문에 필요한 기억의 흔적을 유지하고 있다"는 증거를 살펴볼 것이다.

4.3 논항구조구문의 동사

특정 단어들의 풍부한 '틀-의미론적 의미(frame-semantic meaning)' 는 언어에 대한 우리 지식(2장)의 일부이며, 우리는 그 단어들이 전달할 수 있는 의미의 범위를 넘어서 훨씬 더 많은 것을 알고 있다. 특히 동사들 은 사용 방식에 있어 까다로울 수 있는데, 우리가 어떤 논항구조구문에서 어떤 술어들이 사용되었는지 알고 있다는 명백한 증거가 있다. 의미가 비슷한 동사들조차도 서로 다른 분포를 가지고 있다는 사실을 통해서도 이는 어느 정도 명확해진다. 이것은 바로 예(4.1 - 4.4)에 예시된 바와 같다.

4.1a "He had helped her get hired" _{COCA}

(그는 그녀가 고용되는 것을 도왔다.)

4.1b ?He had aided her get hired.

4.2a "She provided them with a hidden, safe space" _{COCA}

(그녀는 그들에게 숨겨진 안전한 공간을 제공했다.)

4.2b ?She gave them with a hidden, safe space.

4.3a "We managed to educate our children" _{COCA}

(우리는 우리의 아이들을 교육해나갔다.)

4.3b ?He succeeded to educate our children.

4.4a "They succeeded in educating children."

(그들은 아이들을 교육하는 데 성공했다.)

4.4b ?They managed in educating children.

형용사, 전치사, 그리고 첨사(particle)를 포함한 다른 술어들도, 분포에 있어서 특히 다른 술어들과 결합하는 방법에서 특별할 수 있다(Boas, 2003; Goldberg & Jackendoff, 2004; Gries, 2003; Herbst, 2014). 예를 들어, 'to sleep'과 'asleep'은 겹치는 맥락에서 사용될 수 있지만, 결과구문 (resultative construction)에서 'cry'와 짝을 이룰 경우 'to sleep'이 선호된다(Goldberg, 1995, 192).

4.5a "I'll cry myself to sleep" (나는 (슬픔이나 좌절 등으로) 울다가 잠이

들 것이다.)

4.5b ?I'll cry myself asleep.

예(4.5a)에 비해 예(4.5b)를 선호하지 않는다는 사실은 COCA 말뭉치에서 각 사례의 수를 비교함으로써 증명된다(Davies, 2009). 즉, "cry ⟨oneself⟩ to sleep"의 출현빈도는 100회가 넘지만, "cry ⟨oneself⟩ asleep"의 용례는 하나뿐이다. 비록 일반적으로 말뭉치에서 'to sleep'과 'asleep'이 대략적으로 동등한 빈도로 발생하더라도 이런 차이가 존재한다.

"술어가 어떻게 사용될 수 있는지에 대해 특별한 선호가 있다"는 사실은 몇 가지 방법으로 알 수 있다. 술어 조합의 의미가 어떤 경우엔 '각 단어가 다른 상황에서 사용되는 방식'으로부터 예측할 수 없기도 한데, 바로 이러한 사실을 통해 알 수 있다. 이는 '동사+첨사 조합'과 같은 복합 술어에서 특히 명확하다. 예를 들어, "take it off"가 "옷을 벗다"는 의미를 가질 수 있는 반면, "take it on"은 반대의 의미를 가지지 않는다(비교: put it on). "take up with someone"이라는 자동사적 표현은 대략적으로 "누군가와 사귀기 시작하다"의 의미를 나타내고, 그 타동사적 대응어인 "take something up with someone"은 "누군가와 문제를 제기하다"의 의미를 가진다. "take something over to"는 대략 "무언가를 가져다주다"라는 의미이며, "take someone down"은 "누군가를 정복하다"를 나타낸다. 그리고 "take someone out"은 "누군가를 데려고 나가 버리다"인데, "데이트"나 "살해"를 암시할 수 있다(Goldberg, 2016).

이러한 유형의 예시들은 우리가 동사와 술어가 일반적으로 어떻게 사용되는지에 대한 구체적인 정보를 기억하도록 요구한다.[4] 이와 관련하여 매우 주목할 만한 증거가 있는데, 특정 동사와 구문의 조합이 일어났다는 사실뿐 아니라, 그 조합이 얼마나 자주 발생했는지에 대한 상대적인 빈도 수까지도 우리가 기억한다고 한다. 예를 들어, 'confirm(확인하다)'과 같은 몇몇 동사들은 직접 목적어 보어나 절 보어와 함께 사용될 수 있으며, 이는 예(4.6)과 (4.7)에서 나타나듯이 수용 가능하다.

4.6 She confirmed [the date of our visit]$_{direct-object}$ (직접 목적어 보어)
(그녀는 우리가 방문할 날짜를 확인했다.)

4.7 She confirmed [that the date was soon]$_{clause}$ (절 보어)
(그녀는 그 날짜가 곧 다가올 것이라고 확인했다.)

대규모 말뭉치를 검색하면, 'confirm'이 절과 함께하기보다는 직접 목적어와 함께 나타날 가능성이 통계적으로 더 높다는 것을 보여준다 (Garnsey et al., 1997). 같은 직접 목적어 '어휘적 편향(LEXICAL BIAS)'를 공유하는 몇몇 다른 동사에는 'emphasize', 'hear', 'understand', 그리고 'write'가 있으며, 반대의 편향(절에 편향되어 있는)을 가진 동사로는 'argue', 'believe', 'claim', 'suggest', 그리고 'suspect'가 있다.

다른 경우도 마찬가지인데, 동사가 어휘적 편향과 일치하는 방식으로 사용될 경우 문장은 더 빠르고 정확하게 처리된다(Clifton et al., 1984;

---

4 [역주] 사람들이 동사와 술어의 사용 방식에 관한 구체적인 정보를 기억해야 한다는 의미이다. 즉, 언어를 사용하고 이해하는 과정에서 단순히 단어의 의미만을 아는 것이 아니라, 그 단어들이 어떤 문맥에서 어떻게 쓰이는지에 대한 상세한 지식을 유지해야 한다는 것이다.

Ferreira & Henderson, 1990; Garnsey et al., 1997; MacDonald et al., 1994; Stallings et al., 1998; Trueswell et al., 1993). 사실, 화자들은 심지어 동사가 '편향성과 일치하는 문맥'에서 사용될 때, 더 빨리 말하는 경향이 있다 (Gahl & Garnsey, 2004; Hay & Bresnan, 2006; Tily et al., 2009).

필자는 왜 이 장에서 명사 대신 동사와 다른 술어를 강조하고 있는 것인가? 그 이유는 논항 구조의 영역 안에서 '동사와 다른 술어들'이 매우 중요한 역할을 하기 때문이다(Boas, 2003, 2014; Hare et al., 2009; Herbst et al., 2004; Müller, 2002; Pinker, 1989). 명사구는 논항구조구문(ASC)에서 그다지 특별한 분포적 경향성을 보이지 않는다. 즉, 동사는 흔히 "explain-me-this 수수께끼"를 일으키는 분포적 특이성을 보여주는 반면, 명사구는 거의 그렇지가 않다. 왜 이런 차이가 발생하는지는 다음 절에서 논의될 것이다.

술어가 명사구와는 다르게 논항구조구문의 특성화에서 중심적인 역할을 한다는 점을 염두에 둘 필요가 있다. 그러나 구문의 어떤 부분이 주의를 요할지는 해당 구문의 기능에 따라 달라진다. 예를 들어, '의문구문(question construction)'의 경우 특정 '의문사(question words: what, who, why, how come)'가 중심적 역할을 한다(Rowland & Pine, 2000). 그리고 주어-동사 일치(예컨대, am vs. are vs. is; walk vs. walks)를 학습하기 위해서는 주어 논항의 수(단수, 복수)가 결정적이다. 이렇게 학습자는 각 '구문의 기능'과 '분포적 증거'를 바탕으로, 각 구문에 관련된 요소들을 결정해야 한다. 이 문제는 6장에서 다시 다루게 될 것이다.

4.4 왜 명사구는 논항구조구문에서 개방 슬롯인가?

아이들이 "Sally fepped"라는 말을 들었을 때, Sally에게 특별한 것이 없다면, 원칙적으로 자신이나 자신의 동생, 또는 친구 Harry 모두가 'fep' 할 수 있다는 것을 안다. 즉, 'fep'이 무슨 의미인지와 상관없이 "They fepped", "My little brother fepped", "Harry fepped"라고 말할 수 있다는 것이다. 경험적으로 볼 때, 명사구는 이처럼 그 의미가 의미론적으로 적절하다면, 하나의 논항구조구문에서 충분히 대체 가능하다는 경향이 있다 (Imai et al., 2005; Kam, 2009; Naigles et al., 2009; Theakston et al., 2015; Tomasello et al., 1997). 이러한 창의적 자유는 두 가지 관련된 사실에서 비롯된다(Theakston et al., 2015).

첫째, 아이들은 전달되는 의미(semantics)에 주의 깊게 집중한다. 예를 들어, 한 인간이 어떤 행동을 수행할 수 있다면, 다른 사람들도 대부분 그렇게 할 수 있거나 적어도 비슷한 시늉을 한다는 것을 이른 시기부터 인지한다. 예를 들어, 아이가 'nibble(한입 베어 물다)'의 의미를 배우고 "The bunny nibbled the carrot(토끼가 당근을 한입 베어 물었다)"라는 말을 들었다면, 그 토끼가 사과나 배도 마찬가지로 한입 베어 물 수 있다는 것을 알게 된다. 물론, 동사의 의미가 매우 특정한 유형의 논항을 요구한다면, 해당 논항은 그에 상응하는 제약을 받게 된다. 예를 들어, 오직 나무만이 'felled(베어지다)'될 수 있고, 행렬만이 'diagonalized(대각선으로 만들어지다)'될 수 있으며, 새우만이 'deveined(새우의 등골을 뽑다)'될 수 있다(McCawley, 1978). 이 예시들은 학습자들이 명사구 '자리'에 대한 매우 구체적인 제약을 학습할 수 있다는 것을 보여준다. 그리고 명사구 보충구의 '자리'는 동사의 의미가 허용하는 한에서 변할 수 있다.

아동이 명사구가 일반적으로 서로 대체 가능하다는 것을 학습하는 데 있어, 두 번째로 중요한 근거는 '분포적 증거(distributional evidence)'에서 비롯된다. 아동들은 "명사구(NPs)는 변하지만, 구의 나머지 부분은 일정한" 그런 수백 개의 단순한 구를 경험한다(예컨대, This is ⟨NP⟩; ⟨NP⟩ wants ⟨NP⟩ 등)(Braine et al., 1990; Lieven et al., 1997; Theakston et al., 2015; Tomasello, 2003). 이 사실은 궁극적으로 의미론적 요인에 의해 설명될 수 있다. 다시 말해서, 많은 술어들은 "행위가 가해지거나 행위의 속성이 묘사될 수 있는" '어떤 유정물 개체' 또는 '어떤 개체'에 대해서, 매우 폭넓게 적용될 수 있다(This is ⟨NP⟩; ⟨NP⟩'s here).

때때로 논항구조구문은 명사구 자리에 특정 어휘 선택을 요구한다. 예를 들어, 예(4.8 – 4.10)에 설명 된 'WAY구문(WAY CONSTRUCTION)'을 살펴보자.

4.8 "He fought his way out of the house."

(그는 집 밖으로 나가려고 고군분투했다.)

4.9 "Sonja was always bullying her way into the center of things"

(Sonja는 언제나 다른 사람을 괴롭혀가며 사건의 중심에 서려고 했다.)

4.10 "They bike their way down Pennsylvania Avenue to the White House."

(그들은 Pennsylvania Avenue에서 백악관까지 자전거를 타고 내려간다.)

이 구문은 반드시 주어를 '공지시(coreferential)'하는 '소유격 한정사'를 포함하고, 그 뒤에 특정 명사 'way'가 온다. 매우 구체적인 명사구의 요구 사항은 또한 관용구의 특징으로, 매우 특정한 의미를 가지며, 특정 명사구 뿐만 아니라 특정 한정사 또는 수식어를 요구할 수 있다(예컨대, "kick the bucket"은 "kick a bucket" 또는 "kick the blue bucket"과 같은 의미가 아니다). 그러나 거의 모든 동작이 다양한 행위자에 의해 수행될 수 있고, 대부분의 동작이 다양한 유형의 존재물에서 수행될 수 있기 때문에, 논항구조 구문과 관련하여 명사구 논항은 술어보다 훨씬 덜 특정적이다.

4.5 단순 강화

발화를 포함한 모든 유형의 운동 행동을 수행하는 것은 완전히 새로운 계획을 세우는 것보다 이전에 경험하거나 사용했던 계획을 '재사용(reuse)'할 때 더 쉽다(MacDonald, 2013; Montag et al., 2017; Schmid, 2017). 만약 청자가 '문맥적 메시지'를 구성하려 한다면, 동일한 '문맥적 메시지'를 전달하는 '이전에 경험한 형식'이 더 접근하기 쉬워서, 생소한 형식보다 표현하기가 더 쉽다. 예를 들어, 주동사가 '어휘적 편향(lexical bias)'과 일치하는 방식으로 사용될 때 문장이 더 빠르게 읽히고, 더 빠르고 정확하게 반복된다는 것을 기억해 보라. 기계적으로, 우리가 특정 메시지를 전달하기 위해 사용된 표현을 목격할 때, 그 표현의 '손실된 표상(lossy representation)'이 청자의 마음속에서 그것의 '의도된 문맥적 메시지(intended-messages-in-context)'와 더 강하게 연관되게 된다. 우리가 전달하고자 하는 친숙한 메시지가 있을 때, 우리는 주어진 맥락에서 그 목적을 위해 접근할 수 있는 언어 지식을 사용한다. 물론, 우리는 그냥 가장섭게 떠오르는 단어와 문장을 말하는 것이 아니다. 우리의 기억은 '연관성'이 있고 '내용 지정적(content addressable)'이며, 또 언어에 대한 지식은 '형식적 속성', '기능적 속성' 및 '문맥적 측면'과 관련이 있기 때문에, 우리는 의도한 목적에 부합하는 지식에 '접근'한다. 우리가 말할 때, 우리는 전달하고자 하는 메시지의 적어도 일부분을 구성하기 시작하며, 그 메시지에 적합하고 충분히 접근 가능한 단어와 구문을 찾아 사용한다.

화자들은, 동등한 메시지를 표현하기 위해 의도될 수 있는 '생소한 형식'보다 '익숙한 형식'을 '사용(use)'하는 경향이 있으며, '접근성(accessibility)'[5]은 바로 이러한 경향에 동기를 부여한다. 더욱이, 화자들은 익숙한 형식을 선호하는데, 이는 '관용어 원리(Idiom Principle)'라고 불린다(Erman & Warren, 2000; Sinclair, 1991; Wray, 2002). 그러나 '생소한 형식'은 일반적으로 판단을 요청받을 때 제공되고 기억에 대한 요구가 적기 때문에, '익숙한 형식'이 더 쉽게 접근할 수 있다고 하지만, 이러한 사실은 우리의 판단을 직접적으로 설명하지는 못한다. 우리는 '창의성(creativity)'과 '비전형성(nonconformity)'을 가치 있다고 스스로에게 말하면서, 왜 창의적인 형식보다 익숙한 형식을 선호해야 하는가?

이에 대한 나의 생각은 다음과 같다. 우리가 창의적인 사용법을 '잘못된 것'으로 간주하는 이유는 같은 메시지를 전달할 수 있는 전통적인 대체 방법이 존재할 때이다. 이는 우리가 언어를 규범적으로 바라보기 때문인데, 다시 말하면, 우리는 언어를 사용하는 '올바른' 방법이 있다고 생각하는 것이다. 이 책이 다루고자 하는 유형의 경우, 언어를 사용하는 '올바

---

5 [역주] 필자는 화자들이 생소한 형식보다 익숙한 형식을 사용하는 경향을 수용성의 관점에서 해석한다. 즉, 화자들이 같은 메시지를 전달하려 할 때, 새롭고 낯선 표현보다는 이미 알고 있는, 접근하기 쉬운 표현을 선호하는 경향이 있다는 점을 강조한다.

른' 방법은 곧 '익숙한 방법(familiar way)'이다. 익숙한 방법이 우리가 '의도된 문맥적 메시지'를 표현하는 데 적합할 때마다 그것을 선호한다. 즉, 우리는 우리가 속한 언어 커뮤니티(또는 속하고자 하는 커뮤니티)에서 목격한 형식 유형을 선호한다. 이 개념은 '첫 번째 CENCE ME 원칙'에 의해 표현된다. 즉, 화자는 자신의 언중의 규범적 관습을 준수하면서, 표현력과 효율성의 필요성 사이에서 균형을 맞춘다.

그렇다면, Chomsky(1957) 이후 통사론에서 그러한 판단이 수행한 엄청난 역할을 감안할 때, "통사적 비문법성(syntactic ill-formedness)"에 대한 어떤 판단들이 근본적으로 '사회언어학적(sociolinguistic)'이라는 것은 다소 아이러니하다. 이 생각은, 더 큰 커뮤니티와 구별되기를 원하는 하위 집단이 새로운 언어 관습을 혁신하고 채택할 가능성이 가장 높은 집단이 될 것이라고 예측한다. 사실, 사회언어학자들은 오랫동안 이전 세대와 자신을 구별하려는 정확한 나이에 있는 청소년들이 언어 변화의 주요 원동력이라는 것을 인식해 왔다.(Bybee & Slobin, 1982; Wagner & Tagliamonte, 2016 ; Labov, 2011; Tagliamonte & D'Arcy, 2009; Trudgill, 2011).

화자들이 "개별 동사와 다른 단어들이 어떻게 사용되는지"에 관한 상당히 구체적인 정보를 기억하고 있는데, 우리는 이 사실에 대한 증거를 요약한 바 있다. 익숙한 표현이 '접근성(accessibility)' 때문에 재사용되는 경향이 있고, 언어가 공유된 문화적 시스템이기 때문에 생소한 표현보다 선호된다는 사실은, 바로 "explain-me-this" 수수께끼에 대한 해결책의 일부를 제공한다. 그러나 우리가 다양한 정도로 '생소한 메시지'를 전달하고자 할 때, 우리는 기억 속의 언어 지식을 뛰어넘어 일반화를 해야 한다. 즉, 우리는 언어를 '창의적'으로 사용할 필요가 있다.

4.6 창의성과 생산성

영어화자는 예(4.11a – i)에서와 같이 "해당 동사에 대해 생소한 논항구
조구문"에서 익숙한 동사를 창의적으로 사용할 수 있다.

4.11a "She smiled him in the door" (사역이동구문)

(그녀는 그에게 미소를 지으며 문안으로 들어오게 했다.)

4.11b "She can love the anger away" (사역이동구문)

(그녀는 사랑으로 분노를 떨쳐버릴 수 있다.)

4.11c "I can't drink away their visits."[6] (사역이동구문)

(술을 마신다고 그들이 찾아오는 것을 막을 수는 없다.)

4.11d "I sloshed down the street" (자동구문)

(나는 흙탕물을 철벅거리며 거리를 걸어 내려갔다.)

4.11e "The B-17 screamed into the room" (자동구문)

(B-17 비행기의 요란한 소리가 방 안으로 들어왔다.)

4.11f "Somebody leaked me a focus group tape"[7] (이중목적어구문)

(누군가가 나에게 포커스 그룹 테이프를 몰래 건네주었다.)

---

6 [역주] "I can't drink away their visits."라는 문장은 술을 마심으로써 그들의 방문을
    없애거나 피할 수 없다는 은유적인 표현이다. 이는 술이 제공할 수 있는 일시적인 도
    피나 위안이 특정 문제나 상황, 여기서는 "그들의 방문"에 대한 실질적인 해결책이
    될 수 없음을 나타낸다. 'drink away'라는 표현은 일반적으로 술을 마심으로써 문제
    나 걱정거리를 잊어버리거나 피하려 한다는 의미로 사용된다.

7 [역주] "focus group"은 마케팅이나 여론 조사 등에서 특정 주제에 대한 소비자나 대
    중의 의견을 수집하기 위해 소규모 그룹을 대상으로 진행하는 인터뷰나 토론을 말
    한다. 이 과정은 대개 녹음이나 녹화를 하게 되는데, 그렇게 만들어진 것이 "포커스
    그룹 테이프"이다. 따라서 이 문장은 "누군가가 (공개되지 않은) 포커스 그룹 테이프
    를 나에게 몰래 건네주었다"는 의미로 해석할 수 있다.

4.11g "Would prompt the editors to land me a date fit for a princess." (이 중목적어구문)[8]

(편집자들이 나를 위해 공주님에게 딱 어울리는 데이트 상대를 찾아줄 것이다.)

4.11h "They would swat them dead immediately after being bitten." (결과구문)

(그들은 물린 즉시 그것들을 때려죽일 것이다.)

4.11i "We translated our way through a series of bizarre sentences" (way 구문)

(우리는 일련의 기괴한 문장들을 간신히 번역해 냈다.)

많은 구문이 '생산적(Productively)'으로 사용된다는 사실은 "생소한 동사가 어떻게 사용될 수 있는지에 대한 직관을 가지고 있다"는 사실을 통해서도 분명히 드러난다. Arnold Zwicky는 오래 전에, "시끄럽고 쉰 목소리로 말하다"라는 의미를 가진 가상의 소통 동사 'greem'의 예를 들었다. 그는 이렇게 관찰했다.

당신은 알고 있을 것이다. 누군가에게 당신에게 물 한 잔을 달라고

---

8 [역주] 이 문장에서 주어는 명시되어 있지 않지만, 문맥상 어떤 사건이나 상황이 주어라고 유추할 수 있다. 'prompt'는 '촉구하다, 부추기다'라는 뜻이다. 'land'는 이 문장에서 '~을 (상대방에게) 소개하다'라는 의미로 사용되었다. 보통 "land someone a job"이라고 하면 "누군가에게 일자리를 찾아주다"라는 뜻이 되는 것과 비슷한 맥락이다. "a date fit for a princess"는 "공주에게 어울리는 데이트 상대"라는 의미이다. 따라서 이 문장 전체의 의미는 어떤 사건이나 상황이 편집자들로 하여금 화자('나')에게 공주에게 걸맞은 훌륭한 데이트 상대를 소개하도록 부추길 거라는 것이다. 이 문장에서는 화자가 편집자들의 도움으로 멋진 데이트 상대를 만날 수 있으리라는 기대감을 담고 있다.

greem할 수 있고, 도넛의 가격에 대해 여동생에게 greem할 수 있으며, 적들에게 "Ech"라고 greem할 수 있고, 당신의 greem이 아기를 놀래게 할 수 있고, 내 예시들이 어처구니없다고 나에게 greem할 수 있고, 설명을 보고 greem할 수 있다는 것을… 이러한 구문들은 모두 '말하기 방식에 관한 동사'의 의미적 표현과 체계적으로 연관되어 있다. (Zwicky, 1971, 232)[9]

생소한 동사의 다른 예는, '익숙한 명사'에서 즉석으로 '새 동사'로 변환되는 경우들이다(Clark & Clark, 1979; Goldberg, 1997; Kaschak & Glenberg, 2000).[10] 이 현상의 확인된 예시들은 예(4.12a – e)에서 제공된다.

4.12a "I'm gonna go benadryl myself to sleep."

(나는 베나드릴(항히스타민제)를 먹고 잠을 청하려 한다.)

4.12b "Blog him out of jail!!"[11] (cited by Hwang, 2014)

(블로그 글을 써서 그를 감옥에서 꺼내 주자.)

4.12c "I cannot believe she utubed the lyrics!"

---

9   You know that… it will be possible to greem for someone to get you a glass of water, to greem to your sister about the price of doughnuts, to greem "Ech" at your enemies, to have your greem frighten the baby, to greem to me that my examples are absurd, and to give a greem when you see the explanation…[these constructions] are all systematically associated with the semantic representation of manner-of-speaking verbs. (Zwicky, 1971, 232)

10 [역주] 이와 같이 명사가 형태적 변화 없이 바로 동사로 사용되는 것을 '전환'이라 한다.

11 [역주] "블로그에 글을 써서 사람들의 관심을 모으고, 여론을 조성해 그 사람이 감옥에서 나올 수 있도록 도와주자!"라는 의미로 해석할 수 있다.

(나는 그녀가 그 가사를 유튜브에 올렸다는 것을 믿을 수 없다.)

4.12d "[he had a lot of work to do] if he was to podium."[12]

(만약 시상대에 올라 (상을 받았다면) 할 일이 많았을 것이다.)

4.12e "She necklaced me with her arms"[13]

(그녀는 팔로 내 목을 감싸 안았다.)

이러한 생산적인 구문 사용은 구문이 완전히 생산적이지 않음을 나타내는 다른 경우(? Explain me this)와 대조된다. 즉, 논항구조구문은 일반적으로 '부분적으로 생산적(partial productive)'이며, 이 '부분적 생산성'은 우리가 해결하기 위해 설정한 "Explain me this 문제"를 부각시킨다. 논항구조구문이 어떻게 제한되는지에 초점을 맞추기 전에, 다음 장에서는 먼저 논항구조구문이 언제, 어떻게, 왜 생산적으로 사용되는지에 대해 자세히 고찰한다.

4.7 적용범위: 부분적으로 추상적인 예시의 집합

생산성을 생각하는 간단한 방법은 '적용범위(coverage)'라는 개념을 통한 것이며, 이 개념은 귀납에 대한 비언어적 문헌에서 차용한 아이디어이다(Goldberg, 2006, 98; Osherson et al., 1990; Suttle & Goldberg,

---

12 [역주] 'podium'은 '단상, 시상대'를 의미하는 명사인데, 여기서는 '상을 받다'라는 뜻의 동사로 사용되었다.

13 [역주] 'necklace'는 '목걸이'라는 뜻의 명사이지만, 여기서는 '목에 걸다, 감싸 안다'는 의미의 동사적 용법을 가진다.

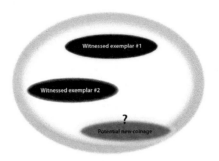

그림4.1 구조화되고 초차원적 개념공간에 포함된, 가장 작은 임시 범주는 '이전에 관찰된 두 예시(짙은 회색으로 표시됨)'와 '잠재적인 새로운 언어 표현(potential new coinage, 밝은 회색으로 표시됨)'을 포함한다. 짙은 회색 예시가 범주에 얼마나 잘 '적용'되는지에 따라 언어표현이 얼마나 받아들여질 것인지 판단된다.

2011). 특히, '기존 구문(언어표현, coinage)의 잠재적인 생산적 사용'은 다음과 같은 정도로 허용된다. 즉, 이전에 검증된 예시와 언어표현을 포함해야 하는 범주가 "예시들이 군집화하는 '초차원적 개념공간' 내"에서 잘 검증될 정도로 허용된다. 그림4.1에서, '잠재적인 언어표현(potential coinage)'은 더 밝은 회색 타원으로 나타나며, 잠재적 언어표현에 가깝게 군집화된 '두 이전 목격된 예시들'은 검은색 타원으로 표현된다. '적용범위'는, 세 예시를 모두 포함해야 하는 '임시(ad hoc) 범주(큰 투명 원)'가 실제로 관찰되거나 잘 '적용(cover)'되었다면, '잠재적 언어표현'이 받아들여질 것이라고 예측한다. 즉, '수용성'은 아래에서 설명된 대로 임시 범주가 필요로 하는 빈 공간의 양과 반비례할 것이다. 그리고 예시들과 범주 자체는 의미론적, 통사론적, 정보구조적, 음운론적 차원 및/또는 사회적 맥락을 포함하는 '초차원 공간'에 표현된다. 그림4.1은 이 구조를 2차원으로 투영한 것으로, 공간에서의 '가까움'이 '유사성'을 나타낸다.

'적용범위의 정도'는 실제로 관찰된 예시들이 범주를 얼마나 채우는지, 또는 '적용'하는지의 정도에 해당한다. 적용범위는 주어진 구문에서 관찰된 다양한 동사의 수(구문의 유형빈도(type frequence))와 관련이 있다. '유형빈도', '가변성', '유사성'과 같은 이러한 요소들은 아래에서 설명되는 것처럼 독립적으로 관련성이 있다. 어떠한 새로운 언어표현도 실제로 관찰된 군집 내에 속한다면(더 접근하기 쉬운 경쟁 대안이 없는 한; 5장 참조) 수용 가능하다고 판단된다.

구문의 형식적 측면은 '군집이 형성되는 방식'에서 특별한 역할을 한다. '반복되는 형식적 패턴'은 구문의 의미론적 및 담화적 특성이 잘 파악되기 전에, 범주를 형성하는 이른바 "초대장" 역할을 할 수 있다. 즉, 초기에는 완벽하지 않더라도 '형식적 규칙성(regularity)'이 분포적 분석을 통해 파악될 수 있다. 그리고 '형식적으로 표현되는 구문의 규칙성'은 학습자들이 '구조적 정렬(STRUCTURAL ALIGNMENT)' 과정을 통해, 예시들 간의 '또 다른 유형 규칙성'을 탐색하도록 유도한다(Gentner, 1983; Kotovsky & Gentner, 1996; Markman & Gentner, 1993; Norman & Rumelhart, 1975). '구조적 정렬'은 두 가지 이상의 구별되는 '관계 구조(relational structure)'를 연결하는 것을 포함하며, 이 과정은 표현 간의 유사성과 차이점을 모두 강조한다. 인간은 특히 다른 영장류, 예를 들어, 개코원숭이(baboon)와 비교할 때 구조적 정렬에서 특별한 재능을 보인다(Fagot & Thompson, 2011; Flemming et al., 2013 참조). Dedre Gentner는 '관계 구조'를 정렬하는 것이 '과학적 통찰', '은유적 확장', 그리고 여기에서 가장 관련이 있는 '높은 수준의 언어학적 일반화'를 가능하게 한다고 주장했다(Gentner, 1983, 2003; Markman & Gentner, 2001; Goldwater, 2017; Tomasello, 2003 참조).

발화 간의 형식적 유사성은 추가적인 유사성과 차이점을 두드러지게 한다. 예를 들어, "I love you(나는 너를 사랑해)"와 "You want a cookie(너는 쿠키를 원해)"와 같은 두 발화의 '추상적 관계 구조'를 정렬함으로써, 공유된 관계 구조인 "유생물이 무언가에 대해 태도를 경험한다"가 더 두드러지게 되며, 차이점들(예컨대, 대명사 목적어 vs. 일반 명사구 목적어)도 마찬가지로 두드러진다. 그리고 예시를 정렬하는 과정은 예시의 '형식적 특성'과 '의미' 모두에 의존한다. 예를 들어, Markman & Gentner(1993)은 사람들에게 "트럭이 자동차를 견인하는 그림"과 "자동차가 보트를 견인하는 그림"을 보여주었다. 자동차는 분명히 매우 유사했지만, 두 그림에서 전체 사건 상 다른 역할을 했다. 즉, 첫 번째 견인 그림에서는 자동차가 견인되는 대상이었는데, 두 번째 그림에서는 자동차가 견인하는 주체였다. 사람들에게 단순히 두 번째 그림에서 첫 번째 그림의 자동차와 "일치하는" 개체를 지시하도록 요청했을 때, 그들은 다른 자동차를 선택하는 경향이 있었다. 그러나 별도의 그룹에게 먼저 그림을 비교하고 전체적인 유사성을 평가한 다음 같은 작업을 수행하도록 요청했을 때, 사람들은 전체적인 견인 장면에서 첫 번째 그림의 자동차와 같은 역할을 하는 두 번째 그림의 보트를 선택하는 경향이 있었다(Gentner & Markman, 1997; Goldwater, 2017; Tomasello, 2003 참조). '사용 기반 구문주의(USAGE-BASED CONSTRUCTIONIST) 접근법'은 학습자들이 발화의 형태와 해석의 측면을 모두 주의 깊게 살펴보고 유지한다는 사실을 활용한다. 이는 언어를 표현하는 데 사용하는 '초차원 공간'에서, 예시들이 군집화되도록 유도하여, 더 많은 일반적인 구문이 출현하게 한다(Falkenhainer et al., 1989; Gentner & Forbus, 2011). 그리고 각 구문과 결합한 의미론적, 형식적, 음운적, 그리고 사회적 차원은 일반화를 통해 형성되는데, 이 일반화는 이미 목격된 '부분적으로 추상화된 예시'들을 통해 이루어진다.

실제 사례들 간의 유사성은 일반화의 영역을 형성한다. 즉, 같은 표면 형식을 공유하는 예시들이 군집화되면서, 제약이 나타난다(EMERGE). 예를 들면, 영어의 이중목적어구문(예컨대, give him some money(그에게 약간의 돈을 주다))의 예시들은 대부분 잠재적인 전달의 함축을 공유하고, 이 구문은 라틴어 계열의 동사들에서는 거의 나타나지 않는다(3.3절 참조). 이로 인해, 이 구문의 새로운 언어표현(coinage)이 받아들여지려면, 이와 마찬가지로 잠재적인 전달을 내포하고, (단어의 길이가) 더 짧고, 더 게르만어적인 동사를 포함해야 한다(Ambridge, Pine, et al., 2014; Gropen et al., 1989).

같은 형식 패턴의 실제로 관찰된 예시들 간의 차이는 패턴의 '가변성'을 증가시키고 '생산성'을 촉진한다. 간단히 말해, 관찰된 예시들이 표현할 수 있는 영역이 넓어질수록, 그만큼 더 많은 다양한 형태가 생겨난다는 것이다(즉, 가변성은 더 많은 가변성을 유발한다). 예를 들어, 1000개의 다른 동사로 사용된 구문을 본 적이 있다면(type frequency = 1000), 그 구문은 10개의 동사로만 사용된 구문(type frequency = 10)보다 훨씬 다양한 '동사 사용 패턴'을 보일 것이다. 이런 이유로, 때때로 구체적인 예시들 사이의 가변성이 '유형빈도'와 혼동될 수도 있다. 하지만 유형빈도와는 별개로, 가변성 자체가 언어 사용의 '수용성(acceptability)'을 판단하는 데 있어서 유형빈도보다 더 중요한 지표가 될 수 있다는 점이 연구를 통해 밝혀졌다(Adelman et al., 2006; Gries, 2003; Johns et al., 2016; Kachergis et al., 2017; McDonald & Shillcock, 2001; Suttle & Goldberg, 2011).

지금부터, 이 책의 독자들에게 5장에서 다룰 '경쟁(COMPETITION)'이라는 중요한 개념에 주목하기를 부탁한다. 왜냐하면, 구문들 사이의 경쟁은 적용범위만큼이나 언어의 창의성을 높이는 데 필수적이기 때문이다. 하지만 5장으로 넘어가기 전에, 우리는 이 장에서 적용범위에 대한 논의를 계속 이어가며, 그 개념을 뒷받침하는 증거와 정의를 자세히 설명할 예정이다.

4.7.1 증거

일련의 실험을 통해, Suttle & Goldberg(2011)는 '실제로 관찰된 예시들의 가변성', '유형빈도', 그리고 '실제로 관찰된 예시들과의 유사성'이 서로 영향을 미치며, 이때, '적용범위'라는 개념에 의해 예상 가능한 방식으로 이루어진다는 사실을 발견했다. 구체적으로, 참가자들에게는 가상의 언어 'Zargotian'에서 사용된 예시 발화들이 제공되었고, 이후에 그들에게 마지막 발화가 Zargotian 언어에서도 받아들여질 가능성이 얼마나 될지를 평가하도록 요청하였다. 이에 대한 예시는 다음과 같다:

4.13 Assume you can say these sentences:
(다음과 같은 문장이 사용 가능하다고 가정합시다.)

Scrape(문지르다) – *nu* the *vip* the *hap*.
Load(짐을 싣다) – *nu* the *yib* the *vork*.
Flip(튕기다) – *nu* the *loof* the *rolm*.

How likely is it, on a scale of 1 – 100, that you can also say:
(1에서 100 사이의 척도에서, 다음과 같이 말할 수 있을 확률은 얼마나 될까요?)

Rumple(구기다) – *nu* the *pheb* the *jirm*.

연구에서는 참가자들에게 제공된 예시들이, '유형빈도(1개, 3개, 또는 6개의 다른 예시 제공)', '가변성(1개 혹은 3개의 다른 의미 범주에서 선택된 예시)', 그리고 목표로 하는 발화와 가장 유사한 실제 용례 사이의 '의미론적 유사도(잠재 의미 분석(latent semantic analysis[14]) [Landauer, 2006]에 의해 결정)'에 따라 일정한 체계성을 가지고 다른 양상을 보여 주었다. 그리고 'breaking(깨뜨리기)', 'loading(싣기)', 'bending(구부리기)', 'cooking(요리하기)', 'cutting(자르기)', 'acquiring(얻기)', 'throwing(던지기)', 'hitting(때리기)', 'holding(붙잡기)', 'cognition(인식)'과 같은 열 가지 동사 유형이 참가자들과 의미 항목에 따라 다른 결과를 나타냈다.

연구 결과는 적용범위가 상대적으로 넓을 때, 새로운 언어표현(coinage)이 더 받아들여질 가능성이 높다는 것을 확인시켜 준다. 예를 들어, '유형빈도'의 역할을 조사하기 위해 실제로 관찰된 사례의 수가 다른 그림4.2 A와 C의 상황을 비교 분석했다. '적용범위' 개념에 따라 예상되듯이, 참가자들은 유형빈도가 높은 상황(그림4.2 C에 나타남)에서 잠재적인 '새로운 언어표현'을 더 받아들일 가능성이 높다고 판단했다.[15]

---

14 [역주] 잠재 의미 분석(LSA)은 문서 집합에 숨어있는 주제를 찾아내는 토픽 모델링 기법 중 하나이다. LSA는 단어의 공기 관계를 분석하여 의미적으로 유사한 단어와 문서를 그룹화한다. 잠재 의미 분석은 자연어 처리, 특히 분포 의미론에서 문서 및 용어와 관련된 개념 집합을 생성하여 문서 집합과 해당 문서에 포함된 용어 간의 관계를 분석하는 기술이다. LSA는 의미가 유사한 단어가 유사한 텍스트 부분에 나타날 것이라고 가정한다.

15 다양한 동사들이 4.2A에 의해 표현된 조건에서 사용되는 '동일한 의미 유형'에서 비롯되었는데, 이들 동사는 4.2C조건에서 가변성을 증가시키지 않고 유형빈도를 증가

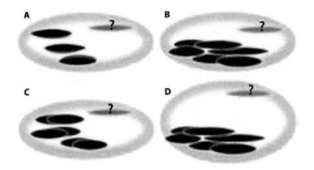

그림4.2 '유형빈도(A 대비 C)', '가변성(B 대비 C)', 그리고 '의미론적 유사성(B 대비 D)'에서 차이가 나는 샘플 자극들은 다양한 적용범위를 보여준다. Suttle & Goldberg(2011)의 데이터를 기반으로 한 이 그림은 그 차이를 시각적으로 보여준다.

그림4.2.C와 D의 비교는 화자가 '새로운 표현'을 수용하는지 판단할 때, 목격한 예시들 사이의 유사도가 어떤 역할을 하는지 보여준다. 발화자들은 새로운 표현과 이전에 본 예시들이 유사성의 측면에서만 다를 때, D의 표현을 C의 표현보다 더 어색하다(수용하지 못한다)고 판단한다(Suttle & Goldberg, 2011, 실험 3; Barðdal, 2008; Bybee & Eddington, 2006; Croft & Cruse, 2004; Desagulier, 2015; Kalyan, 2012; Langacker, 1987; Peng, 2016; Zeschel, 2012 참조).

적용범위가 예측한 대로, '유형빈도'는 '가변성'과 상호 작용한다는 사실도 알 수 있다. 특히, 가변성이 낮고 '잠재적 새 표현(potential coinage)'이 관련된 표현들과 같은 군집에 속하지 않는 경우, 실제로 관찰된 표현들의 유형빈도 증가는 일반화를 억제한다. 이는 4.2B와 4.2A를 비교한 것

시키기 위한 목적으로 사용되었다. 그러나 위에서 언급했듯이, 유형빈도와 가변성은 전체적인 독립성을 유지하기 어렵기 때문에, 유형빈도를 증가시키면 역시 어느 정도는 가변성도 증가시키게 된다.

을 통해 파악할 수 있다(Bowerman & Choi, 2001; Bybee, 1995; Janda, 1990 참조). 구체적으로, 개념공간 내에서 밀집된 군집을 형성하는 예시들을 더 많이 목격하게 됨으로써, 결과적으로 해당 군집의 차원을 넘어선 일반화가 줄어들게 된다. 유형빈도와 가변성 사이의 이러한 관계는 비언어적 분류 작업에서도 확인되었으며(Rhodes et al., 2010), 언어 일반화에서 중요한 요소로 널리 보고되거나 가정되었다(Barðdal, 2008; Bybee, 1985, 1995; Clausner & Croft, 1997; Emberson et al., 예정; Goldberg, 1995; McDonough & Kim, 2009; Plunkett & Marchman, 1991, 1993; Tomasello, 2003; Xu & Tenenbaum, 2007). 그리고 낮은 가변성을 가진 높은 빈도는 좁은 범주를 형성하는데, 그 범주는 이전에 목격된 가변성의 범위를 벗어나는 새로운 사례들로 쉽게 확장될 수 없는 것이다.

적용범위의 일반적 개념을 지지해 주는 또 다른 연구는 Perek(2016)이다. 그는 "⟨verb⟩ *the hell out of* ⟨noun phrase⟩" 구문의 역사적 발전과정을 고찰하면서 생산성의 본질을 조사하였다. 이 구문은 예(4.14)에 예시된 것처럼 동사의 의미를 강화하는 역할을 한다.

4.14 "Santas that would scare the hell out of Jesus ."
   (예수를 겁에 질리게 할 만한 산타들)

연구에 따르면 COHA 말뭉치 자료에서 1928년에 이런 구문이 처음 출현한다는 것이 밝혀졌다(Davies, 2010). 예컨대, 다음과 같다.

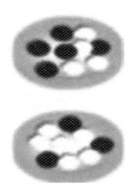

그림4.3 어두운 타원으로 표시된 일반화에 따른 예시(위쪽 그림)들과 흰색 구름 모양의 공백으로 표시된 예외를 가진(아래 쪽 그림) 두 개의 일반화 모형이 있다고 가정해 보자. 이 두 종류의 일반화 모형 중에, 위쪽 그림의 군집은 적용범위가 더 넓기 때문에, 아래 쪽 군집보다 일반화하기에 더 적합해야 한다.

4.15 "Swap generals with us and we'll lick the hell out of you "[16]

（장군을 우리와 바꾸면 우리는 분명 승리할 것이다.）

（여기에서 사용 된 'lick'은 '격파하다' 또는 '물리치다'를 의미한다 (Perek, 2016, n.9]））

Perek은 1930년 ~ 2009년 간의 시기를 20년 단위로 4개로 나누어, 각각의 구문에 사용된 동사에 대해 '분포의미론적 방법(distributional semantics)'과 '다차원 척도법(multidimensional scaling)'[17]을 사용하

---

16 [역주] "lick the hell out of you"는 직역하면 "너를 지옥까지 핥아 버릴 거야"라는 뜻이지만, 여기에서는 "누군가를 확실히 이기다" 또는 "누군가를 완전히 제압하다"는 뜻으로 해석될 수 있다.

17 [역주] 다차원 척도법(MDS)은 객체 간의 거리 또는 유사성을 기반으로 객체들을 저차원 공간에 시각적으로 표현하는 통계 분석 기법이다. 대체로 2차원 공간에서 유사한 특성을 가지는 객체들을 비슷한 공간에 위치시켜 시각적으로 이해하기 쉽게 만들어 주는 통계 분석 방법이다.

여 분석을 진행했다. '계층적 군집화 알고리즘(hierarchical clustering algorithm)'에 따라 '이해하다' 의미를 나타내는 동사 (understand, 'explain', 'analyze'), '추상적인 귀찮음'을 나타내는 동사 (annoy, irritate, embarrass, intimidate) 및 '신체에 상해를 입히는 의미'를 가지는 동사 (slap, pound, kick, push, smash, slam, bang, knock 등) 등 다양한 밀도를 가진 군집이 형성되었다(이 중에 신체에 상해를 입히는 동사가 가장 밀도가 높은 군집을 이루었다). 이러한 연구 결과는, 특정 기간 동안 주어진 동사의 하위분류의 밀도 정도가 다음 20년 기간 동안 해당 동사 군집에 추가된 새로운 동사의 수와 강하게 상관관계가 있음을 보여주었다. 즉, 적용범위 개념이 예측하는 것처럼, 밀도가 높은 군집은 새로운 구성원을 끌어들이는 경향이 있다.

또 다른 연구는 Schuler et al.(2016)이다. 그는 7세 아이와 성인이 복수형을 어떻게 일반화하는지를 조사하였다. 실험 결과, "명사 중에 5개는 규칙적인 복수형으로 사용되고 4개는 불규칙한 형태로 사용되는 것"을 관찰했을 때, 이들은 복수형을 일반화하였다. 그러나 참가자들은 "해당 복수형으로 사용되는 사례가 3개이고 예외적인 형태로 사용되는 사례가 6개"이면 이때는 복수형을 일반화시키지 못했다. 일반화의 상대적인 차이는 '적용범위'의 개념에 의해서도 예측된다. 그림4.3에서 볼 수 있듯이, 규칙적인 복수형 일반화는 맨 아래보다 맨 위에서 더 큰 적용범위를 갖기 때문이다.

4.7.2 출현빈도(Token Frequency)

'유형빈도'는 목격된 다양한 '유형의 수'를 의미하는 반면, '출현빈도

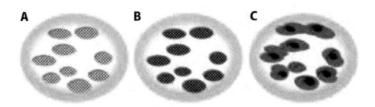

그림4.4 동일한 유형빈도(즉, 구별되는 동사의 수)를 가진 세 가지 범주를 나타낸다. 각 동사의 출현빈도 증가는, B에서처럼 '동일한 유형의 구별되는 예시'가 동일하게 표현될 수 있다(더 높은 출현빈도는 더 진한 [어두운] 표현으로만 나타남). 또 C에서처럼 '개별적이지만 손실이 있는 표현'이 기록되어, 각 유형별로 밀접하게 관련된 예시의 무리를 형성할 수 있다.

(TOKEN FREQUENCY)'는 목격된 '예시(token)'의 수를 나타낸다. 논항구조구문의 특별한 경우에서, '유형빈도'는 주어진 구조에서 목격된 다양한 동사의 수를, '출현빈도'는 가능한 다른 명사구를 가진 구문에서 특정 동사가 몇 번 발생하는지를 나타낸다. 우리는 어떤 단어를 접할 때 단어의 모든 측면을 입력(encode)하지는 않기 때문에, 주어진 구문에서 동일한 동사의 여러 사례가 구별되지 않고 표현될 수 있다. 이 관점에 따르면, 높은 출현빈도를 가진 동사는 적용범위를 늘리지 않고 그 동사의 표현을 강화하는 데에만 사용될 수 있다(더 어두운 색조가 높은 출현빈도를 나타내기 위해 사용된 그림4.4 참조). 따라서 추가적인 예시는 '가변성'이나 '적용범위'를 증가시키지 않기 때문에, 출현빈도의 증가가 '생산성'을 증가시키지는 않을 것으로 예상된다. 이 견해를 뒷받침하는 것은 여러 연구자들이 높은 출현빈도가 생산성과 반비례한다는 것을 관찰했다는 사실이다(Baayen, 2007; Bybee, 1985, 1995; O'Donnell, 2015). 즉, '단일 동사+논항구조구문'의 출현빈도를 늘리는 것이 적용범위를 확대하는데 기여하지 못하는 것은 예상되는 결과다.

동시에, 개별 단어 및 음운 패턴의 경우에서 제안된 바와 같이, 논항구조구문에서 동사의 고유한 예시는 해당 '동사+논항구조구문'에 대해, '좁은 원으로 영역이 표시된 군집' 또는 '밀접하게 관련되고 부분적으로 겹치는 예시의 무리'를 형성할 수 있다(Elman, 2004; Johnson, 2006; Kleinschmidt & Jaeger, 2011; Pierrehumbert, 2001). 이 관점에 따르면, 각 예시는 겹치지만 약간씩 다른 개념공간 영역을 차지할 것이다(그림4.4 C 참조). 구문의 출현빈도가 증가한다고 해서 동사 간의 일반화의 적용 범위가 확대되지는 않겠지만, 동일한 '동사+논항구조구문'을 포함한 새로운 언어표현에 대해서는 더 많은 가변성을 허용할 것이다. 즉, '특정 동사(v^i)'를 포함하는 용례는 '다른 동사(v^w)'를 사용하는 용례보다, '동일한 동사의 다른 용례(v^i_2)'와 더 많이 겹친다.[18] 그러나 v^i와 v^i_2는 그들의 언어적 또는 비언어적 문맥에서 구별되는 점이 존재하는 한, 동일하게 표현되지 않을 것이다. 개별 예시가 '개념적 공간'에서 좁은 군집의 범위를 넓히는 것을 지지하는 상황적 증거가 있다(그림4.4C 참조). 특히, 주어진 논항구조구문에서 매우 높은 출현빈도로 출현하는 동사들은, 해당 동사에 대해 더 많은 가변성을 허용하는 경향이 있다. 예를 들어, 우리는 '이중목적어구문'이 일반적으로 하나의 지각이 있는 존재(유정물)에서 다른 존재로의 전달을 의미한다는 것을 보았다. 그러나 이중목적어구문에서 가장 빈번히 출현하는 동사인 'give'는 다른 동사들이 할 수 없는 방식으로(예 (4.17과 같이)), 예(4.16)처럼 '무정물 수령자(inanimate recipient)' 논항과 함께 사용될 수 있다.

4.16a "He **gave** *that place* a town hall and public library"

---

18 [역주] 윗 첨자로 동사를 구별하고 아래첨자로 용례를 구별한다.

(그는 그 장소에 시청과 공공 도서관을 세웠다.)

4.16b "Williams **gave** *the area* its nickname in 1876"

(Williams는 1876년에 그 지역에 별명을 붙여주었다.)

4.16c "He then **gave** *the land* a deep ploughing"

(그는 그 후 그 땅을 깊게 갈았다.)

4.17a ?He **granted** *that place* a town hall and public library.

(?그는 그 장소에 시청과 공공 도서관을 세워 주었다.)

4.17b ?Williams **told** *the area* its nickname in 1876.

(?Williams는 1876년에 그 지역에 별명을 알려주었다.)

4.17c ?He then **offered** *the land* a deep ploughing.

(?그는 그 후에 그 땅을 깊이 갈아엎자고 제안했다.)

동일한 방식으로, 결과구문에서 가장 빈번히 출현한 동사인 'make'는 다른 동사보다 해당 구문에서 더 생산적이다. 즉, 'make'는 예(4.18)에서 와 같이 다양한 형용사를 보어로 취할 수 있다.

4.18 The soup made him sick/ill/crazy/happy/funny/tall/healthy/ greenish.[19]

---

19 [역주] 4.18번 예문에서 'make' 뒤에 오는 형용사들은 다음과 같은 의미를 가지고 있다:
  - sick/ill: 이 두 형용사는 모두 '아프게 하다'의 의미로 사용된다. 여기서는 수프를 먹고 나서 몸이 좋지 않거나 건강에 해로운 영향을 받았음을 나타낸다.
  - happy: '행복하게 하다'의 의미로, 수프가 맛있거나 만족스러워서 기분이 좋아진 상태를 묘사한다.
  - tall: '키가 크게 하다'의 의미로 사용되었으나, 실제로 음식이 사람의 키를 크게 만

(그 수프는 그를 아프게/병들게/미치게/행복하게/웃기게/키가 커지게/건강하게/녹색빛이 도는 모습으로 만들었다.)

다른 한편으로, 일부 동사들은 결과구문에서 상당히 까다로운 사용 조건을 가진다. 예를 들어, "eat oneself sick(음식을 먹고 아프다)"은 가능하지만 "eat oneself ill"은 불가능하다. "drive someone crazy(누군가를 미치게 만들다)"라고는 말할 수 있지만 "drive someone sick"라는 표현은 비문법적이다(Boas, 2003; Goldberg, 1995). 따라서 특정 구문에서 높은 출현 빈도로 나타나는 동사들은 같은 구문에서 다른 동사들보다 사용이 더 자유로운 경향이 있다. 이러한 현상은 왜 발생하는가? 단일 동사가 높은 빈도로 출현할 때, 그 동사의 가변성도 함께 증가하는 경향이 있다(빈도와 가변성은 높게 상관관계를 가지기 때문에). 그 결과, '동사+논항구조구문'의 적용범위는 다른 동사들에 비해 더 넓어져, 동일한 동사의 새로운 용례에 대해 더 많은 변이형을 가능하게 만든다. 즉, 이중목적어구문에서의 'give' 및 결과구문에서의 'make'와 관련된 사실을 통해, 개별 예시가 자체 하위 군집을 생성한다는 것을 알 수 있다. 높은 출현빈도를 가진 동사는 같은 구문 내에서 출현빈도가 낮은 동사보다 개념적 공간에서 더

드는 것은 비현실적이다. 여기서는 비유적이거나 농담의 의미일 가능성이 높다.
- healthy: '건강하게 하다'의 의미로, 수프가 영양가 있고 건강에 좋은 영향을 주어 신체 상태를 개선시킴을 나타낸다.
- greenish: '녹색이 도는'의 의미로, 수프를 먹은 후 피부나 얼굴에 녹색빛이 도는 듯한 변화가 생겼음을 나타낸다. 이 역시 실제로 발생할 가능성은 낮으며, 표현상의 과장이나 농담일 수 있다.
이러한 형용사들은 'make'와 함께 사용되어, 수프가 사람에게 어떤 영향을 미쳤는지 다양한 상태 변화를 나타내는 데 사용된다.

넓은 영역을 커버한다.[20]

'적용범위'라는 개념은 일반화의 본질에 대한 통합적 설명을 제공한
다. 왜냐하면 이것은 '다양한 언어들 사이에서 다르게 나타나는 제약들'
이 '언어 사용자가 경험하는 언어'로부터 어떻게 발생하는지를 설명하
기 때문이다. 또한, 적용범위는 생산성이 정도의 문제이고, 가변성, 유사
성, 그리고 빈도에 따라 달라진다고 예측한다. 실제로 관찰된 용례의 가
변성이, 어떤 표현을 생산적으로 사용하기 위해 필요한 충분한 개념공
간을 허용한다면, 그 표현을 사용하는 것은 상대적으로 수용 가능하다
고 판단된다. 한편, '생산성을 제한하는 것'은 대체 형식이 존재한다는 것
을 의미하는데, 이러한 대체 형식은 '의도된 의미'를 전달하며, 발화하는
순간 접근하기가 더 쉽다. 이 주제는 다음 장에서 '통계적 선점(statistical
preemption)'을 통한 '경쟁(competition)'의 역할에 초점을 맞춰서 다시
논의될 것이다.

4.8 적용범위의 컴퓨터 모델링

'적용범위'라는 개념은 우리가 이전에 보았던 사례들과 새로운 사례
들을 '초차원적 개념공간' 안에서 (유사한 것끼리 분류하여) 군집화하는
'컴퓨터 모델'을 통해 설명된다. '베이지안 모델(Bayesian model)'에 기반

---

[20] 출현빈도 및 그것과 유형빈도 간 상호작용에 대해 할 말이 많지만, 이 주제는 다
른 곳에서 심층적으로 다루므로 여기서는 넘어간다(Boyd & Goldberg, 2009;
Casenhiser & Goldberg, 2005; Ellis & Ferreira- Junior, 2009; Goldberg, 2006,
ch. 4 - 6; Goldberg et al., 2004; Madlener, 2016; McDonough & Nekrasova-
Becker, 2014; Wonnacott et al., 2012, 2017 참조).

한 군집화 알고리즘은 각각의 새로운 발화(utterance: 사용 사건(USAGE EVENT))를 가장 적절한 군집으로 분류한다. 이 군집화 알고리즘은 각 군집이 선택될 사전 확률을 계산하는 방식으로 작동된다.

Barak et al.(2014)은 각 사용 사건(USAGE EVENT)이 동사의 의미, 발화의 의미, 그리고 논항구조의 통사적 특성을 포함하는 자질 값(F_i)의 벡터로 나타내어지는 모델을 제안했다(이와 관련된 연구로는 Alishahi & Stevenson(2008), Arbib(2017), Beekhuizen et al.(2014), Bryant(2008), Parisien & Stevenson(2010), Perfors et al.(2010)을 참고하기 바람). 이 베이지안 모델은 인간 학습자들처럼 점진적으로 배워간다. 첫 번째 사용 사건은 자신만의 군집에 배정되며, 다음 사용 사건은 이전 사용 사건과 충분히 비슷하면 기존 군집에, 그렇지 않으면 새로운 군집에 배정된다(여기서 비유사성을 얼마나 허용할지는 매개변수(parameter)로 설정된다).

Bayes의 법칙(4.19)을 따르면, 어떤 군집 k가 특정 사용 사건 F_i에 적합한 군집일 확률은 군집 k(P(k))의 상대 빈도나 확률에 F_i가 군집 k에 적합할 가능성을 곱한 값에 비례한다. 여기서 F_i와 군집 k를 대표하는 이전 사용 사건들의 결합된 가중치 있는 특징들 사이에 일치하는 정도(degree of match)가 F_i가 군집 k에 얼마나 잘 맞는지를 결정한다.

4.19 Bayes's Rule $\quad P(k|F_i) = \dfrac{P(k) * P(F_i|k)}{P(F_i)}.$

이 모델은 기존의 모든 군집과 새롭게 (분류할) 군집을 비교하여 F_i의 특성을 고려할 때 가장 일치하는 군집 즉, 확률이 가장 높은 군집에 F_i를 할당한다.

4.20 BestCluster(F_i) = argmax $P(k|F_i)$, $k \in$ clusters.

최대값 함수(Argmax)는 F_i가 각각의 기존 군집과 새로운 군집이 얼마나 일치하는지에 대한 확률을 계산한다. 그리고 가장 높은 확률을 가진 군집을 선택한다. 초기에 이 모델은 기존 군집의 빈도($P(k)$)가 처음에는 상대적으로 낮기 때문에, 사용 사건과 기존 군집 사이의 일치도인 $P(F_i|k)$가 덜 중요하게 작용하여, 새로운 군집을 제안할 가능성이 더 높다.

이 모델은 학습 과정을 잘 포착하도록 설계되었다. 그러나 각 군집이 형식적이고 기능적인 특징들의 조합이 포함되어 있기 때문에, 이 모델은 언어의 생성과 이해에 대한 유용한 예측을 제공하는 데도 사용될 수 있다. 특히, 언어 생성 기제를 설명하기 위해서는 의미론적 정보는 있지만 통사적 정보는 없는 벡터를 입력으로 사용해, 제시된 의미를 가장 잘 표현할 수 있는 구문 구조를 예측할 수 있다. (언어) 이해 기제를 설명하기 위해서는 동사의 형태와 발화의 통사적 특성에 대한 정보만을 포함하는 벡터를 사용할 수 있다.

이 모델에는 몇 가지 장점이 있다. 첫째, 인간 언어 학습자가 하는 것처럼 점진적으로 학습한다. 즉, 각각의 새로운 '사용 사건'은 관찰되는 대로 군집에 할당된다(온라인 증분식 기계학습(online incremental learning)의 중요성에 대한 Christiansen & Chater [2016] 참조). 또 다른 장점은, 궁극적으로 할당되는 군집의 개수가 미리 결정되지 않는다는 것이다. 즉, 군집의 수는 '사용 사건'이 서로 얼마나 유사한 지에 따라 달라진다. 어떤 '사용 사건'이 기존 군집과 일치하지 않는 경우, 새로운 군집이 생성된다. 마지막으로, 언어 학습, 생산 및 이해는 모두 동일한 표현을 사용한다.

한편, 이 모델은 다른 많은 최신 모델들과 마찬가지로 여러 가지 한계를 가진다. 먼저, 입력으로 사용되는 선형 벡터는 단어가 전달하는 세밀한 구조화된 의미를 잡아내지 못한다. 이는 발화가 전달하는 복잡한 명제 내용을 포착하지 못한다는 것을 의미한다(2.2를 상기해 보라). 또한, 모델이 입력 벡터에 어떤 특징 범위를 지정하도록 요구하는 반면, 다양한 구문마다 다르고, 또 언어마다 유사한 구문에서도 다르기 때문에, 인간 학습자는 중요한 의미론적, 형식적 차원이 무엇인지를 알아내야 한다(3.6 –7과 6.1 –2를 참고). 게다가, 현재 모델은 '다중 절(multiclausal) 발화', '화행(speech acts)', '발화의 정보 구조 속성'에 대한 이해는 전혀 고려하지 못한 상태이다. 간단히 말해, 이와 같은 현재의 '증분식 학습 모델(incremental–learning model)'은 인간의 언어 지식 수준에 도달하기 전에 아직 많은 연구가 필요하다.

필자가 Barak의 모델을 언급하는 목적은 분명하고 단순하다. 즉, 이러한 형식론적 모델은 여기서 설명된 '군집화 유형'에 어떤 것이 포함되었는지에 대한 설명 방법을 제공할 뿐이다. 게다가, '유사성', '유형빈도', '출현빈도', 그리고 '가변성'의 역할을 탐구할 수 있는 수단도 마련해 준다(Barak & Goldberg, 2017). 마지막으로, 논항구조와 동사의 부분적 생산성에 대한 명시적 모델들을 유용하게 비교할 수 있다(Ambridge & Blything, 2016; Barak et al., 2016).[21]

---

21 이 연구에서는 Barak의 베이지안 모델을 이전의 '피드포워드 연결주의(feed-forward connectionist) 모델'과 체계적으로 비교했다. 이 피드포워드 연결주의 모델 역시 이중목적어구문과 사역이동구문('to-dative' 구문)에서 동사의 분포를 학습하는 것을 목표로 했다(Ambridge & Blything, 2016). 두 모델 모두 동사의 의미 표현을 포함하고 있었으며, 동일한 유형과 규모의 데이터로 훈련(기계학습)되었다. Barak et al. (2016)은 베이지안 모델의 군집화 알고리즘이 여러 가지 측정 기준에서 인간의 판단과 더 높은 상관관계를 보인다는 것을 입증했다. 이러한 장점은 아마도 Barak 모델이 최소 연결주의 모델에서는 불가능했던 하위 군집을 허용할 수 있기

'구문'은 모델 안에서 '군집'에 해당되며, '초차원적 개념공간'에서의 중첩되는 표상들로부터 생성(emerge)된다(Daelemans & van den Bosch, 2005; Wible & Tsao, 2017 참조). 주어진 군집 내에서 다양한 동사의 수, 즉 '유형빈도'가 증가하면, 그 군집의 '가변성'이 더 커지는 경향이 있다(4.2C vs. 4.2A 그림 참조). 군집의 가변성이 커지면 새로운 '사용 사건'이 해당 군집과 일치할 가능성이 높아진다(4.2C vs. 4.2B 그림 참조). 그리고 주어진 군집 내에서 관찰된 동사들이 중요한 유사한 특성을 공유할 때, 그 유사한 특성은 더 많은 가중치를 받게 된다. 이는 그 특성을 가진 다른 동사들에 대한 군집으로 할당될 가능성을 증가시키고, 구별되는 다른 자질을 가지는 동사 군집에 할당될 가능성을 감소시킨다(4.3 그림 참조). 모델은 전달하려는 특정 메시지와 특정 동사에 가장 잘 맞는 군집을 찾음으로써, 구문 간의 경쟁 역할도 나타내는데, 이는 다음 장에서 중점적으로 다룰 주제다.

때문일 것이다.

[역주] 피드포워드 연결주의 모델은 인공신경망의 한 종류로 입력층, 은닉층, 출력층이라는 세 개의 층으로 구성되어 있다. 입력층은 외부에서 들어오는 정보를 받아들이는 역할을 한다. 예를 들어, 이 모델이 문장을 처리한다면 입력층은 단어나 문법 정보를 받아들이게 된다. 입력층에서 받은 정보는 은닉층으로 전달된다. 은닉층에서는 입력 정보를 처리하고 변환하는 작업이 이뤄진다. 이 과정을 통해 모델은 입력 데이터에 내재된 패턴이나 규칙을 찾아낸다. 마지막으로 은닉층에서 처리된 정보는 출력층으로 전달되고, 출력층에서는 모델이 최종적으로 예측한 결과를 내보낸다. 피드포워드라는 이름에서 알 수 있듯이, 이 모델에서 정보는 입력층에서 은닉층, 출력층으로 한 방향으로만 흐른다. 이 피드포워드 연결주의 모델을 언어학 연구에 활용하면, 특정 동사가 이중목적어 구문이나 사역이동 구문에서 사용될 확률을 예측할 수 있다. 이 모델은 많은 언어 데이터를 학습하면서 동사의 의미와 문장 구조 사이의 관계를 파악하게 된다.

4.9 요약

구문은 일반적으로 제한된 의미론적, 화용론적, 통사적, 형태 그리고/또는 음운론적 공간 내에서 생산적이다. 이 장에 자세히 설명된 '적용범위' 개념은 "동사의 새로운 사용이 동사가 나타나는 구문의 제약 조건에 적합하거나 제약 조건을 수용할 수 있어야 한다"라는 아이디어를 나타낸다(Ambridge, 2013; Ambridge et al., 2009, 2012a, b; Blything et al., 2014; Coppock, 2009; Goldberg, 1995, 1999, 2010, 2013, 2016; Gropen et al., 1989, 1991; Pinker, 1989). 각 구문의 사례가 군집화하여 함께 있기 때문에, 의미론, 정보구조, 구문, 형태론 및 음운 제약에 대한 일반화가 나타나게 되는 것이고, 또한 '목격되는 새로운 표현'이 '초차원적 개념공간'에서 기존 군집과 관련되는 것이다. 동시에, 적용범위는 이전에 실제로 관찰된 다양한 예시가 '새 표현의 수용 가능성'과 긍정적인 상관관계가 있다는 점을 설명해 준다. 즉, 화자는 기존 구문을 확장할지 또는 얼마나 확장할지 결정할 때, 과거에 사용된 용례를 고려한다. 이미 다양한 예시로 확장되는 구문을 목격했다면, 화자는 생산적으로 사용하고자 한다. 결국 생산성은 생산성을 낳는 것이다.

우리는 구문이 어떻게 출현하고 창의적으로 사용되는지에 대해, 다음과 같은 사항을 강조했다.

1. 학습자들은 초차원적 개념공간 내에서, 형식 패턴과 그와 관련된 문맥적 메시지에 대한 '손실이 있는 기억 흔적'을 만들어 낸다.
2. '새로운 기억 흔적'은 '기존의 기억 흔적'과 연결되며, 형식적 특성과 문맥적 메시지의 관련 요소를 연결하여, 새롭게 형성되는 군집을 이

룬다.

3. 이렇게 생겨난 군집들은 '구문'이라고 불리는데, 즉, '형식'과 '기능'의 학습된 쌍이다.

4. 새로운 표현이 기존 표현과 중첩될 때, 구문은 강화되어 접근하기 더 용이해진다. 그리고 목격된 용례가 더 다양할수록 구문의 범위는 넓어진다.

5. 구문은 이해와 생성과정 양쪽에서, '내용 지정적'으로 접근되며, 이는 '강화된 표현'의 '재사용'을 장려한다.

6. 기존 구문의 조합은 "생소한 표현을 포함하기 위해 필요한 초차원적 공간"을 포괄할 수 있는데, 그 포괄 정도에 따라, 생소한 표현은 기존 구문으로부터 허가를 받게 된다.

확장을 통해, '의도된 메시지'를 전달하는데 적절하고 접근하기 쉬운 방법이 제공될 때, 화자들은 구문을 확장하였다. 다음 장에서는 '의도된 문맥적 메시지'를 전달하기 위한 더 쉽게 접근할 수 있는 다른 표현 방식이 존재할 때, 생산성이 제한된다는 점에 대해 살펴보고자 한다.

제5장

경쟁 – 통계적 선점

앞 장에서는 일반화의 과정에서 군집(cluster, 또는 주변 표현)이 중요한 역할을 한다는 것을 강조했다. 그러나 군집(또는 구문) 자체가 일반화 (generalization)되는 것이 아니라 '언어사용자가 일반화'를 한다. 즉, 화자가 어떤 구문을 사용하는지는 화자가 무엇을 말하려고 하는지에 달려 있다. 바로 이러한 간단명료한 이치를 따르면 다음과 같은 것을 예측할 수 있다. 즉, "화자가 '의도된 문맥적 메시지(intended-messages-in-context)'를 전달할 수 있으면서 또 발화 순간에 이용할 수 있는" 그러한 대체 표현이 있다면, 생산성은 감소될 것이다. 이 장에서는 이러한 '통계적 선점(STATISTICAL PREEMPTION)' 또는 문맥에서의 '경쟁(competition)'의 기제가 어떻게 작동되는지를 중점적으로 논의한다(Boyd & Goldberg, 2011; Clark, 1987; Foraker et al., 2009;Goldberg, 1995, 2006, 2011a, b; Kim & Yang, 2017; Marcotte, 2005; Ramscar,2002; Robenalt & Goldberg, 2015, 2016 등 참조).

5.1 형태 및 의미에 대한 제약

　새롭고 복잡한 단어가 형성되는 과정에서 일반화를 제한하게 되는데, 이때 문맥에서의 경쟁이 중요한 역할을 한다고 연구자들은 오랫동안 인식해 왔다. 예를 들어, 접미사 '-er'를 동사에 생산적으로 추가하여 행위주(agentive) 명사를 만들 수 있다. 이러한 익숙한 예로는 'teacher', 'skier', 'listener', 'speaker' 등을 들 수 있으며, 새로운 언어표현(coinage)으로는 'blogger'와 'texter'가 있다. 그러나 우리는 이미 'cook'과 'spy'를 행위주 명사로 사용하고 있기 때문에, 생소한 언어 형식(novel formulation)인 '?cooker'와 '?spier'는 비문법적이라고 판단한다. 이와 유사하게, 또 '-ness'는 형용사와 결합하여 명사를 만드는데 상당히 생산적이지만(예컨대, fastidiousness, boorishness), 어떤 형용사는 '-ness'와 같이 사용되면 어색하게 들린다. 예를 들어, 'warmth'와 'youth'가 선점(preempt)하는 상황에서 '?warmness'와 '?youngness'는 어색하다. 마찬가지로, '?honestness', '?jealousness', '?caringness'는 'honesty', 'jealousy', 'caring'에 의해 선점되고 있다. 이렇게 생소한 언어 형식은 이미 존재하는 익숙한 단어에 의해 '차단(block)'된다(Aronoff, 1976; Kiparsky, 1982). 즉 '의도된 문맥적 의미(intended-meaning-in-context)'를 전달하는 데 쉽게 사용할 수 있는 '대체 형식(alternative)'이 존재하게 되면, 화자는 생소한 단어를 자유롭게 만들지 않는다. 더욱이 화자들은 그러한 과잉일반화가 어색하고 부적절하다고 판단한다. 사실 우리는 '의도된 문맥적 의미'를 표현하기 위해 원어민이 사용하는 다른 관습적인 형식이 이미 존재하는 경우에만 '과잉일반화(overgeneralization)'라고 칭한다.

　앞의 2.5에서, 다른 단어와의 경쟁이 언어학습자가 과잉일반화를 피하

는 데 도움이 된다고 주장한 바 있는데, 위에서 언급한 개념(선점, 과잉일
반화 등)은 바로 2.5의 단어의 의미 관련 논의에서도 상세히 다루고 있다.
예를 들어, 처음에 'ball(공)'이라는 단어를 과잉일반화하여 'moon(달)'과
같은 둥근 것을 가리킬 때에도 사용하던 어린이는 점차 'ball'이라는 단어
의 사용범위를 줄여나가게 된다. 이렇게 사용범위를 줄이는 것은 'ball'이
라는 단어의 추가 사례를 접하는 과정을 통해서가 아니고, '달(moon)'이
라는 단어를 학습하면서 이루어진다. '의미론적으로 관련된 단어'는 문맥
에서 특정 메시지를 표현하기 위해 서로 경쟁하게 된다. 따라서 이러한
문맥에서 관습적으로 사용되는 단어(moon)를 지속적으로 접하게 됨으
로써, '하늘에 떠 있는 달'을 의미하는 동일 문맥에서 'moon'이라는 단어
는 결국 통계적으로 'ball'을 선점하게 되는 것이다.

'문맥적 메시지' 또는 '문맥적 의미'에 대한 호소가 결정적이라는 점
에 주목할 필요가 있다. 만약 문맥상에서 구별이 된다면, 비슷한 의미
를 갖는 2개 이상의 단어는 공존할 수 있다(예컨대, thrifty(검소한) vs.
stingy(인색한); fast(빠른) vs. quick(빠른); dog(개) vs. chien(개, 프랑스
어)). 이 장에서 필자는 "단어 형태와 단어 의미를 배우는 것과 관련된 동
일한 유형의 경쟁을 통해서, '원어민들이 특정 통사론적인 과잉일반화
가 잘못 형성되었다고 판단'하는 이유를 설명할 수 있다"고 본다(예컨대,
?explain me this).

5.2 통계적 선점

원어민 화자는 예(5.1)에서 왼쪽에 있는 것이 확실히 어색한 예문이라고

판단하는데, 이것은 통계적 선점과 도대체 얼마나 정확한 관련이 있을까?

    5.1a ?She explained her the news.   (cf. She told her the news.)

          (그녀는 그녀에게 뉴스를 말했다.)

    5.1b ?She disappeared the rabbit.   (cf. She hid/banished the rabbit.)

          (그녀는 그 토끼를 숨겼다/내쫓았다.)

    5.1c ?She considered to go to the farm. (cf. She wanted to go to the

          farm.)

          (그녀는 그 농장에 가고 싶었다.)

    5.1d ?the afraid boy (cf. the scared boy) (겁먹은 소년)

위 예문은 통사적으로 틀린 것이 없으며, 설령 있다 해도 경험이 적은 학습자에게 명백하게 보이는 것도 아니다. 이는 특히 괄호 안의 오른쪽 예문과 같이, '동일한 통사 형식(syntax)을 공유하면서 완전히 수용 가능한' 예를 통해 분명히 드러난다. 예(5.1)의 왼쪽 예문도 이해하기는 쉽다. 이처럼 '통계적 선점'의 핵심 개념은 바로 원어민 화자가 '의도된 문맥적 메시지'를 표현하는 보다 '관습적인 방법'을 학습한다는 점이다. 우리는 우리의 의도된 메시지를 표현하기 위해 과거의 언어적 경험을 통해 '강화된(entrenched) 형식'을 선호한다. 왜냐하면 우리는 그러한 형식이 자신의 언어를 사용하는 올바른 방법을 나타낸다고 암묵적으로 이해하기 때문이다(4.5 참조).

    한 구문에서 사용되는 동사의 용법에 익숙해지면 그 동사가 다른 구문에서 사용될 때는 어색하다고 판단할 수 있는데, 그 과정과 이유는 분명하지 않을 수 있다. 왜냐하면 우리는 각 논항구조구문(ASC)이 고유한 기능을 갖는다는 사실을 이미 알게 되었을 뿐 아니라, 그 점을 계속 강조해 왔기 때문이다(Ambridge, et al. 2012a,b; Bowerman, 1988; Embick & Marantz, 2008; Goldberg, 1995; Pinker, 1989). 실제로 동사는 일반적으로 예(5.2)와 같이 매우 생소한 형식을 포함한 다양한 구문에서 관찰된다.

  5.2a "I··· coughed him [a moth] out of my mouth."

    (나는 기침을 해서 입안에서 나방을 뱉어내었다.)

  5.2b "Sarah··· winked her way through the debates."

    (Sarah는 눈짓을 하며 토론을 이끌어 갔다.)

  5.2c "She'd smiled herself an upgrade."

    (그녀는 미소로 자신의 위치를 한 단계 끌어올렸다.)

'cough', 'wink', 'smile' 등의 각 동사들은 대개 '자동구문'에서 자주 관찰되고 예(5.2)와 같은 타동구문에서는 아주 드물게 관찰된다. 그러나 이러한 생소한 용례는 예(5.1)에서보다는 더 수용 가능한 것으로 판단된다(Robenalt & Goldberg, 2015). 따라서 어떤 동사가 특정한 구문에서 사용되는 것이 매우 자주 목격됐다고 해도 동일한 동사가 다른 구문에 사용되지 못하게 막지는 않는다(자세한 내용은 7.3 참조).

그러나 중요한 것은, 아래의 예(5.3)(왼쪽)에 있는 우리가 설명하고자 하는 비문법적인 표현들은 그것과 의미적으로 비슷한 관습적 표현, 즉 오른쪽에 있는 것으로 '바꿔서 표현하기(paraphrase)'할 수 있다는 점이다. 즉, 통계적 선점에 따르면, 우리는 원어민 영어 화자가 '의도된 문맥적 메시지'를 표현하기 위해 오른쪽에 있는 구문을 사용한다는 것을 학습했기 때문에 우리도 왼쪽의 예문을 받아들일 수 없다고 판단하는 것이다.

5.3a ?Explain me something.   ≈ Explain something to me.

(나에게 무엇을 설명해보라.)

5.3b ?He disappeared the rabbit.   ≈ He made the rabbit disappear.

(그는 그 토끼를 사라지게 했다.)

5.3c ?She considered to go.   ≈ She considered going.

(그녀는 가려는 것을 고려했다.)

5.3d ?the afraid boy   ≈ the boy who was afraid

(두려워하던 소년)

기존의 형식이 잠재적인 형식을 '선점'하기 위해서는 잠재적인 형식과 '경쟁'해야 한다. 이것은 바로 아래 예(5.4)에서 반복해서 소개되는 생소한 표현이 동사 'cough', 'wink', 'smile'의 (아주 빈번하게 사용되는) 자동사적 용법에 의해 선점되지 않는 이유를 설명해 준다. 즉, 이러한 자동사적 표현은 동일한 메시지를 전달하지 않는다. 따라서 동일한 '문맥'에서 활성화되지 않으므로 경쟁하지 않는 것이다.

5.4a I··· coughed him out of my mouth.   ≠ I coughed.

5.4b Sarah··· winked her way through the debates. ≠ Sarah winked.

5.4c She'd smiled herself an upgrade.   ≠ She'd smiled.

이른바 '강화를 통한 언어적 보수주의(CONSERVATISM VIA ENTRENCHMENT)'는 통계적 선점과 관련은 있지만 분명 다른데, 여기서는 '경쟁'을 강조함으로써, 이러한 통계적 선점과 '강화를 통한 언어적 보수주의'를 구분하고자 한다. '강화를 통한 언어적 보수주의'라는 것은 의미나 문맥에 관계없이 대체 표현 부재로부터 수용불가능성이 직접 유추될 수 있다는 개념이다. 예를 들어, 화자가 하나의 논항구조구문(ASC)에서 사용되는 특정 동사에 매우 익숙한 경우, '강화를 통한 언어적 보수주의'로 인해, 이전에 경험한 메시지와 생소한 메시지가 경쟁하는지 여부에 관계없이, 해당 동사가 '다른 ASC'에서 확장하여 사용되지 못하도록 저지할 것이라고 예상할 수 있다. 즉, 강화를 통한 언어적 보수주의 관점에 따르면, 한 언어에서 어떤 동사가 한 구문에 사용되는 빈도가 높을수록 '생소한 방식'으로 사용되는 것은 더욱 제한되어야 한다. 이 개념은 '부정적 강화(negative entrenchment)', 또는 간단히 '강화(entrenchment)'로 분류되었다(Ambridge et al., 2012b; Stefanowitsch, 2008). 그러나 다른 연구(Langacker, 1987)에서는 단순히 '익숙함을 증가시키는 빈도'를 지칭하는데 '강화'라는 용어가 사용되기도 하였다. 이에 개념을 명확히 하기 위해, 필자는 '빈도의 사용(the use of frequency)'과 '빈도(frequency)'라는 용어를 구별하고자 한다. '빈도의 사용'은 단어가 '강화를 통한 언어적 보수주의'로 사용될 수 없다는 간접적이고 부정적인 증거를 가리킨다. 반면, '빈도'는 '단순 강화(simple entrenchment)'로서 '익숙함(familiarity)'을 나타내는 또 다른 용어이다(4.5 참조).

모든 '사용 기반(usage-based)' 연구자들은 '단순 강화'가 중요하다는 데 동의한다. 즉, 더 빈번한 형식이 더 접근하기 쉽고 선호되기 마련이다. 문제는 한 가지 방식으로 사용되는 어떤 한 동사의 긍정적인 증거를 목격함으로써 이것이 간접적이고 부정적인 증거로 제공될 수 있느냐의 여부이다. 이때 그 동사는 다른 어떤 방식으로는 생산적으로 사용될 수가 없다. 대부분의 경우에 '강화를 통한 언어적 보수주의'와 '통계적 선점'에 의해 이루어지는 예측은 그 상관성이 높다(Ambridge et al., 향후 예정).

그러나 'cough', 'wink', 'smile', 'sneeze'와 같은 동사는 자동구문에 사용되는 빈도가 매우 높고, 예(5.2)/(5.4)와 같은 타동구문으로 사용되는 빈도는 매우 낮다. 따라서 강화를 통한 언어적 보수주의 관점에서는 화자가 예(5.2)/(5.4)의 용례를 받아들일 수 없는 것으로 판단해야 하는데, 수용 가능성의 정도는 각 동사의 빈도에 따라 달라지게 된다. 그리고 '의도된 메시지'를 표현하기 위해 쉽게 사용할 수 있고 또 경쟁 관계를 갖는 대체 표현의 존재 여부를 판단해야 한다. 반면에, 통계적 선점은 '문맥에서의 경쟁'이라는 개념에 결정적으로 의존하기 때문에, 화자가 특히 생소한 메시지((5.2)/(5.4)와 같은)를 표현하고자 할 때 동사가 창의적으로 사용될 수 있다고 예측한다. 바로 아래에서 통계적 선점을 뒷받침하는 실험적 증거를 소개하고자 한다(강화를 통한 언어적 보수주의에 대한 추가 논의는 7.3을 참조하기 바람).

5.3 증거

여러 실험 연구에서, 논항구조 패턴과 관련하여 통계적 선점을 고찰하였다. Brooks와 Tomasello(1999)의 초기 연구에 따르면, 6세 어린이가 "Ernie's making the cow cham"과 같은 우언적 사동(periphrastic causative) 문장을 접하고 "Ernie가 소에게 무엇을 했습니까?"라고 질문했을 때, "Ernie chammed the cow"라는 '타동사적 사동문(transitive causative)'으로 대답하지 않으려는 경향이 강했다고 한다. 특히 아이들이 이미 과거에 "The cow is chamming"과 같은 자동구문을 경험했다면 더욱 그러하다고 한다(Brooks & Zizak, 2002 참조). 즉, 아이들은 동일한 메시지(Ernie made the cow cham)를 표현할 수 있는 경쟁적인 다른 방식을 경험하지 않았다면, 그들의 의도된 메시지(Ernie chammed the cow)를 표현할 수 있는 새로운 방식을 사용하여 'cham'이란 동사를 기꺼이 사용할 것이다.

　다른 여러 연구에서 성인 참가자에게 '생소한(novel)' 구문, 즉 '생소한 추상 기능'이 부가된 '생소한 어순 패턴'을 제시한 바 있다. 하나의 연구에서는 '정보구조' 측면에서 다른 두 종류의 어순을 가지는 구문을 실험하였다(Perek & Goldberg, 2015). 또 다른 연구에서는 '의미론적'으로 다른 두 종류의 어순을 가진 구문을 실험하였다(Perek & Goldberg, 2017; Thothathiri & Rattinger, 2016). 예를 들어, Perek & Goldberg(2017)에서는 타동성(transitive)의 어순을 가지는 두 가지 구문을 실험하였는데, 하나는 피동작주(undergoer)에게 강한 영향력이 가해지는 구문이고, 다른 하나는 피동작주에게 약한 영향력을 미치는 구문이다. 짧은 샘플 영상의 정지화면은 그림5.1에 제시되어 있다. 실험참가자들은 각각 고유한 의미를 갖는 6개의 생소한 동사를 학습했다.[1] '선점 조건'에서, 실험참가자 그

1　[역주] 이 실험에 대한 설정은 다음과 같다.(「Linguistic generalization on the basis of function and constraints on the basis of statistical preemption」(2017))
　　: 표준영어 통사에서 벗어났고, 다른 어순(PAV 또는 APV)을 포함하고 있는 두 개의 구문으로 구성된 인공적인 언어에서의 어순으로, 접미사 '-po'는 피동작주 논항에 달려 있는데, 이는 두 어순을 명확히 구분하기 위해서이다(예컨대, the cat-po).
　　: 6개의 각 동사는 서로 다른 의미를 갖고 있다: BLOW-ON(타격하다), HEADBUTT(박치기하다), KICK(차다), PUNCH(주먹질하다), PUSH(밀다), SLAP(손바닥으로 때리다), SPIN(돌면서 때리다), SWIRL-STRIKE(회전하면서 가격하다)
　　: 두 구문의 어순과 의미는 다르다: 한 어순구문(APV)(강한-Cx)는 항상 피동작주에게 강한 영향을 주는 행위를 묘사했다; 두 번째 어순구문(PAV)(약간-Cx)는 항상 약한 영향을 묘사했다.
　　: 각 행위의 두 버전(즉, 강한 영향, 약한 영향)은 동영상 같은 3D애니메이션 속에 의

룹은 피동작주에게 강한 영향력을 미치는 구문에서만 출현하는 3개의 동사를 접했다. 그리고 피동작주에게 약한 영향력이 가해지는 구문에서 출현하는 동사는 2개를 경험했고, 피동작주가 받은 영향이 강한지 약한지 상관없이 약한 영향력을 가지는 구문에서만 출현하는 동사 1개를 경험하였다. 이런 동사를 접한 후에, 실험참가자들에게 '생소한 장면'에 대한 여러 가지 '생소한 의미 기술'에 대해 그 수용 가능성이 얼마나 되는지를 판단하고 설명하도록 요청하였다. 그 결과 실험참가자들은 구문이 가지는 구별된 기능을 이해하고 있음이 증명되었다. 그러나 같은 실험참가자들은 그것이 경험되었던 구문에서만 해당 동사를 일관되게 사용하는 경향이 있었다. 즉 그 구문은 대체할 수 있는 구문에서 사용되는 것으로부터 선점되었다.[2]

이것은 강화를 통한 언어적 보수주의의 효과가 아니다. 별개의 조건에서, 실험참가자 그룹별로 하나의 구문에서 배타적으로 사용되는 3개의 생소한 동사를 접하고, 다른 구문에서 배타적으로 사용되는 3개의 생소

인화된 동물에 의해 이루어지고 있다. 이 가운데, 강한 영향 버전은 동물 중 하나가 자신의 팔을 뒤로 휘두르고 등을 뒤로 90도 구부리는 등의 드라마틱한 제스처를 수행하면서, 화면의 전 구역에서 빠르게 움직이고 있는데, 이것이 피동작주이다. 반면, 약한 영향의 경우, 가볍게 움직이는 행동을 하는데, 유사하지만 아까보다는 덜한 동작을 수행하고 있다. 그리고 강한 영향 장면에서, 그 피동작주는 더 이상 화면에 보이지 않게 된다. 대신 약한 영향의 장면에서는 화면 속에 여전히 남아 있게 된다. 이러한 차이점을 통해 참여자들은 두 가지 다른 장면을 구분하게 된다. 이 차이는 그림 5.1의 A와 B에 나타난다.

2   마찬가지로, 두 개의 생소한 구문이 동일한 기능을 갖는다면, 사람들은 동사가 목격되어 왔던 그런 구문에서만 동사를 사용하도록 제한하는 경향을 보인다(Perek & Goldberg, 2015; Thothathiri & Rattinger, 2016; Wonnacott et al., 2008). 이것은 바로 통계적 선점과 일맥상통한다. 즉, 두 개의 구문이 하나의 기능을 공유한다면, 그 두 구문 중 단지 하나에서만 목격되는 동사는 다른 데서 사용되는 것을 통계적으로 선점하는 것이다.

한 동사를 접했기 때문에 이러한 점을 알 수 있다. 실험과정에서 참가자들은 동영상 화면을 통해 피동작주에게 강하거나 약한 영향력을 미치는 행동을 관찰했고, 장면을 설명하기 위해 생소한 동사를 사용하도록 요청받았다. 이 조건의 결과는 매우 달랐다. 사람들은 화면이 노출되는 동안 해당 구문에서 동사가 관찰되었는지 여부에 관계없이 의도된 메시지를 표현하는데 더 적합한 구문에서 동사를 사용하는 경향성을 보여 주었다. 그들은 또한 장면과 구문이 의미적으로 일치하는 한 생소한 문장이 수용 가능하다고 판단했다. 즉, 참여자들은 적절한 담화적 또는 의미적 문맥에서 사용하기 위해 구문을 일반화하는 경향이 있었으며, 화면을 관찰하는 동안 '동사 특정적인 행동(verb-specific behavior)'의 증거를 대부분 무시했다(Perek & Goldberg, 2017).

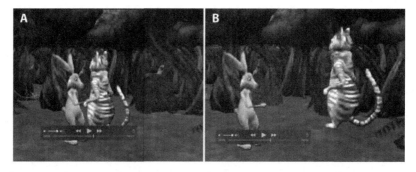

그림5.1 A : 피동작주에 대한 약한 영향력을 묘사한 간단한 영상에서 따온 짧은 샘플 영상 - 여기서 토끼가 고양이를 주먹으로 때렸고, 그 결과 고양이가 살짝 점프했다. B : 피동작주에 대한 강한 영향력을 묘사한 간단한 영상에서 따온 짧은 샘플 영상 - 동일한 행동으로 고양이가 그림의 프레임 밖으로 점프했다.(Elsevier의 허가 하에 Perek & Goldberg(2017)에서 복사한 것임)

위의 두 조건[3]에서 학습자가 현저하게 다른 행동을 보여 주는 것은 "문맥에서의 경쟁이 동사의 분포를 제한하는 핵심 요소"라는 사실을 증명한다. 실험참가자들은 아마도 화면을 관찰하는 동안 구문이 경쟁 상태에 있지 않았기 때문에 두 번째 조건에서는 일반화를 했을 것이다. 대신 관찰된 각각의 '동사+논항구조구문(ASC)'의 쌍은 해당 장면의 의미를 표현하는 데 적합했다. '선점 조건'의 경우, 비록 해당 장면을 더 잘 설명하는 구문이 있다 하더라도, 어떤 동사가 하나의 구문에서만 사용되는 점을 관찰한 실험참가자는 나중에 문장을 만들고 구문의 수용 가능성을 판단하는 과제가 주어졌을 때 해당 동사의 분포를 제한했다. 따라서 화자는 의도된 메시지를 효과적으로 표현하기 위해 창의력을 발휘하려고 하지만, 동일한 유형의 메시지를 표현하는 친숙한 형식을 이미 관찰한 경우 창의성은 축소되고 만다.

실제로 Perek & Goldberg(2017)의 선점 조건에서 화자는 다른 동사도 어느 정도 제한하는 경향이 있다. 즉, 화자가 구문의 고유한 의미를 인식했음에도 불구하고(생소한 동사 유형의 경우), 한 동사가 다른 구문에서

---

3   [역주] 여기서 말하는 '두 조건'이란 원래 실험에서 말한 다음과 같은 두 조건을 말한다(Perek & Goldberg(2017:26)).

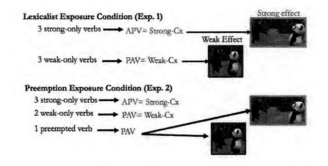

사용되지 않도록 통계적으로 선점되는 것을 관찰함으로써, 실험 초기에 노출되는 동안 관찰한 다른 동사가 더 보수적인 행동을 보이게끔 만든다. 아래에서 다시 이 중요한 논점으로 돌아갈 것이다.

우리는 지금까지 동사의 특이한(idiosyncratic) 행동에 주로 초점을 맞추었지만, 또 다른 관련 연구에서는 분포가 이상할 정도로 까다로운 특정 '형용사'를 고찰하였다. 특히, 강세가 없는 애매모음(schwa)("a-")으로 시작하고, 형용사의 전형적인 특징인 '명사 앞에 위치하는 것(수식어로 사용되는 구조)'에 저항하는 형용사의 부류가 있다. 이러한 이른바 'a-형용사류'의 예는 예(5.5)에 제시되어 있다(Huddleston & Pullum, 2002).

a-형용사류

5.5a ?an asleep child

5.5b ?an afraid man

5.5c ?an alone boy

5.5d ?an aware woman

5.5e ?an alive monster

5.5f ?an ablaze building

5.5g ?an afloat ship

5.5h ?the abloom flowers

a-형용사류가 명사 앞에 사용되지 않으려는 현상은 의미론적 또는 음운론적 제약 때문만은 아니다. 왜냐하면 예(5.6)처럼 의미론적으로 유사하거나 예(5.7)처럼 음운론적으로 유사한 형용사도 얼마든지 명사 앞에 위치할 수 있기 때문이다.

의미론적으로 가까운 동의어의 예

5.6a a sleeping child(자고 있는 아이) 5.6e a living monster(살아 있는 괴물)

5.6b a scared man(겁먹은 남자)   5.6f a burning building(불타는 빌딩)

5.6c an isolated boy(고립된 소년)   5.6g a floating ship(떠 있는 배)

5.6d a mindful woman(주의 깊은 여자) 5.6h blooming flowers(활짝 핀 꽃)

음운론적으로 비a-형용사[4]인 예

5.7a an adult male(성인 남성)   5.7c an acute sickness(급성 병)

5.7b an astute comment(빈틈없는 해설)5.7d an aloof woman(냉담한 여자)

우리는 a-형용사류를 발음되는 방식에 의해 부분적으로 정의할 수는 있다. 그러나 이 형용사가 명사 앞에 잘 쓰이지 않는다는 사실로 인해, 일반적인 음운론적 또는 의미론적 요소를 엄격히 따르지 않는다고 결론을 내릴 수 있다.

a-형용사류에 대한 제한은 역사적으로 고대 영어의 '전치사구가 형용사로 변화된 과정'에서 비롯된 것이다. 예를 들어, 'asleep'은 고대 영어의 'on sleep'에서 발전하였고, 'ablaze'는 'on blaze'에서 유래되었다(Long, 1961). 고대 영어에서 전치사구는 명사 앞에 오지 않기 때문에, 전치사적 성격의 형식 역시 그 위치에 오지 않기 마련이다(예컨대, ?the on drugs man). 물론 현대 영어 화자는 일반적으로 이러한 형용사의 역사적 기원을 알지 못한다. 따라서 역사적 동기는 사람들이 어떻게 또는 왜 '?the

---

4   예(5.5)에 있는 a-형용사류와 예(5.7)에 있는 비a-형용사류의 결정적인 차이점은 (5.5)에 있는 각 단어들이 'a-'와 함께 인식가능한 어근을 포함하고 있다는 점이다(Boyd & Goldberg, 2011; Coppock, 2009). 즉, 'alive'는 'a+live', 'asleep'은 'a+sleep', 'alone'은 'a+lone'인 것이다. 'afraid'에 있는 'fraid'는 독립적인 단어는 아니다. 그러나 'frighten(그리고 fraidy-cat)'에서는 확실히 독립적으로 인식이 가능하다. 반면, (5.7)에 있는 형용사들은 동일한 방식으로 분절적이지는 못하다. 즉, 'adult'에 있는 /dult/는 의미가 없고, 'astute', 'acute', 'aloof'에 있는 /stut/, /cyut/, /luf/ 등은 음절이 되지 못한다(이중 'cute'는 하나의 단어이나, 다른 의미를 갖고 있다).

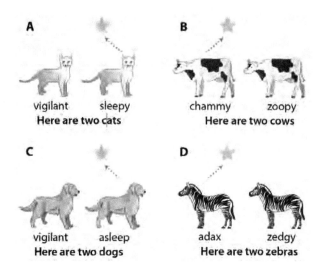

그림5.2 Boyd & Goldberg(2011)의 언어 표현 연구에 사용된 자극의 예 : A, 의미론적으로 가까운 동의어(예컨대, 'sleepy'); B, 생소한 비a-형용사류 형용사(예컨대, 'chammy'); C, 익숙한 a-형용사류(예컨대, 'asleep'); D, 생소한 a-형용사류(예컨대, 'adax'). 실험참가자들은 한 쌍의 동물 중 하나가 별을 향해 움직일 때 무슨 일이 일어났는지 문장으로 기술하도록 요청받았다.

asleep boy'라고 말하기를 꺼리는지에 대한 적절한 설명이 되지는 못한다.

Boyd & Goldberg(2011)는 화자가 a-형용사류 형용사로 사용되는 생소한 사례(예컨대, 'afek')에 대한 제한을 어떻게 배울 수 있는지를 연구했다. 그들은 세 가지 실험 각각에서 그림5.2에 설명된 네 가지 유형의 형용사를 사용하였다. 이것들은 익숙한 a-형용사류(예컨대, asleep, afraid), 익숙한 비a-형용사류(예컨대, sleepy, scared), 생소한 a-형용사류(예컨대, afek, adax), 생소한 비a-형용사류(예컨대, chammy, tooky)였다. 실험 과정에서 학부생들에게 형용사 표시로만 구별되는 '두 개의 동일한 동물이 관련된 장면'을 보여 주었다. 그리고 동물 중 한 마리가 컴퓨터 화면의

별 모양으로 이동한 후 빈 화면으로 변하면, 실험참가자들에게 방금 일어난 일을 설명하도록 요청했다. 이때 관심을 가지고 관찰하고자 하는 것은 실험참가자가 명사 선행적 구문(예컨대, **the sleepy cow** moved to the star)를 사용하여 장면을 설명하는지, 또는 다소 더 성가신 관계절 구문(예컨대, The cow **that was asleep** moved to the star)을 사용하는지의 여부였다. 예상대로 참가자는 명사 앞에 위치하는 형용사 구문에서 'sleepy' 및 기타 익숙한 a-형용사류가 아닌 형용사를 안정적으로 사용했다. 그러나 'asleep' 및 기타 익숙한 a-형용사류 형용사는 이러한 구문을 사용하지 않고 대신 관계절 구문을 선호했다. 첫 번째 실험에서 참가자들은 생소한 a-형용사류(예컨대, afek)를 명사 앞으로 사용하는 것을 피하는 경향이 있었다. 대신에, 'sleepy' 또는 'chammy'와 같은 형용사를 사용하는 것보다 더 자주 관계절을 이용해 그 장면을 문장으로 기술했다. 이러한 경향은 참가자들이 'afek'과 'adax'를 a-형용사류 군집에 잠정적으로 포함시켰기 때문으로 보인다. '익숙한 범례'에서 '유사한 다른 범례'로 일반화하는 경향은 바로 이전 장에서 논의한 '적용범위(coverage)'의 개념을 예시하는 것이다.

새로운 학부생 참가자 그룹을 대상으로 한 두 번째 실험에서는 선제적인 노출이 제시되었다. 구체적으로 학생들에게 실험에 대해 설명한다고 가장하여 생소한 a-형용사류 형용사 4개 중 2개는 관계절 구문에 사용되는 것을 경험하게 하였다(The fox that's afek moved to the star). 다른 형용사는 단순하게 관계절 구문으로 점화(prime)되지 못하도록 명사 앞에 위치하는 형태를 경험하도록 제시하였다. 해당 구문에 선제적으로 노출시킨 것은 놀라운 효과를 발휘했다. 모든 생소한 a-형용사류가 명사 앞 수식어로 쓰인다는 반응이 크게 줄어들었다. 이에 비해 생소한 a-형용사류가 아닌 형용사(예컨대, chammy, takey)에 대해서는 감소하지 않았다. 선제적으로 관계절 구문에 노출시키면 해당 형용사가 명사 앞에 사용되는 비율이 줄어들게 된다는 것인데, 이 사실은 곧 화자가 일반적인 상황과 다르게 행동하는 군집을 형성할 수 있음을 의미한다. 실험참가자는 관찰된 두 개의 생소한 a-형용사류 형용사뿐만 아니라 관찰하지 않은 두 개의 생소한 a-형용사류 형용사에 대해서도 모두 관계절 형식으로 표현하게 된다. 즉, '예외'를 순전히 항목별로 학습할 필요는 없는 것이다. 이 것은 '생소한 구문 학습 연구(Perek & Goldberg, 2017)'에서 본 것과 동일한 유형의 일반화이다. 한 마디로 화자는 상대적으로 유사한 것으로 판단되는 다른 사례에 대한 분포를 일반화한다. 이런 식으로 '제한'을 긍정적인 용어로 형식화할 수 있다. 즉, 화자(실험참가자)는 관련성 있는 유사한 형용사가 그런 식으로 사용되는 것을 관찰함으로써 관계절에서 모든 생소한 a-형용사류의 용법을 학습한 것이다.

마지막으로 세 번째 참가자 그룹은 화자가 선제적 문맥으로 간주되는 내용에 대해 상당히 잘 알고 있다는 증거를 제공했다. 마지막에 진행한 이 연구에서 생소한 a-형용사류 2개가 관계절에서 다시 관찰되긴 하였다. 그러나 이번에는 생소한 a-형용사류가 '복잡한 형용사 구문(예컨대, the hamster that's **ablim and proud of himself**)'과 결합되었다는 점에서 관계절을 사용하는 또 다른 이유를 발견할 수 있었다. 복잡한 형용사 구문은 개별적인 이유(예컨대, ?the proud of himself hamster)로 인해 명사 앞 위치에 사용되는 것을 허용할 수가 없다. 따라서 학습자는 전적으로 'ablim'이라는 형용사만을 위해 관계절을 사용하는 것은 아니라고 생각해야 한다. 실제로 실험참가자들은 이러한 '유사한(pseudo) 선제적 노출'에 대해 영리하게 행동했다. 그들은 기본적으로 이러한 유사한 것을 무시했고, 첫 번째 실험에서와 마찬가지로 명사 앞에 위치하는 a-형용사류가 제공되었다. 따라서 화자는 '의도된 문맥적 메시지'를 표현하는데 사용되는 다른 형식을 접하지 않는 한, 창의적으로 언어를 사용하려고 한다. 대체 형식의 사용이 외부 요인에 기인한 경우, 사람들은 이를 통계적 선점의 증거로 보지 않는 것으로 보인다.[5]

학습자가 통계적 선점을 활용하려면 적어도 어떤 구문이 주어진 문맥 유형에서 특정 메시지를 표현하기 위해 서로 경쟁하는지를 암묵적으로 인지할 수 있어야 한다. 우리는 이러한 유형의 학습이 '점진적 (incremental)'일 것으로 본다. 다만, 그 속도는 관련된 특정 구문에 따라 달라지며, 또 화자가 상황에 맞는 제약을 얼마나 쉽게 인지하는지, 그리고 관련 사례가 얼마나 자주 관찰되는지에 따라 달라질 것으로 예상한다. 사실 아이들은 6-7세가 되어서야 실험적 문맥에서 선점된 '타동사적 사동문'을 만들어낼 수 있고(예컨대, ?She laughed him)(Brooks & Tomasello, 1999), 10세가 되어야 실험 환경에서 'asleep'과 같이 a-형용사류를 체계적으로 회피할 수 있게 된다(7.8 참조).[6] 또한 언어적 발달이 느린 아이는 일반적인 학습자보다 경쟁의 기제를 활용하는데 더 많은 어려움을 겪는다는 증거도 있다(Manela-Arnold et al., 2010).

---

5   '강화를 통한 언어적 보수주의'란 단지 생소한 a-형용사류가 관계절에서 관찰되었기 때문에, 화자들이 이 생소한 a-형용사류를 계속 사용해야 한다는 개념인데, 지금 여기서의 마지막 발견은 이것과는 일치하지 않는다. 오히려 그보다 실험참가자들은 관찰된 관계절 용법이 명사선행적 용법과 경쟁하지는 않는 것으로 인식하는 것 같다.

6   Yang(2016)은 "통계적 선점이 a-형용사류에 대한 제약을 설명할 수 있다"라고 보는 관점에 도전하고 있다. 그는 아이들이 3세가 되기 이전 필요한 증거 유형을 충분히 받지 못한다고 주장한다. 그러나 아이들이 제약에 대해 늦게 인식하는 것을 고려할 때 이것은 놀라운 일이 아니다. 이와 관련하여 7.4와 7.8의 내용을 참고하기 바란다 (한편 이와 관련하여 Goldberg[2015]는 보다 상세한 대답을 하고 있다).

일부 신경과학(neuroscience) 연구는, 사람들이 생소한 문장에 대한 비문법성을 판단하는 것과 관습적으로 사용되어 온 대체 형식이 존재하는 것 사이에 관련성이 있다는 생각을 지지해준다. '사건관련전위(ERP, Event Related Potential)'[7] 방법을 사용하면, 여러 가지 자극에 대해서 반응하는 두뇌의 전기적 활동을 감지할 수 있다. 복잡한 ERP 뇌파 파형의 일부 파동은 P600으로, 이는 특정 유형의 자극이 시작된 후 약 600밀리세컨드(1000분 1초)의 최고점에 도달하는 양(+)의 파형이다. P600이 처음 발견되었을 때 P600은 통사적 처리만을 목록화하는 것으로 인식되었다. 왜냐하면 이 파형은 실험참가자들이 통사적으로 오류가 있는 문장을 읽을 때 관찰되었기 때문이다(Friederici et al., 1996; Hagoort et al., 1993; Osterhout & Holcomb, 1992). 그것은 바로 예(5.8)과 같다.

5.8a ?The cat won't *eating*.

(cf. The cat won't *eat*.(그 고양이는 먹고 싶어 하지 않는다.))

5.8b ?Every Monday he *mow* the lawn. (Osterhout & Holcomb, 1992)

(cf. Every Monday he *mows* the lawn.(월요일마다 그는 잔디를 깎는다.))

그러나 나중에 진행된 연구에서 P600은 철자 오류(5.9a)(Münte et al., 1998), 단순한 계산 오류(5.9b)(Núñez- Peña & Honrubia-Serrano,

---

7   [역주] '사건 관련 전위(event-related potential, ERP)'는 뇌에서 어떠한 감각적, 인지적 자극이나 운동 등의 사건에 대한 반응으로 나타나는 전위차를 의미한다. 자극에 대한 정형화된 전기생리학적 반응을 통칭하는 용어로 사용되기도 한다. 즉, 특정 사건이나 자극에 대한 뇌의 전기 활동을 측정하는 기술로 사건 관련 전위를 탐구함으로써 뇌의 기능을 비침습적으로 탐구할 수 있다(출처: 위키백과).

2004), 그리고 의도한 단어를 식별할 수 있을 때 잘못된 단어 선택(5.9c) (Stearns, 2012)으로 인해 야기된 것이라고 밝혀졌다.[8]

> 5.9a The toddler was not yet too years old.
>
>   (그 유아는 아직 2세(?)가 되지 않았다.)
>
> 5.9b 2+2 = 5
>
> 5.9c The storyteller could turn any story into an amusing antidote.
>
>   (이야기꾼은 어떤 이야기든 재미있는 해결책(?)으로 바꿀 수 있습니다.)

위의 각 예문을 보면 통사적인 규칙 위반을 포함하여 각 예문에서 적절한 대체 형식이 떠오른다는 점에 주의하자. 즉, 우리의 두뇌는 이러한 각각의 오류를 인지하고 수정할 수 있다. 따라서 P600에 대한 설득력 있는 해석은 언어사용자가 어떤 문장을 듣거나 보고 잘못된 부분을 수정할 때 발생하는 뇌파 신호라는 것이다(van de Meerendonk et al., 2009). "?Explain me this"와 같은 표현이 어색하다고 판단하는 과정에서, 우리는 '의도된 문맥적 메시지'를 표현하는 올바른 방식(Explain this to me)과 암묵적으로 비교한다고 볼 수 있다.

5.4 수정

대개 부모는 발화의 형식보다는 아이의 발화 내용에 더 많이 반응하

---

8   [역주] 5.9a는 'two'를 'too'로 쓴 것이고, 5.9b는 '4'를 '5'로 쓴 것이며, 5.9c는 'anecdote'를 'antidote'로 쓴 것이다.

는 편이기 때문에, 아동의 오류를 자주 수정하지는 않는다. 그러나 부모가 가끔씩 아이의 발화를 고쳐서 암묵적으로 비문법적인 발화를 '수정'한다는 증거가 있다. 아이들이 단어를 잘못 발음하거나 잘못 사용하여 아이들이 그 오류를 수정하는데 노출된다는 좋은 증거가 있다(Bohannon & Stanowicz, 1988; Demetras et al., 1986; Hirsh-Pasek et al., 1984; Saxton, 1997). 다소 논란의 여지가 있긴 하지만(Morgan et al., 1995), 최소한 단어라는 영역 내에서, 아이들은 부모가 수정해 준 단어에 빠르게 반응하는 것으로 보인다(Saxton, 1997; Strapp et al., 2008). 개별 연구와 아이들별로 차이는 있으나, 일부 연구에서는 수정 후 자가 교정 비율로 10~50%의 결과를 보고하기도 했다(Chouinard & Clark, 2003; Farrar, 1992).

잘못 사용된 논항구조구문(ASC)을 교정하는 수정 과정에 대한 해석은 까다롭다. 왜냐하면 담화적 요인이 논항구조의 사용을 전형적으로 제약하는 데다가, 담화 문맥은 전형적으로 발화 순간에 따라 미묘하게 바뀌기 때문이다. 예를 들어, 아래의 예시는 아주 정상적인 짧은 대화이다. 아래 대화에서는 아이들의 구문과 더불어 아이들의 사용과는 다른 부모의 구문이 모두 포함되어 있지만, 아이의 문장 형식이 완전히 수용 가능하기 때문에, 아이가 그 문장을 고쳐야 하는 것으로 해석할 수는 없다.

5.10 Child: Only *boys who were tall* made the team. ('tall'이 술어로 사용됨)

(단지 키가 큰 소년들만 그 팀에 합류했다.)

Parent: One day you'll be *a tall boy*. ('tall'이 수식어로 사용됨)

(언제가 너는 키가 큰 소년이 될 것이다.)

5.11 Child: I *gave the dog my sandwich*. ('give' 이중목적어구문)

(나는 그 개에게 내 샌드위치를 줬다.)

Parent: You *gave your sandwich to THE DOG!?* ('give' 사역이동구문)

(너의 샌드위치를 그 개에게 줬다고?)

수정된 표현이 '선제적 노출'로 작용하기 위해서는 아이들에게 어른들이 다른 형식을 사용한다는 것을 깨닫게 하는 것이 필요하다. 즉 아이들에게 담화적 필요를 바꾸기 때문이 아니라 어른들이 사용하는 형식이 원래 문맥에 더 적절한 표현이기 때문이라는 것을 깨닫게 해야 한다. 이런 식으로 수정의 부분집합만이 한 구문이 다른 구문을 선점한다는 증거로 사용된다.

다른 방식으로 '선점의 기제'는 '수정의 기제'보다 훨씬 더 광범위하게 적용된다. 청자는 화자가 말할 내용을 습관적으로 예측하기 때문에(예컨대, Pickering & Garrod, 2013), 관찰된 형식이 청자가 예상했던 것과 동일한 메시지를 표현할 때마다 관찰된 형식은 선제적 노출 역할을 한다. 더욱이 관찰된 형식은 주어진 문맥 유형에서 사용될 때 강화될 것이기 때문에, 그 형식과 '의도된 문맥적 메시지' 사이의 연결은 예상되는 다른 언어 표현이 없더라도 점점 강화될 것이다.

5.5 Explain Me This

4.7-8에서 우리는 머릿속에 있는 개념 공간의 어떤 영역이 충분히 넓은 적용범위(coverage)를 가질 때 그 공간에서 일반화가 가능해진다는 점을 확인했다. '적용범위'라는 것은 다음과 같은 개념에 기초한다. 즉, 언어사용자가 관찰한 범례들이 비슷한 공간에 겹쳐서 분포하면서 또 어느

정도 손실(lossy)된 형태로 구조화되어 표상을 형성하는데, 이 표상들은 '초차원적 연상 기억 체계(hyper-dimensional associative memory)' 속에서 함께 모여 있게 된다. 그리고 겹쳐져 있는 표상으로 인해 밀접하게 연관된 용례들의 군집이 활성화되면 그 '접근성(accessibility)'이 높아진다. 원어민 화자가 "?Explain me this"라고 말하는 것이 어색하다고 생각하는 이유에 대한 여러 해석 중의 하나는 라틴어 어원을 가지는 동사 대부분이 영어 이중목적어구문에 잘 사용되지 않는다는 사실이다(3.3을 떠올려 보라). 대신 이러한 동사(explain, transfer, return, detail, transport)는 의도된 메시지를 나타내는 다른 방식(예컨대, Explain this to me)이 존재한다. 이렇게 어떤 동사의 군집이 존재하면 각각의 개별 동사가 보여 주는 통사적 행태는 강화된다.

'통계적 선점' 개념은 "'문맥적 메시지(message-in-context)'의 특정 측면을 표현하기 위해 구문이 서로 경쟁한다"라는 핵심적인 내용이 추가된다. 특정 문맥적 메시지를 상황에 맞게 표현하는 더 강화된(entrenched) 대체 수단이 존재한다는 것은 곧 화자들이 더 관습화되고 강화된 구문을 사용하려는 경향이 있음을 설명해 준다. 이러한 표현은 '내용을 지정할 수 있는 연상 기억체계(내용 주소화 연상 기억장치 CAM - content-addressable associative memory)'에서는 더 쉽게 사용할 수 있다. 화자들이 생소한 형식이 이상하게 들린다고 판단하는 이유는 언어를 규범적인 것으로 생각하기 때문이다. 'spy'라는 단어가 이미 존재하기 때문에 'spier'를 '틀렸다'라고 생각하는 것처럼, 우리는 대체 표현(예컨대, Explain this to me)이 존재하는 것을 계속 접했기 때문에 이중목적어구문(예컨대, ?Explain me this)에 사용되는 'explain'이 어색하다고 판단한다. 만약 대체 표현이 없다면 'explain'이 이중목적어구문에 사용되는 것도 가능할 것이다(4.5를 상기하기 바람). 이러한 선점의 강도를 결정하기 위해 (5.12)의 기울기 확률은 가장 적절한 측정 수치라 할 수 있다(Goldberg, 2011b).

Probability that construction Z statistically preempts construction W
(구문 Z가 W를 통계적으로 선점하는 확률)

5.12 P(Z | contexts in which W is at least as appropriate)

P(Z | W가 최소한 적절하다고 간주될 수 있는 문맥)

예를 들어, 수령자(recipient) 논항이 대명사로 표현되고 대상(theme) 논항이 어휘적 논항(일반명사)으로 표현되는 담화상의 문맥에서, 일반적으로 이중목적어구문이 선호된다는 것을 상기해 보자(예컨대, tell <u>him a story</u> 3.4). 어떤 연구에서 조사한 수치에 따르면 'tell'이 이중목적어구문에 사용될 때 수령자가 대명사이고 대상 논항이 일반명사로 사용되는 확률은 0.99(99%)라고 한다(Goldberg, 2011b). 그러나 'explain'이 사용되는 경우는 전혀 다르다. 동사 'explain'은 [5.14]에서와 같이 99%가 'to-여격'과 같은 대체 표현이 사용된다(Goldberg, 2011b).

5.13 ?She explained him a story. (이중목적어구문)

5.14 She explained a story to him. (사역이동(to 여격)구문)

(그녀는 그에게 이야기를 설명했다.)

즉, 'tell'과 같은 동사는 전달을 의미하는 문맥에서 이중목적어구문이 선호되는데, 'explain'과 같은 동사는 그보다는 '사역이동(to 여격)구문'이 체계적으로 사용된다. 통계적 선점은 말 그대로 '통계적으로(statistical)' 그러한 경향성이 있다는 의미이다. 물론 아주 드물게 사용되는 특수한 용법도 있는데, 이는 실수나 언어유희 또는 기억을 쉽게 하기 위한 용도로 사용된다(마치 이 책의 제목이 그러하다).

따라서 우리는 통사적으로 구별되는 구문들은 사실상 의미론적·화용론적으로 다르다는 점에 동의할 수 있다. 각각의 고유한 구문은 각각 그 자체의 의미와 담화 영역에서 사용되기 때문에, 어떤 동사가 의미론적으로 밀접한 연관성이 있는 구문(즉, 대체 표현에서 나타나는)의 쌍에서 모두 출현할 가능성이 높아지면, 화자들에게는 표현력을 더 다양하게 해 준다. 실제로 많은 동사들이 2개 이상의 다양한 형식에서 자주 사용된다 (Levin, 1993). 어떤 동사가 의미론적으로 밀접한 연관성이 있는 두 종류의 구문에 사용되는 것이 관찰된다면, 통계적 선점으로 인해 두 구문 중에 어느 하나가 경쟁에서 도태되거나 하지는 않는다. 그 대신 두 형태의 구문은 예(5.15)와 (5.16)에서처럼 모두 살아남게 되고, 각각의 구문이 그 기능에 적합한 문맥에서 사용된다.

5.15 She told the boy a story. (이중목적어구문)

(그녀는 그 소년에게 이야기를 했다.)

5.16 She told a story to the boy. (사역이동(to-여격)구문)

(그녀는 그 소년에게 이야기를 전했다.)

이와 유사하게, 동사 'break'는 예(5.17a), (5.17b)에서처럼 자동사 용법과 타동사 용법이 자주 관찰된다. 그리고 예(5.17c)와 같은 '우언적 사동형식'도 자주 관찰되며, 예(5.17b)는 사동의 의미를 가지는 타동구문이다. 예(5.17b)와 (5.17c)는 두 형식 모두 자주 관찰되기 때문에 어느 한 구문이 다른 구문을 선점하지는 않는다. 대신 화자는 두 종류의 구문을 구별하는 법을 배운다. 이 경우 타동사적 사동구문(5.17b)은 직접적 또는 의도적인 사동을 나타내는 데 사용된다. 반면에 우언적 사동구문(5.17c)은 간접적 또는 비의도적인 사동의 의미를 나타낸다(Goldberg, 1995; Hopper & Thompson, 1980; Shibatani, 1976).

5.17a The vase broke. (자동구문)

(그 꽃병이 깨졌다.)

5.17b She broke the vase. (타동사적 사동구문)

(그녀는 그 꽃병을 깨뜨렸다.)

5.17c She made the vase break. (우언적 사동 + 자동구문)

(그녀는 그 꽃병이 깨지게 했다.)

'일부' 동사가 약간 다르게 해석되는 두 개의 구문에 사용된다고 해서 다른 동사에 대한 통계적 선점의 효과가 훼손되지는 않는다. 언어학습자는 한 구문에 사용된 동사를 반복해서 접할 때, 다른 구문 대신 선호되는 구문의 사용 방법을 배운다. 즉, 학습자는 '대체 표현'을 통해서, 일반적으로 '다른 구문을 선호하는 문맥(만약 다른 동사가 사용된다면)'에서 사용될 하나의 구문을 접하게 된다. 이 장의 나머지 부분에서는 이 기제가 어떻게 작동하는지 자세히 설명하겠다.

5.6 확률의 계산

한 구문이 통계적으로 다른 구문을 선점할 확률은 '동사 편향(verb bias)'으로서의 동일한 계산에 따라 달라진다. 예를 들어, 주어진 동사 'verb_i'에 대한 '이중목적어(DO)구문'을 통계적으로 선점하는 '사역이동 (CM)구문'의 확률은 (5.18)의 공식에 의해 결정된다.

5.18 $P(\text{CM and } verb_i \mid \text{contexts appropriate for DO})$

$= \#(\text{CM}_{\text{DO context}} \text{ and } verb_i)/\#([\text{DO} + \text{CM}_{\text{DO context}}] \text{ and } verb_i)$

경쟁하는 구문에서 동사의 상대적인 출현 확률을 유지한다는 충분한 증거가 있음을 상기해 보자. 한 구문에 대한 동사의 편향은, 예를 들어 다른 요소가 제어될 때, 동사가 선호하는 구문에서 사용되는 경우, 읽기 시간을 더 빠르게 한다(4.3; Clifton et al., 1984; Ferreira & Henderson, 1990; Garnsey et al., 1997; Linzen & Jaeger, 2014; MacDonald et al., 1994; Trueswell et al., 1993). 한편, '동사 + ASC'의 조합이 '틀렸다'라는 판단은 화자가 의도된 문맥적 메시지를 표현하는 다른 방식을 지속적으로 관찰했을 때 발생한다.

5.7 부차적인 요소: 확신

학습자가 동사 'explain'을 처음 들었을 때 'explain'이 대명사 수령자와 어휘적 대상이 포함된 사역이동구문(예컨대, Explain the story to me)

에 사용되는 것을 듣게 된다. 이때 이중목적어구문이 아닌 사역이동구문에서 'explain'을 관찰할 확률은 1이지만, 분명히 학습자는 'explain'과 관련하여 이중목적어구문이 다른 것에 의해 선점된다는 것을 단일 예를 통해 확신해서는 안 된다. 반면에, 학습자가 이중목적어구문에 사용된 예는 하나도 안 듣고 사역이동구문에 사용된 'explain'을 100번 들으면, 확률은 변하지 않고 여전히 1이나 다만 선점의 '확신(confidence)'이 높아지게 된다. 우리는 한 구문이 다른 구문을 선점한다는 확신이 단순한 빈도의 선형 함수가 아니라는 점에 유의해야 한다. 즉, 두 번째 예를 들었을 때 확신이 두 배로 증가하지도 않고, 1,000개의 예가 아닌 2,000개에 노출되었을 때 확신이 두 배로 증가하지도 않는다. 빈도와 관련된 심리언어학 연구에서 일반적으로 사용되는 자연로그 함수에 기초하여, "확신이 더 느리게 증가한다"는 사실을 포착할 수 있다.

> **_Confidence_ of statistical preemption of construction Z over construction W for _verb_$_i$** (동사$_i$를 위한 구문W에 대해 구문Z가 갖는 통계적 선점의 확신)
>
> 5.19 lnF(Z when W would be at least as appropriate(W가 적어도 적절할 때의 Z)) (빈도의 자연로그)

(5.19)에 표시된 것처럼 '확신'의 정도는 W가 적절할 때 나타나는 Z의 빈도 (F)의 자연로그 값으로 계산된다. 말뭉치 및 판단 데이터에 통계적 선점에 대한 증거가 있는지 여부를 결정할 때, 확신의 정도를 측정하는 핵심적인 확률값([5.18])과 부차적인 확률값을 구분하는 것이 중요하다. 이에 통계적 선점 역할에 대해 반대하는 일부 연구에 대한 논의에서 이

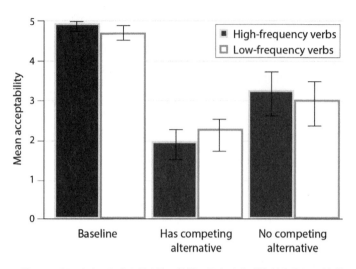

그림5.3 고빈도-저빈도 유의어 동사를 포함하는 문장 쌍에 대한 허용 등급: 익숙한 ASC(기준선), 쉽게 사용할 수 있는 대체 표현으로 바꿔쓰기가 가능한 생소한 문장(경쟁하는 대체 표현이 있음) 또는 대체 표현으로 바꿔서 표현하기가 불가능한 생소한 문장 유형(경쟁하는 대체 표현이 없음). '5'는 완벽하게 허용 가능함을 나타냄. '1'은 전혀 허용되지 않음을 나타냄. 오차 막대는 표준 오차를 나타낸다. 문장 길이와 타당성 판단은 공변량에 포함되었다. Robenalt & Goldberg(2015)에서 인용.

지점으로 돌아가 보면, 그 연구에서는 (5.18)이 아닌 (5.19)의 확률 계산만을 이용했음을 알 수 있다(7.3 참조).

경쟁 형식의 빈도가 생소한 형식의 '수용성(acceptability) 판단'에 중요한 역할을 한다는 생각은 Bonial(2014)의 '경동사(light verb) 구문'에 대한 대규모 판단 연구에 의해 뒷받침된다. 화자는 의미를 대체할 수 있는 표현의 빈도가 낮을 때보다, 빈도가 높은 비슷한 의미를 갖는 대체 표현인 'give permission'이 존재한다면 'give sanction'과 같은 생소한 표현을 선호하지 않는 것으로 밝혀졌다. Robenalt & Goldberg(2015, 2016)는 '생소한 동사+논항구조구문(ASC)' 조합에 대한 '수용성 판단'과 관련하여, 확신의 정도를 명시적으로 측정한 실험 결과를 발표하였다. 이 연구에서는 의미적으로 연관된 동사 20쌍을 조사했다. 이 20쌍의 동사는 '빈도가 아주 높은 것'과 '그렇지 않은 것'으로 대조를 이룬다(예컨대, 'disappear/vanish'). 그런 다음 각 동사 쌍에 대해 생소한 문장이 만들어졌다. 중요한 것은, 생소한 문장이 모두가 다 '쉽게 사용할 수 있는 경쟁 관계의 대체 표현'으로 '바꿔서 표현하기(paraphrase)'하지 않는다는 점이다. 이것은 원어민 그룹에게 생소한 문장을 바꿔서 표현하기 하도록 요청한 결과 확인할 수 있었다. 실험에 참가한 원어민 화자 절반 이상이 같은 표현으로 바꿔서 표현하기를 한 문장은 경쟁 관계를 갖는 대체 표현으로 간주되었다. 이에 비해 원어민 화자가 바꿔서 표현하기 한 문장의 종류가 동일하지 않고 다양한 경우에는 경쟁 관계를 갖는 대체 표현이 없는 것으로 간주되었다(그림5.3 참조). 예를 들어, 참가자의 절반 이상은 예(5.20a)의 생소한 문장을 같은 방식 예(5.20b)로 바꿔서 표현하기 했다. 따라서 예(5.20a)는 경쟁 관계를 갖는 대체 표현이 존재하는 것으로 판단하였다. 반면에, 실험참가자들은 예(5.21a)의 생소한 문장과 관련한 '바꿔서 표현하기'에 대해 의견이 일치하지 않았다. 이들은 예(5.21a)에 대해서 다양한 표현(예:5.21b - d)으로 바꿔서 표현하기를 했기 때문에, 예(5.21a)는 쉽게 사용할 수 있는 경쟁 관계의 대체 표현을 갖지 않는 것으로 분류되었다.

분명한 경쟁 관계 대체 표현이 있는 생소한 문장

5.20a The dictator flooded propaganda into the city.

(그 독재자는 도시에 선전을 쏟아부었다.)

동의된 바꿔서 표현하기(Agreed-upon paraphrase):

5.20b The dictator flooded the city with propaganda.

분명한 경쟁 관계 대체 표현이 없는 생소한 문장

5.21a The woman screamed the children out of the ice-cream store.

(그 여자는 아이들을 아이스크림 가게 밖으로 소리를 질러 내보냈다.)

샘플 바꿔서 표현하기(Sample paraphrases):

5.21b A woman screamed and the children ran out of the ice-cream store.

5.21c The woman screamed at the children, and they left the ice-cream store.

5.21d The woman caused the children to run out of the store by screaming at them.

그런 다음, 별도의 실험참가자 집단은 원래의 생소한 문장(예컨대, [5.20a] 및 [5.21a])이 얼마나 자연스럽고 수용 가능한지 평가했다. 각각의 동사가 가장 전형적인 논항구조에 사용되는 판단이 '기준점이 되는 판단 지표(baseline judgments)'로 수집되었다.

기준점이 되는 익숙한 유형의 문장(고빈도 동사를 포함한)은 모두 저빈도 동사가 사용된 문장에 비해 수용성이 더 높은 것으로 판단되었다. 이러한 실험 결과는, 익숙한 형식일수록 덜 익숙한 형식보다 수용성이 더 높다고 판단되는 사실을 나타낸다. 이는 또 '단순 강화'라는 개념과도 일치한다(4.5 참조). 즉, 단순 강화와 일치하는 것은 생소한 문장 유형이 기준점이 되는 문장보다 수용도가 떨어진다고 판단된다는 사실이다. 왜냐하면 생소한 문장은 말 그대로 익숙하지 않다고 예측되기 때문이다.

동시에 두 가지 유형의 생소한 문장(경쟁 관계에 있는 명확한 대체 표현이 있는 것과 없는 것)을 비교했을 때 흥미로운 패턴이 나타났다. 경쟁 관계를 갖는 대체 표현이 있는 생소한 문장(예컨대, [5.20a])은 대체 표현이 없는 생소한 문장(예컨대, [5.21a])보다 수용성이 떨어진다고 판단되었다. 더욱이 예(5.22)에 나타난 바와 같이, 저빈도 동사를 포함하는 생소한 문장이 고빈도 동사를 포함하는 생소한 문장보다 수용성이 높다고 판단된다는 이전의 연구가 다시 확인되었다(Ambridge et al., 2008; Brooks et al., 1999; Theakston, 2004; 토론은 7.3 참조). 즉, 예(5.22)에서와 같이, 경쟁 관계를 갖는 대체 표현이 있는 생소한 문장은 저빈도 동사를 포함할 때 수용성이 더 높은 것으로 판단된다('inundate'는 'flood'보다 출현빈도가 낮음).

5.22 The dictator inundated propaganda into the city.

(그 독재자는 그 도시를 선전으로 넘치게 했다.)

〉The dictator flooded propaganda into the city.

중요한 것은 생소한 구문에서 저빈도 동사에 대해 선호하는 현상은 경쟁 관계를 갖는 대체 표현이 있는 문장에 대해서만 유지된다는 것이다. 모두가 인정하는 경쟁 관계의 대체 표현이 없는 문장 쌍의 경우, 동사 빈도는 유의미한 영향이 없었다((5.23)의 예, 'shriek'은 'scream'보다 출현빈도가 낮음).

5.23 The woman shrieked the children out of the ice cream store.

(여자는 아이스크림 가게에서 아이들을 비명 질러 내보냈다.)

= The woman screamed the children out of the ice cream store.

경쟁 관계를 갖는 대체 표현의 빈도가 중요하다는 것을 인식하면 이러한 사실은 의미가 있다. 즉, 경쟁 관계를 갖는 대체 표현이 더 자주 관찰될수록 동사 논항구조구문(ASC)의 생소한 조합이 불가능하다는 화자의 확신은 더 커진다. 그러나 경쟁 관계를 갖는 대체 표현이 없다면 동사의 빈도는 수용성을 예측하지 못한다.

요약하면, 생소한 문장과 경쟁 관계를 갖는 대체 표현이 있는지의 여부는, 다음과 같이 수용성 판단에 중요한 역할을 한다. 화자는 덜 익숙한 동사보다 익숙한 '동사+논항구조구문' 조합을 선호한다(단순 강화, 4,5참조). '하나의 동사+ASC' 조합에 대한 친숙도가 높으면, 경쟁 관계를 갖는 생소한 대체 표현(즉, 통계적 선점)에 대한 수용성이 낮아진다. 경쟁 관계를 갖는 대체 표현이 빈번할수록 생소한 문장은 수용 불가능하다는 화자의 확신은 더 커진다. 그리고 '의도된 문맥적 메시지'를 표현하는 관습적인 방법이 없다면, 다른 구문에서 동사의 빈도는 중요하지 않다. 대신, 4장에서 논의된 대로 수용성은 적용범위에 의해 결정된다.

5.8 메커니즘: 오류 기반 학습

어린아이들은 다양한 문맥에서 많은 양의 언어에 노출되기 전에, 가끔씩 원어민이 오류로 간주하는 비관습적인 언어 형식을 표현한다. 이러한 오류는, 우리가 발화를 이해하면서 화자가 다음에 무슨 말을 할지 추측하게 되는 식으로 시간이 지남에 따라 억제된다. 이와 관련하여 많은 연구 결과가 발표된 바 있다(예컨대, Eberhard et al., 1995; Johnson et al., 2013; Kutas & Hillyard, 1984; McRae et al., 1998; Pickering & Garrod, 2013; Stephens et al., 2010). 청자가 특정 구문이 발화될 것이라고 추측할 때, 화자로부터 청자에게 입력된 표현과 청자가 예상했던 것 사이의 불일치가 생길 수 있는데, 이것은 일종의 오류 신호를 제공한다. 그리고 이러한 오류 신호는 '오류 기반 학습(ERROR-DRIVEN LEARNING)' 과정을 통해 미래 예측을 개선하는 데 사용되기도 한다(Chang et al., 2006; Elman, 1990; Pickering & Garrod, 2013; Rescorla & Wagner, 1972; Schultz et al., 1997; Sutton & Barto, 1998).

다른 형식이 부분적으로만 활성화되더라도, 기억력 관련된 참고 문헌에서 이른바 '인출 유도 망각(RIF, RETRIEVAL-INDUCED FORGETTING)'[9]으로 언급되는 미묘하게 다른 유형의 학습이 발생할 수 있다(Anderson, Bjork, et al., 2000; Anderson, Green, et al., 2000; Newman & Norman, 2010; Norman et al., 2007; Storm & Levy, 2012). RIF는 "특정 문맥에서 표현은 부분적으로만 활성화되고 대신 경쟁 관계를 갖는 언어 형식이 선명하게 떠오르는 상황"을 묘사하는 데 사용된다. 이 경우 부분적으로 활성화된 언어 형식은 이후 해당 문맥에서 떠올리기가 더 어렵다. RIF에 대한 증거는 행동 단계와 개별 뉴런 단계에서 발견되었다. '매우 자극적인 입력(strong excitatory input)'은 뉴런의 장기적인 시냅스 강화를 유도하지만, '적당히 자극적인 입력(moderate excitatory input)'은 장기적인 시냅스 약화를 유도한다(Artola et al., 1990).

RIF의 효과는 다음 유형의 패러다임에서 행동적으로 입증되었다. Anderson & Spellman (1995)은 피험자 집단에게 연상되는 짝(예컨대, fruit-apple, fruit-pear, fruit-kiwi, furniture-table, sport-tennis, furniture-chair 등)을 학습하게 했다. 그런 다음, 실험참가자에게 불완전

---

9 [역주] 이것은 기억으로 인해 메모리의 다른 정보를 잊어버리는 기억 현상이다. 한 마디로, 한 기억을 인출하면 비슷한 경쟁 기억이 억제된다는 것이다.(출처: 위키백과)

한 단서를 제공하고, 짝이 되는 하위 집합을 떠올리도록 요청했다. 예를 들어, 불완전한 단서는 다음과 같은 형식을 갖는다.

　5.24 fruit-pe____

'pear'는 (5.24)에서 부분적으로만 단서가 제공되었기 때문에 피험자는 'fruit(과일)'과 연관되는 전형적인 단어(예컨대, apple)를 부분적으로 활성화할 것으로 예상할 수 있다. 그러나 'apple(사과)'라는 단어는 "pe___" 와 양립되지 못하므로 'pear(배)'로 인해서 억제된다. 결과적으로, 'fruit-apple'에 대한 피험자의 기억은 부분적으로 활성화되지 않은 다른 미확인 쌍(예컨대, sport-tennis)과 비교할 때 더 약해지게 된다. 이러한 RIF는 오류 기반 학습의 한 유형으로 생각할 수 있다. 다만, 이들 간의 주요 차이점은 오류가 완전히 활성화되었는가(오류 기반 학습의 일반적인 가정) 아니면 부분적으로만 활성화되었는가(RIF)에 있다.

　'RIF' 또는 더 표준적인 '오류 기반 학습'은 통계적 선점을 설명할 수 있다. 우리는 청자가 사동 용법으로 사용되는 'disappear'란 동사를 경험할 것으로 예상했는데(The magician disappeared the rabbit), 대신에, 청자가 우언적 사동(The magician made the rabbit disappear)의 표현을 듣게 된다면, 우언적(periphrastic) 형태가 강화되고 사동 표현은 점차적으로 약화될 것이라고 가정할 수 있다. 이를 통해, 경쟁 중인 구문은 특정 유형의 문맥에서 다른 형식이 "우세(wins, 사용될)할" 때마다 약화될 것이라고 예상할 수 있다. 경쟁 구문이 전혀 활성화되지 않은 경우에는 억제를 받지 않는다. 이 효과를 통해 우리는 경험을 쌓으면서 기대치를 미세 조정할 수 있다. 오류 기반 학습과 RIF는 여러 인지 영역에 적용되는

'일반적인 인지 기제(domain-general mechanisms)'이기 때문에, 언어에 미치는 영향을 설명하는 데 별도의 특별한 실험과정이 필요하지 않다.

5.9 통계적 선점에 추가되는 적용범위

중요한 것은, 언어별로 구문에 대해 동사를 창의적이고 생소하게 사용하는 범위가 다르다는 것이다(Goldberg, 1997). 영어 (및 중국어)는 'sneeze the foam off the cappuccino'와 같은 생소한 동사 사용을 허용하지만, 스페인어와 힌디어는 그렇지 않다(Slobin, 1996b; Talmy, 1985). 영어와 중국어 화자는 각 구문에서 사용되는 다양한 동사를 접하게 되는데, 이때 '적용범위(coverage)'에 따라 어떤 동사가 추가적으로 다른 구문으로 확장되어 사용될 수 있는 후보일지가 결정된다. 그런데 통계적 선점 기제에 의해, '의도된 문맥적 메시지'를 표현하는 익숙한 방법이 이미 존재하는 경우 일반화 후보는 제한된다.

통계적 선점과 적용범위의 조합은 '매우 낮은 빈도로 사용되는 특이한 분포' 또는 '생소한 동사'를 학습하는 것과 관련이 있다. '?the afek fox'에 대한 선제적 증거가 다른 생소한 a-형용사류로 일반화되었다는 것을 상기하기 바란다(예컨대, ?the ablim cow; Boyd & Goldberg, 2011). 마찬가지로 한 동사에 대한 통계적 선점을 통해 학습된 제약은 Perek & Goldberg(2017)이 제시한 실험적 문맥에서 다른 동사까지 일반화가 적용되었다. 4.7-8에 설명된 군집화 기제는 이러한 방식으로 유사한 항목에 대한 일반화 정도를 예측할 수 있다(Barak et al., 2014). 즉, '예외'의 군집화는 화자가 예외적인 경우의 언어 사용 행태를 일반화하도록 유도한다.

통계적 선점은 어떤 구문과 '경쟁의 대상이 될만한 구문'이 밀접하게 관련된 경우에만 적용될 것으로 예측된다(Bermel & Knittl, 2012; Goldberg, 1995, 127). 이것은 특히 고유한 기능을 가진 구문은 대체 표현과 같은 예외적인 유형을 가져서는 안 된다는 것을 의미한다. 대신, 그러한 '적합한 구문(niche constructions)'은 다양한 동사(즉, 충분히 넓은 적용범위)에서 관찰되는 한, 특이한(idiosyncratic) 예 없이 광범위하게 일반화되어야 한다. 필자 생각에는 이것이 체계적인 연구가 이루어지지 않았지만 아마도 그러할 것이라고 본다. 예를 들어, 'way구문'은 (5.25)의 예와 같이, 매우 구체적인 의미를 전달하는데, 이 의미는 실제적인 경로와 은유적 경로 그리고 그것을 통한 동작을 생성하는 것을 포함하고 있다(Goldberg, 1995).

5.25a "The bandit⋯ *robbed and murdered* his way through central California"

(강도는 캘리포니아 중부를 통과하며 도둑질하고 살해했다.)

5.25b "he *thwacked* his way through more than 30 small watersheds"

(그는 30개 이상의 작은 분수령을 치면서 통과했다.)

5.25c "He *navigated* his way past wind-lashed trees and floating logs"

(그는 바람이 부는 나무들과 떠다니는 통나무들을 지나가며 길을 찾았다.) (COCA)

이 구문의 생산성은 적용범위 기제만으로도 잘 설명된다(Israel, 1996). 적어도 필자는 이 구문에 출현이 제한되는 '적절한 의미의 동사'가 없다는 것을 알고 있다. 이것은 또 'time-away 구문'도 마찬가지다

(Jackendoff, 1997)[10].

확실하게 해결되지 않은 한 가지 의문으로 아래와 같은 것이 있다. "한 번도 접해 보지 않은 구문이 단지 주어진 담화 문맥에서 발생할 것으로 합리적으로 예상할 수 있는 경우에만 구문이 다른 구문을 선점하는 역할을 하는가"이다. 예를 들어, 학습자가 이중목적어구문을 사용하는 것이 적절하지 않은 문맥에서 'to-여격(dative)'으로 사용되는 동사를 관찰한다면, 이것이 이중목적어구문이 불가능하다는 증거가 될 수 있는가? 구체적으로 말하면, 예(5.26)이 동사 개별적인 이유로 예(5.27)로 바꿔서 표현하기 할 수 없다는 사실이 예(5.28)을 허용 불가하게 하는 증거가 될 수 있는가?

5.26 She blicked it to the man.(그녀는 그것을 그 남자에게 'blick'했다.)

5.27 ?She blicked the man it.

5.28 She blicked me the book.(그녀는 나에게 그 책을 'blick'했다.)

거의 틀림없이, 예(5.26)을 관찰하게 되는 것은 예(5.28)이 가능한지 여부를 결정하는 것과 관련이 없다. 왜냐하면 미국 영어에서 이중목적어구문은 대상 논항(theme argument)으로 'it'을 허용하지 않기 때문이다 (?She gave the man it)(3.4참조). 화자는 개별적인 상황에 따라 언제 대체 형식이 필요한지 인식할 수 있는 것으로 보인다. 실험참가자들은 이러한

---

10 [역주] 이것은 「Twistin' the night away」라는 Jackendoff의 논문으로, 여기서 말하는 'Time-Away구문'은 아래와 같은 예를 말한다.
(1) Bill slept the afternoon away.(빌은 오후에 잠을 자며 보냈다.)
(2) We're twistin' the night away.(우리는 밤을 비껴가고 있다.)

유형의 입력을 무시하는 것으로 보이며, 이를 통계적 선점과 본질적으로 무관하다고 간주한다(5.3참조). 그러함에도 불구하고, 이러한 입력은 경험을 통해 발생할 수 있는 약한 선제적 증거로 작용할 수 있다. 지금까지 선점 기제에 관한 대부분의 연구는 적어도 주어진 상황에서 대신 관찰된 구문만큼 적절한 구문이 출현하지 않는지를 조사했기 때문에, 그것이 미칠 수 있는 영향을 더 잘 정량화하기 위해 향후 연구가 필요하다.

5.10 요약

이전 장에서는 특정 유형의 '문맥적 메시지'를 묘사하기 위해 구문 또는 구문 조합이 어떻게 그리고 왜 관습적으로 사용되는지를 설명했다. 언어를 표현하는 데 사용되는 '초차원적 개념공간'은 우리의 연상 기억의 일부이다. 따라서 언어 경험의 손실(lossy) 표현은 형식(음운론, 문법 범주, 어순, 형태론) 및 기능(의미, 정보구조, 언어 장르, 방언)과 관련된 다양한 차원에서 함께 합쳐진다. 단어 및 추상 구문에 해당하는 동태적 범주는 강화된 표현이 겹쳐지는 측면에서 출현한다. 사람들은 말을 할 때 '의도된 문맥적 메시지'를 상황에 맞게 가장 잘 표현하기 위해 익숙한 구문을 결합한다. 더 강화되고 더 잘 적용되는 구문은 접근하기가 더 쉬우며, 그 결과 더 관습적인 언어 표현이 자주 사용되는데, 이는 문맥 내에서 관습적 형식과 특정한 문맥적 메시지 간의 연관성을 더욱 강화한다.

이 장에서는 이러한 가정에 대해 아래의 두 가지 논점이 추가된다.

- 언어 화자가 의도된 문맥적 메시지를 표현하는 방법이 이미 존재한

다는 것을 인식하는 한, 언어 화자는 언어 공동체에 순응하는 것을 목표로 하기 때문에, 모든 생소한 형식은 상대적으로 비문법적이라고 판단될 것이다.

- 화자가 비관습적인 형식을 예상하면 그 형식은 오류 기반 학습의 한 유형인 통계적 선점을 통해 시간이 지남에 따라 억제된다.

다음 장에서는 '연령 효과'와 '접근성의 역할'에 대해 살펴보겠다.

---- 제6장 ----

연령과 접근성 효과

　아이들은 머리에 기저귀를 차고 입에 구슬을 무는 등 기발한 행동을 하는 존재로 알고 있지만, 다른 측면에서 오히려 그렇게 창의적이지는 않다. 눈이 휘둥그레질 정도로 많은 게임을 매일매일 할 수 있는 큰 축제에 어린아이를 데려갔다고 상상해 보자. 그러나 기가 눌릴 정도로 각각의 게임들은 부스마다 규칙이 다르고, 아무도 아이들에게 게임 방법을 알려줄 수 없다. 대신 어른과 나이 많은 아이들은 부스를 이리저리 뛰어다니면서 자신들의 게임을 하느라 바쁘다. 이 상황에서 나이가 어린 아이들은 다른 사람들이 게임하는 모습에 깊게 몰입하게 된다. 아이들은 뚫어지게 바라보기도 하고, 엉엉 울기도 하고, 배꼽을 잡고 웃기도 한다.

　어린아이들은 틀림없이 아주 흥미를 느끼고 스스로 이 게임을 하고 싶어 할 것이다. 게임 축제에서 어떤 것들은 빠르게 이해할 것이다. 게임의 화면과 음성에 대한 인상, 가장 화려한 게임 부스의 외형적인 배치 형식,

또 가장 긴 줄을 서는 게임 부스에 대해서는 빠르게 이해할 것이다. 그러나 대부분의 아이들은 아주 천천히 위험을 무릅쓰고 용기를 내어 게임에 참여하게 될 것이다. 아마도 어린아이들은 처음에는 게임을 하는 다른 사람들 옆에 가까이 서서 그들의 의도를 이해하고 전략을 모방하려고 할 것이다. 각 게임의 규칙을 예상하는 법을 배우려면 관찰하고 주의 깊게 듣는 것이 필요할 것이다. 아이들은 특히 게임 규칙이 복잡하거나 미묘할 때 처음에는 그 게임을 잘못 이해할 수 있다. 아이들은 안전선 밖으로 물러서야 한다는 것을 인지하지 못하고 상품을 받는 방법을 잘못 이해할 수도 있다. 그리고 상황에 대한 많은 조정을 하지 않고 게임에 참여할 수도 있다. 그러나 시간이 지나면서 아이들은 다른 사람들이 하는 것처럼 효과적이고 효율적으로 게임을 하는 방법을 터득하게 될 것이다.

언어는 각종 게임을 모아 놓은 축제는 아니지만, 형식과 기능의 기발함을 가진 '관습적인 언어 게임' 또는 '구문'이 현기증 날 정도로 복잡하게 모여 있다(Austin, 1962; Wittgenstein, 1953). 어른처럼 뛰어난 언어 능력을 갖추는 것은, 무의식적으로 문맥에 맞게 새로운 언어 조합을 말하고 이해하기 위해 단어와 문법적 구문의 사용 방법을 배우는 것이다. 아이들은 세 살 무렵이 되면 보통 간지럼 태우기, 포옹하기, 솜사탕에 관해 대화를 할 수 있다.

게임 축제 비유를 조금 더 한다면, 어른인 우리들의 경우, 특이한 곳에서 열리는 축제를 방문할 때 익숙한 것도 있지만 꽤 낯선 것들도 보게 될 것이다. 전문가처럼 다트로 풍선을 터뜨리는 뉴저지 출신의 누군가는 뉴올리언스의 축제에서 다트의 크기와 무게가 다를 경우 어려움을 겪을 수 있다. 또 미국인은 프랑스에서 열리는 축제에서 페리스 대회전(大回轉)식 관람차를 알아볼 수 있지만, 감자튀김에 마요네즈를 얹어 먹는다는 사실은 모를 수 있다. 반대로 미국을 방문하는 프랑스 사람은 음주에 대한 연령제한이나 놀이기구를 탈 수 있는 몸무게 제한에 대해서는 모를 수 있다. 즉, '사전 지식'은 우리의 관찰과 새로운 행동 양식에 적응하는 능력에 영향을 미친다.

아이의 궁극적인 목표는 '형식 패턴'이 '기능'과 어떻게 짝을 이루는지를 배우는 것이다. 이는 의도된 메시지에 형식을 연결하는 것이 '이해'를 위해 필요하고, 또 형식에 메시지를 연결하는 것이 '말하기'를 위해 필요하기 때문이다. 아이들은 또한 사회적 집단의 일원으로 받아들여지기를 원하기 때문에, 그들의 언어 공동체 관습에 따르는 것을 목표로 한다. 그러므로 아이들은 언어의 '구문(construction)'을 배워야 한다. 왜냐하면 '구문은 형식과 기능을 연결하는 언어의 관습적인 수단'이기 때문이다. 이 장에서는 '학습자의 연령'과 '사전 관찰의 차이'가 어떻게 언어 학습에 영향을 미치는지가 논의의 초점이다. 이에 대해서는 '사용 기반(usage-based)의 구문주의 접근법'으로 이루어진 연구 결과들을 통해서, 선행연구와 명백히 반대되는 주장도 할 것이다. 본 장은 크게 4개의 절로 구성된다.

처음 두 절에서는 다음과 같은 명백한 역설을 다룬다. 먼저, 아이들은 처음에 관찰한 언어 표현과 유사하게 말하는 경향이 있음을 보여 주는 여러 실험 결과가 존재한다. 즉, 그들은 '보수적(conservative)인 경향'이 있어서 특히 동사와 술어 등의 단어를 이전에 사용된 실례를 관찰한 것과 유사하게 사용하는 것을 선호한다(6.1). 이와 동시에 다른 연구에서는 아이들이 어른보다 복잡한 언어 표현을 더 '규칙화(regularize)'하는 경향이 있다는 사실이 밝혀졌다. 아이들은 그들이 언어에 노출된 것보다 더 많이 일반화된 체계를 만들어내는 경향이 있다(6.2). 규칙화가 강력한 일반화를 가리키는 개념이라고 볼 때, 어떻게 아이들이 어른들보다 더 '보수적'이면서도 더 많이 '일반화'를 할 수 있는지 이해하기가 어렵다. 그러나 본 장에서는 경험적 관찰이 모순적인 것이 아니라 사실상 동전의 양면이라고 본다.

언어를 적절하게 사용하기 위해서, 아이들은 각 구문의 적절한 사용을 결정하는 다양한 요소들을 배워야 한다. 즉, 그들은 각 구문을 '조건화(condition)'하는 다양한 요소들을 배워야 한다. 3장에서 보았듯이, 관련된 조건화 요인에는 의미(meaning), 정보구조(information structure), 언어장르(register), 방언 및 형태-음운이 포함될 수 있다. 즉 조건화 요인이 되는 것은 상당히 넓고 다양한 범위를 가진다. 따라서 아이들은 각 구문과 관련된 요소들을 배우는 데 시간이 걸린다.

더욱이 화자들은 '언어 공동체의 관습'에 따르는 것을 목표로 한다는 점을 상기해 보자. 이를 위해, 화자들은 '의도된 문맥적 메시지(intended-messages-in-context)'를 가장 적절하게 표현하는 구문 조합의 '연상 기억(associative memory)'으로부터 접근해야 한다. 화자들은 최적의 구문(또는 구문 조합)을 찾지 못할 경우, 완벽하지는 않지만 표현하기에 '충분히 좋은(good enough)' 다른 구문을 대신 선택할 것이다. 이 장에서는 아이들이 최적의 해결책을 찾지 못했을 때 보수적으로 가장 익숙한 표현을 사용하려 한다는 것을 알게 될 것이다(이 부분은 6.1에서 논의함). 대신 아이가 이전에 관찰한 형식에 접근할 수 있을 정도로 복잡한 시스템이 아직 충분히 학습되지 않은 경우, 6.2에서 논의하는 것처럼, 가능한 옵션의 하위 집합만 사용하여 시스템을 '규칙화'하거나 '단순화(simplify)'할 수 있다. 6.3에서는 아이들이 상대적으로 어린 나이에 적절히 일반화를 한다는 연구 결과에 대해 검토한다. 이 연구에 사용된 실험 설계는 일반적으로 아이들에게 실험에서 주어지는 문맥 안에서 '단서 (SCAFFOLDING)'를 제공하는데, 이는 아이들이 해당 구문을 완전히 숙달하기 전 단계에서 적절한 구문에 접근하기 쉽게 하는 역할을 한다.

6.4는 성인 언어학습자들이 직면하는 독특한 문제를 다룬다. 즉, 전형적으로, 성장하는 아이들은 궁극적으로 모든 자연언어에서 존재하는 '적절한 일반화', '하위 규칙', '특이성(idiosyncrasy)'을 제대로 배울 수 있는 반면, 성인 언어학습자들은 일반적으로 "?Explain me this"처럼 특정한 오류를 반복적으로 범하게 된다.

Learning to Learn:Figuring Out Which Dimensions Are Relevant to Which Situations (언어학습을 배우는 것: 어떤 차원이 어떤 상황과 관련이 있는지 파악하는 것)

풀잎 하나로는 좀처럼 우리의 관심을 끌지 못하는 법이며, 낯선 언어로 된 라디오 녹음에 쉽게 채널을 맞추지 않는 법이다. 대신에, 우리는 너무 지루하지도 않고, 너무 심오하지도 않은 우리의 환경 측면에 주의를 기울이는 경향이 있다. 유아들도 마찬가지로 지나치게 단순하거나 복잡하지 않은 적당한 자극을 선호하는 경향이 있다(Kidd et al., 2012). 세상에 대한 유아들의 이해가 발달함에 따라, 너무 단순하거나 너무 복잡하다고 간주되는 것 또한 변화한다. 우리는 특히 우리의 목표와 관련되고 참고가 되는 모든 것에 관심이 있는데, 유아들은 사전 학습에서 '단서'를 마련하여 환경의 어떤 측면이 그들의 목표에 유익하고 관련이 있는지를 배울 필요가 있다.

예를 들어, 출생 후 초기 발달 단계에서 유아는 대조, 변화, 익숙함 및 리듬을 포함한 다양한 단서에 민감하다(Bardi et al., 2011; Farroni et al., 2005; Moon et al., 1993). 이러한 단서들을 바탕으로, 움직임과 다른 가시적인 변화, 얼굴, 그리고 익숙한 언어의 음성에 관한 관심이 끌리게 되는데, 이는 다시 유아들이 세상에 대해 훨씬 더 많이 배우도록 이끈다. Tummeltshammer & Amso(2017)는 6개월 된 유아들이 예측적인 단서를 효율적으로 사용할 수 있다는 것을 발견했다. 특히, 실험과정에서 유아들은 반복적인 공간 형태로 배치된 임의의 색깔을 가진 물체의 배열에 노출되었다. 물체의 배열을 통해 '얼굴'이 나타날 곳이 어딘지를 예측할 수 있다. 이때 유아들은 얼굴을 볼 수 있을 만한 장소에 주의를 기울이는 방법을 빠르게 터득했다(Emberson et al., 2017). 다른 연구는 아이들이 다른 사람의 얼굴보다 다른 사람의 손이 무엇을 하고 있는지에 집중하는 법을 배운다는 것을 보여주었다(Fausey et al., 2016; Yoshida & Smith, 2008). 아이들은 사람의 얼굴을 보는 것보다 의도적으로 '손'이 움직이는 것에 근거하여 다음에 무슨 일이 일어날지에 대해 더 많은 것을 예측할 수 있기 때문인 것 같다.

한편, 무엇을 무시하고 무엇에 주의를 기울여야 하는지를 배우는 것도 학습의 일부분이다. 사실, 우리는 6개월~1세의 유아들이 음성적 구별을 완전히 예측할 수 있을 때, 어떤 음성적 차이에 대한 구별을 당연시하다 못해 아예 무시하기까지 하는 것을 오랫동안 알고 있었다(Kuhl et al., 1992; Werker & Tees, 1984a). 전산적인 연구에서는 어떤 차원에 대해 주의를 기울이고 어떤 차원을 무시해야 하는지 정확히 알아내야 하는 과제가 대두되고 있지만, 이 과정을 완전히 이해하기까지는 아직 갈 길이 멀다(Liu et al., 2017; Russeck et al., 2017). 이어지는 내용에서, 우리는 아이들이 논항구조구문(ASC)을 유연하게 사용하는 법을 어떻게 배우는지에 초점을 맞추기 위해, 적어도 아이들이 이미 몇 개의 명사, 동사, 대명사를 배웠다는 것을 전제로 하겠다.

6.1 어린아이들이 더 보수적이다.

노트북 컴퓨터를 닫고 "This is fapping"이라고 말하면서 '쾅 닫다(slam shut)'를 의미하는 생소한 단어를 설명한다고 상상해 보자. 그런 다음 상대방에게 똑같은 행동을 하게 하고, "What did you do?(방금 무슨 행동을 했나요?)"라고 묻는다면, 그 사람은 아마 타동구문에서 'fap'이라는 단어를 생산적으로 사용하여 "I fapped my computer (you idiot)"라고 대답할 것이다. 즉, 어른은 어떤 생소한 단어(예컨대, fapping)를 배웠다면 해당 단어의 의미와 논항구조구문(ASC)이 호환되고 문맥상 적절하다는 조건 하에, 자신이 관찰한 구문과 다른 논항구조구문에서 이 단어를 생산적으로 활용하려 할 것이다.

그런데 어린아이들은 이렇게 할 가능성이 매우 적다. 일련의 연구에 따르면, 아이들은 학습 초기 단계에서 입력으로 관찰한 언어 형식에 대해, 아주 조금만 수정하여 말하는 경향이 있다고 한다. 아이들은 '너' 대신 '나'로 바꾸거나, '너의 고양이' 대신에 '내 강아지'로는 바꿀 수 있지만(4.4 참고), 초기 단계에서 더 창의적인 확장과 패턴의 조합은 피하는 경향이 있다(Akhtar & Tomasello, 1997; Baker, 1979; Bates & MacWhinney, 1987; Bowerman, 1982; Braine & Bowerman, 1976; Brooks & Tomasello, 1999; Dittmar et al., 2008; Lieven et al., 1997; MacWhinney, 1982; Savage et al., 2003; Theakston et al., 2001;

Tomasello, 1992, 2000, 2003; Wonnacott et al., 2012).

즉, 아이들이 어른들보다 더 '보수적(CONSERVATIVE)'이라는 것이다. 예를 들어, Tomasello(2000, 2003)는 수십 번의 실험을 통해 "아이들의 나이가 어릴수록 더 보수적인 경향을 보인다"라는 사실을 기술하였다. Akhtar(1999)가 한 실험에 따르면, 2세의 아이들은 '익숙한' 동사(예컨대, 'push')를 비영어권 언어의 어순(예컨대, Elmo the car pushed)으로 사용되는 예를 접하고 나면, "Elmo pushed the car."라고 '수정'하려는 경향이 있다고 한다. 그러나 같은 실험은 2세 아이들이 '생소한' 동사가 비영어권 언어의 어순(Elmo the car gorped)에서 사용되는 것을 관찰했을 때, 특이한 어순을 재현할 가능성이 높다는 것을 보여 주고 있다. 다만, 아이들의 연령이 높아질수록 '익숙한 동사'와 '생소한 동사'를 모두 수정하려는 경향이 점차 강해졌다(예를 들어, "Elmo gorped the car"라고 표현하려고 함). 이러한 결과는, 2세의 아이들이 동사 'push'에 대한 관습적인 사용 방법을 배웠고 이 관례를 따른다는 것을 의미하지만, 그들이 생소한 동사 'gorp'가 동일한 패턴을 따른다고 가정하지는 않는다고 보는 것이다. 즉, 그들은 'gorp'가 'push'와 같은 다른 타동사들과 상당히 유사하다는 것을 즉시 인지하지는 못한다.

어른이나 상대적으로 나이가 많은 아이와 비교했을 때, 나이가 어린 아이들이 상대적으로 보수적으로 행동하는 것은, 전적으로 언어에 노출되는 양에서 차이가 나기 때문만은 아니다. 많은 실험에서 생소한 구문을 사용하여 노출 양을 조절했는데도 불구하고, 아이들은 여전히 어른들보다 더 보수적인 행동을 보였다. 예를 들어, Boyd & Goldberg(2009)는 5살, 7살, 그리고 어른들로 구성된 집단을 비영어권 언어의 어순(예컨대, The doctor the player mooped)과 관련된 생소한 구문에 노출시켰다. 이

때 실험 문장은 생소한 동사가 표기된 화면과 짝을 이루는 것이며, 이 화면은 다양한 방식으로 '접근(approaching, 다가가는)'하는 화면을 나타낸다. 16개의 화면과 문장(발화)에 잠시 노출된 후에, 어른들은 쉽게 일반화했다. 즉, 어른들은 구문 중 완전히 새로운 사례와 완전히 새로운 접근 화면들을 정확하게 연결해 냈다. 반면에, 5세 아이는 자신이 접한 특정 범례를 적절하게 이해하고 해석했지만, 구문의 생소한 용례는 이해하지 못했다. 그리고 7세 아이는 중간 수준의 성취도를 보였다.

이것은 5세 아이들이 추상적인 구문을 일반화할 능력이 없다고 주장하는 것이 아니다. 그들은 이미 이 연령이 될 때까지 영어의 ASC를 대부분 배웠다. 그러나 나이가 어린 아이들은 동일한 양의 제한된 노출을 제공했을 때, 적절한 일반화를 형성하는데 있어 나이가 많은 아이나 어른들보다 덜 성공적이다. 이것은 우리가 아래에서 다시 다루게 될 중요한 사항이다.

언어 관찰을 의미 있게 군집화하기 위해, 학습자는 어떤 차원이 관련되는지 인식해야 한다. 아이들은 구별되는 언어 단위 사이의 '유사성(similarity)'과 '대응 관계(parallel)'를 인식하는 기술에 능숙해지게 되는데, 특히 언어와 비언어적 맥락에 대한 지식을 더 많이 습득하면서 이루어진다. 예를 들어, 7개월 된 유아의 경우, 자극이 세 가지 색상과 관련될 때, 교차(ABA) 패턴을 따르는 자극들 사이에서 대응 관계를 인식하지 못한다(Marcus et al., 1999). 즉, 유아는 아래 (6.1a) 및 (6.1b)와 같은 일련의 자극에 내재된 ABA 패턴을 인식하지 못하는 반면, 나이가 더 많은 유아(및 어른)는 이를 인식할 수 있다.

6.1a ▲ ○ ▲
6.1b ■ ▲ ■

(6.1a)와 (6.1b)의 공유 패턴을 인식하기 위해, 우리는 색과 형태가 관련이 있다는 것을 암묵적으로 인식할 필요가 있다. 본질적으로, 아이들은 '색깔이 있는 형태'라는 특별한 범주를 만들어야 하는데, ▲ ○ ▲ 안에 있는 모양과 ■ ▲ ■ 안에 있는 모양이 모두 ABA 패턴의 실례이다. 그런데 유아들은 개의 사진(예컨대, beagle −collie −beagle, pug −poodle − pug)과 같이 더 친숙한 영역에서 자극이 생성된다면, 동일한 ABA 패턴을 인식할 수 있다. 이것은 아마도 유아들은 '개' 범주에 이미 익숙해서 개와 관련된 유사성과 차이점에는 더 잘 적응하기 때문일 것이다(Saffran et al., 2007).

또 다른 예로, 5-6세 아이 그리고 어른들에 대해, '체계적인 모음 (V) 조합'과 '체계적인 자음(C) 조합'(예컨대, CoCe 또는 CaCi, bVtV 또는 gVdV)을 모두 포함하는 생소한 단어 목록에 노출하여 연구한 Potter(2016, 연구2)의 연구를 들 수 있다. 5분간의 노출 후 진행된 친숙도 판정 연구에서, 아이와 어른 모두, 관찰한 항목에 대해 우연적인 확률보다는 높은 인지도를 보였다. 그러나 어른들은 모음 일반화나 자음 일반화에 따르는 특이한 예도 더 친숙한 것으로 인식했지만, 아이들은 접하지 못한 생소한 단어에 대해서는 그다지 높지 않은(우연에 가까운) 인지도를 보였다. 이러한 방식으로 어른들은 일반화를 암묵적으로 인식할 수 있었지만, 아이들은 그렇지 않았다(Ferman & Kami, 2010; Raviv & Arnon, 2017 참조).

동일한 입력에 노출되었을 때, 나이가 어린 아이가 나이 많은 아이 또는 어른보다 적절하게 일반화할 가능성이 낮다는 사실은 '거짓(false)' 기억력에 관한 연구로도 입증된다(Brainerd & Mojardin, 1998; Brainerd et al., 2002, 2008). 예를 들어, 표준적인 틀에서, 실험참가자들은 특정 목표 단어와 관련된 단어 목록에 노출된다. 이때 목표 단어는 제시되지 않는다. 예를 들어, 목표 단어가 'doctor'인 경우에 실험참가자는 'nurse, sick, hospital, patient, cure' 등과 같은 단어에만 노출된다. 약간의 시간이 지난 후에 조사해보면, 어른들은 아이들보다 단어 목록 중에 'doctor'를 봤다고 착각할 가능성이 더 높다(Brainerd et al., 2002; Fisher & Sloutsky, 2005). 즉, 아이들은 입력으로 주어진 실제로 관찰한 단어에 근거하여 반응하는 경향이 있다는 것이다. 이처럼 아이들은 일반화를 통해 언어 관찰에서 누락된 공간을 귀납적으로 '채우기(filling in)'보다는 실제 관찰에 근거하여 반응한다.

대부분의 아이들은 세 살 때쯤에는 꽤 훌륭한 대화 상대가 되는데, 그 연령에는 800만 개에서 3,000만 개 사이의 단어를 접하게 된다. 이것은 결코 적은 언어학습량이 아니다(Hart & Risley, 1995). 우리는 아이들이 어른들과 비교할 때 일반화에 능숙하지 않다는 사실을 보아왔다(Tomasello, 2000; 2003). 심지어 아이들은 언어 입력이 통제될 때에도 일반화에 덜 능숙하다(Boyd & Goldberg, 2009; Potter, 2016; Schwab et al., 2018). 다년간 진행되는 언어학습의 속도가 아주 빠른지 아니면 느린지는, 사실 관점의 문제이다. 우리가 주장하는 '사용 기반의 구문주의(USAGE- BASED CONSTRUCTIONIST) 접근법'에서 중요한 것은, 아이들이 일반적인 인지 능력에 기초하여 귀납을 통해 언어의 문법 패턴을 배운다는 것이다.

요약하자면, 일반화는 개별 사례가 '초차원적 연상 기억 체계(hyper-dimensional associative memory, 4장)' 내에서 특정 차원을 따라 군집화되는 방식으로 표상되어야 한다. 아이들의 일반화 능력이 부족한 것은 일반화에 필요한 관련 차원을 인식하는 능력이 부족한 것에 기인한다. 즉, 아이들의 비교적 보수적인 언어 능력은 "범례 사이의 유사점이나 대응 관계를 인식하고 활용할 수 있는 가능성"이 더 큰 아이들이나 어른들보다 낮다고 하는 사실에서 비롯된다. 평소에 나이가 어린 아이들은 '범례 사이에 관련된 차이점'을 인식하거나 활용할 가능성이 더 낮다. 이것에 대해선 다음 절에서 살펴본다.

6.2 어린아이들은 언어 표현을 더 단순화시키는 경향이 있다

아이들과 어른들은 모두 관찰한 입력의 패턴을 존중하고 지키려 한다. 우리가 보아온 것처럼, 이것은 'CENCE ME' 원칙의 첫 번째 항목을 따르고 있다. 즉 화자들은 언어 공동체의 규범적인 관습에 따르면서 '표현성(Expressiveness)'과 '효율성(Efficiency)' 사이의 균형을 유지한다. 언어가 불규칙하거나 예외적인 것을 포함하는 경우라도, 일반적인 반응은 그러한 불규칙적이거나 예외적인 표현을 똑같이 '재현(reproduce)'하는 것이다. 언어 입력이 확률적인 방식으로 체계적으로 다양해진다면, 일반적인 반응은 동일한 확률에 따라 그것을 표현하게 된다.

그러나 학습자는 입력된 언어를 잘 학습해서 언어를 표현할 때, 그 분포적 특징을 준수해야 한다. 이 절에서 살펴본 바와 같이, 언어는 '무조건적인(UNCONDITIONED, 즉, 무작위적이고 예측할 수 없는)' 변이가 포함될 때 특히 복잡한 것으로 인식된다. 이러한 변이 현상을 직면했을 때, 아이들은 어른들보다 그것을 단순화(simplify)할 가능성이 더 높다. 대표적인 예가 Singleton & Newport(2004)의 연구에서 나오는 'Simon'이라고 불리는 청각장애 아동이다. Simon은 90%의 청각장애인과 마찬가지로 소리를 들을 수 있는 부모에게서 태어났다. 그의 부모는 아들과 의사소통할 수 있을 만큼 충분한 미국 수화(ASL, American Sign Language)를 배웠지만, 수화 실력은 비원어민 수준이라서 완벽하지 않았다. 예를 들어, ASL에서는 특정 '분류사(classifiers)'를 의무적으로 사용해야 한다. 만약 "자동차를 타고 산으로 갔다"를 표현하고 싶다면, 손으로 특정한 모양을 만들어 동물이나 사람이 아닌 차량이 움직인다는 것을 나타내야 한다. Simon의 부모는 손 모양 분류사를 절반 이상 사용했지만, 종종 조건 없이 아무렇게나 생략하기도 했다. 즉, 어떨 때는 분류사를 사용해야 한다고 기억했다가 어떨 때는 기억하지 못해 생략했다. 반면, Simon은 분류사 손 모양을 원어민 수화 화자에 가깝게 일관되게 사용했다(Singleton & Newport, 2004). 즉, Simon이 분류사가 사용될 때와 그렇지 않을 때 예측한 어떤 차원도 식별할 수 없다는 점을 감안할 때(구별할 수 있는 조건적 요인이 없음), Simon은 자신의 '언어 표현(production)'을 '단순화'했다.

관련 연구에 따르면, 무의미한 한정사(determiner)가 명사보다 60% 먼저 나타나는 인공 언어에 노출되었을 때, 어른들은 한정사를 60%씩 재현하는 경향이 있었으며, 기본적으로 입력을 규범적인 방식으로 재현하는 경향이 있었다. 반면에, 아이들은 한정사를 항상 사용하든지 아니면 항상 생략하는 방식으로 패턴을 단순화하는 경향이 있었다(Kam & Newport, 2005). 중요한 것은, 의미 없는 (그리고 상호 호환 가능한) 한정사의 수가 증가함에 따라, 어른들도 무조건적인 변이형을 올바르게 재현하기보다는 단순화하는 경향이 증가했다는 것이다(Kam & Newport, 2009; Ziegler et al., 2017). 아이들뿐만 아니라 어른들도 예측할 수 없거나 지나치게 복잡한 언어를 '포기'하고 '단순화'한다는 사실을 통해, 우리는 모든 연령의 학습자들의 목표가 그들이 노출되는 언어의 관습을 준수하는 것이지만, 그들이 그렇게 할 수 없을 때, 그들은 '단순화'시켜서 언어를 사용할 수 있게 만든다는 점을 알 수 있다.[1] 아이들은 작업 기억과 메타인지 능력이 약하기 때문에, 무조건적인 변화를 추적하는 데 어려움을 겪는다. 따라서 어른들과 비교할 때 정확하게 재현할 가능성이 적다.

단순화는, 학습자가 관련 조건화 요인을 식별하지 못한다면, 언어 입력이 실제로 예측 가능한 경우에도 발생한다. 다시 한번 말하지만, 이것은 언어의 복잡성과 학습자의 정교함 둘 다에 달려 있다. 예를 들어, Culbertson & Newport(2017)는 아이들과 어른들에게 확률적으로 명사에 선행하는(75% 명사에 선행; 나머지는 형용사가 명사에 후행함) 인공 언어에 노출하였다. 또한 이 인공 언어에서 수사는 명사에 후행한다(또는 그 반대임). 실험 결과 대략 절반의 아이들(4~7세)이 형용사와 수사를 구별하지 못했고, 대신 그들은 두 범주를 똑같이 취급하는 경향을 보였다. 아이들은 이 두 부류의 단어를 모두 명사 앞에 위치시키거나 아니면 모두 명사 뒤에 위치시켰다. 즉, '수식(modification)' 기능과 '양화(quantification)' 기능의 의미적 구별에 따라 확률적으로 어순 차이가 예측된다는 사실을 인식하지 못한 채, 아이들은 형용사와 수사를 똑같이 취급하여 결국 단순한 체계로 이어졌다.

Culbertson & Newport(2017) 실험에서도 그랬듯이, 관련 요인을 확률적으로만 활용하거나 신뢰할 수 있는 경우에, 학습자는 어떤 차원이 관

---

[1] 새로운 화자 세대가 그들의 언어가 배우기 너무 어렵다는 것을 발견하면서 언어가 변화하게 되는데, 이와 관련한 보다 많은 토론은 Christiansen & Chater(2016)과 Smith et al.(2017)를 참고하기 바란다.

련되는지를 판단하기가 더 어렵다(Samara et al., 2017). 이는 Schwab et al.(2018)의 연구에서 보이듯이, 남녀 성별처럼 관련 요인이 상당히 두드러진 경우에도 마찬가지이다.

특히 Schwab et al.(2018)은 의미 없는 '한정사'(po, dax) 2개가 포함된 작은 인공 언어에 6세 아이와 어른을 노출하였다. 한 한정사는 세 개의 여성 인물과 한 개의 무생물에 적용되었고, 다른 한정사는 세 개의 남성 인물 및 다른 무생물과 함께 사용되었다(예컨대, dax girl; po boy). 결국, 개체 중 75%는 남성 또는 여성이었으며, 자연 성별을 통해 이러한 개체에 대해 어떤 한정사가 관찰되었는지 완벽하게 예측이 가능했다.

놀랍게도, 반복된 노출 후, 6세 아이는 성별이 '조건화 요인(conditioning factor)'임을 인식하는 증거를 보여 주지 않았다. 비록 6세 아이는 남성과 여성의 차이를 잘 알고 있고(더 잘 구분하든지 아니든지 간에), 실험에서 사용된 각 인물의 의도된 성별을 식별할 수 있음에도 불구하고, 성별을 조건화 요인으로 인지하지는 못했다. 아이들은 대신 특이한 성별을 가진 한정사를 사용하도록 요청했을 때 시스템을 단순화했다. 특히, 그들은 한 가지 한정사 또는 다른 하나의 한정사만 표현하는 경향이 있었다. 더 나은 메타인지 능력과 더 강한 작업 기억력을 가진 어른들은 성별에 맞는 한정사를 매우 정확하게 표현했고, 특이한 인물에 대해 한정사를 적절히 응용하여 부가하였다.

복잡한 입력을 단순화하려는 아이들의 성향을 어떻게 봐야 할까? 자연 언어 대부분의 조건화 요인은 확률적으로만 활용 가능하다. 그리고 자연 언어에는 매우 다양한 조건화 요인이 있다(3.1~3.6). 충분하거나 목표에 적합한 언어 입력이 없으면, 어떤 요인이 복잡계(complex system)를 예측하는데 관련된 요인인지를 판단하는 것은 어려운 일이며, 자연언어는 상당히 복잡하게 다가온다. 그러나 그러한 것은 학습이 가능하다. 왜냐하면 그동안 이러한 것들은 계속 학습되어 왔기 때문이다. 즉, '충분한 시간과 관찰'이 주어지면, 아이들은 '결국' 그들의 언어에 존재하는 '구문과 관련된 조건화 요인'을 배우는 데 성공한다.

비록 재현할 수는 없을지라도, "아이들이 복잡성을 인식하고 있다"는 증거가 있다. 그 증거는 '표현(생산, production)' 실험과 '판단(judgement)' 실험의 비교를 통해서 알 수 있다. '표현' 실험에서는 학습자가 여러 가지 선택 항목 중에 하나를 정확히 기억해 내야 한다. 그리고 '판단' 실험에서는 학습자가 제시된 2개의 선택 항목에서 둘 중 하나만을 선택해야 한다. 몇몇 연구들은 학습자들이 표현 실험에서만 단순화한다는 사실을 발견하였다. 표현 실험에서 한 가지 또는 다른 옵션을 남용하는 경향이 있는 한, 학습자들은 언어를 규칙화하면서 단순화한다. 그리고 판단 실험에서 두 가지 선택 항목이 모두 '제공'되면 회상(recall)에 대한 요구가 최소화된다. 이 경우, 학습자는 복잡성이 어떻게 조건화되는지는 모르지만, 언어의 복잡성에 대한 인식을 강하게 한다. 이는 Harmon & Kapatsinski(2017)의 어른들과 함께 진행한 실험 연구에서도 두드러졌고, Kam & Newport(2005)의 아이 판단 실험에서도 여실히 증명되었다.

명확히 하기 위해, 방금 설명한 Schwab et al.(2018) 실험에서, 위에서 설명한 것과 동일한 노출 후, 두 번째 6세 아이 집단을 참여시키는데, 이것은 한정사를 사용하여 친숙하고 특이한 글자가 기술되는 판단 실험이다. 판단 실험에서는 접근성(accessibility) 요구를 줄이기 위해 '두 가지 한정사(dax, po)'를 모두 아이에게 제공했다. 구체적으로 아이들에게 다음과 같이 질문했다. "Which do you think Mr. Chicken would say? Dax boy or Po boy?" 이 연구에서 아이들은 '익숙한 한정사 + 명사 조합'에서 더 정확했으며 두 한정사에 대해 동일한 선호도를 보였다. 그들은 여전히 '새로운 성별 인물'을 묘사할 때, 자연적인 성별이 관련성이 있음을 알아냈다는 증거를 보여 주지 않았다. 그들은 실제로 자연적인 성별을 조건화 요인으로 인식하지 못했다. 그러함에도 불구하고, 그들은, 시스템이 복잡하고 두 한정사가 결합되는 단어(명사)가 다르더라도 모두 적절하다는 점을 알았다. 이것은 시간이 지남에 따라 '특정 분류사 + 명사 조합'에 대한 기억을 떠올릴 수 있도록 하기에 충분하다. 게다가 이는 궁극적으로 자연 성별과 특정 단어(무생물 객체의 경우)의 조건화 요인을 포함하는 더 복잡한 시스템에 대한 접근을 아이들에게 제공할 것이다. 한편, 입력변수를 예측할 수 없을 때 표현 실험과 판단 실험에서 실험자들이 보이는 행태에서도 위와 유사한 차이가 존재한다고 밝혀졌다(Kam & Newport, 2005). 특히 까다로운 체계에 노출될 때, 어른에게도 동일한 패턴이 나타난다. 어른들은 언어 표현을 단순화(또는 '규칙화')하게 된다. 이 과정에서 어른들은 언어가 더 복잡하다는 인식을 하게 되며, 판단 실험에서 기억에 대한 요구를 줄이는 복잡성을 인정한다(Harmon & Kapatinski, 2017; Kam & Newport, 2009).

언어는 실제로 조건이 없는(무작위적인) 변이 현상은 거의 없다. 왜냐하면 이렇게 되면 의사소통의 목적에 도움이 되지 않고, 그저 자의적 선택만 필요하여 처리 요구만 늘어나게 될 것이기 때문이다. 모든 연령의 화자들은 무작위적이지 않은 조건화된 변이 현상을 선호한다(Kirby et al., 2008; Reali & Griffiths, 2009; Smith & Wonnacott, 2010). 학습자가 무작위적인 변이 현상에 노출되면 장기적으로 두 가지 결과가 나타날 수 있다. 첫 번째는 한 가지 옵션만 계속 사용하는 것이다. 이것은 청각장애 아동인 Simon이 미국 수화(ASL)에서 분류사를 사용하는 과정에서 도출한 해결 방법이다. 또 다른 옵션은, 학습자가 조건화된 체계가 시간이 지남에 따라 나타나도록 하는 것인데, 조건화되지 않거나 무작위적인 변이에 대해, 기능이나 사회언어학적인 것으로 주입하는 것이다(Eckert, 2012; Janda, 1996; Smith & Wonnacott, 2010; Smith et al., 2017).

6.1과 6.2를 요약하면, 어른과 비교했을 때 어린아이들은 다른 구문에 사용하기 위해 동사를 확장하기 꺼리는 성향이 있으며 또 복잡한 입력을 단순화하는 경향이 있는데, 이는 모두 동일한 동기(source)에서 비롯된다. 즉, 아이들은 범례들로부터 어떤 차원이 상대적으로 유사한지 또는 구별되는지, 이를 파악하는 능력이 부족하다. 그리고 기억에서 적절한 선택을 할 수 있는 능력이 떨어진다. 즉 아이들이 각 구문을 일반화하고 다른 구문과 구별하는 데 필요한 조건화 요인을 능숙하게 배우기 전에, 가장 적절한 구문(어른의 관점에서)을 구사할 수 없으므로, 적당히 괜찮은 선택(단순화된 조건)에 더 의존하는 경향이 존재한다.

아이들은 복잡한 표현을 스스로 할 수 있기 전에, 목표 언어의 복잡성에 민감한 반응을 보인다. 그렇다면, 현재 논의에서 예측한 바와 같이, 어린아이들은 단서(SCAFFOLDING)가 실험적인 문맥에서 주어질 때, 상대적으로 어린 나이에서 일반화하려는 동기를 부여받을 수 있다. 그래서 해당 문맥과 관련된 차원을 부각시키고, 적절한 구문 옵션에 대한 접근성이 증가하게 될 것이다. 6.4에서 우리는 성인 학습자가 일반적으로 원어민이 꺼리는 특정 오류를 왜 계속 범하게 되는지 그 이유를 설명하고자 한다.

6.3 '단서'는 '조기 추상화'를 촉진시킨다.

우리는 지금까지 어린아이들에게 특정 언어 표현에 대해서 어른과 동일한 양의 관찰이 제공되었을 때, 적절하게 일반화하는 데 필요한 유사점과 차이점을 인식하는 것이 서툴다는 증거를 살펴봤다. 이와 동시에, 언어 파편들에 대한 기억의 흔적이 아이들의 '초차원적 개념공간'에서 표상되기 때문에, 아이들이 재빠르게 초보적인 일반화를 하기 시작한다는 것도 일리가 있다. 어쨌든, 아이는 대략 두 살쯤 되었을 때, 이미 100만~400만 번의 발화를 경험한다(Hart & Risley, 1995). 특히 적절한 일반화를 촉진하는 '단서(scaffolding)'가 주어진다면, 초보적이고 단순한 일반화도 아이들이 직면하는 문제를 해결하기에는 충분할 수 있다. 어떤 학자는 19개월 정도 된 유아도 '조기 구조 사상(early structure mapping)' 또는 '조기 추상화(early abstraction)'를 한다고 주장하기도 했다(Yuan et al., 2012). 이 절에서는 나이가 어린 아이들이 어른들과 비교했을 때 원어민 수준으로 언어를 구사하기 위해 필요한 일반화 능력이 훨씬 부족하다는 점을 보게 될 것이다. 특히 실험과정에서 문맥적인 단서가 충분히 제공되지 않을 경우 일반화 능력은 더 떨어진다는 것을 알게 될 것이다. 단서가 필요하다는 사실은 아이들이 가장 적절한 구문을 사용하기 어려워한다는 주장을 더욱 뒷받침해 준다. 그리고 이른바 '조건화 요인'은 언어에서 구문이 어떻게 사용되는지를 결정하게 되는데, 위의 내용은 이러한 조건화 요인을 적절하고 유창하게 사용하기 위해 일정한 시간이 필요하다는 주장도 뒷받침해 준다.

나이가 아주 어린 아이들이 일반화할 수 있는 유형, 그리고 그것이 어른의 수준에는 미치지 못하는 점을 더 잘 이해하기 위해서, 몇 가지 실험 결과를 더 자세하게 살펴볼 필요가 있다. 선행연구 중에, 19개월 아이가 영어 '타동사(두 논항) 문장'과 '자동사(한 논항) 문장'을 구별할 수 있다는 점을 밝힌 흥미로운 결과가 있다(Yuan et al., 2012). 이 연구에서는 "아이들이 특정 동사에 대한 친숙함 정도에 의존하지 않고도 구문에 대해서 일반화된 구별을 할 수 있다"는 점을 보여 주기 위해, 아주 생소한 동사를 실험에 사용하였다. 실험에서는 아이들이 생소한 동사 'gorp'의 용법을 이해하는지 평가하게 되는데, 그 전에 아이들 별로 따로따로 3가지 구문 유형 중에 하나를 미리 듣게(사전노출) 하였다.

1. 타동구문 사전노출(pre-exposure) 조건: 아이들은 8개의 연속된 타동구문 문장에 사용되는 생소한 동사를 듣게 된다. (예컨대, Mommy's gorping Daddy!).

2. 자동구문 사전노출 조건: 아이들은 8개의 연속적 자동구문 문장에 사용되는 생소한 동사를 듣게 된다. (예컨대, Mommy is gorping!)

3. 혼합 사전노출 조건: 아이들은 네 개의 타동구문 문장과 네 개의 자동구문 문장에 사용된 생소한 동사를 듣게 된다.

사전노출 후, 아이들은 사전노출과 일치하는 두 개의 문장(또다시 'gorp')을 추가적으로 관찰하게 된다. 이때는 서로 구별되는 두 가지 화면도 관찰하게 된다. 한 화면은 의미론적으로 타동성을 가지는 것(행위주가 피동작주에게 어떤 행동을 가한다)이고, 다른 화면은 의미론적으로 자동성을 가진 것(행위주가 스스로 행동을 한다)이다. 사전노출과 평가 과정이 모두 타동적으로 사용된 생소한 동사를 관찰한 아이들은, 사전노출과 평가에서 자동사 용법으로 사용된 생소한 동사를 관찰한 아이들보다 의미론적으로 타동적인 화면을 더 오랫동안 관찰하였다(67% vs 53%). 19 개월 된 아이들이 추상적인 동작주와 피동작주를 포함하는 타동구문에 대한 '강력한 표상(robust representation)'을 가지고 있다고 주장할 수 있는데, 위의 연구 결과를 가지고, 그러한 주장의 설득력 있는 증거로 삼는 것은 일면 그럴싸해 보인다. 왜냐하면 나이가 매우 어린 아이들이 영어 타동구문에서 사용되는 생소한 동사를 접하고, 의미론적으로 타동구문 이라고 해석하는 것처럼 보이기 때문이다. 그러나 사전노출 과정에서 특별한 의미적 맥락이 제공되지는 않았지만, 아이들은 미리 생소한 동사가 사용된 8개의 문장을 들었고, 각각의 문장은 두 개의 익숙한 논항(예컨대, '아빠'와 '엄마')를 포함하고 있다는 것에 주의해야 한다. 사전노출 과정에서는 아이들이 새로운 동사와 같이 사용되는 "두 개의 논항을 예측하는 법에 대해 배울 기회"를 제공했고, 의미론적으로 타동적인 화면만이 이 예측과 일치했다.[2]

또한 Yuan et al.(2012) 연구에서 아이들의 수행 능력은 어른들보다 훨씬 부족했다. 이를 확인하려면 혼합 노출 조건에서 아이들의 성과를 살펴봐야 한다. 사전노출 동안 타동용법과 자동용법으로 모두에 사용되는 생소한 동사를 관찰한 19개월 된 아이들은, 평가에서 타동용법으로 사용되

---

2   추가적인 조건에서, Yuan et al.(2012)은 실험의 자동사적 장면에 '방관자 (bystander)'를 넣었다. 이 장면이란 곧 그 행동에 포함되지 않았던 유정 실체를 포함한 것이다. 그러나 이 조건에서, 19개월 된 아이들이 자동사적 사건보다 타동사적 사건을 좋아하는 비율은 67%에서 56%까지 감소하였다. 이것은 바로 '방관자' 페이지가 사실상 단지 한 가지 실체만 포함한 자동사적 장면보다도 훨씬 더 유혹적이었다는 것을 시사한다. 어떤 경우엔, 56%가 우연보다도 더 대단한지 아직 구체화되지 않았기 때문에 이 결과는 해석하기가 어렵다. 그리고 또한 자동사적 장면을 바라보는 것이 잘못된 것으로 보이는지도 확실치가 않다. 만약 'gorping'이 정신적 상태 동사(scaring, seeing 등과 같은)로 해석되었다면, 방관자가 있는 자동사적 장면은 적당한 해석을 제공했을 것이다.

는 동사를 관찰했을 때 타동용법 화면에 대한 선호도를 보이지 않았다. 그러나 "The duck gorped the bunny"에 대해 의미론적으로 타동구문으로 해석한 것은 적절했다. 영어의 많은 동사는 예측 가능한 해석 차이(예컨대, She broke it; It broke)와 함께 타동용법과 자동용법으로 사용될 수 있다. 대신에, 19개월 된 아이들은 사전노출 동안 인식 가능한 두 개의 논항으로 일관되게 그것을 들었다면, 평가 과정에서 생소한 동사를 의미론적으로 타동구문이라고만 인식했다. 실제로 나이가 더 어린 아이들을 대상으로 한 실험에서, 15개월 된 아이들은 사전노출과 평가 중에 제공된 문장 수가 증가했음에도 불구하고, 심지어 타동적인 노출 조건에서도, 생소한 동사가 타동구문이라는 것을 학습한 증거를 거의 보이지 않음을 발견했다(Jin & Fisher, 2014).[3]

이와 같은 많은 연구는 아이들이 하나의 명사구를 포함하는 문장을 자동용법인 것으로 해석할 수 있는지와 두 개의 명사구를 포함하는 문장을 타동적인 것으로 해석할 수 있는지에 초점을 맞추고 있다(Fisher et al., 2010; Lidz et al., 2003; Yuan et al., 2012). 그러나 이 '구문 유도 학습(structure-guided learning)의 최고의 보석'(Pozan et al., 2016, 4)은 가장 단순한 조건이다. 언어가 우리의 관심을 이끄는 한, 한 발화에서 두 개의

---

3   15개월 아이들에 대한 연구는, 선행노출 동안 생소한 동사를 가진 문장으로 8개가 아닌 12개 문장을 제공했다. 또한 실험과정에서 중복된 것이 2개가 아닌 5개가 포함되었다. 타동사적 조건에 있는 아이들이 자동사적 조건에 있는 아이들보다 타동사적 장면을 더 오래 보았지만(56% Vs. 40%), 중립적 조건에서의 아이들의 선호도는 예상외로 타동사적 조건에서와 유사했다(56%). 동일한 디자인으로 시행된 두 번째 반복 실험에서, 자동사적 조건에 있던 아이들은 그 시간 중 타동사적 장면을 48% 보았다. 이것은 첫 번째 실험에서 타동사적 조건으로 56%가 나왔던 것보다 현격한 차이를 보여 주고 있다. 이러한 모호한 결과는 타동사적 구문과 자동사적 구문에 대한 아이들의 이해가 15개월된 아이들에서는 훨씬 확고하다는 것을 보여 주는 것이다.

지시 표현을 듣는 것은 더 나이가 어린 학습자들이 해당 화면에서 '두 개의 논항'을 기대하도록 이끌기 마련이다. 즉, 실체를 지칭하는 명사를 듣는 것은 청자의 주의를 그 명사의 지시물(referent)로 유도한다고 예상할 수 있으므로, 두 개의 지시물이 있는 화면과 하나만 있는 화면 사이에서 선택이 이루어진다고 했을 때, 아이들이 우연 이상의 행동을 하는 것은 결코 놀랄 일이 아니다(Goldberg, 2003). 아이들이 생후 19개월 경에 논항이 1개인 문장과 논항이 2개인 문장을 어른들만큼 구분해내지 못한다는 것은 많은 학습량이 필요하다는 증거이다.

다른 연구는, 약간 더 어려운 과제와 관련하여, 약간 더 나이가 많은 아이들을 테스트했다. 예를 들어, '두 개의 지시 표현은 두 개의 논항을 지시해야 한다'라는 사실에 대해 인식할 수 있으나, 이것은 어떤 논항이 행위주이고 어떤 논항이 피동작주인지를 확인하는 것과는 다르다는 점을 주의해야 한다. 한 연구에서, 2세의 아이들이 "어떤 장면이 생소한 동사가 있는 '가역적인 타동사성의 언급(reversible transitive utterance)'과 일치하는지" 성공적으로 식별했다고 한다(Gertner et al., 2006). 즉, 2세 아이가 "The bunny is daxing the duck"이란 문장에서 'bunny(토끼)'가 'duck(오리)'에게 행위를 가하고 있고 그 반대로는 아니라는 것을 정확히 이해한 것이다. 그러나 두 살이 되었을 때, 아이들이 적어도 소량의 동사를 확실하게 배웠고 그 동사들의 논항을 해석하는 방법도 배웠다고 하는 것은 논란의 여지가 없다. 이와 관련하여 Gertner et al.(2006)에는 이러한 익숙한 타동사 중 일부를 사용하는 연습 세션이 포함되어 있으며, 이것은 우연 이상의 유의미한 성취를 위한 필수 '단서'를 제공한 것으로 보인다(Arunachalam & Waxman, 2010; Arunachalam et al. 2013 참조). 특히, 다른 연구에서는 익숙한 동사가 포함된 동일한 유형의 사전 학습 과정을 거친 21개월 된 아이 그룹과 학습을 하지 않은 별도의 아이 그룹을 비교했다(Dittmar et al., 2008). 이 연구는 이미 익숙한 타동사를 관찰할 수 있는 혜택을 받은 아이들만이 이후에 생소한 동사에 대해 우연 이상으로 수행한 것으로 나타났는데, 이는 사전 학습 과정이 아이들이 실험에서 사용한 '쉽게 이용 가능한 유추적 모델(readily available analogical model)'을 제공했음을 시사한다. 두 살짜리 아이들이 익숙한 동사를 관찰함으로써 혜택을 얻을 수 있었다는 사실을 통해, 그들이 익숙한 동사와 생소한 동사의 유사점을 적어도 일시적으로 인식할 수 있다는 것을 알 수 있다. 그러나 연습이 필요하다는 사실로부터, 가역적 타동성과 관련된 두 살 아이들의 재능이 어른만큼 확고하지 않음을 알 수 있다.

다른 연구에서도, 어린 학습자가 구문을 적절하게 해석하는 데 있어 '문맥적 단서(contextual scaffolding)'가 필요한 것으로 밝혀졌다. 예를 들어, Conwell & Demuth(2007)는 다음과 같은 사실을 밝혀냈다. 세 살짜리가 생소한 동사를 사용하여 '이중목적어' 또는 'to-여격구문'을 생산적으로 사용할 수 있었지만, 실험적 맥락에서 각각의 적절한 사례를 여러 번 관찰했을 때만 가능하다. 즉, 다양한 문법 구문에 대한 아이의 지식은 잠정적인 방식으로 시작한 후, "시간과 경험(관찰)에 따라 강해진다"는 것이다(Abbot-Smith et al., 2008; Boyd & Goldberg, 2012; Tomasello, 2000, 2003).

분명히 21개월 된 아이들은 병렬된 주어(The boy and the girl are gorping!) 자동문을 타동용법(The boy is gorping the girl)처럼 잘못 해석한다(Gertner & Fisher, 2012; Noble et al., 2011; Poznan et al. [2016]의 40개월 아동과 비교). 이는 영어 타동구문(또는 and의 해석)에 대한 완전한 이해 없이, 두 명의 지시물을 듣는 것이 두 명의 지시물에 대한 아이의

주의를 끌 경우, 충분히 예상할 수 있다. 이는 21개월 된 아이들은 '처음으로 지시된(first-named) 대상'만을 행위주로 해석하는 경향이 있기 때문이다.

일반적인 '행위주 우선 편향(agent-first bias)'은 다른 자료보다 더 인지적으로 접근할 수 있는 자료를 해석하거나 표현하려는 '처리 선호도' 때문일 수 있다. 이것은 왜 일반적으로 '유정(animate) 〉 무정(inanimate)' 순서가 범언어적으로 지배하는지 그 이유를 설명할 수 있다. 또는 첫 번째 명사구를 행위주로 해석하는 경향은, 행위주 우선 편향을 나타내는 영어 또는 기타 언어에 대한 사전의 경험 때문일 수 있다(Abbot-Smith et al., 2017; Boyd et al., 2009; MacDonald, 2013; Wonnacott et al., 2008).

'CENCE ME 제안'은 아이들이 '초차원적 개념공간' 내에서, 그들의 언어 경험의 일부를 정렬하기 위해, 일찍 시작하도록 제안한다. 이것은 아주 어린 아이들조차도 때때로 입력에서 관찰하지 않은 동사와 구문의 조합을 표현한다는 사실을 말해준다. 필자 자녀의 다음 예에서 설명하는 것과 같다(괄호 안은 나이임)(Goldberg, 2006, 60).

Aliza

6.2a *?Up and down the neigh.* (20개월) (Raise and lower the horse.)
(말을 들었다 났다 해.)

6.2b *?Come Abbi.* (20개월) (Make Abbi come.) (Abbi를 오게 하라.)

6.2c *?You jump me to the sky.* (25개월) (Help me jump to the sky.)
(내가 하늘로 점프하게 도와줘.)

6.2d *?You mad to the pig?* (25개월) (Are you mad at the pig?)
(너는 돼지한테 화났니?)

6.2e ?*I reach my hands up* (25개월) (I raise my hands up.)

(나는 내 손을 들어 올린다.)

Zach

6.3a ?*It noises.* (28개월) (It makes a noise.) (소리가 난다.)

6.3b ?*Hold me what I want.* (29개월) (Give me what I want, by holding me so I can reach it.) (제가 원하는 것을 주세요, 제가 손에 닿을 수 있도록 잡아주세요.)

일반적으로 이러한 유형의 '과잉일반화'는 관련 영어 구문에 대한 확고한 지식을 기반으로 생성되어야 한다고 생각된다. 그러나 아이들은 의도된 메시지를 표현하고자 하면서도 더 관습적인 대체 표현에 익숙하지 않기 때문에 그러한 과잉일반화를 할 수 있다. 사실 우리는 후자의 관점에 대한 증거와 관련하여, 아이들이 단어의 의미를 과도하게 확장할 때 이미 보았다. 아이들은 '소'와 '말'에 적용하기 위해 '개'라는 단어를 과도하게 확장할 수 있지만, '개'를 가리키라고 했을 때는 다른 동물 사진보다 개를 안정적으로 선택할 수 있다. 바로 이 점을 상기해 볼 필요가 있다(Gelman & Naigles, 1995; Kuczaj, 1982). 즉, 아이는 말하는 그 순간에 자신의 의미를 더 잘 표현할 수 있는 방법이 없어서, 개라는 용어를 사용한 것이다. 마찬가지로, 20개월 된 필자의 딸은 아직 타동구문을 잘 구사하지 못하고 그 상황에 적합한 유용한 관습적 표현을 알지 못했기 때문에, "Up and down the neigh"(6.2a)라고 요청하는 표현을 했다(예컨대, Raise and lower the horse). 이와 같은 해석의 증거는 'up and down'이 영어에서는 동사로 활용될 수 없다는 사실에서 비롯된다(그리고 'neigh'는 명사가 아니다).

따라서 우리는 2세 이전 아이들의 문법적 능력을 조사하는 실험에서는, 일반적으로 아이들에게 실험적 맥락 내에 있는 어떤 유형의 '단서 (scaffolding)'를 제공한다는 것을 보았다. 이러한 단서는 동일한 동사의 이해를 평가하기 전에, 생소한 동사에 대한 일관되고 명확한 노출을 포함하고 있다(예컨대, Yuan et al., 2012). 또는 실험과정에서 아이들에게 익숙한 발화 유형을 노출하게 되는데, 이것은 일종의 '유추적 모델(analogical model)' 역할을 하는 것으로, 곧바로 이어서 사용되는 생소한 발화를 해석하기 위한 것이다(Conwell & Demuth, 2007; Dittmar et al., 2008). 이러한 단서는 '우연 이상의 성취(above-chance performance)'를 이끌어내는 데 매우 중요한 것으로 보인다(Gertner & Fisher, 2012).

아이들이 성장하면서 명백히 문맥에서 주어진 '단서'를 필요로 함과 동시에, 더 자주 과잉일반화를 하는 경향이 있다. 그리고 아주 어린 아이들은 처음에 적절한 일반화를 쉽게 했던 방식을 통해 언어 사례를 군집화하는 데 있어 어려움을 겪게 되는데, 위의 사실은 바로 이 주장과도 일치한다(이것은 6.1, 6.2에서 이미 설명함). 어린아이들의 일반화는 훨씬 잠정적이거나 부분적일 수 있으므로, 어른의 일반화보다 더 많은 맥락적 지원이 필요할 수 있다. 그런데 이러한 생각은 비언어적 범주 형성과 관련된 많은 연구를 통해서도 뒷받침되고 있다(Fisher & Sloutsky, 2005; Munakata, 2001; Munakata et al., 1997; Rovee-Collier, 1997; Vygotsky, 1978).

우리는 지금까지 어린아이들이 '유사성'이나 '차이'의 어떤 차원이 관련성이 있는지 항상 인식하지 못하기 때문에, 표본을 적절하게 분류하는 방법을 배우는 데 시간이 필요하다고 주장해왔다.

그런데 이것은 다른 질문을 제기한다. 아이가 어른보다 어떤 차원이 관련성이 있는지 인식하는 데 더 어려움이 있다고 하였다. 그렇다면, 언어 학습 과정에서 아이들이 결국 노출되는 언어 관습을 채택하는 반면, 성인 제2언어 학습자는 특정 오류를 계속 생성하는 경향이 있는 이유는 무엇일까? 아이들은 줄넘기를 하거나 혼자 학교에 가거나 신발 끈을 스스로 묶을 수 있기 전에, 제2언어를 배우기 위해 애쓰는 그런 어른들을 능가한다. 우리 자신의 관찰에서 알 수 있듯이, 비록 우리가 처음에는 아이들을 능가하는 경향이 있음에도 불구하고(Krashen et al., 1979; Snow & Hoefnagel-Höhle, 1978), 우리(성인학습자)는 일반적으로 새로운 언어를 몇 년 동안 배워도 아이들과 동일한 수준의 유창성을 달성하지 못한다(Clahsen & Felser, 2006; DeKeysar, 2005; Hartshorne et al. 2018; Newport, 1990; Wray, 2002). 어른이 원어민 화자처럼 제2언어를 배우는 것이 가능하다는 증거가 있지만(Bongaerts et al., 1997; Marinova-Todd et al., 2000; Moyer, 1999), 그것은 특별한 경우이다. 다음 절에서 논의되겠지만, 어른이 제2언어를 완벽하게 배우는 데 어려움을 겪는 데는 몇 가지 요인이 있다.

6.4 왜 성인 영어학습자는 계속 오류를 범하게 되는가?

성인 '제2언어(second-language, L2)' 학습자가 종종 어휘적으로 명세화된 구문과 숙어를 원어민처럼 사용하지 못한다는 사실(4.2)에 대해 이미 논의한 바 있다. 성인 학습자들은 또한 예(6.4)와 같은 오류 유형을 피하기 위해 매우 고군분투하고 있다(Bley-Vroman & Joo, 2001; Blley-

Vroman & Yoshinaga, 1992; Hubbard & Hix, 1997; Oh, 2010).

6.4a ?"could you *recommend me some[place]* to apply?"

(?나에게 적용할 만한 어떤 장소를 좀 추천해주시겠어요?)

6.4b ?"maybe it's better to *explain me* first."

(?아마도 그것을 먼저 나에게 설명하는 게 좋겠어.)

6.4c ?"have you ever *considered to go* climbing in Ecuador? We would love for you to come and discover it!" (?당신은 에콰도르에 등반하러 가는 것을 고려해 본 적 있나요? 우리는 당신이 와서 이것을 발견하길 바랍니다.)

아이들이 그들의 실수를 극복하는 동안, 왜 성인 학습자들은 일반적으로 과잉일반화를 피하는 데 계속 어려움을 겪고 있는 것일까? 즉, 왜 L2 학습자는 몇 년 동안 영어를 배웠는데도 계속 '?Explain me this'와 같은 이런 표현을 쓰는가? 아이와 성인학습자 간의 결과 차이가 발생하는 데에는 여러 가지 연관된 이유가 있다. 아이를 대상으로 한 발화는 성인에게 발화하는 것보다 매우 반복적이고, 단순하며, 느린 경향이 있다는 점에서 학습에 특히 적합하다(Fisher & Tokura, 1996; Schwab & Lew-Williams, 2016; Uther et al., 2007). 또한 교실 환경에서만 언어를 배우려는 성인은 원어민이 받는 시간보다 노출 시간이 훨씬 적다(Clark, 2003; Leow, 1998; Nagy & Anderson, 1984; Ortega, 2014). 따라서 일부 L2 학습자는 'explain-me-this-유형의 오류'를 피하기 위한 미묘한 제약 유형에 충분하거나 적절한 학습(노출)이 이루어지지 않는다(Flege, 2009; Matusevych et al., 2017; Muozoz & Singleton, 2011; Ortega, 2014). 실제로, 최고 숙련도 수준에서 L2 학습자는 'explain-me-this 유형'의 과잉 일반화를 원어민과 동일한 방식으로 취급한다(관련 판단에 대한 논의는 Robenalt & Goldberg[2016]를 참조). 그러함에도 불구하고, 영어를 배우는 많은 L2 학습자들은 수십 년 동안 영어를 사용하는 나라에 살면서 영어를 그들의 지배적인 언어로 사용하고 있지만, 여전히 최고 수준의 숙련도에 도달하지 못하고 있다. 그러므로 언어학습에서 '연령 효과'에 대한 원인은 입력의 양과 질 이상으로 확장되어야 한다. 아래에서 두 가지 원인에 대해서 보충하여 논의하겠다.

첫째, 성인들이 숙달한 첫 번째 언어(모국어)는 말하는 데 필요한 표현을 포함하는 '초차원적 개념공간(hyper-dimensional conceptual space)'의 측면을 왜곡시킨다. 즉, 성인에 의해 수십 년 동안 사용되어 온 고도로 숙달된 표현들은 언어를 자동적으로 그리고 의식적인 노력 없이 말하는 데 필요한 특정한 유사점과 차이점을 왜곡한다. 둘째로, 성인들이 L2를 처리하기 위해 숙달된 L1(모국어)을 금지해야 하는 경향이 있는데, 이것은 오히려 '곧 발생하는 문법적 선택에 대한 현장에서의 실시간(즉흥적) 예측'의 경향을 감소시키는 결과를 초래하는 것으로 보인다. 이는 결국 "성인 학습자들이, 통계적 선점의 형태로, 경쟁이 되는 구문을 통해 적절한 표현을 배우는", 이른바 '오류 기반 학습 방법'의 활용 능력을 감소시킨다. 이 관점은 아래에 정리되어 있다.

6.4.1 고도로 강화된 L1 지식은 표상 공간(Representational Space)을 왜곡시킨다.

성인으로서, 우리는 이미 정기적으로 사용하는 언어에 필요한 언어 기술을 고도로 숙달했으며, 이러한 기술은 특정 유형의 메시지를 특정 유형의 문맥에서 표현하기 위해 특정 형식을 사용하는, '내재된 언어 습관'을 형성시킨다(4장). 우리는 다양한 유형의 '문맥적 메시지'를 표현하기 위해 '군집화 범례'를 사용하는데, 이것을 위해, 다른 차원이 아닌 특정 차원이 중요하다는 것을 암묵적으로 배웠다. 이것은 '음성', '단어', '어휘적으로 채워진 구문', 그리고 '추상적 논항구조구문(ASC)'이다.

예를 들어, 포르투갈어를 사용하는 사람들은 '레몬'과 '라임(limão)'에 대해 하나의 단어를 사용하기 때문에, 영어권 사용자보다 레몬을 라임으로 잘못 지칭할 가능성이 더 높다. 페르시아어에서 3인칭 대명사 /u/는 남성과 여성('그'와 '그녀')을 모두 지칭하는 데 사용되며, 이란의 영어 학습자들은 이 오류를 거의 범하지 않는 영어 원어민보다 대명사 선택에서 오류를 범하기 쉽다. L2 학습자들은 특히 '관용적인 언어 표현'에 어려움을 겪는 것으로 유명한데, 때때로 "Don't try to mustard me up(나한테 아첨하지 마세요)"이나 "It's just not my bowl of soup(그것은 내 스타일이 아니다)"(cf. 'butter me up(아첨하다)'나 'cup of tea(기호에 맞는 사람)'이란 표현과 비교)와 같은 난해한 관용어를 만들어낸다(이와 관련하여 4.2를 참고; 또한 Kim, 2015 참조). 스페인 사람들이 영어를 배울 때는 'some one *has* hunger(누군가 배가 고픈지)' 물어볼 수 있다. 왜냐하면 스페인어에는 "Tienes hambre?"(너 배고프니?)[4]라고 질문할 수 있기 때문

---

[4] [역주] ienes: 이 단어는 동사 'tener'의 현재 시제, 2인칭 단수 형태이다. 'Tener'는 '가지다' 또는 '소유하다'는 뜻이며, 이 문맥에서는 '가지고 있다' 또는 '느끼고 있다'는 의미로 사용된다. 따라서 'tienes'는 "너는 가지고 있다"라는 의미가 된다.
Hambre: 이 단어는 '배고픔'을 의미한다. 스페인어에서는 명사 앞에 관사를 생략하는 경우가 많으며, 이 문장에서는 'el' 또는 'la'(관사)가 생략되었다. 그래서 'hambre'는 단순히 '배고픔'이라는 의미로 쓰인다.
결론적으로, "¿Tienes hambre?"는 직역하면 "너는 배고픔을 가지고 있니?"가 되며, 이것이 바로 우리가 흔히 사용하는 "배고프니?"라는 물음으로 번역할 수 있다.

이다. 사실 '어휘적으로 명세화된 구문(lexically specified construction)'의 오류는 단일 단어 선택의 오류보다 더 흔하며, '여러 단어가 결합된 발화(multiword utterance)'는 개별 단어보다 한 언어에서 다른 언어로 일대일로 직접 번역되는 경우가 더 적기 때문이다.[5] 스페인어는 영어(the)와 마찬가지로 확실한 한정사(el/los)를 갖는다. 스페인어를 사용하는 사람들은 '총칭적(generic)' 문맥(**Los** perros son mamíferos: 개는 포유류이다)에서 복수 한정사를 사용하는 반면, 영어 원어민들은 이러한 문맥에서 '맨 명사 복수형(bare plurals)'(Dogs are mammals: 개는 포유류이다)을 사용한다. 특히, 제2언어로 영어를 배우는 스페인어 사용자는 일반적인 맥락에서 영어 한정사(the)를 사용하는 경향이 있다(?The dogs are fun)(Ionin & Montrul, 2010).

이것들은 모두 '성인의 더 친숙한 언어'로부터 그들의 '새로운 언어'에게 발생하는 이른바 '간섭(interference)' 또는 '전이 효과(transfer effect)'[6]이다(Ambridge & Brandt, 2013; Austin et al., 2015; Bates & MacWhinney, 1981; Bley-Vroman & Joo, 2001; Ellis, 2006; Finn & Kam, 2015; Foucart & Frenck-Mestre, 2011; Goldberg, 2013; Hernandez et al., 2005; Kim & Yang, 2017; Luk & Shirai, 2009; MacWhinney, 2006; Ruther ford, 1989; Sabourin et al., 2006; Selinker & Lakshmanan, 1992). 물론 제

---

5   어른 학습자들은 아이들이 하는 것만큼 그렇게 '여러 단어가 결합된 발화'에 대한 많은 지식을 축적하지 않는다. 왜냐하면 어른들은 처음부터 구를 단어나 형태소로 분석하는 경향이 있기 때문이다(Arnon & Christiansen, 2017; Siegelman & Arnon, 2015).

6   [역주] '전이'란 외국어 학습에서 긍정적이든 부정적이든 학습자의 모국어가 학습대상 언어의 습득에 미치는 영향을 가리키는 개념이다. 그리고 이 가운데 특히 '부정적인 전이'를 '간섭'이라고 한다.

2언어가 고도로 숙달되면, 화자의 L1에도 영향을 미칠 수 있다(Dussias & Sagara, 2007; Marian & Spivey, 2003). 그런데 아이들은 자신들 언어에서 아직 어른과 같은 정도의 유창성이나 관습화의 수준에 이르지 못하기 때문에, 새로운 언어를 배울 때에도 어른 정도만큼 L1의 영향을 받지는 않는다(Matusevych et al., 2017).

일단 '전이 효과'가 인식되면, 왜 더 많은 간섭이 발생하지 않는지 의문이 생긴다. 이에 대한 해답은 Brian MacWhinney와 동료들이 한 관찰에서 비롯되었다. 그들에 따르면, 각 언어는 자체 단어, 억양 및 음성 패턴, 구문 및 문맥 사이에서 점점 더 강력한 연결을 공유하며, 이는 예상대로 서로 다른 언어 사이보다 한 언어 내부의 패턴들 사이에서 더 큰 '활성화(activation, 또는 resonance(공명))'로 이어진다고 한다. 예를 들어, 그들은 'table'을 뜻하는 스페인어 단어인 'mesa'가 다른 스페인어 단어와 많이 연결되어 있기 때문에, 그것은 스페인어가 사용될 때 'table'보다 훨씬 더 큰 활성화를 받는다는 점에 주목한다(Hernandez et al., 2005, 2; see also Li et al., 2004).

중요한 것은, '전이 효과'는 비언어적 인식에 대한 언어의 '사피어-워프 효과(Whorfian effects)'와 구별된다는 점이다. 이 효과는 특정 언어에 대한 지식이 세계에 대한 우리의 의식적 인식에 영향을 미친다는 이론이다(Gentner et al., 2002; Levinson, 1996; Regier & Kay, 2009). 포르투갈어를 사용하는 사람들은 노란색 레몬과 녹색 라임을 완전히 구별할 수 있다. 페르시아어 화자는 남성과 여성의 구별에 다른 누구 못지않게 잘 적응한다. 그것은 우리의 이전의 다른 언어 지식의 영향을 받은 그 언어를 말하고 이해하는 데 관련된, '개념공간(conceptual space)'이다. 이것은 Slobin(1996a)이 제안한 '말하기 위한 생각(thinking for speaking)'의 일종이다. 우리의 언어에 대한 지식이 위치한 '초차원적 개념공간'은 우리의 전체 개념 및 지각 공간을 포함하지 않는다는 2.1의 내용을 상기해 보자. '우리의 전체 개념' 및 '지각 공간'은 냄새, 이미지, 느낌 및 관찰 등처럼, 언어의 고정 범주로는 대표되지 않는데다가, 우리는 이것들을 지각할 수 있는 지식과 능력을 추가로 포함해야 하기 때문이다. 우리의 기본적인 개념적, 지각적 능력은 서로 다른 언어의 화자들 간에 공유되어야 한다. 그렇지 않으면 성인이 되어서도 제2언어 또는 제3언어를 배우는 것은 어려울 뿐만 아니라 불가능할 것이다.

언어학습이라는 것은 "어떤 맥락에서 어떤 구문을 사용할지를 배운다"라는 것까지 포함하고 있는데, 'L2 오류'는 바로 이러한 관점에 대한 충분한 증거를 제공한다. 흥미롭게도, L1과 L2 모두에서 동일한 개념적 구별이 의무적이지만, L2에 있는 '맥락이 더 넓은 범위'일 때도 어려움이 발생할 수 있다. 예를 들어, Antón-Méndez(2010)에 따르면, 스페인어를 사용하는 사람들이 페르시아어 사용자들과 마찬가지로, 영어를 사용하는 원어민보다 3인칭 대명사 'he, she'를 선택하는 데 더 많은 실수를 저지르는 경향이 있다고 한다. 스페인어에는 서로 다른 대명사 el('he')과 ella('she')가 있지만, 이러한 대명사는 주로 대조적인 문맥에서 사용된다. 다른 문맥에서 주어 논항은 남녀 성별 일치 중에 동사와 중성 형태로 일치를 이룬다. 스페인어에서, 동사 표지에 성별을 혼동하는 경향이 있고, 또 상대적으로 빈도가 낮은 'el' 또는 'ella'을 사용하는 경향이 있다. 이 두 현상은 영어를 말할 때 'she'와 'he'를 선택하는 과정에서 자동으로 선택하지 못하는 결과를 낳는 것 같다. 마찬가지로, 한국어에서도 복수표지는 명확한 문맥에서만 요구된다. 한국인 영어학습자는 비한정 명사보다는 한정 명사에 부가되는 영어 복수표지를 더 빠르게 인지하고 정확하게 판단한다

(Choi & Ionin, 2017).

성인 언어학습자가 범례의 군집화와 관련된 차원을 식별하는 데 있어, 아이보다 더 낫다는 증거가 있는데, 이러한 본 장의 앞부분(6.1과 6.2)에서 검토한 내용과 L2 화자의 오류는 어떻게 관련이 있는 것인가? 중요한 것은 성인들이 아이보다 관련 요인을 더 잘 식별하는 사례는 매우 제한적인 노출과 상당히 간단하고 광범위한 일반화를 가진 실험에서 관찰된다는 점이다. 새로운 자연언어를 배울 때, 성인들도 학습 초기에는 아이들보다 뛰어나다(Krashen et al., 1979; Snow & Hoefnagel-Höhle, 1978). 성인들은 이러한 환경에서 광범위한 일반화를 인식하는 데 꽤 능숙하다. 그러나 실제 자연언어에 사용되는 개별 구문을 완전히 익히는데 필요한 많은 조건화 요인은 매우 미묘하여 포착하기 어렵다(3장).

성인 언어학습자는 L2에서 요구되는 구별이 L1에서 관련이 없을 때, 특히 구별이 불분명한 경우, 특정한 문제에 직면한다. 예를 들어, 우리는 대부분의 라틴어 어원의 동사들이 이중목적어구문 대신 to-여격구문을 선호한다는 이른바 'explain 패턴'에 대해 주목한 적이 있다(3.3). 라틴어계 동사의 군집은 상호 강화되어, 라틴어처럼 발음되는 생소한 동사도 같은 방식으로 취급하도록 원어민들을 유도한다(Ambridge et al., 2012b; Gropen et al., 1989). 그러나 L2 학습자는 라틴어계 동사(예컨대, explain, display, purchase, transfer)와 의미론적으로 유사한 게르만어계 동사(예컨대, tell, show, buy, give)의 구별에 민감하지 않을 것 같다. 왜냐하면 그러한 차이점은 그들의 보다 익숙한 언어와 별로 관련이 없기 때문이다.

보다 일반적으로, 구문들이 적절하게 사용되는 다양한 문맥 유형과 각 구문을 연관시키는 것도, 우리의 언어학습에 포함된다는 사실을 알고 있다. 성인 모국어 화자는 L1의 각 특정 구문을 특정 범위의 문맥 유형에 할당했으며, 이 할당은 수십 년에 걸쳐 강화되고 미세하게 조정되어왔다. 일단 L1 구문을 위해, 문맥 유형 집합을 함께 범주화했다면, 서로 겹치면서도 뚜렷이 구별되는 문맥 유형 범위를 L2 구문에 할당하는 것이 더 어려워진다. 바로 이러한 방식으로, 우리가 언어 지식을 나타내는 초차원적 개념공간은 우리의 L1에 의해 다소 왜곡된다.

이러한 필수적인 관점은 음운론 연구에서는 익숙하게 발견된다. 예를 들어, 영어는 /r/와 /l/ 발음을 특정한 단어(예컨대, rap과 lap)를 구별한다는 점에서 구별되는 것으로 간주한다. 반면, 한국어에는 /r/ 대 /l/의 선택으로 차이가 나는 두 단어가 없다. 한국의 갓난아기들은 영어권 환경에서 양육될 경우, /r/와 /l/의 차이를 충분히 들을 수 있지만, 유아기에 이르러서는 /r/와 /l/의 차이를 활용하는 능력이 현저하게 감소하였다(Borden et al., 1983; Werker et al., 1981). 따라서 언어를 표현하기 위해 한국어 사용자가 사용하는 '개념공간'은 영어 사용자가 'lather'와 'rather'를 구별하기 위해 사용하는 차이점을 덜 중시하게 된다. 다른 언어들은 영어보다 또 다른 차원을 더 중요하게 다룰 수 있다. 예를 들어, 중국어, 힌디어, 태국어를 포함한 많은 언어에는 '파열음 뒤 휴지 시간만 다른 단어'(/tʰ/ vs. /t/)가 포함되어 있지만, 영어에서 이러한 차이로 구별되는 두 단어는 없다. 영어 원어민들은 [tʰap]과 [tap]의 차이를 인식하는 데 어려움을 겪는다. 두 단어가 'tap'과 같이 하나로 들리기 때문이다.

우리는 우리 언어에서 의미 없는 구별을 무시하는 경향이 있는데, 이것은 바로 '언어'에서 단지 '우리 표상 공간'만이 왜곡되고 있다는 사실을 보여 주는 유용한 예를 제공한다. 즉, 우리의 기본 지각 능력은 그대로 유지된다(Carstensen, 2016; Firestone & Scholl, 2016). 우리는 여전히 문맥이 언어적 문맥이 아니거나(Werker and Tees, 1984b), 음성의 예상 분포를 예측하는 목적(Feldman et al., 2009; Kleinschmidt & Jaeger, 2015; McMurray et al., 2003)을 구별하는 데 필요한 것보다 더 세분화된 수준으로 음성을 구별할 수 있다. 다시 말하면, 우리는 화자의 의도를 이해하는 작업과 관련이 없는 구별은 무시하는 법을 배우지만(Feldman et al., 2009), 우리의 뇌는 억양의 차이나 개별 화자를 인식해야 하므로 음성적 차이를 감지하는 능력이 있다.

요약하자면, ASC를 조건화하는 요인을 의식적으로 인식하는 능력은 그대로이지만, 많은 L2 오류는, "우리의 모국어가 '언어를 나타내는 개념 공간'을 본질적으로 왜곡하는 방식"에서 비롯된다. 그리고 우리가 의식적인 노력 없이 언어를 사용할 수 있게 해주는 것은 바로 이러한 표상, 즉 우리의 '구문 네트워크(network of construction)'이다(Jäschke & Plag, 2016; LaPolla, 2016; Montrul & Ionin, 2012; Schwartz & Sprouse, 1996 참조).

6.4.2 문법적 형식을 예측하는 경향성의 감소

원어민들은 언어를 이해하는 과정에서 그다음 출현하게 될 단어와 문법 형태에 대한 예상되는 표현을 생성하는 데 매우 능숙하다(Arnold, Eisenband, et al., 2000; Dahan et al., 2000; Sedivy et al., 1999). 우리는 실시간으로 사용 가능한 모든 실마리를 고려하고, 화자가 해당 발화를 끝내기도 전에 단어를 활성화한다(Marslen-Wilson & Zwitserlood, 1989). 예를 들어, 우리는 'eat(먹는다)'이란 단어를 듣는 즉시, 음식과 관련된 단어를 예상한다(Altmann & Kamide, 1999). 화자가 'uh' 또는 'um'이란 말을 꺼낸다면, 우리는 그 사람이 이미 언급된 것이 아니라, 새로운 실체를 언급할 것으로 기대를 한다. 왜냐하면 이미 언급된 표현은 떠올리기가 더 쉬우니까 그러한 표현(uh 또는 um)을 사용하지 않을 것이기 때문이다 (Arnold et al., 2004). 여러 개의 사과가 있고 누군가가 'the apple'이라고 말하는 맥락에서, 우리는 화자가 의도한 사과를 나타내는 수식어구(예컨대, the apple on the napkin: 냅킨 위의 사과)를 기대한다(Tanenhouse et al., 1995). 이 외에, 아이들도 역시 그다음 출현하게 될 발화를 예상할 줄 안다는 사실이 밝혀졌다(Fernald et al., 2010; Kidd et al., 2011; Lew-Williams & Fernald, 2007; Lukyanenko & Fisher, 2016; Swingley et al., 1999). 5장에서 검토한 바와 같이, 우리의 머릿속에 예상되는 표현은 '오류 기반 학습(error-driven learning)' 과정을 통해 미세 조정(fine-tuned) 된다. 우리가 한 가지를 예상하고 다른 것을 관찰한다면, 오류 신호는 어떤 문맥에서 어떤 구문이 사용되는지 예측하는 연결의 강도에 변화를 가져온다. 이것은 결국 시간이 지날수록 점점 더 정확한 예측으로 이어진다.

 그렇다면 이러한 것이 제2언어 학습자의 문제와 어떻게 관련이 있을까? 많은 관련 연구 결과를 종합하면, L2 화자는 실시간 언어 이해 과정에서 모국어 화자보다는 뒤에 출현할 형식을 예측하는 능력이 떨어진다는 것을 알 수 있다. L2 화자도 언어 표현을 생산할 때나 비실시간 상황에서는, 해당 형식에 대한 지식이 있다는 사실이 증명되기는 하였지만, 실시간으로 진행하는(online) 이해과정에서는 그 능력이 떨어진다 (Grüter et al., 2014; Ito et al., 2017; Kaan et al., 2010, 2016; Lew-Williams & Fernald, 2010; Martin et al., 2013). Theres Grüter는 이를 다음과 같은 'RAGE 가설'이라고 설명했다. 즉, 이는 "원어민이 아닌 사람은 예상되는 표현을 생성하는 능력이 감소한다(Reduced Ability to Generate

Expectations)"는 것이다(Grüter et al., 2014).

이 관점은 멕시코에서 자란 프린스턴대학 학부생의 일화로 설명할 수 있다. 그 학생은 스페인어 원어민인 어머니가 전자레인지와 그 아래의 스토브 방향을 가리키며 남편에게 "en el, el, el,… (그, 그, 그 ~안에 …)"인 음식을 가져다 달라고 했을 때, 부모님이 어떻게 논쟁을 벌였는지 회상했다. 그 학생의 아버지는 스페인어를 제2언어로 유창하게 구사하는 미국인인데 아내가 '전자레인지 안에(en el micro)' 있는 것을 원하는지, 아니면 '스토브 위에(en la estufa)' 있는 것을 원하는지를 알지 못해 당황했다.[7] 특히, 그 아버지는 두 가지 가능성을 구별하기 위해 한정사 'el'을 사용하지 않았고, 학생의 어머니는 전자레인지가 의도된 것이 분명하다고 생각했다.

실제로 참가자들의 시선을 측정하는 체계적인 연구에서, Lew-Williams & Fernald(2010)는 스페인어를 모국어로 하는 사람들(필자 학생의 어머니와 같은 사람들)이 뒤에 출현하게 될 명사를 예측하기 위해 성별 표시 한정사를 사용했지만, 비모국어 화자들은 설령 스페인어가 아주 유창하고 말할 때 정확한 성별 표시 한정사를 사용할 수 있다고 하더라도(필자 학생의 아버지와 같은 사람들) 예측 능력이 떨어진다는 사실을 발견했다.

개인의 차이, 숙련도, L1과 L2 사이의 관계, 과제 수행시 요구되는 것 등은 모두 L2 이해자(comprehender)가 뒤에 출현하게 될 형식에 대한 예측을 수행하는 범위에서 그 역할을 한다(Borovsky et al., 2012; DeLong et al., 2012; Foucart et al., 2014; Havik et al., 2009; Hopp, 2013; Kaan,

---

7   [역주] 여기서 'en'은 스페인어 전치사로 '~안에, ~에'에 해당하고, 'el'이나 'la'는 관사이다.

2014; Linck et al., 2009; Martin et al., 2013; Rossi et al., 2017; Wilson, 2009). L2 화자는 '자기 점검(self-monitoring)'(Levelt, 1983)[8] 및 'L1 억제 필요성'(Green, 1998) 등이 늘어남으로 인해 인지적인 부담이 더 크기 때문에, 문법적인 선택에 대한 예측 능력이 떨어지기는 경향이 있으나, 완전히 예측을 못하는 것은 아니다. L2 학습자가 뒤에 출현하게 될 문법 형태를 예측하는 능력이 감소하는 수준으로, CENCE ME 원칙에 따라 '경쟁 기반 학습'의 양상도 그에 상응하여 감소할 것이라고 예측할 수 있다. 특히, 원어민이 아닌 화자가 원어민과 같은 수준으로 뒤에 출현하게 될 발화를 예측하지 못할 경우, 이후에 예측 결과를 수정하는 과정에서 배우는 기회도 그만큼 줄어들게 된다.

동사와 ASC의 생소한 조합을 판단할 때, 원어민 화자(native speaker)들은 암묵적이지만 체계적으로 '의도된 메시지'를 맥락 안에서 표현하는 전통적인 수단이 이미 존재하는지를 고려한다고 하였다(5.3). 특히, 관습적 언어(예컨대, 기억의 용이함, 강조, 유희성)를 무시할 이유가 없는 한, 원어민들은 생소한 것보다 동사와 ASC의 관습적 조합을 선호한다. 그리고 일반적인 관습적 대체 표현이 존재하지 않을 때, 생소한 조합을 더 많이 받아들인다(예컨대, Robenalt & Goldberg, 2015). 흥미로운 것은, 비원어민 화자(non-native speaker)가 의도된 문맥적 메시지를 표현하기 위한 기존의 대체 표현이 존재하는지 여부에 관계없이, 기본적으로 '동사 + ASC'의 생소한 조합을 동일하게 취급하는 경향이 있다는 점이다(그림6.1

---

8 [역주] 네덜란드의 심리 언어학자 Levelt(1989)는 언어 생성이 개념화(conceptualizing), 형성(formulating), 표현(articulating), 자기 감시(self-monitoring)의 네 단계로 이루어져 있다고 설명했다. 이중 '자기 감시'는 말하는 과정에서 발생하는 실수에 대해 끊임없이 수정하는 과정이다.

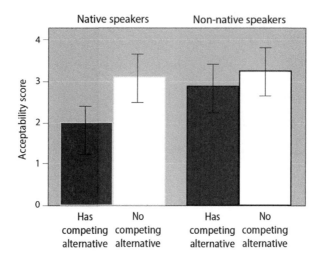

그림6.1 원어민과 달리, L2 화자는 생소한 구문에 대해 경쟁적인 대체 표현이 있든 없든 유사하게 수용 가능하다고 판단한다(Robenalt & Goldberg, 2016). 오류 상자 그래프는 표준 오류를 나타낸다.

과 Robenalt & Goldberg, 2016). 즉, 기존의 경쟁적 대체 표현(competing alternative)이 있든 없든, '동사 + ASC'의 생소한 조합은 L2 화자에게 있어서 친숙한 조합보다 수용성(acceptability)이 낮으나, 이들 사이에 구별 가능한 차이가 없다고 판단되었다. 다만, 매우 높은 숙련도 수준에서만 L2 판단이 원어민의 판단과 일치했다(Robenalt & Goldberg, 2016; see also Ambridge & Brandt, 2013; Kang, 2017; Tachihara & Goldberg, 2018; Zhang & Mai, 2018).

6.5 요약

원어민처럼 언어를 말하는 요령은 원어민들이 사용하는 관습에 맞는 방식으로 언어를 사용하는 것이다. '일반화(generalization)'는 필요한 구문이 잘 입증되는 수준까지는 적절하다(적용범위, 4장 참조). 또한 '의도된 문맥적 메시지'와 더 잘 맞는 '경쟁적인 관습적 형식'이 없는 정도까지는 적절하다(통계적 선점, 5장 참조).

현재의 '사용 기반 구문주의 접근법'에 따르면, 학습된 일반화는 분산적이고 부분적으로 추상적인 범례를 기반으로 나타나며, 이들 범례는 또 언어가 표현되는 '초차원적 개념공간'에서 함께 군집화된다. 다만, 동일한 목적을 가진 두 개 이상의 군집들이 동시에 활성화될 때는 서로 경쟁하게 된다. 성인인 원어민 화자들은 "창의적이면서도 일정한 제약을 갖는 방식"으로 언어를 구사하게 되는데, 이 과정에서 군집화와 경쟁이 '효율적'이면서 '효과적'으로 작동한다.

우리는 이 장을 다음과 같이 요약할 수 있다. L1 연구의 명백한 역설, 즉 아이가 성인보다 더 보수적이면서도 더 단순화시키는 경향성이 있다는 점을 다루었다. 우리는 아이들이 초차원적 개념공간 내에서 언어 범례를 적절히 군집화하기 위해, 어떤 차원이 관련되는지 빠르게 파악하는 데 아직 능숙하지 않다는 것을 관찰했다. 아이들이 범례 간의 관련 '유사성(SIMILARITIES)'이나 대응 관계를 식별하거나 사용하지 못할 때, 그들은 일반화를 하지 못하고 보수적으로 행동한다(6.1). 아이가 범례 간의 관련 구별을 식별하거나 사용하지 못할 경우, 지나치게 단순화하여 '과잉일반화' 또는 '규칙화'를 하게 된다(6.2).

'단순화'하거나 '규칙화'하는 경향은, 주로 학습자가 복잡한 시스템에 아직 숙달되지 않은 상태에서 그 시스템을 사용해야 하는 '표현 과정'에서 발생한다. 증거에 따르면, 학습자들은 접근성이 낮은 판단 과제에서 목표 시스템이 자신들이 재현할 수 있는 것보다 더 복잡하다는 것을 인지하게 되는데, 이를 통해 그들이 초보자임을 이해하게 된다고 한다. 이런 관점은 단어의 의미가 지나치게 확대되어 사용된 사례에서 흔히 알 수 있다. 아이들은 'dog(개)'이라는 단어를 지나치게 일반화해서 'cow(소)'에 라벨을 붙일 수도 있지만, "개를 가리켜봐."라고 요청하면, 그들은 확실히 '소'보다 '개'를 선택한다. 즉, 아이들은 성인 원어민이 선호하는 선택지에 접근할 수 없다면 '충분히 적당한(good enough)' 접근하기 쉬운 선택지에 지나치게 의존하는 것으로 보이는데, 이것은 아이들이 더 나은 선택지를 전혀 배우지 못했거나, 또는 그것에 접근하는 데 완전히 능숙해지지 않았기 때문이다. 우리는 인공 언어 실험에서 동일한 결과를 얻을 수 있었다. 즉, 두 가지 선택지가 관찰된 경우, 학습자는 단일 옵션에 지나치게 의존할 수 있다. 다만, 강제적으로 하나를 고르라고 하는 판단 실험과정에서 두 가지 단어 선택지를 모두 경험했다는 사실은 확실히 이해하고 있었다.

아이들이 관련된 일반화를 하기 시작하는 나이가 되면, 실험 문맥에서 아이들에게 '단서'를 제공했을 때, 더 적절한 일반화를 하도록 동기를 부여받게 된다(6.3). 아이들은 어떤 차원이 적절히 비슷하거나 구별되는지를 감지하는 능력이 부족하여, 초기에는 성인보다 언어학습이 더디다. 그러나 시간이 지남에 따라 아이들은 성인 학습자를 능가한다. 본 장에서는 그 이유를 다음과 같이 설명한다. 아이들이 언어 습득 과정에서 범례를 누적하여 학습하면서, 잘 적용되는 군집을 머릿속에 형성하는데, 나중에는 어떤 차원에서든지 체계적으로 어떤 구문을 사용해야 할지를 분별해

낼 수 있기 때문이다.

반면에 성인(L2) 학습자는 L1(6.3)에서 관련이 없는 사소한 차원을 무시하는 경향이 더 많다. 이러한 유형의 '전이 효과'는 음운학에서 익숙하게 관찰된다. 이는 우리가 어떤 음운의 구별에 주의를 기울여야 하고 어떤 것을 무시해야 하는지를 배운다는 것이 널리 알려져 있기 때문이다. 문법적 구문의 경우, 우리는 성인 학습자의 지배적인 언어가 수십 년의 연습을 통해 잘 강화된다고 예상할 수 있다. '언어적 표상(구문 목록)'을 포함하는 '초차원적 개념공간'은 언어를 무의식적으로 자연스럽게 사용하는 것을 위해 왜곡된다. 특히 다른 구문보다 하나의 구문을 선택하는 것과 관련된 구별은 그 구문과 더욱 강하게 연관될 것이다. 즉 어떤 구문을 표현해야 하는지 또는 어떤 구문이 사용될 것인지를 예측하는데 유용한 구별은 그러한 구문의 '손실(lossy) 표상'에서 더 많은 가중치를 가지게 될 것이다. 성인들은 고도로 연습된 모국어로 문법적 구문을 구분하지 않는 차원을 인식할 수 있지만, 그러한 구별적 지식을 사용하는 것은 인지적으로 더 많은 부담이 요구되고 더 많은 오류를 초래할 수 있다.

아마도 L2 화자는 가장 높은 수준을 가진 학습자를 제외하고, 대체로 문법적 선택 항목을 예측하는 능력이 감소하는 경향이 존재한다. 이는 또한 덜 지배적인 언어를 사용해야 하는 인지적 요구가 증가했기 때문일 수 있다(6.3). 학습자가 언어 이해 과정에서 뒤에 올 언어 형식을 예측하지 못하는 한, 관습적인 언어 형식을 경험하면서 받게 되는 '오류 기반 학습'의 혜택을 덜 받게 될 것인데, 이는 오류라는 신호가 없기 때문이다. 이러한 방식으로 L2 화자는 통계적 선점의 혜택을 덜 받게 된다.

이 장의 요점은 다음과 같이 요약할 수 있다.

1. 범례들 사이에 관련 '유사성(SIMILARITY)'과 '대응 관계(PARALLEL)'를 활용하지 못하면 보수적인 언어 행태를 보이게 된다.

2. 범례들 사이의 관련 '구별(DISTINCTION)'을 활용하지 못하면 단순화된 언어 표현을 하게 된다.

3. 아이들은 어떤 차원이 관련성이 있는지를 파악하는 데는 덜 능숙하지만, 적절한 군집을 궁극적으로 만들도록 천천히 범례에 대한 지식을 축적한다.

4. 고도로 강화된 L1(또는 L2)은 언어 표현에 사용되는 초차원적 공간을 미묘하게 왜곡하여 전이 효과를 초래하게 된다.

5. 원어민이 아닌 화자는 뒤에 출현한 문법적 선택 항목을 예측하는 경향성이 원어민의 수준만 못하여, 원어민보다 통계적 선점의 혜택을 덜 받는다.

다음 장에서, 필자는 'explain-me-this 수수께끼'을 다루기 위한 몇 가지 대안적 주장에 대해서 검토하고자 한다. 이 논의를 마지막 장에서 논의함으로써 필자는 관련 분야에서 그 가치나 영향력을 과소평가할 생각은 없다. 그러나 현재의 '사용 기반 구문주의 접근법'이 궁극적으로 다른 대안적 설명보다는 더 포괄적이라는 것을 알게 될 것이다.

제7장

기타 방법론

본 장에서는 '구문의 부분적 생산성'에 대해 어떻게 고려해야 할지에 관하여 몇 가지 대안적 주장을 설명하고자 한다. 각각의 주장들이 저마다의 장점을 가지고 있지만, 이들 대안적 주장은 구문에 대한 완벽한 설명을 하지 못한다고 생각한다. 이들 주장 중의 일부는 앞의 장절에서 간단히 언급이 되었던 것들이기도 하지만, 아래에서 좀 더 자세히 논의하고자 한다.

7.1 동사와 구문 간의 상용성은 충분한가?

논항구조구문에 적용되는 미묘한 의미론적, 음운론적, 그리고 정보구조적인 제약을 인식하고 나면, 우리는 "구문과 상용(相容)가능한 서

술어(동사나 형용사)는 해당 구문 내에서 사용될 수 있다"고 단순히 요구함으로써, 'explain-me-this' 수수께끼 해결을 위한 결론 내리기 쉽다(Ambridge et al., 2009; Coppock, 2009; Fisher et al., 1994; Marantz, 1997 참조). 우리는 이미 화자들이 구문과 관련된 '미묘한 제약(subtle constraint)'에 대해 민감해 한다는 것을 알고 있지만, 아래에 기술된 바와 같이, 이러한 '상용성 기반 주장'은 그러한 '미묘한 제약' 자체가 어떻게 습득될 수 있는가에 관한 또 다른 의문을 낳는다. 따라서 이러한 시도는 생산성의 한계에 관한 문제점을 해결하지 못한다.

초기의 중요한 '상용성 기반 주장'은 Pinker(1989)에 의해 제기되었는데, 그는 어린이들이 어떤 동사가 특정 논항구조 내에서 사용될 수 있는지를 결정하기 위해 '좁게 정의된(narrowly defined) 의미론적 규칙'을 만든다고 주장했다. 가령, 'open, close, break' 같은 상태 변화 동사들은 영어의 사역 규칙(causative rule, 예컨대, 'The door opened'; 'She opened the door.')을 따르는 반면, 존재의 출현이나 소멸(예컨대, disappear, vanish), 감정 표현(예컨대, laugh, giggle)과 같이 의도적 또는 '내부적으로 사역화된' 행위를 나타내는 동사들은 이러한 규칙을 따르지 않는다(He laughed; ?She laughed him). 5세가 될 때까지, 어린이들은 실제로 이러한 제약을 따른다(즉, 아이들은 'disappear', 'laugh'와 동일한 의미를 가진 생소한(novel) 동사들의 사역형을 거부한다)(Ambridge et al., 2008, 2009). Pinker는 좁게 정의된 범주들은 언어마다 다를 수 있기 때문에 의식적으로 학습되어야 한다고 인정하는 것 같았다. 실제로, 더 어린 아이들(2~3세 아동)은 이러한 좁게 정의된 의미론적 범주에 대해 동일한 수준의 민감성을 보이지 않는다. 이는 아마도 2~3세 아이들이 아직은 이것들을 충분하게 학습하지 못했기 때문일 것이다(Brooks &

Tomasello,1999). Pinker는 이러한 좁은 범위의 규칙들이 어떻게 스스로 학습되는지에 대해서는 설명하지 않았다.

더욱이, 이러한 설명은 (통계적 일반화와는 대조적인) '좁은 범주 규칙(narrow-class rules)'을 제시했는데, 이것은 체계적인 점층성(gradience)[1] 없이 범주적 판단을 예측하는 것으로 보인다(Pinker,1999). 그러나 Pinker는 "직접적인 인과관계가 있을 수 있는 행동일수록 직접적인 인과관계를 드러내는 다른 동사들과 같은 구문 형식에서 사용된다"고 하는 범언어적인 경향이 있음을 관찰하였다(Pinker,1989). 그리고 실제로, 영어를 모국어로 하는 아동과 성인은 익숙하든 생소한 것이든 간에, '감정 표현 동사'를 타동사적으로 사용하는 것(예컨대, ?The funny clown laughed/giggled/meeked Lisa)이 'disappear(사라지다)'류 의미의 동사를 타동사적으로 사용하는 것(예컨대, ?The magician disappeared/vanished/tammed Lisa)보다 수용성이 떨어진다고 평가한다(Ambridge et al., 2008; Goldberg, 1995,131). 이러한 체계적인 점층성은, 동사들이 범주 규칙을 따르거나 위배하는지를 설명하는데 있어서 문제가 된다.

현재의 '사용 기반(usage-based) 구문주의 접근법'에 따르면, 특정 구문에 출현하는 '하위범주들(subclasses)'은 우리의 '초차원적 개념공간'에서 구조화된 예시들의 '부분적으로 겹처진 표상들'로부터 비롯된다고 한다. 이러한 군집화(clustering)는 구문들이 사용되는 문맥의 의미론적, 정보구조적 특성 뿐만 아니라, 주어진 논항구조구문(ASC)에 출현하는 서술어 사이의 상대적 빈도와 가변성에도 민감하다는 사실을 주목할 필요

---

1 [역주] 서로 다른 범주 간에 명확한 경계가 없이 연속적인 정도의 차이가 존재하는 상태를 말한다. 예를 들면, 동일하게 비문법적인 용례들이라 할지라도 5점 또는 10점 리커트 척도를 사용하여 그 수용성(acceptability)의 정도의 차이를 나타낼 수 있다.

가 있다. 따라서 현재의 가설은 판단이 체계적인 방식으로 '점층적'일 것 (judgements will be gradient in systemic ways)이라고 예측한다(4장과 5장). 또한, 적용범위(coverage)에 호소하는 방식은 상대적 수용성(relative acceptability)을 판단하는데 있어서, '동사 빈도'가 역할을 할 것이라 예측하는 반면, 규칙 기반 상용성 가설은 그렇지 않다(5.7, 5.8, 7.3 참조).

요컨대, 단순한 상용성 가설(simple compatibility proposals)은 분명 구문이 제약을 가진다는 점을 인정하지만, 이 제약들이 어디서 비롯된 것인지에 대해서는 설명하지 못하고 있다. 반면, CENCE ME 원칙은 구문에 대한 형식적, 의미론적, 정보구조적 제약이 '어떻게 발생하는지'를 규명한다. 이 원칙은 또한 수용성 판단이 점층성을 가질 것이며, 그 판단은 적용범위(4장)와 의도된 메시지를 표현하기 위한 기존의 관습적인 방법들의 존재 여부(5장)에 따라 달라질 것이라고 설명한다.

7.2 보이지 않는 자질 또는 기저구조는 설명력이 있을까?

상용성 기반(compatibility-based) 가설과 본질적으로 유사한 또 다른 가설에는, 특정 동사나 다른 술어가 일정 구문에 나타나지 않도록 제약하는 '보이지 않는 자질(invisible feature)'이나 '기저 구조(underlying level)'를 설정하는 것이 있다. 이러한 접근법은 오랫동안 이론 언어학자들 사이에서 선호되어 왔다(Lakoff,1966; Pesetsky,1996; Yang,2016). 그러나 상용성 기반 가설의 경우와 마찬가지로, '변별적 요소(diacritics)'나 '기저구조'를 설정하는 것은 "아이들은 어떻게 특정 술어동사가 필요한 기저자질이나 기저구조를 가진다는 것을 학습하게 되는 것인가?"와 같은 근본적인 문제를 제기한다. 특정 구문에 출현하는 술어동사의 범위는 언어마다 다양하기 때문에(7.3 참조), 보이지 않는 자질이나 구조는 단순히 의미에 의해서만 결정될 수는 없고, '이용 가능한 입력(available input)'을 통해 배울 수 있어야만 한다. 다시 말해서, 보이지 않는 자질을 가정하게 되면 학습자의 관점에서 이 문제를 설명하는 데 실패하고 만다. 게다가, 변별적 자질이나 기저구조를 사용하는 것은, 이들 자질이나 기저구조는 존재하기도 하고 때로는 존재하지 않기도 하는 것으로 상정되기 때문에, 방금 논의한 판단의 체계적인 점층성을 설명하지 못한다.

7.3 강화를 통한 언어적 보수주의

아이들은 동사 활용 방식에 대해서, "동사들이 목격되었던 제한적인 방식"으로만 오랜 시간에 걸쳐 학습한다고 여기기 쉽다(Braine & Brooks, 1995). 우리는 이러한 제안, 즉 '강화를 통한 언어적 보수주의(CONSERVATISM VIA ENTRENCHMENT)'라는 가설을 5.2와 5.3에서 간단히 언급한 적이 있다. 이 가설은 아이들이 '익숙한 동사'를 '새로운 방식으로 확장'하는 것에 대해 점점 더 꺼리게 될 것이라고 보는 것이다. 그런데 이것은 아이들이 해당 동사들을 다른 구문에서 더 자주 접하게 됨에 따라, 즉, 동사들이 보다 '강화(entrench)'됨에 따라, 새로운 용법에서는 이 동사들이 더욱 '보수적'으로 사용되고, 또 '덜 수용적'인 것으로 판단되기 때문이다. 이러한 가설의 문제는, "특정 발화 유형이 단순히 예외적인 메시지를 전달하기 때문이라는 이유만으로, 아직 출현하지 않았을 수도 있다"는 점이다. 적절한 문맥이 제시되었음에도, 해당 발화가 수용 불가능하다고 판단되는 것을, 우리는 원하지 않을 것이다. 이 문제는 다소 미묘한 문제라 토론의 여지가 있다.

'강화를 통한 언어적 보수주의(Conservatism via Entrenchment)'는 이른바 '통계적 선점'과 구별하기 어려울 수 있는데, 이는 두 가설 모두 추가적인 언어 노출을 통해 "판단은 보다 확실해지고 오류는 더 줄어들 것"으로 예측하기 때문이다. 이 두 가설은 모두 "구문에 대한 제약 대부분이 해당 구문이 사용되는 방식을 관찰하면서 발생한다"는 보편적인 설명의 일부로 볼 수 있다. 두 가설 모두 사용자가 동사 분포의 통계적 지식을 유지한다고 가정하고 있다는 점에서, 사실상 '사용 기반적(usage-based)'이다. 또한 두 가설 모두, 다른 조건이 동일한 경우, 더 익숙한 언어 형식이 덜 익숙한 것보다 선호되고, 익숙할수록 더 좋다는 인식을 가지고 있다. 우리는 이러한 유형의 출현에 관련된 긍정적 증거를 '단순 강화(SIMPLE ENTRENCHMENT)'이라고 칭하였다(4.5 참조). 즉, 단순 강화는 수용성에 대한 긍정적인 증거를 제시하며, 모든 사용 기반 접근법은 이것이 중요하다는 사실에 동의하고 있다.

일부 연구에서는 아래와 같이 '강화'를 비(非)수용성(unacceptability)에 대한 증거, 즉 '부정적 증거'로 해석하는 경우가 있었다. 필자는 이러한 가설을 '강화를 통한 언어적 보수주의(conservatism via entrenchment)'로 지칭하여, 이것이 '단순 강화'와는 구별된다는 점을 분명히 하였다. 강화를 통한 언어적 보수주의 가설은, "어떤 동사가 해당 언어의 다른 어떠한 구문들에서도 잘 강화되었다면, 그 동사와 구문의 생소한 조합이 수용되지 않을 것"이라고 예측한다. 그러나 이러한 예측과는 반대로, 실제로는 다수의 고빈도 동사들이 그 동사에는 생소한 구문에 출현할 수 있다. 5장(5.2)에서 소개된 아래의 예들(예(7.1))을 떠올려 보자.

7.1a "I … coughed him [a moth] out of my mouth."

(나는 기침을 해서 입안에서 나방을 뱉어내었다.)

7.1b "Sarah … winked her way through the debates."

(Sarah는 눈짓을 하며 토론을 이끌어 갔다.)

7.1c "She'd smiled herself an upgrade."

(그녀는 미소로 자신의 위치를 한 단계 끌어올렸다.)

위의 'cough, wink, smile'과 같은 동사들은 자동구문에서 아주 흔히 사용되며(즉, 강화되었으며), 예(7.1)에 있는 다양한 타동구문에서는 매우 드물게 목격되고 있다. 따라서 화자들이 강화를 통해 언어적 보수화가 진행된다는 주장은 부적절하게 예(7.1)의 문장들을 비수용적이라고 판단할 위험성이 있다(Goldberg, 2006, 2011b).

5.3에서 소개된 '생소한 구문 학습(novel-construction-learning)' 연구는 "화자들이 아직 목격되지 않은 '동사+ASC조합'의 기능을 고려하지 않은 채, 단순히 동사의 사용 빈도가 증가함에 따라 더욱 보수적으로 변해간다"라는 생각에 반대하는 실험적 증거를 제공한다. 이들 연구에서, 성인 피험자들은 배우고 있는 '두 구문이 동일한 메시지를 표현하고' '서로 경쟁관계에 있을 경우'에 한해서만, 생소한 동사들에 대해 보수적인 태도를 보였다. 즉, 한 구문에서 동사를 목격하는 것은 본질적으로 다른 구문에서 그것을 목격하지 않는 것과 같았다(Perek & Goldberg, 2015; Wonnacott et al., 2008). 그러나 두 구문이 서로 '구별되는' 다른 기능을 가질 때에는, 성인 피험자들은 '의도된 메시지'를 더 잘 표현하기 위해서 기꺼이 동사들을 대안적인 구문으로 확장하여 사용하였다(Perek & Goldberg, 2015; Thothathiri & Rattinger, 2016). 이러한 두 상황 간의 차

이는 통계적 선점의 개념으로 예측될 수 있는데, 통계적 선점에서는 맥락 속의 경쟁을 고려하기 때문이다. 하지만 '강화를 통한 언어적 보수주의' 개념을 통해서는 이를 설명하기 어렵다. 더욱이, 어떤 동사가 어떤 맥락 하에 특정 구문에서만 지속적으로 사용된다면, 그런데 그 맥락은 다른 구문이 더 적절하다면, 학습자들은 어떠한 구문에서든 아무리 그들의 메시지를 더 잘 표현한다고 해도, 그 동사를 생산적으로 사용하는 것을 꺼려하였다. 즉, 이 역시 통계적 선점에 의해 예측될 수 있는 상황이다(Perek & Goldberg, 2017).

일부 연구에서는 '통계적 선점'과 '강화를 통한 언어적 보수주의' 둘 다에 부합하는 결과를 보고하였다. 특히, 생소한 논항구조구문(ASC) 내에서 사용할 동사를 선택할 때, 화자들은 의미적으로 비슷한 고빈도의 동사보다 '저빈도 동사'를 확장하는 것을 선호하였다. 예를 들어, Brooks et al.(1999)은 3~8세 아동을 대상으로 '문장 생성 연구'에서 실험자가 두 개의 동사로 표현될 수 있는 행위를 보여주었는데, 하나는 좀 더 익숙한 (고빈도) 동사이고, 다른 하나는 저빈도의 동의어 동사였다(예컨대, disappear vs. vanish). 다양한 그룹의 아이들은 각 쌍의 동사 중에서 자신에게 친숙한 ASC에 출현한 하나의 동사를 보고(예컨대, The box disappeared; The box vanished)난 후, "What did she do to the box?(그녀가 박스에 무엇을 했니?)"라는 질문을 받았는데, 이는 "?She disappeared it"이나 "?She vanished it"과 같은 대답을 하도록 의도된 것이었다. 실험 결과는 전 연령대에 걸쳐 아이들이 고빈도 동사보다 저빈도 동사를 과도하게 확장하는 경향이 있음을 보여주었다. 예를 들어, 아이들은 "She disappeared it"보다 "She vanished it"을 생성하는 것을 더 선호했다. 마찬가지로, Theakston(2004)의 연구에서도, 5~8세의 아이들 및 성인을 대상으로 저빈도와 고빈도의 동사 쌍을 포함한 12쌍의 '문장 판단 과제'를 수행하였고, 이 실험에서도 다시 한번 해당 논항구조구문(ASC)에서 평소에 잘 나타나지 않는 동사들이 사용되었다. 그 결과, 데이터는 모든 연령대에 걸쳐 저빈도 동사를 사용한 문장이 고빈도 동사를 사용한 문장보다 수용성이 높다고 판단되는 경향을 보여주었다. 예를 들어, 'drip'은 'spill' 보다 출현 빈도가 낮음에도 불구하고, '?I dripped the carpet with juice'가 '?I spilled the carpet with juice'보다 더 수용 가능하다고 판단되었다. Ambridge et al.(2008) 역시 '타동사적으로 사용되는 자동사'를 포함하는 생소한 문장 세 쌍에 대한 판단 실험을 수행하였고(fall/tumble; disappear/vanish; laugh/giggle), 이들 역시 저빈도 동사가 고빈도 동사보다 높은 수용성을 보였으며, 특히 사전 노출 빈도가 0인 생소한 동사들의 수용성이 더욱 높게 나타났다.

이러한 실험들에서 주목할 점은, 고빈도 동사들이 강화를 통한 언어적 보수주의와 관련이 있으며, 따라서 전반적인 출현빈도가 더 높다는 점이다. 그러나 선점하는 대체 형식 또한 통계적 선점 효과로 인해 사용빈도가 높게 나타난다. 즉, 'disappear'는 'vanish'보다 전반적으로 더 자주 출현하고, 선점적 형식인 'make ⟨something⟩ disappear'도 'make ⟨something⟩ vanish'보다 더 빈번하게 나타난다. 실제로 COCA 말뭉치를 검색해 보면, 확실히 'make ⟨something⟩ disappear'가 'make ⟨something⟩ vanish'보다 10배 정도 더 자주 사용되는 것을 확인할 수 있다. 따라서 이러한 증거는 '강화를 통화 언어적 보수주의'와 '통계적 선점'을 구분하지는 못한다. 앞서 5.8에서 논의된 바와 같이, 동사들이 경쟁 구문에서 더 자주 나타날수록 선점(preemption)에 대한 확신은 더 증가하게 된다. 또한, 저빈도 동사들은 새로운 ASC에서 사용될 때, 그 동사에 대한 경쟁적

(선점적) ASC가 존재할 때에만, 고빈도 동사보다 더 수용적이라고 판단된다(Robenalt & Goldberg,2015). 이러한 현상은 통계적 선점에 의해 예측될 수 있으나, 강화를 통한 언어적 보수주의로는 예측하기 어렵다.

그러함에도 불구하고, 여러 연구에서 강화를 통한 언어적 보수주의가 통계적 선점보다도 말뭉치 데이터와 수용성 판단 사이의 상관관계를 더 잘 예측해 낸다고 주장하는데(Ambridge, 2013; Ambridge et al., 2012a, 2015; Stefanowitsch, 2008), 이에 대해 자세히 살펴볼 필요가 있다. 필자가 아는 한, 이 주장을 최초로 제시한 연구는 Stefanowitsh(2008)이다. 그는 강화를 통한 언어적 보수주의를 일명 '부정적 강화(NEGATIVE ENTRENCHMENT)'라고 언급하였다. 그는 학습자들이 "특정 동사가 특정 구문에서 얼마나 자주 출현하는지"와 "그 동사의 전체 빈도"를 비교하고, 'Fisher 정확도 검정' 혹은 '카이제곱(chi-square) 검정'을 통해 그 동사의 출현 분포를 다른 모든 동사의 평균 분포와 비교한다고 주장했다. 이러한 계산 방법을 통해 "어떤 동사가 특정한 구문에 편중되어 출현하는지 혹은 기피되는지"를 측정할 수 있다(Ambridge et al.(2018), Stefanowitsh & Gries(2003)의 관련 분석을 참조). 특히, Stefanowitsh는 아래의 예를 통하여 왜 동사 'say'가 이중목적어구문에 부적합한지 그 이유를 설명한다(?Say him something).

이중타동[이중목적어]구문은 1,824번 출현했고 동사 'say'는 3,333번 출현했다. ICE-GB[말뭉치]에서의 전체 동사의 수는 136,551이다. 만약 'say'와 이중타동구문 사이에 특별한 관련이 없다면, 그 조합은 해당 말뭉치에서 44.5번 등장할 것으로 기대된다. … [그러나 실제로는 출현 빈도가 0인데, 이는 통계적으로 유의미하게 저조한 빈도이다.]

Stefanowitsh (2008, 520)[2]

따라서 이 가설은 문맥이나 의미론적 특징에 주목하지 않고, 동사와 구문의 기본 비율에만 의존하고 있다. 위에서 언급했듯이, 이 가설은 예 (7.1)에 나타난 모든 표현이 비수용적일 것이라 예측하는데, 이는 예(7.1) 에 나타난 동사와 구문 모두 상당히 빈번하게 출현하지만, 그러한 동사들이 해당 구문에서 결합하는 경우는 매우 드물기 때문이다. 그러나 5.7에서 소개한 Robenalt & Goldberg(2015)의 연구에 따르면, 화자들이 분명 이러한 유형의 문장이 생소하다는 것을 인식하기 때문에, 이 문장들이 익숙한 표현만큼 수용적이지는 않다는 사실을 발견하게 됨에도 불구하고, 동사의 빈도수가 그 수용성에 부정적인 영향을 미치지는 않으며 오히려 쉽게 이용 가능한 경쟁적 대안을 가지는 다른 문장들보다도 훨씬 더 수용적일 수 있다고 한다. 이것은 '강화를 통한 언어적 보수주의(부정적 강화)'라기보다는 '통계적 선점'이 예측해 낸 것으로 볼 수 있다.

Ben Ambridge와 그의 동료들이 수행한 여러 연구는 빈도수와 판단 데이터의 상관관계를 통해, 강화를 통한 언어적 보수주의와 통계적 선점을 유사한 방식으로 비교하였다. 그러나 이들의 방대한 연구 결과는 일관성이 없었다. 즉, 일부 연구에서는 강화를 통한 언어적 보수주의가 중요하며 통계적 선점은 그렇지 않다고 보고했지만(Ambridge, 2013; Ambridge

---

2　The ditransitive [double-object] construction occurs 1824 times and the verb *say* occurs 3333 times. The total number of verbs in the ICE-GB [corpus] is 136,551. If there were no particular relationship between *say* and the ditransitive construction, we would expect the combination to occur 44.5 times in the corpus…[but it actually occurs 0 times, which is significantly less often]. (Stefanowitsch, 2008, 520) et al., 2012b, 2015), 다른 유사하게 설계된 연구들에서는 통계적 선점이 예측한 대로 논항구조구문(ASC)들 간의 경쟁이 핵심적인 역할을 한다는 점을 발견하였다(Ambridge, Pine, et al., 2014; Blything et al., 2014). 통계적 선점의 효과를 발견하지 못한 연구들의 경우, (특정 말뭉치 내에서) 특정 ASC에 절대(never) 출현하지 않는 동사들만이 해당 ASC에서 선호되지 않는다고 예측하였다.

그러나 말뭉치가 너무 작으면 우연에 의해 특정 '동사+ASC 조합(verb + ASC combination)'이 누락될 가능성이 있고, 소수의 사례는 신뢰할 수 없게 된다. 반면에, 말뭉치가 충분히 크다면, 일반적으로 선호도가 낮은 예시들도 간혹 발견될 수 있다(Fellbaum, 2005). 따라서 특정 구문에서 동사의 출현빈도가 0이어야 한다는 엄격한 요구 조건은, 말뭉치의 규모에 따라 제한된 동사의 부류를 인위적으로 너무 좁거나 너무 넓게 정의하게 된다. 게다가 두 가지 ASC에서 동사가 출현하는 경우를 비교할 때, 특정 동사가 어느 한 쪽에서 사용되지 않는다면, 다른 대안적인 선점적 구문에 출현하게 될 가능성은 인위적으로 1(즉,100%)이 된다. 이러한 방법으로는 '점층성'이 있는 판단 데이터를 예측하기가 어렵게 된다.

Ambridge et al.(2018)의 새로운 연구는 기존 연구에서 보고된 결과와 상충되는 내용을 체계적으로 검토하면서, 처소구문(locative construction)에 대한 더 많은 말뭉치 데이터와 보다 업데이트된 통계적 분석을 제공하였다. 이 연구에서는 향상된 기법을 활용하여, 논항구조구문(ASC)들이 서로 영향을 주기 위해 경쟁해야 한다는 아이디어가 더 분명해졌다. 새로운 처소 교체 분석을 통해, 연구자들은 "선점이 강화(그리고 모든 다른 요인)를 넘어서는 분명한 효과를 보여주며, 이는 기존 연구 [Ambridge et al., 2012a]에서 관찰된 영가설을 뒤집는 결과"라고 보고하였다(Ambridge et al. 2018).

Ambridge et al.(2018)은 '동사+ASC 교체' 뿐 아니라 'un-'접두사에 대한 분석도 포함하고 있다. 이 연구에서는 'un-'접두사가 붙은 동사들의 수용성 판단은 확연히 다양하다는 점을 강조한다. 예를 들어, 'undo'는 '?unsqueeze'보다 훨씬 더 수용 가능하며, 이는 친숙함(우리가 '단순 강화'라 부르는 것)이 수용성을 높인다는 것을 보여준다. 즉, 'undo'의 높은 출현빈도가 확실히 그 수용성을 증가시키는 것이다. '의미' 또한 판단에서 중요한 역할을 하는데, Ambridge와 그의 동료들(2018)의 다음과 같은 연구 결과가 보여주듯이, 되돌리는 것을 상상하기 더 쉬운 가역적인 사건들은 그렇지 못한 비가역적 사건들에 비해 더 수용성이 높다('untie'는 'uncut'보다도 더 수용 가능하다). 또한, 통계적 선점은, "이미 의도된 의미를 표현하는 다른 동사가 존재할 경우, 'un-'접두사를 포함한 동사의 새로운 조합이 덜 수용적일 것"으로 예측하며, 연구자들은 이에 대한 증거도 발견하였다. 예를 들어, 'unlower'는 'raise'가 대신 사용될 수 있기 때문에 특히 수용 불가능하다고 판단된다.

강화를 통한 언어적 보수주의는 이러한 효과를 넘어서, "수용성과 전반적인 동사 빈도성 간에 부정적인 관계가 있어야 한다"고 예측한다(예컨대, 접두사 'un-'없는 'squeeze'의 모든 용례). 그리고 실제로 "수식이 없는 맨동사 형식(bare form of the verb)의 빈도수가 증가할수록, 'un-'접두사가 붙은 동사들은 수용성이 떨어졌다."고 보고되고 있다. 그런데 연구자들이 이는 매우 직관적으로 이해하기 어려운 결과임을 인정하고 있어서, 이를 좀 더 자세히 살펴볼 필요가 있다. 이 결과에는 여러 가지 요인이 관련되어 있기 때문에, Goldberg et al.(근간)의 최근 연구에서는 의미, 통계적 선점 그리고 긍정적 강화를 통제하여 'un-'접두사가 붙은 동사의 판단 실험을 수행하였다. 의미를 통제하기 위해, 문맥에서 거의 동의어로 여겨지는 고빈도 동사와 저빈도 동사 쌍을 선정하였다. 한편, 위에서 살펴본 바와 같이, '동사+ASC'의 경우에는 '통계적 선점'을 '강화를 통한 언어적 보수주의'와 구분하기 어려울 수 있지만, 형태론의 경우엔 더 분명하게 구분된다. 예를 들어, 고빈도의 'un-동사'를 선점할 수 있는 동사는 저빈도의 동사도 선점할 수 있어야 한다. 왜냐하면, 이 둘은 제공된 문장 문맥에서 거의 동의어로 설계되었기 때문이다. (단순) 강화를 통제하기 위해, 심지어 5억 2천만 단어 규모의 COCA 말뭉치에서조차 한 번도 출현하지 않은 'un-동사' 쌍을 선정하였다. 따라서 그들을 뒷받침하는 긍정적인 증거는 제로에 수렴하였다. 이는 쉽게 되돌릴 수 없는 비가역적인 행위를 나타내는 동사들을 사용함으로써 (예컨대, unfire/undischarge; unsuggest/unpropose) 각 행위를 되돌리고자 하는 생각(idea)이나 욕구(desire)를 의미적으로 그럴듯하게 만들 수 있는 그런 특별한 문장 문맥을 생성하였다. 샘플 자극(sample stimuli)은 예(7.2)와 (7.3)과 같이 제공되었다.

7.2 When he had to face his victim's family, the regretful soldier sorely wished he could 〈unfire/undischarge〉 his weapon.

(그가 희생자의 가족과 대면해야 했을 때, 그 후회스러운 군인은 그가 그의 무기를 〈unfire/undischarge〉하기를 간절히 바랐다.)

7.3 He realized as soon as he said it that it might backfire, but he couldn't 〈unsuggest/unpropose〉 the plan at that point.

(그는 말하자마자 역효과가 날 수도 있다는 것을 깨달았지만, 그 시점에서 계획을 〈unsuggest/unpropose〉할 수는 없었다.)

강화를 통한 언어적 보수주의에 따르면, ('un-'접두사가 붙은) 저빈도 동사를 포함한 문장이 고빈도의 대체어보다 더 수용 가능한 것으로 판단되어야 한다. 예를 들어, 'undischarge'를 포함한 예(7.2)는 'discharge'가 'fire'보다 드물게 출현하고 덜 강화되었기 때문에 'unfire'보다 더 수용 가능해야 한다는 것이다. 그러나 실제 연구 결과는 이와 반대로, 저빈도 동사들을 포함하는 문장은 고빈도의 동사들을 포함한 문장들보다도 덜 수용 가능한 것으로 판단되었다. 이는 강화를 통한 언어적 보수주의가 예측하는 것과 정반대이다.

요약하자면, 단순 강화(simple entrenchment)에 대해서는 널리 합의된 바가 있으며(4,5), 이는 "화자들은 익숙한 언어 형식을 선호하기 때문에, 자주 목격되는 언어 형식은 드물게 보이는 표현보다 수용성이 더 높을 것으로 기대된다"는 것이다. 강화를 통한 언어적 보수주의(conservatism via entrenchment)와 통계적 선점(statistical preemption) 사이의 핵심적 차이는 바로, 통계적 선점이 가정하는 것처럼, '문맥에서의 경쟁 (competition in context)'이 필수적으로 고려되어야 하는지 여부이다.

많은 경우에 통계적 선점과 강화를 통한 언어적 보수주의를 명확히 구분하는 것은 어렵다. 특히나 '생소한 동사+ASC 조합'에 의해 묘사된 상황이 정기적으로 나타날 때 이 구분은 더욱 어려워진다. 이 경우, '생소한 동사+ASC 조합'을 목격하지 못하는 것은 다른 (경쟁) 표현의 목격과 밀접한 상관관계가 있다. 그러나 그럴듯하지 못하거나, 비일상적이거나, 또는 단순히 이전에 본 적이 없는 사건 유형의 묘사를 고려할 때, 화자들이 단순히 생소함을 이유로 문장이 비수용적이라고 결정할 가능성이 있다. 이러한 경우들은 강화를 통한 언어적 보수주의의 예측에 반하는 것처럼 보인다. 이와 관련된 증거는 예(7.1)과 같은 예시, 5.3에서 논의된 실험 연구, Robenalt & Goldberg(2015)의 판단 연구 및 'un-'접두사가 달린 동사를 다룬 새로운 연구에서 찾을 수 있다. Ambridge et al.(2018)의 리뷰 연구에서 주장했듯이, 동사의 경쟁적 사용과 비경쟁적 사용 모두 중요할 수 있다. 그러나 현재 사용 기반(usage-based) 연구자들 사이에는, "적어도 통계적 선점 또는 맥락에서의 경쟁이 작동한다"는 합의가 이루어져 있다.

7.4 '예외 허용 한도'와 '충분 예시의 정도'가 설명 가능한가?

Charles Yang(2016)의 '언어적 생산성의 대가(The Price of Linguistic Productivity, PoLP)'[3] 에서는, "언어에 대한 우리의 지식이 '표현 규칙(productive rule)'과 기억 속에 나열된 '불규칙한 예외(일명 '불규칙한 규칙')'라는 전통적인 이분법적 상황에서 구성된다"라는 가정에서 출발한다. 언어 학습자들은 표현을 생성하는 과정 중에 상대빈도에 따라 정렬된 어휘 목록을 순차적으로 검색하여 예외를 찾는다고 한다. 가령, 'freeze'의 과거형을 생각해내기 위해서 학습자는 순서대로 나열된 목록 'was', 'did', 'said', 'made', 'went', 'took', 'came', 'saw', 'knew', 'got', 'gave' 등 90여 개의 다른 동사들을 검색한 끝에 'froze'를 찾게 된다. 이 가정은 사람들이 '저빈도 단어들'보다 '고빈도 단어들'에 더 빠르게 반응한다는 이른바 '어휘 결정 실험("이것이 단어인가 아닌가?"를 질문하는 실험)' 결과에 근거

---

3   [역주] 원제는 *The Price of Productivity: How Children Learn to Break the Rules of Language* 이며, 2018년 미국 언어학회(LSA)에서 블룸필드 상을 수여한 저작이다. 이 책은 예외가 존재하는 언어 법칙의 습득을 논의하며, 문법 규칙이 허용할 수 있는 예외 수의 상한선을 제시한다.

한다(Zwitserlood, 1989). 그러나 우리는 어휘의 결정과 검색에는 의미적, 형태적, 음운적 관련성 뿐만 아니라 단어의 길이, 습득자의 연령, 혹은 감정적 내용과 같이, 훨씬 더 많은 요소들이 영향을 미친다는 것을 알고 있다(Brown & Watson, 1987; Koustaet al., 2009).

사실, 문법이 '범주적 규칙'을 포함하는지 여부에 관한 오랜 논쟁을 통해, 연구자들은 "예외적인 사례가 연상 기억 속에 표상되어야 한다"는 점을 인정하게 되었다. 즉, 우리는 단순히 예외 '목록'을 학습하는 것이 아니라, 풍부하게 '상호 연결된 네트워크'를 학습한다는 것이다(Ackerman et al., 2011; Jackendoff & Audring, 2016; Blevins et al., 2016; Booij, 2010; Burzio, 2002; Daugherty & Seidenberg, 1992; McClelland & Patterson, 2002; Pinker & Prince, 1988; Ullman, 2001). 심리언어학과 인지심리학 분야의 수십 년간에 걸친 연구는 일반적으로 기억이 긴밀하게 연관되어 있다는 점을 강조해 왔다.(Anderson & Bower, 2014; Hinton & Anderson, 2014). 또한, 우리의 기억은 내용에 따른 접근이 가능한데(즉, '내용 지정적', content addressable[4]), 이는 연상 기억 장치의 작동 원리와 유사하다. 사용 기반 구문주의(USAGE-BASED CONSTRUCTIONIST) 접근법은 "초차원 개념공간 안의 다양한 차원을 따라 표상들을 연관짓는 방식으로 우리의 기억이 어휘의 내용에 따른 접근이 가능하다"고 주장한다.

---

[4] [역주] 일반적인 기억 장치에서의 정보는 그것이 기억되어 있는 장소(주소)에 의해서 지정되어 읽기와 쓰기가 이루어진다. 이와 달리, 연상 기억 장치(content addressable associative memory)는 그 기억 내용에 의해서 다음의 정보가 지정되는 기억 장치이다. 이것은 인간이 무엇을 생각해낼 때 관련이 있는 내용에서 점차로 연상해가는 것과 유사하다. 예를 들면, 패턴 A와 패턴 B의 대응을 기억하고, A의 제시에 따라서 B를, 또 반대로 B에서 A를 얻는 것이다.

예외 사례들이 연상 기억(associative memory) 내에서 표상된다는 사실은 '하위 규칙성(subregularity[5])'과 '이웃(neighborhood) 효과'가 존재한다는 점을 시사하는데, 이러한 현상의 존재는 오랫동안 인식되어 왔다(Burzio, 2002; Lakoff ,1970; Marchman, 1997; Regel et al., 2015). 특히, '예외적인' 사례들은 자체적으로도 생산적인 일반화를 일으킬 수 있다. 예를 들어, 영어 복수 표지 /-s/는 의미적으로 복수 의미를 가진 단어에 적용되는 생산적인 일반화이다. 그러나 예외 사례들 역시 생산적일 수 있다. 예를 들면, '무표지 복수형' 이름의 물고기들(salmon, halibut, trout)이나, 실제로는 단수이지만 복수 형태로 쓰이는 바지의 이름들이 있다(pants, capris, shorts, culottes)(Williams,1994). 이들은 모두 생산적인 하위 규칙성의 예시이다. 만약 새로운 유형의 물고기(예컨대, the twilight zone groppo)나 생소한 바지 이름(예컨대, peggings)을 만나게 된다면, 우리는 이들을 '불규칙한 하위 군집'의 일원으로 처리할 가능성이 높다(5.8 참조; Bybee & Moder, 1983; Baayen & del Prado Martin, 2005; Marchman, 1997; Pinker, 1999).

연상 기억을 잠시 보류해두고 PoLP의 제안을 그들의 관점에서 살펴보면, Yang의 주된 목표는 생산적 '규칙'과 비생산적 '규칙' 사이를 가르는 정량화된 경계를 제시하는 것이라 할 수 있다. 특히, PoLP는 최대 예외 사례 수를 초과하지 않고, 동시에 규칙을 따르는 충분한 수의 사례가 목격된 경우에만 계산 효율성을 위해 완전히 생산적인 규칙이 생성된다고 주장한다. 더 구체적으로 말하면, PoLP는 학습자가 N, M, e의 세 숫자를

---

5   [역주] 하위 규칙성(subregularity)은 거의 혹은 불완전하게 규칙적인 것(Almost or imperfectly regular)을 이르며, 이를테면 영어 동사의 불규칙 변화(예컨대, sit-sat-sat(sitted)/ hide-hid(hided)-hid(hidden))가 이에 해당한다.

계산하며 유지한다고 가정한다.

> 7.4a N = the number of types a rule potentially applies to (i.e., the size
> of the set of words within the domain of a potential rule).
> 규칙이 잠재적으로 적용될 수 있는 유형(type)의 수
> (즉, 잠재적 규칙의 적용 대상이 되는 단어 집합의 크기)
> 7.4b M = the number of types (words) witnessed following a rule.
> 규칙을 따르는 유형(단어, words)의 수
> 7.4c e = the number of exceptions to a rule
> 규칙이 적용되지 않는 예외 사례의 수

'예외 허용 한도 원칙(Tolerance Principle)'은, 표현 규칙(productive rule)에 의해 허용되는 예외 수(e)의 상한선(상계, upper bound)을 제공하는 원칙이다.

예외 허용 한도 원칙 (Tolerance Principle)

7.5 $e \leqslant N/\ln N.$ (Yang, 2016, 64)

이에 따르면, 예외 사례의 수(e)는 표현 규칙이 적용될 수 있는 경우의 수(N)를 그 수의 자연 로그로 나눈 값($N/\ln N$)을 초과할 수 없다. PoLP 는 잠재적인 규칙 준수 사례의 수(N)가 어떻게 결정되는지에 대해서는 언급하지 않는다. 예를 들어, 영어에는 '-er' 접미사를 붙여 등급 형용사를 생성하는 법칙이 있다. 그러나 영어 단어 'bent'가 1음절의 짧은 단어이고, 의미적으로도 정도성이 있음에도 불구하고, 과거 분사 형태의 형

용사(*bent*)에는 '-er' 접미사를 붙이지 않는다(?benter). 그렇다면 비교급 '-er' 법칙이 과거 분사 형태의 형용사에는 적용되지 않는다고 수정해야 하는가? 아니면 과거 분사는 예외로 처리해야 하는가? 만약 과거 분사를 예외로 간주한다면, 'good'에 '-er' 법칙을 적용하여 추가적으로 'good – gooder'쌍의 생성을 방지하는 매우 특정한 추가 제약을 만들지 못할 이유는 또 무엇인가?[6] 여기서 우리는 규칙의 범위 내에 있는 것과 예외가 무엇인지는 전적으로 규칙이 어떻게 명시되는지에 따라 달라진다는 것을 쉽게 확인할 수 있다.

PoLP의 제안은 생성 규칙의 본질, 기원, 형성을 다루지 않는다는 보다 일반적인 한계를 지니고 있다. PoLP는 모든 항목이 '연상적 군집(associative clusters)'이 아닌 '목록(list)' 형태로 저장된다고 가정하므로, 규칙이 결정되거나 가정되는 방식에 대해서 논하지 못한다. 즉, 연상 기억 내에서 학습된 사례들 간의 관계를 인정하지 않는 한, 어린이들이 '-er'은 짧은 형용사에만 적용되거나, 심지어 형용사에만 적용되고 부사에는 적용되지 않는다는 지식을 어떻게 습득할 수가 있는지 설명할 수가 없다.

놀랍게도, PoLP는 '규칙에 대한 최대 예외 수(e)'를 강조하면서도, 학습자가 어떻게 예외를 예외로 식별할 수 있는지에 관해서는 다루지 않는다. 이 책의 5장에서는 통계적 선점의 역할을 강조했음에도 불구하고, Yang은 "간접적인 부정적 증거는… 피해야 한다(2016, 212)"고 명시적으로 언급하며, 이러한 증거를 간과하였다. 대신 그는 학습자들이 특정 사례가 규칙을 따르는지 여부만을 인지할 수 있다고 주장한다(7.7과 6.1.3

---

6   [역주] 다시 말해, 이러한 국부적인 처리는 임시방편(ad hoc)일 뿐 타당하지 않다는 것이다.

참조).

　PoLP 제안의 또 다른 중요한 문제는 학습자가 '규칙 준수 사례(M)'의 집계를 계속해서 기록하며 유지해야 한다는 점이다. 즉, (일반화가 적용되기 위한) '충분 예시 원칙(Sufficiency Principle)'은 원칙적으로 '규칙이 적용될 수 있는 잠재적 사례의 수(N)'에 비해, 충분히 높은 수의 목격된 '규칙 준수 사례의 수(M)'가 있어야 한다고 요구한다. '충분 예시 원칙'은 다음과 같이 명시한다. "R이 N개 항목에 대한 일반화라고 할 때, 그중에 M개 항목이 R을 따르는 것으로 확인되면, R은 오직 다음 조건에서만 모든 N개 항목에 적용될 수 있다."

충분 예시 원칙 (Sufficiency Principle)

7.6　$N - M \leqslant N / \ln N.$ (ibid., 177)

　Yang의 설명에 따르면, 긍정적인 증거가 충분하기 이전, 즉 규칙을 따르는 유형 M이 충분 예시 원칙을 충족할 정도에 미치지 못할 때에는 학습자가 모든 M 항목을 어휘화하고, 그 이상으로 일반화하지 않는다 (ibid.,177).

　실제로 PoLP는 학습자가 대부분의 '규칙을 따르는 대부분의 사례'를 유지해야 한다고 가정하며, "생산성은 규칙을 따르는 항목들이 예외 수를 완전히 압도할 때에만 발생한다."(ibid., 122)고 주장한다. 구체적인 예로 표7.1을 보자. 이 표는 다양한 사이즈의 영역 규칙을 위해 'M', 'N', 그리고 'e'를 명세화하고 있다. 표7.1에 따르면, 어린이가 시간 의미의 접두사 'pre-'를 사용할 수 있게 되려면(Pre-Harry Potter, Pre-Carolyn, Pre-van), 최소한 이전에 사전에서 1,000개의 고유명사나 명사를 경험하고,

최소 855개의 고유명사와 명사가 'pre-' 접두사와 함께 사용되는 상황을 목격하였어야 한다. 충분 예시 원칙(Sufficiency Principle)은 예외의 수를 언급하고 있지 않기 때문에, 예외가 없다 하더라도 이처럼 많은 수의 사례를 목격해야 한다. 이것은 확실히 생산성을 달성하기 위한 비용이 과도하게 높게 설정될 수 있음을 시사한다.

표7.1 규칙이 생산적이기 위해 필요한 최소 사례 수(N)와 예외 사례의 상한선(e)[a]

규칙이 적용될 수 있는 사례의 수(영역 사이즈 N)	규칙을 따르는 사례의 하한선(최소한으로 관찰되어야 하는 사례 수 M)[b]	규칙이 적용되지 않는 예외 사례의 상한선 (e)[c]
6	3	3
8	4	4
9	5	4
10	6	4
100	78	22
300	247	53
1000	855	145

a. 충분 예시 및 예외 허용 한도 원칙(Sufficiency and Tolerance principels)에 의해 예측된 값

b. $M = N - N/\ln N$.

c. $e = N/\ln N$; e는 가장 가까운 정수로 반올림.

실제로, PoLP는 학습자들이 실수로 생산 규칙을 만들어내어 과도하게

일반화하는 오류를 범할 수 있음을 인정한다. 또한, "긍정적인 증거가 충분 예시값을 충족하지 못하는 경우에는 여전히 어휘화로 되돌아갈 수 있다"고 언급한다(p.213). 이는 "언어 학습 과정 내내 규칙에 부합하는 모든 사례가 유지되어야 함"을 의미하며, 규칙을 따르는 사례가 증가함에 따라 이에 따른 유형의 수 M 값도 함께 증가한다고 가정하기 때문이다. 그러나 PoLP의 이러한 측면은, 학습자가 생산적 규칙을 창조하는 근본적인 이유는 "언어 처리 시간을 줄이고 보다 효율적인으로 언어를 구성하기 위해서이지, '어휘 저장소에 모든 것을 나열하기 위해서가 아니다' (ibid., 9)"라는 점과 상충된다[7].

PoLP는 Schuler et al.(2016)의 실험 연구를 인용하여 자신의 주장을 뒷받침한다. 이 연구에서는 아이들이 5가지 사례가 일반화에 부합하고 4가지 사례가 위배되었을 때 패턴을 일반화하는, 즉 표현 규칙을 생성하는 것을 발견하였다. 반면에 규칙을 따르는 사례가 3가지이고 예외인 경우가 6가지일 때에는 아이들이 그 패턴을 일반화하지 않았다. 그러나 귀납적 이론에 따르면 후자의 경우보다 전자의 경우에서 좀 더 강한 생산성이 예측된다는 점에 유의할 필요가 있다. 즉 다른 조건이 동일할 때, 패턴을 따르는 사례와 예외 사례의 비율이 3 : 6이 아니라 5 : 4일 때 일반화가 더 강력해진다(그림 4.3을 상기하라). 즉, '충분 예시 원칙'은 테스트되지 않은 것에 훨씬 더 강한 예측을 한다. '규칙을 따르는 사례의 수(M)'가 '관찰된 예외 사례의 수(e)'와 무관하기 때문에, 아이들은 9가지 사례 중

---

7   [역주] 필자는 학습자가 규칙을 따르는 모든 사례를 기억해야 한다는 것이 과연 규칙을 생성하는 본래의 목적인 언어 처리의 효율성 높이려는 목적에 부합할 수 있느냐는 의문을 제기하고 있다. 즉, 학습자가 생산적인 규칙을 만드는 목적은 언어 처리의 효율성 제고를 위해서인데, 학습자가 규칙을 따르는 모든 사례를 기억해야 하는 것이 어떻게 언어 처리의 효율성 제고에 도움이 될 수 있겠느냐는 것이다.

에서 4가지 사례만이 규칙을 따르고 '예외가 하나도 없는 경우'를 목격하더라도, 이러한 규칙의 일반화를 철저히 피해야 한다.

또한 PoLP에서 분석된 많은 예시들에서 보듯, 예외 사례의 수(e)가 매번 최대치에 근접할 때마다 PoLP는 모든 규칙을 따르는 정규 사례들이 하나씩 개별적으로 학습되어야 한다고 예측한다. 이를 이해하기 위해 다음과 같은 간단한 논증을 살펴보자.

7.7a Assume a rule, R, is productive.

어떤 규칙 R이 생산적이라고 가정하면,

7.7b $N \leqslant N/\ln N + M$. Sufficiency Principle (add M to both sides of [7.6])

충분 예시 원칙 (위 [7.6]의 양 변에 M을 더한 것)

허용 가능한 최대 예외 사례의 수($e = N/\ln N$)가 관찰되었을 경우, 다음이 성립한다.

7.7c $N \leqslant e + M$. (Substitution of $e = N/\ln N$ to [7.7b])

(위 [7.7b]의 $N/\ln N$을 e로 치환함)

이는 '잠재적으로 규칙에 부합하는 사례의 수(N)'는 '관찰된 예외의 수(e) + 관찰된 규칙 부합 사례의 수(M)'보다 크거나 같아야 함을 나타낸다.

7.7d $N \geq e + M$. Definition of N N의 정의

7.7e $N = e + M$.　(7.7c) and (7.7d)　　(7.7c) 와 (7.7d)에서 유도됨

7.7f $M = N - e$.　(The number of learned rule-following cases equals the number of *all potential cases* minus the learned exceptions.)

(규칙에 부합하는 학습된 사례의 수는 모든 잠재적 사례의 수에서 학습된 예외 사례의 수를 뺀 것과 같다)

따라서 최대 예외 수가 관찰된 경우, 규칙이 생산적으로 작동하기 위해서는 규칙에 부합하는 모든 잠재적인 사례들은 개별적으로 학습되고 기억되어야만 한다. 즉, 학습자가 이미 학습한 사례들에 한해서만 일반화를 적용할 수 있다는 의미인데, 이는 분명 특별히 의미 있는 뉴스거리는 아니다.

요약하면, PoLP는 학습자가 '규칙에 부합하는 잠재적 사례(N)', '규칙을 따르는 사례(M)', 그리고 '예외적 사례(e)' 세 가지를 지속적으로 추적하고 집계한다고 가정한다. 그러나 N과 e의 결정 방식에 대해서는 구체적으로 언급하지 않는다. 특히 연상 기억(associative memory)과 군집화 알고리즘의 역할을 배제하고, 대신에 '항목 기반(item-based)' 정보의 리스트를 가정함으로써, PoLP는 영역의 일반화(혹은 '규칙')가 어떻게 결정되어야 하는지에 대하여 설명하지 않는다(하지만 규칙의 정의는 N을 집계하는 데 필요하다). 게다가, 통계적 선점 및 기타 간접적인 부정적 증거 형식을 배제하였기 때문에, PoLP는 학습자가 어떻게 예외 사례를 식별하여 카운팅하는지도 설명하지 못한다. 마지막으로, '충분 예시 원칙(Sufficiency Principle)'은, 규칙이 생산적이 되려면, 대다수의 규칙에 부합하는(regular) 사례들이 (M을 계산하기 위해서) 지속적으로 관찰되고

유지되어야 한다고 주장한다. 그러나 이는 PoLP의 기본 가정, 즉 규칙에 부합하는 사례를 유지(기억)하는 것을 최소화하려는 목표에 정면으로 배치된다.

7.5 기능이 빠진 빈도는 효과적인가?

Tim O'Donnell(2015)의 '언어의 생산성과 재사용(Productivity and Reuse in Language, PaRL)'은 컴퓨터공학적 관점에서 '부분적 생산성' 문제를 다룬다. 이 책은 형태론에 대한 다양한 접근법을 상세하게 탐구하고 검토하여, 전산언어학자 뿐 아니라 심리언어학자에게도 시사점을 준다. O'Donnell은 단어와 문법 패턴이 '동일한 생산성 원칙(principles of productivity)'에 따라 운용된다고 보는데, 이는 이 책을 포함한 다른 많은 연구들과 일치하는 견해이다(Di Sciullo & Williams, 1987; Goldberg, 2006; Langacker, 1987; O'Donnell, 2015; Yang, 2016 참조).

PaRL은 '패턴을 실현하는 입증된 유형의 수'가 증가함에 따라 생산성(productivity)이 증가한다고 주장한다. 예를 들어, 영어 접미사 세 가지는 형용사와 결합하여 명사를 형성하는데, 그중 가장 생산성이 높은 접사는 '-ness'(예컨대, crumbliness, dingbattiness)이고, 그 다음은 '-ity'(security)이며, 비생산적 접사 '-th'(warmth)는 생산성이 가장 낮다. PaRL은 화자가 각 접미사가 적용된 단어의 종류가 얼마나 다양한가를 통해 생산성의 정도를 추정한다고 가정한다. 이는 유형빈도(type frequency)를 강조하는 접근 방식으로, 유형빈도가 높을수록 그 일반화는 더 생산적이 될 가능성이 높다. 실제로 구문은 다양한 유형과 드문 유형이 자주 나타날 때 생산적일 수 있다(Baayen & Lieber, 1991). 예컨대, 말뭉치에서 단 한번 출현한 유형은 그리스어로 '한 번만 말해진'이라는 의미의 '하팍스 리고메논(hapax legomenon)'이라고 불린다. 이 개념은 주로 형태론에서 논의되었지만, 구문 패턴에도 적용될 수 있으며, 이를 통해 구문의 생산성을 판단할 수 있다(Barðdal, 2008; O'Donnell, 2015; Desagulier, 2015; Zeldes, 2013 참조).

동시에, 구문이 다수의 드물게 출현하는 동사와 함께 자주 나타난다는 것은 그 구문의 '생산성'을 보여주는 좋은 지표일 수 있으나, 이것이 반드시 새로운 언어표현(coinage)의 생성을 허용한다는 것을 의미하지는 않는다. 즉, 구문의 생산성이 높더라도 새로운 사례의 허용에는 여전히 제약이 존재한다. 따라서 하팍스 리고메논을 기반으로 하는 생산성 지표는 어떤 구문이 상대적으로 생산적이라는 것에 따른 '결과'이며, 이는 개별 사례별로 '적용범위(coverage)'와 '경쟁'을 통해 결정된다. 개념공간 내에서 개별 어형들이 어떻게 군집화하는지에 대한 고려 없이 단순히 숫자 세기에만 의존하면, 일반화의 내용과 범위를 충분히 설명하지 못할 수 있다. 예컨대, '-ness', '-ity', '-th'가 형용사와 결합하여 명사를 형성한다는 사실은 명시적으로 규정되어야 한다. 반면, CENCE ME 원칙은 관찰된 사례의 군집화(clustering) 과정을 통해 일반화의 적용범위를 보여주며, 이는 어떤 생산적인 사례가 허용될지를 예측하는 데 도움을 준다. 실제로, 증명된 사례들 간의 '가변성(variability)'과 잠재적 언어표현(coinage)의 '유사성(similarity)', 그리고 '유형빈도(type frequency)'는 '새로운 언어표현'을 위한 관련 초차원적 개념공간의 범위를 결정하는 데 매우 중요하다(4장 참조).

가변성과 유사성은 의미론, 정보구조, 음운론을 고려해야 하기 때문에, 빈도수를 기반으로 한 분석보다 형식화하기 어렵다. 이러한 다양하고 복잡한 차원을 적절하게 형식화하는 것은 어려운 작업이다(3장을 회상해 보라). 그럼에도 불구하고, 이러한 중요한 측면을 무시하게 되면, 우리가 어떻게 언어 사용을 배우는지 예측할 수 없게 된다(O'Donnell, 2015, 34~36 참조).

7.6 저장 공간과 생산성은 반비례 관계인가?

언어의 생산성에 관한 많은 접근법은, 메모리 저장(storage in memory)을 최소화하기 위해 '연산(computation)'을 활용한다고 가정한다. 즉, 효율성을 위해 메모리와 연산이 서로 역의 관계에 있다고 보는 경우가 많다(예컨대, O'Donnell, 2015; Yang, 2016). 그러나 '사용 기반 구문주의 접근법(usage-based constructionist approach)'은 이와는 상당히 다른 관점을 취한다. 이 접근법에서는 경험으로부터 부분적으로 추상화된 예시들이 '풍부한 지식 네트워크'의 일부로 메모리에 보존된다. 이러한 방식에서는 개별 예시들을 마음대로 '떠올릴(recall)' 수는 없지만, 그 표상이 다른 예시들의 표상과 겹친다면, 우리의 언어 지식은 이들에 의해 형성되고 지속적으로 영향을 받는다. 언어는 메모리 저장을 줄이거나 피하기 위해서가 아니라, 끊임없이 변화하는 맥락에서 새로운 메시지를 표현하기 위해 창의적으로 확장된다(새로운 '연산(computations)'을 포함하여).

중요한 것은, 다양한 유형의 일반화의 내용은 '목격된 예시들'에 의해 결정되지만, '맹목적인(blind)' 방식으로는 결정되지 않는다는 점이다. 대신, 특정 측면의 중요성은 주의(attention)와 과거 학습(prior learning)에 의해 결정된다. 즉, 적용범위(coverage)가 요구하는 대로, 학습자들은 자신의 언어에서 각 구문과 관련된 측면들을 파악하고 결정한다. 비교 접미사 '-er'의 사용은 형태음운론적 조건에 의해 결정되는 반면(예컨대, prettier vs. ?beautifuller), 접두사 'pre-'는 그러한 제약을 받지 않는다(예컨대, pre-dawn, pre-pneumonia). 동사가 라틴어 혹은 게르만어 계열로 들리는지 여부는 영어 이중목적어구문에서의 '수용성(acceptability)'과 관련이 있지만, 단순 타동구문에서는 그러한 측면이 중요하지 않다(예컨대, She explained/donated/returned it).

영어 과거 시제와 기타 굴절 형태론 같은 영역에서는, 생산적인 '규칙'이 저장의 필요성을 대체하는지, 아니면 오히려 '저장에 기반하여 나타나는지(emerge on the basis of storage)'에 대한 논의가 오랜 역사를 지니고 있다(O'Donnell(2015) 참조). 대부분의 연구자들은 '예외적이거나 불규칙적인 사례의 생산성'이 유사한 사례들에 '적용범위'를 적용함으로써 자연스럽게 설명된다고 직간접적으로 인정하고 있다. 즉, 불규칙형은 유사한 예시들이 잘 구성된 군집으로 존재하는 한도 내에서 생산적이다. 예를 들어, 불규칙 과거 시제는 새로운 동사 'spling'에 적용되어 새 과거 시제 'splang'을 형성할 수 있는데, 이는 비슷한 방식으로 불규칙형 군집이 존재하기 때문이다(예컨대, spring/sprang, stink/stank, swim/swam, sing/sang, sink/sank)(예컨대, Booij, 2017; Harmon & Kapatsinski, 2017; 이들과 Yang(2016)을 비교바람). 이러한 맥락에서 논쟁은 어떻게 생산적 일반화나 '규칙'을 가장 잘 설명할 수 있을지에 집중되어 왔다.

정규 사례들이 "이전에 목격한 예시들의 기억과는 독립적으로 다른 종류의 연산"을 필요로 하는지는 오랫동안 논의되어 왔다. 일반화와 구별되는 언어학적 '규칙'에 호소함에 있어, 다음과 같은 주장들이 명시적으로 또는 암시적으로 제기되었다(Pinker, 1999).

1. Rules become productive suddenly.

   규칙은 갑작스럽게 생산적이 된다.

2. Instances generated by rules are not retained in memory.

   규칙에 의해 생성된 사례(instance)들은 기억에 보존되지 않는다.

3. Rules apply categorically, so regular cases should not be affected by frequency, similarity, or neighborhoods of related cases.

   규칙은 범주적으로 적용되므로, 정규 사례는 빈도, 유사성, 관련 사례들에 의해 영향을 받지 않아야 한다.

(1)에서 제시된, 학습자가 '티핑 포인트(tipping point)'(Yang, 2016, 41)나 '유레카 순간(eureka moment)'(Pinker, 1999, 202)을 겪으며 범주적이고 생산적인 규칙이 갑자기 생성된다는 주장은 보다 세밀한 데이터 분석을 통해 반박되고 있다(McClelland & Patterson, 2002). "규칙에 의해 생성된 사례가 기억에 유지될 수 없다"는 (2)의 가정 또한 점점 사라지고 있다(Baayen & Schreuder, 2006). 사실상, 학습자가 '규칙'을 식별할 수 있게 되기 전에, 충분한 수의 규칙형 사례들이 기억에 보존되어야 한다는 것이 대부분의 이론에서 인정되고 있다. 더 나아가, 생산적인 예외에 해당하는 일부 규칙 형태들(예컨대, blinked)도 기억에 저장되어야 한다. 즉, 'blink'는 넌센스 동사 'spling'과 주요 음운적 유사성을 공유하지만, 화자들은 'spling'의 과거 시제로 'splang'이나 'splung'을 자연스럽게 제안하는 반면, 'blink'의 과거 시제는 'blinked'임을 인식한다. 따라서 규칙형

'blinked'는 메모리에 유지되어야 한다(Pinker & Ullman, 2002).[8]

논란의 핵심은 (3), 즉 '불규칙형'에 영향을 미친다고 알려져 있는 빈도, 의미적 유사성, 그리고 가변성 같은 요소들이 규칙형(혹은 생산적인 '규칙')에도 영향을 미치는가 하는 것이다. 초기 연구에서는 그렇지 않을 수도 있다고 제시했지만, 후속 연구에서는 규칙 형태가 음운론적 인접성과 의미론적 요소에 의해 영향을 받는다는 증거가 제시되었다. 예를 들어, Albright & Hayes(2003)는 거의 모든 'f' 소리로 끝나는 동사들(예컨대, laugh, cough, fluff)이 규칙 과거형(laughed, coughed, fluffed)을 취하며, '신뢰의 섬'(island of reliability, 경쟁자가 없는 적용범위가 잘 정의된 영역)을 형성한다고 관찰했다. 그들은 판단 실험에서 이러한 끝음을 가진 생소한 동사들(예컨대, baff-ed, louf-ed)이 신뢰의 섬에 속하지 않는 자음으로 끝나는 새로운 동사들(예컨대, kow-ed, lamm-ed)보다 더 높은 수용성 평가를 받는 것을 발견했다(또한 McClelland & Patterson, 2002; cf. Ullman, 2001 참조). 마찬가지로, Ramscar(2002)는 때때로 의미적 유사성이 형태 생성에 중요한 역할을 한다는 것을 발견했다. 특히, 그는 새로운 동사 'frink'의 의미가 규칙 과거형을 취하는 'blink'나 'mediate'와 관련되어 있다고 피험자들에게 말해줄 때, 'frink'가 더 자주 규칙 과거형 동사(frinked)로 취급될 가능성이 높다는 것을 발견했다. 반면, 'frink'의 의미가 'drink'와 관련되어 있다고 말해줄 때, 'frink'는 불규칙 과거형(frank 또는 frunk)으로 지정될 가능성이 훨씬 더 높았다.

4장에서 다루었던 '적용범위' 개념은 '규칙형의 일반화(regular

---

8   러시아어 명사에 필요한 12셀 굴절 패러다임(12-cell inflectional paradigm)을 목격된 예시들을 바탕으로 생산적으로 확장할 수 있는 모델링 연구에 대해서는 Janda & Tyers(출간 예정)를 참고.

generalizations)'가 소규모 불규칙형 그룹에 비해 의미론이나 음운론적 요소에 덜 민감하다는 것을 예측하는 데 유용하다. 형태론적 일반화가 '규칙적'이라는 것은, 종종 그것이 의미론이나 음운론의 세부 사항에 상관없이 그 영역 내의 모든 사례에 일반적으로 적용된다는 것을 의미한다. 중요한 핵심 개념은 적용범위가 일반화의 '내용(content)'을 결정한다는 것이다. 예를 들어, 영어 규칙 과거형을 살펴보면, 규칙 과거형이 음운론적, 의미론적으로 넓은 공간을 커버하는 것을 볼 수 있으며, 이는 규칙 과거형이 (/-d/ 접사 자체를 초월한) 음운론적 측면이나 (과거 시제 의미를 초월한) 의미론적 측면에 의해 크게 제약되지 않는다는 것을 의미한다.

7.7 선점당한 형태가 반드시 생성된 것일 필요는 없다

Embick & Marantz(2008)는 "A가 B를 차단한다", "A가 B와 경쟁한다"와 같은 표현이 A와 B가 모두 존재한다는 것을 전제로 하는 것처럼 보인다는 사실에 주목했다. 그들은 '?bended' '?intelligenter' 같은 불규칙 형태가 반드시 화자에 의해서만 생성된다는 증거가 없다고 주장한다(cf. bent, more intelligent). '?bended' 혹은 '?intelligenter' 같이 수용할 수 없는 형식이 단지 'bent'나 'more intelligent' 같은 상대방과의 경쟁에서 끊임없이 패배하기 위해서 성인 화자의 장기 기억(long-term memory) 속에 존재한다는 주장은 논리적으로 이상하다. '선점(preemption)'이라는 용어는 수용할 수 없는 '선점된' 형식이 생성되거나 유지되어야 한다는 것을 필수적으로 내포하지는 않는다. 예를 들어, "bent가 bended를 선점한다"는 것이 '?bended'가 반드시 존재해야 한다는 점을 전제하지는 않는다. 대신에 더 친숙한 형태인 'bent'를 사용하는 이유는 단순히 그것의 사용이 쉽고 또한 의도된 의미를 잘 나타내기 때문이다. 이에 따라 다른 기타 형식(예컨대, ?bended; ?bond; ?bund)은 선호되지 않는다.

Embick & Marantz(2008)의 '분산 형태론(Distributed Morphology, DM)'에서는 다중형태소(multimorphemic) 어휘는 형태소를 결합하는 '통사적 표현 규칙'에 따라 즉석에서 생산되며, 이들은 특정 통사 규칙의 영역을 제한함으로써, 선점 효과를 발휘할 수 있다고 제안한다. 예를 들어, 영어 과거 시제의 경우, 불규칙 과거형인 'hit'이 '?hitted'를 차단하거나 선점하도록 허용하는 대신, 그들은 아래 (7.8)의 규칙들을 제시한다 (Albright & Hayes, 2003 참조).

시제[과거] Tense[past] [9]

불규칙형(Irregular)

7.8a -t {Root (LEAVE); root (BEND); . . .}

7.8b -0 {Root (HIT); Root (QUIT); . . .}

규칙형(Regular)

7.8c -ed

그들 제안의 이러한 측면은 전적으로 규정적(stipulative)이며, 이러한 규칙이 어떻게 습득되는지에 대한 의문을 낳는다. DM은 현재의 제안이 시도하는 것, 즉 기본 규칙이나 예외가 어떻게 학습되는지에 관

---

9   DM 체계에서 다른 전체 단어인 '?hitted'를 차단하는 것은 엄밀히 말하면 전체 단어 (예컨대, hit)가 아니고, 과거 시제 형태소 -0이다. Embick & Marantz(2008)에 따르면 차단은 어휘나 구문 층위에서는 존재하지 않는다.

한 명확한 설명을 제공하지 않는 것으로 비판받는다. 이러한 문제 외에도 DM의 제안은 기타 연구에서 논의된 다른 도전들에도 직면해 있는데(Goldberg, 2006, 212–13; Williams, 2007), 예를 들면, DM 체계는 '파생적(derivational)' 형태론조차도 규칙에 따라 즉석에서 추가된다고 가정하기 때문에, DM 체계는 많은 복합어들(예컨대, derivational, impressionable)과 관련된 '비합성적(noncompositional)' 의미를 설명할 수 없다.

그럼에도 불구하고, Embick & Marantz(2008)는 선점된 형태가 반드시 학습자나 화자의 의식 속에 실제로 존재할 필요는 없다는 중요한 점을 지적한다. 간단히 말해서, 'ran'이라는 형식이 '?runned'를 선점하는 이유는 'ran'이 '?runned'가 적합할 수 있는 맥락에서 안정적으로 신뢰성 있게 사용되었기 때문이라는 것이다.

7.8 충분한 데이터의 관찰

5.3에서 언급된 바와 같이, 속성을 나타내는 전치 수식어로서 사용되는 것을 거부하는 'a-형용사류(a-adjectives)[10]'라 불리는 영어 형용사 범주가 존재한다(예컨대, ?the afraid boy, ?the asleep man). 5장에서 검토한 바와 같이, Boyd & Goldberg(2011)는 새로운(생소한) 형용사에 대한 제약이 적용범위와 통계적 선점의 조합을 통해 학습될 수 있다는 실험적인 증거를 제시하였다. "통계적 선점의 개념이 아동에게도 적용될

---

10 [역주] 'a-'접두사를 가진 이들 형용사는 서술적 용법으로만 쓰이고 한정적 용법으로는 쓰이지 않는다.

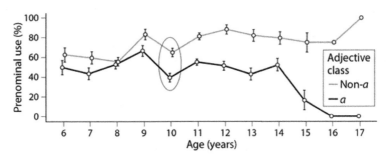

그림7.1 6세에서 17세 사이의 어린이들이 사용한 'a-형용사류'의 명사 앞(prenominal) 전치 수식 비율(검은색 선) 및 의미적으로 관련된 '비a-형용사류'의 비율(회색 선). Boyd & Goldberg(2011)의 생성 과제를 차용한 Hao(2015)의 연구 결과를 기반으로 함.

수 있다"는 충분한 증거가 있는지를 묻는 것은 매우 바람직하다. 이에 대해, Yang(2016)은 "통계적 선점이 아동 언어 학습에 적용될 수 있는지"에 관한 증거가 충분치 않다고 주장하였다. 그의 주장은 3세 아동을 대상으로 한 430만 단어 규모의 말뭉치 분석에 기초하고 있는데, 이 분석에서는 'a-형용사류'가 선점적인 맥락으로 사용된다는 증거가 일부 존재하기는 하나 충분하지 않다는 사실을 발견하였다(명사 앞에서 수식하는 한정적 용법이 다른 상황에서는 적절하였을 것이지만). "통계적 선점이 작동하기 위해 필요한 표현 유형을 가정하는 것"과 관련하여 이의를 제기할 수도 있지만 (Goldberg & Boyd (2015) 참조), 현재의 맥락에서는 이보다 더 중요한 포인트를 지적할 필요가 있다.

필자는 Yang(2016)의 의견에 동의하며, 3세 아이들은 'a-형용사류'의 사용을 확실히 제한할 만큼 충분한 양의 증거를 목격하거나 체화하지 못했다고 본다. 통계적 선점은 학습자가 어떤 하나의 형식이 적절하다고 여겨지는 동안 그와는 다른 형식이 일관되게 관찰되는 경우를 경험

(recognize)할 수 있어야만 가능하기 때문에, 통계적 선점은 몇 년에 걸쳐 일어날 수 있는 매우 점진적(gradual)인 과정이다. 실제로 'a-형용사류'의 사용 제약 조건은 꽤 늦게 학습되는 것으로 나타났다. Hao(2015)는 프린스턴(Princeton) 대학의 학위논문에서 6~17세 어린이를 대상으로 Boyd & Goldberg(2011)의 실험 설계를 적용하여 수행하였다. 이 연구에 따르면, 10세 미만의 어린이는 'a-형용사류'(asleep, alive, afloat, afraid)를 의미적으로 밀접하게 연관된 다른 형용사들(floating, frightened, living, sleepy)보다 덜 한정적으로(prenominally) 사용하는 경향이 있다. 아이들이 대략 10살 정도가 되었을 때에야 비로소 그들은 'a-형용사류'를 유사한 동의어들과 구분하여 사용하기 시작하였다(그림7.1 참조). 이는 어린이들이 Yang(2016)이 고려하였던 대략 1년치 분량을 훨씬 능가하는 규모의 언어 입력을 필요로 한다는 것을 시사한다. 어린이들이 개별 서술어의 분포를 인식하는 능력은 시간이 지남에 따라 발전하며, 'a-형용사류'의 경우에는 대략 10세 전후가 되어서야 성인에 견줄 만한 이해력에 도달한다.

7.9 요약

본 장에서는 형태론과 문법 구조의 부분적 생산성을 설명하기 위한 여러 대안을 검토하였다. 각각의 제안들 모두 유익한 시사점을 제공하지만, 대체로 일반화(혹은 '규칙')가 어떻게 학습되고 제한되는지를 설명하는 데 실패하거나, 언어의 창의적 사용을 허용하지 않는 문제를 드러내었다.

구문이 결합될 때 그들의 제약 조건은 수용 가능해야 한다는 점(7.1)

은 중요하지만, 이것만으로는 'explain-me-this'수수께끼를 직접적으로 설명해내지는 못한다. 왜냐하면, 특정 표현들은 쉽게 해석될 수 있음에도 불구하고 모국어 화자들에 의해 일관성 있게 기피되기 때문이다. 단순히 변별적 요소(diacritics)를 추가하여 특정 단어가 특정 구문에서 사용될 수 없다고 명시하는 방식은, 어린이들이 어떻게 단어에 이러한 변별적 요소를 할당하는 것을 배우게 되는지에 대한 또 다른 의문을 야기한다(7.2). 비록 학습자가 자신이 경험한 것으로부터 크게 벗어나지 않는 것이 바람직하겠으나, 우리는 '동사+논항구조구문(ASC)'의 생소한 조합이 생소한 메시지를 표현할 때에는 합리적으로 수용될 수 있다는 증거를 검토한 바 있다(7.3 참조). 목격된 사례들 간의 관계를 고려하지 않고 단순히 목격된 사례 수나 예외의 수를 계산하는 것에만 의존하는 방법(7.4와 7.5)은 어린이들이 일반화('규칙'의 내용)를 어떻게 배우는지를 적절히 설명할 수 없다. 더욱이, 제안된 '예외 허용 한도(Tolerance)' 및 '예시의 충분성(Sufficiency)' 원칙을 자세히 살펴보면, 사실상 모든 '규칙을 준수하는 사례' 및 모든 '예외'가 단순히 나열되어 있다고 가정한다는 점을 알 수 있다(7.4). 군집화(clustering)의 중요한 역할을 무시하고 출현빈도에만 집중하는 접근법은 'explain-me-this'수수께끼를 해결하는 데 충분치 않다(7.5).

연산 과정을 늘려 저장공간을 최소화하려는 대다수 언어학자들의 충동적인 생각은 잘못된 접근이다(7.6). 2.2와 4.2에서 단어와 문법적 구문에 관하여 논의하였듯이, 언어에 대한 우리의 기억력은 상당히 방대하다. 실제로 우리의 두뇌에서 비용이 많이 드는 것은 기억보다는 연산이다. 또한, 기억 영역 내에 존재하는 잘 커버된 (밀집) 군집은 새로운 사례들의 생성을 촉진하고, 이는 또한 군집의 밀도를 증가시킨다(특히 4장과 7.6).

즉, 저장(storage)과 일반화(generalization) 사이에는 긍정적인 양의 상관관계가 존재한다. 저장된 정보는 새로운 일반화를 가능하게 하고, 이러한 일반화는 다시 저장을 풍부하게 한다.

현재의 사용 기반적 관점은 학습자가 다양한 맥락에서 언어를 경험하고 사용함으로써 고도로 숙련된 언어 화자가 된다고 본다(7.8 및 6장 참조). 제시된 증거는 일반화(generalization), 하위 규칙성(subregularity) 및 예외가 적용범위 및 경쟁을 기반으로 학습되며, 특히 CENCE ME 원칙과 일치한다는 점을 보여주고 있다.

제8장

우리의 위치와 앞으로의 과제

학습된 '형식과 기능의 쌍'은 창조적이면서도 제약적인 방식으로 사용되는데, 언어는 왜, 그리고 어떻게 이것을 포함하고 있을까? 우리는 앞에서 'CENCE ME' 원칙에 대한 근거를 제시했다. 이것은 지금까지 언어에 대한 '사용 기반 구문주의 접근법'의 기초가 되고 있는데, 아래와 같이 다시 정리할 수 있다.[1]

A. 화자들은 자신들의 언어 공동체의 관습을 준수하면서 표현성

---

1 CENCE ME('sense me')는 'EEMCNCE'라는 머리글자의 조합으로 독자와 저자가 기억하기 어려워서 순서를 바꾼 것이다. 여기에는 약간의 아이러니가 존재하는데, 바로 '언어에 대한 인간의 방대한 기억'을 부분적이라도 지시하는 원리를 기억하는 데 도움이 되고자, 글자의 순서를 바꿀 필요가 있었다는 점이다. 그도 그럴 것이, 언어에 대해서 우리는 무의미하고 발음할 수 없는 임의적인 문자열이 아닌, 의사소통 기능을 돕는 암시적이고 구조적이며 공통성을 지닌 표상을 기억한다.

(Expressive)과 효율성(Efficient) 사이의 필요성을 균형 있게 조정한다.(1장)

B. 우리의 **기억력(Memory)**은 방대하되 불완전하다: 기억 흔적은 보존되지만 부분적으로 추상적이다("**손실됨(lossy)**").(2,3,4장)

C. 손실된 기억들은 형태와 기능의 관련된 측면을 공유할 때 정렬되어, 중첩되고 창발하는 표상의 군집, 즉 **구문들(Constructions)**을 형성한다.(3,4,6장)

D. **신정보(New information)**는 구정보(old information)와 연관되어, 풍부한 구문의 네트워크를 만들어낸다.(4장)

E. 발화 중에 여러 구문이 활성화되어 서로 **경쟁(Compete)**하며 우리의 의도된 메시지를 표현한다.(5장)

F. 언어 이해 과정에서, 기대와 실제 관찰 사이의 불일치는 **오류기반학습(Error-driven learning)**을 통해 학습된 구문 네트워크를 미세 조정한다.(5,6장)

우리는 단어들이 풍부하고 구조화되며 사용 맥락에서 부분적으로 추상화된 의미를 환기시키는 것을 관찰했다(2장). 단어의 의미를 이해하려면, 비록 경험에서 부분적으로 추상화되기는 하지만, 단어가 사용되는 방식에 대한 우리의 '방대한 기억'을 필요로 한다. 이러한 관찰은 기억에 관한 독립적인 연구에 의해 증명되었는데, 바로 기억은 세밀하고 문맥 정보에 민감하면서도 전적으로 사실적이지는 않다는 것이다. 이는 바로 기억의 흔적은 '손실된 압축 정보'처럼 직접적인 경험으로부터 어느 정도 '추상화'되어 있음을 의미한다.

대부분의 단어, 특히 자주 쓰는 단어는 관습적이고 연관된 의미의 군집 형태로 사용된다. 왜냐하면 일반적으로 우리는 익숙한 단어를 새로운 방식으로 사용하기 때문이다. 그렇게 하면 화자의 노력이 줄고 청자는 더 쉽게 이해할 수 있다. '다의어(구별되지만 관련된 의미를 가진 단어들)'가 광범위하게 존재하는 것은 한 단어의 이전 사용에 대한 기억의 흔적이 삭제될 수 없음을 함의한다. 즉, 하나의 의미가 관찰된다고 해서 그것이 "다른 의미는 불가능하다"는 사실에 대한 증거가 되지는 못한다. 단어 의미에 대한 잘못된 해석은 '잘못된 해석과 관련된 맥락' 그리고 '다른 단어와 더 강한 연결 고리를 생성함'으로써 수정되어야 한다.

   발화의 해석은 오직 단어로부터만 기인하는 것은 아니며, '단어와 구가 결합되는 방식'으로부터도 나온다. 3장에서는 '사건의 유형' 또는 "누가 누구에게 무엇을 했는지"를 표현하는 논항구조구문(ASC)을 소개했다. 논항구조구문(ASC)은 형태, 의미, 정보구조 및 사회적 맥락과 관련된 요소에 의해 조절된다. 단어 의미로부터 얻은 교훈은 추상적인 문법적 논항구조구문(ASC)에도 똑같이 적용된다. 즉, 4장에서 우리는, 단어의 사용이 우리의 '초차원적 개념공간'에서 중복된 표상의 군집을 형성하는 것과 같은 패턴으로, 논항구조구문(ASC)의 사용 사건도 그러함을 관찰했다. 우리는 자주 단어와 구 패턴 모두를 창의적이면서 부분적으로 생산적인 방식으로 사용한다. 우리가 이렇게 해야 하는 이유는 우리가 자주 새로운 것을 말해야 하고, 우리가 접하는 맥락은 항상 바뀌기 때문이다. 구문의 생산적인 사용은 "구문을 범례화하는 기존 사례들의 밀집된(covered) 군집 내에서, 잠재적 언어표현이 위치하는 범위"에 따라 지지된다.

   발화와 이해에 있어서 원어민과 같이 유창하기 위해서는, 충분히 조밀해진 '구문 군집(constructional clusters)의 지식 기반'을 필요로 하며, 이 지식 기반은 다양한 맥락에서 사용자에게 적절한 언어적 도구를 제공할 만큼의 경험을 통해 조밀해진다. 어린이(및 L2 학습자)는 초기에 단어를 과도하게 확장하기 쉽다. 예를 들어, 그들은 'ball'이라는 단어로 '버튼'을 지시할 수 있다. 마찬가지로, 그들은 때로 문법의 과잉일반화 오류를 발생시킨다. "?I'm gonna cover a screen over you", "?Explain me this."가 그러하다(Bowerman, 1988). 이러한 '의도된 메시지'를 표현하는 더 관습적인 대체 표현이 있기 때문에, 이와 같이 과도한 확장이나 일반화는 오류로 간주 된다(이 경우 'button', 'cover you with something', 'Explain something to me'가 대체 표현이 된다). '의도된 문맥적 메시지'를 표현하는 관습적인 구문이 없는 경우, 화자는 새로운 방식으로 사용 가능한 구문을 확장해야 한다. 즉, 기존 구문이 없을 때 화자는 적절한 표상을 (조합) 사용하여 대체한다.

5장에서는 '경쟁'과 '오류 기반 학습(error-driven learning)'의 중요한 역할을 자세히 설명하였으며, 학습자가 과잉일반화를 극복하고 단어와 구문의 제약을 학습하는 방식을 제시하였다. 선호되는 대체 표현이 반복된 노출을 통해 익숙해지면, '통계적 선점' 과정을 통해 선호되지 않는 형식보다 더 쉽게 접근할 수 있게 될 것이다. 즉, 밀접하게 관련된 의미를 표현하는 단어들이나 담화에서 밀접하게 관련된 기능을 가진 문법적 구문들은 서로 경쟁 관계에 놓인다. 주어진 맥락에서 의도된 메시지의 동일한 측면을 표현하기 위하여 여러 가지 언어 표현이 활성화될 때, 가장 강한 힘을 가지는 표상(representation)이 경쟁에서 이기고, 다른 것은 해당 문맥의 특징과 점점 멀어지게 된다. 이것은 왜 관습적인 형식이 더 쉽게 접근할 수 있게 되는지를 설명한다. 특정 의미나 기능을 표현할 수 있는 더 적절한 방법이 있는 경우, 우리가 생소한 형식을 "틀렸다", "부적절하다" 또는 "원어민 같지 않다"라고 판단하는 이유는 바로 '모국어 화자'처럼 표현하기를 원하기 때문이다. 즉, 공유된 언어 관습은 그가 해당 집단의 구성원임을 보여준다. 'ball'이란 말로 버튼을 가리키거나 "?Explain me this"라고 표현하는 것이 원어민들에게 "틀렸다"고 간주되는 이유는 간단하다. 바로 다른 원어민들의 말투가 아니기 때문이다.

물론 우리의 목적이 기억에 남기고 싶거나, 장난스럽게 말하거나, 혹은 우리가 선택한 구문의 특정 측면으로 특별한 주의를 끌기 위한 것이라면, 의도적으로 관습을 어길 수도 있다. 세 번째 목적(특별한 주의를 끌기 위한 목적)에 해당하는 유형은 'disappear'가 타동사 용법으로 사용된 사례를 들 수 있다.

8.1 "four days after the military coup, they had disappeared her husband"
(군사쿠데타 발생한 후 나흘 만에 그들이 남편을 사라지게 만들었다(남편이 실종되었다).)

이는 반체제 인사나 반군이 의도적이고 직접적으로 남편을 사라지게 만들었음을 특별히 강조하는 새로운 관습적 방식이다.[2] 타동사적 사동문(transitive causative)은 동작주의 과실과 실종된 사람의 통제력 부족을 강조하지만, 대체 표현("They made her husband disappear")은 그렇지 않기에, 이 표현은 혁신적이면서도 통용되기 시작했다.

---

2   [역주] 사라진 것은 남편이고 그들을 잡아간 것이 반체제 인사이다. 여기서 'disappeared'는 일반적으로 '사라지다'라는 동사로 사용되는 것이 아니라, 특정한 정치적 또는 권력적 맥락에서 사용되는 용어이다. 이 경우, 그것은 강제로 사람을 잡아가서 행방불명되게 만드는 행위를 가리킨다.

6장은 언어 습득 연구에서의 몇 가지 명백한 역설을 다루었다. 아이는 어른에 비해 더 보수적인(일반화할 가능성이 낮고) '동시에' 지나치게 일반화하려 한다고 주장되어 왔다. 이러한 명백한 역설은 "아이들이 언어에 대한 장기적 지식을 유지하는 초차원적 개념공간(hyper-dimensional conceptual space)에서 어떤 차원이 범례들(examplars)을 정렬하는 것과 관련되는지를 빠르게 인지(또는 추측)하는데 덜 능숙하다는 사실"을 알게 되면서 해결되었다. 학습자가 적절한 일반화를 지원하는 데 필요한 범례 간의 유사성(SIMILARITY)이나 대응관계(parallels)를 식별하거나 파악하지 못할 경우, 학습자는 보수적으로 행동한다. 학습자가 한 군집을 두 개 이상의 개별 군집으로 분할하는데 필요한 관찰된 범례 간의 '차이(DISTINCTIONS)'를 식별하거나 파악하지 못할 경우, 학습자는 더 접근하기 쉬운 옵션을 과도하게 사용한다(이로써 '정규화'를 한다). 특정 메시지를 표현하는 가능한 방법 간의 경쟁은 해당 메시지를 표현하기에 적절한 친숙한 형식이 존재할 때마다, 생소한 형식보다 친숙한 형식에 대한 선호로 이어진다. 학습자가 더 친숙한 표현에 접근할 수 없는 경우(아직 제대로 학습되지 않았거나 발화 순간에 충분히 접근할 수 없어서), 그들은 원어민이 비수용적이라고 여기는 형식을 말하게 된다. 아이들은 결국 오류 기반의 암묵적 피드백을 통해 이러한 오류를 수정하게 된다. 자신들이 예상했던 다른 형식 대신 더 관습적인 형식을 관찰하면서 허용되지 않는 형식은 사라지고 관습적 형식은 강화된다.

제2언어를 배우는 성인 학습자는 종종 상호 관련된 이유로 'explain-me-this' 유형의 오류를 지속적으로 범한다. 성인의 모국어는 수십 년간의 연습을 통해 강화된다. 그들의 L1 표상을 포함하는 초차원적 개념공간은 '자동적인 언어 사용(automatic language use)'이라는 목적을 위해 변화하였다. L2 학습자는 일반적으로 L2에서 범례를 정렬하는데 필요한 차이점이나 유사성을 인지할 수 있지만, 이러한 차원에 주의를 기울이는 것은 L1에서 고도로 연습된 차원을 사용하는 것보다 인지적으로 더 큰 부담을 가진다. 두 번째로 L2 학습자가 이후 발화의 문법 형태를 예측하는 능력이 떨어지는 한, 인지적인 부담 또한 크기 때문에 오류 기반 학습에서 혜택을 받을 기회는 줄어든다.

7장에서는 구문의 부분적 생산성을 다루기 위한 몇 가지 '대안적 제안'을 살펴보았다. 여기에는 "화자가 이미 관찰한 언어 현상으로부터 거의 벗어나지 않는다는 주장('강화를 통한 언어적 보수주의')", "보이지 않는 통사적 변별요소(diacritics) 또는 기저 구조를 설정하는 것이 학습자의 관점에서 문제를 어떻게든 해결할 수 있다고 보는 주장", "예외 비율에 대한 고정된 상한선(upper bound) 및 규칙 준수 사례 비율에 대한 고정된 하한선(lower bound)을 설정하면 일반화가 어떻게, 언제 생산적인지를 예측할 수 있다는 주장" 등이 있다. 이러한 주장은 어떤 측면에서 유용하지만, 이들 중에서 '창의적 잠재력'과 '제약'을 동시에 다룬 시도는 전혀 없었다. 우리는 창의성과 제약이 동전의 양면이라고 주장해 왔다. 창의성은 새로운 언어표현(coinage)을 포함하는데 필요한 새로운 동적 범주가 충분히 입증되는 범위 내에서 장려되고, 제약은 주어진 문맥에서 의도된 메시지를 표현하는 대체 가능한 방법과의 경쟁 과정에서 발생한다.

우리는 일반화가 '맹목적인' 방식으로 진행되지 않는다는 점을 기억해야 한다. 대신, 특정 차원의 관련성은 주의 편향(attentional bias), 예측 성공(상호 정보) 및 선행 학습을 통해 파악된다. 또한 당면한 목표도 중요하다. 예를 들어, 유아는 특정한 음성 대조가 한 단어와 다른 단어를 구별하지 않는다는 예측 가능한 패턴을 학습한다. 그러나 동일한 음성학적 구별은 보스턴 억양과 영국식 억양을 구별하거나 특정인의 목소리를 식별하는 데 여전히 유용할 수 있다. 우리가 컵을 집어 들을 때는 무게와 밀도를 고려하지만, 어떤 물체가 컵이고 어떤 물체가 그릇인지 결정하는 것이라면 무게와 밀도는 중요한 차원이 아니다. 상추를 고를 때, 녹색의 다양한 색조는 로메인과 시금치를 구별하지만, 교차로를 탐색할 때는 어떠한 녹색의 불이라도 괜찮다. 이와 유사하게 각각의 차원은 구문의 기능적 목적에 따라 다른 문법적 구문과 관련이 있다.

이 책에서 강조한 것은 "누가 누구에게 무엇을 했는지"를 결정하는 논항구조구문(ASC)이다. 논항구조구문(ASC)은 비교적 간단한 문법 구조로서, 일련의 조건화 요인(3장, 4장)을 포함한다. 4.4에서 논의된 바와 같이, 술어(동사와 형용사)는 자체적인 제약과 특히 관련이 깊다. 중요한 점은 구문들은 다른 차원들과 관련이 있다는 것이다. 예를 들어, 한정사(determiners)는 명사구 구문의 형식 및 기능과 밀접하게 관련된다. 그리고 wh-words(의문사)와 조동사는 의문사 구문의 기능과 밀접하게 관련된다(예컨대, who/how come; aren't/isn't)(Rowland et al., 2003). 학습자는 자신의 언어에서 각 구문과 어떤 차원이 관련이 있는지를 이해해야 한다.

문법적 구문은 일반적으로 다른 구문들과 결합한다(3.8). 많은 문법적 구문은 담화에서 정보를 포장하는 방식에 따라 구별된다. 이들 구문은 이 책에서 강조하고 있는 논항구조구문(ASC)과 결합된다. 예를 들어, '단순타동논항구조구문(ASC)'은 '분열구문(cleft construction)', '좌측전이구문(left-dislocation construction)', 또는 '화제화구문(topicalization construction)'과 결합할 수 있다(8.2).

8.2a It was a giraffe that the mouse saw. (it-분열구문)

(쥐가 본 것은 기린이었다.)

8.2b The giraffe, the mouse saw it. (좌측전이구문)

(기린을, 쥐가 보았다.)

8.2c The giraffe the mouse saw. (화제화구문)

(기린은 쥐가 보았다.)

이러한 각각의 구문은 고유한 정보구조 속성과 연결된다. 예를 들어, Gregory & Michaelis(2001)는 구어 Switchboard[3] 말뭉치 분석에서 좌측전이구문(8.2b)의 앞쪽 명사구는 담화의 신정보로 문장이 끝난 후에도 다음 담화의 화제로 계속 사용된다고 하였다. 한편 화제화구문(8.2c)의 앞쪽 명사구는 반대의 경향을 보인다. 해당 명사구는 이어지는 담화에서 화제로서 지속되지 않고 이전에 언급된 것에 그치는 경향이 있다. 따라서 좌측전이구문은 화제를 구축하는 반면, 화제화구문은 화제로써의 기능을 잃고 사용되는 경향이 있다(Gregory & Michaelis, 2001).

다른 구문들은 불신(8.3)(Akmajian, 1984; Lambrecht, 1990) 또는 회의 (8.4)(Gordon & Lakoff, 1971)를 포함한 다양한 태도나 감정을 전달한다.

8.3 ⟨accusative NounPhrase⟩, ⟨NounPhrase⟩? (⟨사역 명사구⟩, ⟨명사구⟩?)

예: "Him, a man of the cloth?"

(그 사람, 옷 입은 사람?)

8.4 Why ⟨VerbPhrase⟩? (Why ⟨동사구⟩?)

---

3 미국 영어 화자들 간의 전화 대화로 구성된 Switchboard 말뭉치는 가장 오랜 역사를 지닌 완전 자연어 말뭉치 중 하나이다.

예: "Why watch the performance on video?"

(왜 그 공연을 비디오로 보나요?)

(8.5)의 'NICE-OF-YOU 구문'은 어떤 동작이 동작 행위주에게 어떻게 반영되는지에 대한 판단을 전달하는 데 사용된다.

8.5 (It is) ⟨adjective⟩ [of ⟨someone⟩] (⟨*to*-verb-phrase⟩)

: NICE-OF-YOU construction

(It is) ⟨형용사⟩ [of ⟨누군가⟩] (⟨*to*-동사구⟩) NICE-OF-YOU 구문

예: "It is nice of you to defend the honor of those who deserve it."

(그럴 자격이 있는 사람들의 명예를 옹호하다니 당신 참 친절하군요.)

이 구문은 단순히 사람을 객관적으로 묘사하는데 사용되지 않고(8.6a), 무정물에 대한 평가를 포착하는 상황에서도 사용될 수 없다(8.6b). 이 구문은 '평가 의미를 가지는 형용사들'과만 상용(相容)될 수 있다. 예를 들어, (8.6c)의 'big'은 단순히 'large'의 의미가 아니라 'generous'의 의미로 해석되어야 한다(Herbst & Goldberg, 미발표 석사논문).

8.6a ?It's tall of you to reach the top shelf.

(?맨 위 선반에 닿다니 키가 크구나.)

8.6b ?It's helpful of the dishwasher to save water.

(식기 세척기가 물을 절약하는 데 도움이 됩니다.)

8.6c It's big of you to reach the top shelf. ≈ 'It's generous of you.'

(맨 위 선반에 닿다니 대단하다. ≈ '당신 (그렇게 해주시다니) 감사드려요.')

수백 개의 문법 구문, 수천 개의 숙어와 관습적 구, 그리고 수만 개의 단어가 존재하고 (Culicover, 1999; Jackendoff, 2002; Sinclair, 1991; Wray, 2002), 이들은 '언어의 상호 관련 지식 네트워크', 즉 우리의 '구문(CONSTRUCTION)'을 총체적으로 형성한다(Desagulier, 2015, Goldberg, 1995, Hoffman & Trussdale, 2013, Langacker, 1987). 구문은 어휘목록(lexicon)이 오랫동안 인식되어 왔던 것처럼 고도로 구조화되어 있지만, 어휘목록 보다 훨씬 더 크다(Jackendoff & Audring, 2016 참조).

언어학자들과 심리학자들은 종종 고립적으로 문장을 연구하는데, 이는 동물원의 격리된 우리 안에서 동물을 연구하는 것과 비슷할 수 있다. 필자는 본인의 연구에서도 이 점을 통감한다. 언어의 자연스러운 환경인 '대화(conversation)'에 집중하면 언어에 대한 우리의 이해에 도움이 될 것이라는 점은 의심할 여지가 없다(Du Bois et al., 2003; Hilpert, 2017; Thompson & Hopper, 2001). 사실상 복잡한 언어체계가 문화적 진화를 통해 출현하는 과정에서 '상호 협력하려는 인간의 성향'은 핵심적인 역할을 하였다(Botha & Knight, 2009; De Boer 등, 2012; Ellis & Larsen-Freeman, 2009; Richerson & Christiansen, 2013; Steels, 2005; Tomasello, 2009). 사람들이 대화에서 언어를 사용하여 서로 의사소통할 때 '협력'이 가장 뚜렷하게 나타난다.

언어는 우리에게 훨씬 더 "일반적이고 창의적이지만 제한된 범용 지식으로의 창구"를 제공하는, 제약적이고 개별적인 체계를 제공한다. 언어는 우리를 가르치고 배우고 꿈꾸고 상상할 수 있게 하며, 인간 특유의 방식으로 성찰하고 판단하게 한다. 또한 '구문의 기능과 분포'에 초점을 맞추면 "개별 구문이 시간에 따라 어떻게 출현하고 발전하는지"에 대한 중요한 통찰력을 얻을 수 있다(Bar etdal et al., 2015; Traugot, 2015; Traugot & Trusdale, 2013).

현재 언어학자, 심리학자, 인류학자, 컴퓨터 과학자들 사이에 시너지가 증가하고 있으며, 따라서 언어 연구는 매우 흥미진진한 시기에 진입했다. 이 책은 우리가 지금까지 배운 것들의 수박 겉핥기 수준에 불과하며, 이는 특히 방대한 참고문헌 목록에서도 드러난다.

앞으로 해야 할 더 많은 일이 남아 있다. 특정 구문 간의 많은 미묘한 차이와 관계는 다양한 언어에 걸쳐 문서화 된 반면, 이 책은 주로 영어에 초점을 맞추고 있다. 분명한 사실은 상대적으로 덜 연구된 언어에서 간혹 드러나는 미묘한 기능 차이를 더 잘 이해하기 위해서는 유형학적 연구에 더 많은 관심을 두어야 한다는 점이다. 이것은 물론 연구자들의 부지런함과 열린 마음을 필요로 한다. 문법 연구자들은 익숙한 언어에 편향되기 때문에 우리는 그들이 출판한 문법서에만 의존할 수 없다. 예를 들어, 형식은 'subjects' 또는 'adjectives'로 표현될 수 있는데, 이는 해당 의미가 영어로 번역되는 방식에 기인한 것이기 때문이다. 우리는 언어 간의 서로 다른 미묘하고 복잡한 방식을 존중해야 한다(Croft, 2001; Delancey, 2012; Fried & Östman, 2004; LaPolla, 2017).

연구자들은 정보구조와 어휘 의미론에 정통해야 한다. 그렇지 않으면 특정 단어와 구문 및 그것의 결합 방식에 대한 분석에서 어려움을 겪을 수 있다. 이러한 필요성은 모델링 연구에서 절실하다. 모델링 연구는 충분한 주목을 받고 있지만, 관계적 의미 혹은 단어와 문법 구문이 결합하여 맥락에서 해석을 생성하는 무수한 방식을 포착할 수 있는 수단이 부족하다. 동시에 모델링 연구는 10년 전만 해도 우리가 예상하지 못했던 문제를 다루기 시작했다. 지금은 컴퓨팅 모델이 개별 단어 수준을 넘어 구문에 대한 정보를 어떻게 포착할 수 있는지 고찰하기에 적절한 시기이다(Dunn, 2017; Fitz et al., 2011; Kádár et al., 2017; Tsao & Wible, 2013; Van Trijp & Steels, 2012).

이 책은 기억, 범주화, 학습에 대해 우리가 알고 있는 것에 반응하는 그러한 언어 접근법을 갈망하는 이들의 호기심을 자극하기 위해 기획되었다. 관련된 모든 질문에 답하기는 어렵지만, 필자의 목표는 소박하다. 나는 불필요한 전문 용어는 최대한 피하고자 노력했다. 이는 학생, 교사, 연구자들이 기억과 학습, 의사소통 수단으로서의 언어의 기능에 집중할 수 있도록 격려하기 위함이다.

Abbot-Smith, K., E. Lieven, and M. Tomasello. 2008. "Graded Representations in the Acqui- sition of English and German Transitive Constructions." *Cognitive Development* 23 (1): 48-66.

Abbot-Smith, K., C. Rowland, F. Chang, J. Pine, and H. Ferguson. 2017. "Two and Three Year Old Children Use a Incremental First-NP-as-Agent Bias to Process Transitive Sentences." *PLoS One* 12 (10): e0186129.

Ackerman, F., G. T. Stump, and G. Webelhuth. 2011. "Lexicalism, Periphrasis, and Implicative Morphology." In *Non-transformational Syntax: Formal and Explicit Models of Grammar*, edited by R. Borsley and K. Börjars, 325-58. Hoboken, NJ: Wiley.

Adelman, J. S., S. G. Brown, and J. F. Quesada. 2006. "Contextual Diversity, not Word Fre- quency, Determines Word-Naming and Lexical Decision Times." *Psychological Science* 17 (9): 814-23.

Aha, D. W., D. Kibler, and M. K. Albert. 1991. "Instance-Based Learning Algorithms." *Machine Learning* 6 (1): 37-66.

Ahrens, K. V. 1995. "The Mental Representation of Verbs." PhD thesis, University of California.

Aïkhenvald, A. Y. 2000. Classifiers: A Typology of Noun Categorization Devices. Oxford: Oxford University Press.

Aïkhenvald, A. Y., and R.M.W. Dixon, eds. 2006. *Serial Verb Constructions: A Cross-Linguistic Typology*. Vol. 2. Oxford: Oxford University Press.

Akhtar, N. 1999. "Acquiring Basic Word Order: Evidence for Data-Driven Learning of Syn- tactic Structure." *Journal of Child Language* 26 (2): 339-56.

Akhtar, N., M. Carpenter, and M. Tomasello 1996. "The Role of Discourse Novelty in Early Word Learning." *Child Development* 67(2): 635-45.

Akhtar, N., and M. Tomasello. 1997. "Young Children's Productivity with Word Order and Verb Morphology." *Developmental Psychology* 33 (6): 952.

Akmajian, A. 1984. "Sentence Types and the Form-Function Fit." *Natural Language and Lin- guistic Theory* 2 (1): 1-23.

Albright, A., and B. Hayes. 2003. "Rules vs. Analogy in English Past Tenses: A Computational/ Experimental Study." *Cognition* 90 (2): 119-61.

Alishahi, A., and S. Stevenson. 2008. "A Computational Model of Early Argument Structure Acquisition." *Cognitive Science* 32(5): 789-834.

Allen, K., F. Pereira, M. Botvinick, and A. E. Goldberg. 2012. "Distinguishing Grammatical Constructions with f MRI Pattern Analysis." Brain and Language 123 (3): 174-82.

Alsina, A., J. Bresnan, and P. Sells. 1997. *Complex Predicates*. Stanford, CA: Center for the Study of Language and Information.

Alsina, A., and S. A. Mchombo. 1993. "Object Asymmetries and the Chichewa Applicative Construction." *Theoretical Aspects of Bantu Grammar* 1: 17-45.

Altmann, G. T., and Y. Kamide. 1999. "Incremental Interpretation at Verbs: Restricting the Domain of Subsequent Reference." *Cognition* 73 (3): 247-64.

Ambridge, B. 2013. "How Do Children Restrict Their Linguistic Generalizations? An (Un-) Grammaticality Judgment Study." *Cognitive Science* 37 (3): 508-43.

Ambridge, B., L. Barak, E. Wonnacott, C. Bannard, & G. Sala. (2018). "Effects of Both Preemp- tion and Entrenchment in the Retreat from Verb Overgeneralization Errors: Four Reanal- yses, an Extended Replication, and a Meta-Analytic Synthesis." *Collabra Psychology*, 4(1). Ambridge, B., A. Bidgood, K. E. Twomey, J. M. Pine, C. F. Rowland, and D. Freudenthal. 2015. "Preemption versus Entrenchment: Towards a Construction-General Solution to the Problem of the Retreat from Verb Argument Structure Overgeneralization." *PLoS*
One 10 (4): e0123723.

Ambridge, B., and R. P. Blything. 2016. "A Connectionist Model of the Retreat from Verb Argument Structure Overgeneralization." *Journal of Child Language* 43 (6): 1245-76.

Ambridge, B., and S. Brandt. 2013. "Lisa Filled Water into the Cup: The Roles of Entrench- ment, Pre-emption and Verb Semantics in German Speakers' Acquisition of English Loc- atives." *Zeitschrift für Anglistik und Amerikanistik* 61 (3): 245-63.

Ambridge, B., and A. E. Goldberg. 2008. "The Island Status of Clausal Complements: Evidence in Favor of an Information Structure Explanation." *Cognitive Linguistics* 19 (3): 357-89.

Ambridge, B., and E. Lieven. 2015. "A Constructivist Account of Child Language Acquisition." In *The Handbook of Language Emergence*, edited by B. MacWhinney and W. O'Grady, 478-510. Hoboken, NJ: Wiley.

Ambridge, B., C. H. Noble, and E. V. Lieven. 2014. "The Semantics of the Transitive Causative Construction: Evidence from a Forced-Choice Pointing Study with Adults and Children." *Cognitive Linguistics* 25 (2): 293-311.

Ambridge, B., J. M. Pine, and C. F. Rowland. 2012a. "Semantics versus Statistics in the Retreat from Locative Overgeneralization Errors." *Cognition* 123 (2): 260-79.

Ambridge, B., J. M. Pine, C. F. Rowland, and F. Chang. 2012b. "The Roles of Verb Semantics, Entrenchment and Morphophonology in the Retreat from Dative Argument Structure Overgeneralization Errors." *Language* 88 (1): 45-81.

Ambridge, B., J. M. Pine, C. F. Rowland, D. Freudenthal, and F. Chang. 2014. "Avoiding Da- tive Overgeneralisation Errors: Semantics, Statistics or Both?" *Language, Cognition and Neuroscience* 29 (2): 218-43.

Ambridge, B., J. M. Pine, C. F. Rowland, R. F. Jones, and V. Clark. 2009. "A Semantics-Based Approach to the 'No Negative Evidence' Problem." *Cognitive Science* 33(7): 1301-16.

Ambridge, B., J. M. Pine, C. F. Rowland, and C. R. Young. 2008. "The Effect of Verb Semantic Class and Verb Frequency (Entrenchment) on Children's and Adults' Graded Judgments of Argument-Structure Overgeneralization Errors." *Cognition* 106 (1): 87-129.

Ameka, F. K. 2006. "Ewe Serial Verb Constructions in Their Grammatical Context." In *Serial Verb Constructions: A Cross-Linguistic Typology*, edited by A. I. Aĭkhenvald and R.M.W. Dixon, 124-43. Chicago: Oxford University Press.

Ameka, F. K., and J. Essegbey. 2013. "Serialising Languages: Satellite-Framed, Verb-Framed or Neither." *Ghana Journal of Linguistics* 21: 19-38.

Anderson, J. R., and G. H. Bower. 2014. *Human Associative Memory*. Hove, UK: Psychology Press.

Anderson, M. C., E. L. Bjork, and R. A. Bjork. 2000. "Retrieval-Induced Forgetting: Evidence for a Recall-Specific Mechanism." *Psychonomic Bulletin and Review* 7 (3): 522-30.

Anderson, M. C., C. Green, and K. C. McCulloch. 2000. "Similarity and Inhibition in Long- Term Memory: Evidence for a Two-Factor Theory." *Journal of Experimental Psychology: Learning, Memory, and Cognition* 26 (5): 1141.

Anderson, M. C., and B. A. Spellman. 1995. "On the Status of Inhibitory Mechanisms in Cog- nition: Memory Retrieval as a Model Case." *Psychological Review* 102 (1): 68.

Anderson, S. R. 1971. "On the Role of Deep Structure in Semantic Interpretation." *Foundations of Language* 7 (3): 387-96.

Antón-Méndez, I. 2010. "Gender Bender: Gender Errors in L2 Pronoun Production." *Journal of Psycholinguistic Research* 39 (2): 119-39.

Aravind, A., J. de Villiers, A. Pace, H. Valentine, R. Golinkoff, K. Hirsch-Pasek, A. Iglesias, and

M. S. Wilson. 2018. "Fast Mapping Word Meanings across Trials: Young Children Forget All but Their First Guess." *Cognition* 177: 177-88.

Arbib, M. A. 2017. "Dorsal and Ventral Streams in the Evolution of the Language-ready Brain: Linking Language to the World." Journal of Neurolinguistics 43 (B): 228-53.

Ariel, M. 1991. "The Function of Accessibility in a Theory of Grammar." *Journal of Pragmatics*

16 (5): 443-63.

Arnold, J. E., J. G. Eisenband, S. Brown-Schmidt, and J. C. Trueswell. 2000. "The Rapid Use of Gender Information: Evidence of the Time Course of Pronoun Resolution from Eyetracking." *Cognition* 76 (1): 13-26.

Arnold, J. E., M. K. Tanenhaus, R. J. Altmann, and M. Fagnano. 2004. "The Old and Thee, uh, New: Disfluency and Reference Resolution." *Psychological Science* 15 (9): 578-82.

Arnold, J. E., T. Wasow, A. Losongco, and R. Ginstrom, R. 2000. "Heaviness vs. Newness: The Effects of Structural Complexity and Discourse Status on Constituent Ordering." *Language* 76: 28-55.

Arnon, I., and M. H. Christiansen. 2017. "The Role of Multiword Building Blocks in Explaining L1-L2 Differences." *Topics in Cognitive Science* 9 (3): 621-36.

Arnon, I., and E. V. Clark. 2011. "Why Brush Your Teeth Is Better than Teeth: Children's Word Production Is Facilitated in Familiar Sentence-Frames." *Language Learning and Development* 7 (2): 107-29.

Arnon, I., S. M. McCauley, and M. H. Christiansen. 2017. "Digging Up the Building Blocks of Language: Age-of-Acquisition Effects for Multiword Phrases." *Journal of Memory and Language* 92: 265-80.

Arnon, I., and N. Snider. 2010. "More than Words: Frequency Effects for Multi-word Phrases."

Journal of Memory and Language 62 (1): 67-82.

Aronoff, M. 1976. *Morphology in Generative Grammar*. Cambridge, MA: MIT Press.

Aronoff, M., and M. Lindsay. 2016. "Competition and the Lexicon." *Livelli di Analisi e fenomeni di interfaccia. Atti del XLVII congresso internazionale della società di linguistica Italiana* 47: 39-52.

Artola, A., S. Brocher, and W. Singer. 1990. "Different Voltage-Dependent Thresholds for Inducing Long-Term Depression and Long-Term Potentiation in Slices of Rat Visual Cor- tex." *Nature* 347 (6288): 69.

Arunachalam, S., E. Escovar, M. A. Hansen, and S. R. Waxman. 2013. "Out of Sight, but Not Out of Mind: 21-Month-Olds Use Syntactic Information to Learn Verbs Even in the Absence of a Corresponding Event." *Language and Cognitive Processes* 28 (4):

417-25.

Arunachalam, S., and S. R. Waxman. 2010. "Meaning from Syntax: Evidence from 2-Year-Olds." *Cognition* 114 (3): 442-46.

Atkinson R. C., and R. M. Shiffrin. 1968. "Human Memory: A Proposed System and its Control Processes." In *The Psychology of Learning and Motivation: Advances in Research and Theory*, vol. 2, edited by K. W. Spence and J. T. Spence, 89-195. New York: Academic Press.

Austin, G., N. Pongpairoj, and D. Trenkic. 2015. "Structural Competition in Second Language Production: Towards a Constraint-Satisfaction Model." *Language Learning* 65 (3): 689-722.

Austin, J. L. 1962. *How to Do Things with Words*. Oxford: Clarendon.

Baayen, R. H. 2007. "Storage and Computation in the Mental Lexicon." In *The Mental Lexicon: Core Perspectives*, edited by G. Jarema and G. Libben, 81-104. Bingley, UK: Emerald.

Baayen, R. H., and F. M. del Prado Martin. 2005. "Semantic Density and Past-Tense Formation in Three Germanic Languages." *Language* 81 (3): 666-98.

Baayen, R. H., P. Hendrix, and M. Ramscar. 2013. "Sidestepping the Combinatorial Explosion: An Explanation of N-Gram Frequency Effects Based on Naive Discriminative Learning." *Language and Speech* 56 (3): 329-47.

Baayen, R. H., and R. Lieber. 1991. "Productivity and English Derivation: A Corpus-Based Study." *Linguistics* 29 (5): 801-44.

Baayen, R. H., and R. Schreuder. 2006. "Morphological Processing." In *Encyclopedia of Cog- nitive Science*, edited by L. Nadel, 131-54. Hoboken, NJ: Wiley.

Baker, C. L. 1979. "Syntactic Theory and the Projection Problem." *Linguistic Inquiry* 10 (4): 533-81.

Baker, M. C. 1997. "Thematic Roles and Syntactic Structure." In *Elements of Grammar*, edited by L. Haegeman, 73-137. Dordrecht, Netherlands: Springer.

Baldwin, D. A., and M. Tomasello. 1998. "Word Learning: A Window on Early Pragmatic Understanding." In *The Proceedings of the Twenty-Ninth Annual Child Language Research Forum*, edited by E. V. Clark, 3-23. Chicago: Center for the Study of Language and Information.

Balota, D. A., M. Pilotti, and M. J. Cortese. 2001. "Subjective Frequency Estimates for 2,938 Monosyllabic Words." *Memory and Cognition* 29 (4): 639-47.

Bannard, C., and D. Matthews. 2008. "Stored Word Sequences in Language Learning: The Effect of Familiarity on Children's Repetition of Four-Word Combinations." *Psychological Science* 19 (3): 241-48.

Bar, M. 2004. "Visual Objects in Context." *Nature Reviews Neuroscience* 5 (8): 617-29.

Barak, L., A. Fazly, and S. Stevenson. 2014. "Gradual Acquisition of Mental State Meaning: A Computational Investigation." *Proceedings of the Annual Meeting of the Cognitive Science Society* 36: 1886-91.

Barak, L., and A. E. Goldberg. 2017. "Modeling the Partial Productivity of Constructions." In *Proceedings of the American Association of Artificial Intelligence (AAAI) Symposium on Computational Construction Grammar and Natural Language Understanding*, Technical Report SS-17-02, 131-38 (Stanford, CA: AAAI).

Barak, L., A. E. Goldberg, and S. Stevenson. 2016. "Comparing Computational Cognitive Models of Generalization in a Language Acquisition Task." *Empirical*

Methods in Natural Language Processing 2016: 96-106.

Bardi, L., L. Regolin, and F. Simion. 2011. "Biological Motion Preference in Humans at Birth: Role of Dynamic and Configural Properties." *Developmental Science* 14 (2): 353-59.

Barðdal, J. 2008. *Productivity: Evidence from Case and Argument Structure in Icelandic.* Vol. 8. Amsterdam: John Benjamins.

Barðdal, J., E. Smirnova, L. Sommerer, and S. Gildea, eds. 2015. *Diachronic Construction Grammar.* Constructional Approaches to Language 18. Amsterdam: John Benjamins.

Bartlett, F. C. 1932. *Remembering.* Oxford: Oxford University Press.

Bates, E., and B. MacWhinney. 1981. "Second-Language Acquisition from a Functionalist Perspective: Pragmatic, Semantic, and Perceptual Strategies." *Annals of the New York Academy of Sciences* 379 (1): 190-214.

———. 1987. "Competition, Variation, and Language Learning." In *Mechanisms of Lan- guage Acquisition,* edited by B. MacWhinney, 157-93. Hillsdale, NJ: Lawrence Erlbaum Associates.

Beck, D. M., and S. Kastner,. 2009. "Top-Down and Bottom-Up Mechanisms in Biasing Com- petition in the Human Brain." *Vision Research* 49 (10): 1154-65.

Beekhuizen, B., R. Bod, A. Fazly, S. Stevenson, and A. Verhagen. 2014. "A Usage-Based Model of Early Grammatical Development." *Annual Meeting of the Association for Computational Linguistics* 52: 46-54.

Bencini, G.M.L., and A. E. Goldberg. 2000. "The Contribution of Argument Structure Con- structions to Sentence Meaning." *Journal of Memory and Language* 43 (4): 640-51.

Bergen, B. K. 2012. *Louder than Words: The New Science of How the Mind Makes Meaning.* New York: Basic Books.

Bergen, B. K., and N. Chang. 2005. "Embodied Construction Grammar in Simulation-Based Language Understanding." In *Construction Grammars: Cognitive Grounding and Theoretical Extensions,* vol. 3, edited by J. O. Östman and M. Fried, 147-90. Amsterdam: John Benjamins. Bermel, N., and L. Knittl. 2012. "Corpus Frequency and Acceptability Judgments: A Study of Morphosyntactic Variants in Czech." *Corpus Linguistics and Linguistic Theory* 8 (2): 241-75.

Berwick, R. C., and A. S. Weinberg. 1986. *The Grammatical Basis of Linguistic Performance: Language Use and Acquisition.* Cambridge, MA: MIT Press.

Bickel, B. 2003. "Referential Density in Discourse and Syntactic Typology." *Language* 79 (4): 708-36.

Biederman, I., R. J. Mezzanotte, and J. C. Rabinowitz. 1982. Scene Perception: Detecting and Judging Objects Undergoing Relational Violations." *Cognitive Psychology* 14 (2): 143-77. Birner, B. J., and G. Ward. 1998. *Information Status and Noncanonical Word Order in English.* Studies in Language Companion Series 40. Amsterdam: John Benjamins.

Blevins, J. P., F. Ackerman, R. Malouf, and M. Ramscar. 2016. "Morphology as an Adaptive Discriminative System." In *Morphological Metatheory,* edited by D. Siddiqi and H. Harley, 271-302. Amsterdam: John Benjamins.

Bley-Vroman, R. and H. R. Joo. 2001. "The Acquisition and Interpretation of English Locative Constructions by Native Speakers of Korean." *Studies in Second Language Acquisition* 23

(2): 207-19.

Bley-Vroman, R., and N. Yoshinaga. 1992. "Broad and Narrow Constraints on the English Dative Alternation: Some Fundamental Differences between Native Speakers and Foreign Language Learners." *University of Hawai'i Working Papers in ESL* 11 (1): 157-99.

Bloom, L. 1975. *Language Development*. Chicago: University of Chicago Press.

Bloom, P. 2000. *How Children Learn the Meanings of Words*. Cambridge, MA: MIT Press.

Blything, R. P., B. Ambridge, and E. V. Lieven. 2014. "Children Use Statistics and Semantics in the Retreat from Overgeneralization." *PLoS One* 9 (10): e110009.

Boas, F. 1911. "Introduction." In *Handbook of American Indian Languages*. Vol. 1. Bureau of American Ethnology bulletin 40. Washington, DC: Bureau of American Ethnology.

Boas, H. C. 2003. *A Constructional Approach to Resultatives*. Stanford, CA: Center for the Study of Language and Information.

———. 2014. "Lexical and Phrasal Approaches to Argument Structure: Two Sides of the Same Coin." *Theoretical Linguistics* 40 (1-2): 89-112.

Bod, R. 2009. "From Exemplar to Grammar: A Probabilistic Analogy-Based Model of Lan- guage Learning." *Cognitive Science* 33 (5): 752-93.

Bohannon, J. N., and L. B. Stanowicz. 1988. "The Issue of Negative Evidence: Adult Responses to Children's Language Errors." *Developmental Psychology* 5: 684-89.

Bongaerts, T., C. Van Summeren, B. Planken, and E. Schils. 1997. "Age and Ultimate Attain- ment in the Pronunciation of a Foreign Language." *Studies in Second Language Acquisition* 19 (4): 447-65.

Bonial, C. N. 2014. "Take a Look at This! Form, Function and Productivity of English Light Verb Constructions." PhD thesis, University of Colorado, Boulder.

Booij, G. E. 2002. *The Morphology of Dutch*. Oxford: Oxford University Press.

———. 2010. "Construction Morphology." *Linguistics and Language Compass* 4 (7): 543-55.

———. 2017. "The Construction of Words." In *The Cambridge Handbook of Cognitive Lin- guistics*, edited by B. Dancygier, chap. 15. Cambridge, UK: Cambridge University Press.

Borden, G., A. Gerber, and G. Milsark, G. 1983. "Production and Perception of the /r/-/l/ Contrast in Korean Adults Learning English." *Language Learning* 33 (4): 499-526.

Borovsky, A., J. Elman, and A. Fernald. 2012. "Knowing a Lot for One's Age: Vocabulary Skill and Not Age Is Associated with the Timecourse of Incremental Sentence Interpretation in Children and Adults." *Journal of Experimental Child Psychology* 112 (4): 417-36.

Borovsky, A., M. Kutas, and J. Elman. 2010. "Learning to Use Words: Event-Related Potentials Index Single-Shot Contextual Word Learning." *Cognition* 116 (2): 289-96.

Botha, R., and C. Knight, eds. 2009. *The Cradle of Language*. Studies in the Evolution of Lan- guage 12. Oxford: Oxford University Press.

Bowerman, M. 1982. "Reorganizational Processes in Lexical and Syntactic Development." In *Language Acquisition: The State of the Art*, edited by E. Wanner and L. Gleitman, 319-46. New York: Academic Press.

———. 1988. "The 'No Negative Evidence' Problem: How Do Children Avoid Constructing an Overly General Grammar?" In *Explaining Language Universals*, edited by J. A. Hawkins, 73-101. Oxford: Blackwell.

Bowerman, M., and S. Choi. 2001. "Shaping Meanings for Language: Universal and

Language- Specific in the Acquisition of Semantic Categories." In *Language Acquisition and Concep- tual Development,* edited by M. Bowerman and S. C. Levinson, 475-511. Cambridge, UK: Cambridge University Press.

Bowerman, M., and S. C. Levinson, eds. 2001. *Language Acquisition and Conceptual Develop- ment.* Language, Culture and Cognition 3. Cambridge, UK: Cambridge University Press. Boyd, J. K., and A. E. Goldberg. 2009. "Input Effects within a Constructionist Framework."

Modern Language Journal 93 (3): 418-29.

———. 2011. "Learning What Not to Say: The Role of Statistical Preemption and Categori- zation in *a*-Adjective Production." *Language* 87 (1): 55-83.

———. 2012. "Young Children Fail to Fully Generalize a Novel Argument Structure Con- struction when Exposed to the Same Input as Older Learners." *Journal of Child Language* 39 (3): 457-81.

Boyd, J. K., E. A. Gottschalk, and A. E. Goldberg. 2009. "Linking Rule Acquisition in Novel Phrasal Constructions." *Language Learning* 59 (s1): 64-89.

Boyd, R., and P. J. Richerson. 1988. *Culture and the Evolutionary Process.* Chicago: University of Chicago Press.

Bradlow, A. R., and T. Bent. 2002. "The Clear Speech Effect for Non-native Listeners." *Journal of the Acoustical Society of America* 112 (1): 272-84.

Brady, T. F., T. Konkle, G. A. Alvarez, and A. Oliva. 2008. "Visual Long-Term Memory Has a Massive Storage Capacity for Object Details." *Proceedings of the National Academy of Sciences of the USA* 105 (38): 14325-29.

Braine, M.D.S., and M. Bowerman. 1976. "Children's First Word Combinations." *Monographs of the Society for Research in Child Development* 41 (1): 1-104.

Braine, M.D.S., R. E. Brody, S. M. Fisch, M. J. Weisberger, and M. Blum. 1990. "Can Children Use a Verb without Exposure to Its Argument Structure?" *Journal of Child Language* 17

(2): 313-42.

Braine, M.D.S., and P. J. Brooks. 1995. "Verb Argument Structure and the Problem of Avoid- ing an Overgeneral Grammar." In *Beyond Names for Things: Young Children's Acquisition*

of Verbs, edited by M. Tomasello and W. E. Merriman, 353-76. Hillsdale, NJ: Lawrence Erlbaum Associates.

Brainerd, C. J., and A. H. Mojardin. 1998. "Children's and Adults' Spontaneous False Mem- ories: Long-Term Persistence and Mere-Testing Effects." *Child Development* 69 (5): 1361-77.

Brainerd, C. J., V. F. Reyna, and S. J. Ceci. 2008. "Developmental Reversals in False Memory: A Review of Data and Theory." *Psychological Bulletin* 134 (3): 343.

Brainerd, C. J., V. F. Reyna, and T. J. Forrest. 2002. "Are Young Children Susceptible to the False-Memory Illusion?" *Child Development* 73 (5): 1363-77.

Bresnan, J., A. Cueni, T. Nikitina, and R. H. Baayan. 2007. "Predicting the Dative Alternation." In *Cognitive Foundations of Interpretation,* edited by G. Boume, I. Kraemer, and J. Zwarts, 69-94. Amsterdam: Royal Netherlands Academy of Science.

Bresnan, J., and M. Ford. 2010. "Predicting Syntax: Processing Dative Constructions in Amer- ican and Australian Varieties of English." *Language* 86 (1): 168-213.

Briscoe, E. J. 1998. "Language as a Complex Adaptive System: Co-evolution of Language and of the Language Acquisition Device." In *Proceedings of Eighth Computational Linguistics in the Netherlands Conference,* 3-40. Amsterdam: Rodopi.

Broadbent, D. E. 1967. "Word-Frequency Effect and Response Bias." *Psychological Review*
74 (1): 1-15.

Brocher, A., J. Koenig, G. Mauner, and S. Foraker. 2017. "About Sharing and Commitment: The Retrieval of Biased and Balanced Irregular Polysemes." *Language, Cognition and Neuroscience* 33 (4): 443-66.

Brooks, P. J., and M. Tomasello. 1999. "How Children Constrain Their Argument Structure Constructions." *Language* 75: 720-38.

Brooks, P. J., M. Tomasello, K. Dodson, and L. B. Lewis. 1999. "Young Children's Overgener- alizations with Fixed Transitivity Verbs." *Child Development* 70 (6): 1325-37.

Brooks, P. J., and O. Zizak. 2002. "Does Preemption Help Children Learn Verb Transitivity?"
Journal of Child Language 29 (4): 759-81.

Brown, G. D., and F. L. Watson. 1987. "First In, First Out: Word Learning Age and Spoken Word Frequency as Predictors of Word Familiarity and Word Naming Latency." *Memory and Cognition* 15 (3): 208-16.

Bryant, J. E. 2008. "Best-Fit Constructional Analysis." PhD dissertation. University of Cali- fornia, Berkeley.

Brysbaert, M., and B. New. 2009. "Moving beyond Kučera and Francis: A Critical Evalua- tion of Current Word Frequency Norms and the Introduction of a New and Improved Word Frequency Measure for American English." *Behavior Research Methods* 41 (4): 977-90.

Burzio, L. 2002. "Missing Players: Phonology and the Past-Tense Debate." *Lingua* 112 (3): 157-99.

Buz, E., T. F. Jaeger, and M. K. Tanenhaus. 2014. "Contextual Confusability Leads to Targeted Hyperarticulation." *Proceedings of the Annual Meeting of the Cognitive Science Society* 36: 1970-75.

Bybee, J. 1985. *Morphology: A Study of the Relation between Meaning and Form.* Typological Studies in Language 9. Amsterdam: John Benjamins.

———. 1995. "Regular Morphology and the Lexicon." *Language and Cognitive Processes* 10
(5): 425-55.

———. 2002. "Phonological Evidence for Exemplar Storage of Multiword Sequences." *Studies in Second Language Acquisition* 24 (2): 215-21.

———. 2003. "Cognitive Processes in Grammaticalization." In *The New Psychology of Lan- guage: Cognitive and Functional Approaches to Language Structure*, edited by M. Tomasello, vol. 2, 145-67. Mahwah, NJ: Lawrence Erlbaum Associates.

———. 2010. *Language, Usage and Cognition.* Cambridge, UK: Cambridge University Press.

———. 2015. *Language Change.* Cambridge, UK: Cambridge University Press.

Bybee, J. L., and D. Eddington. 2006. "A Usage-Based Approach to Spanish Verbs of 'Becom- ing.'" *Language* 82 (2): 323-55.

Bybee, J. L., J. Haiman, and S. A. Thompson, eds. 1997. *Essays on Language Function and Language Type: Dedicated to T. Givón.* Amsterdam: John Benjamins.

Bybee, J., and C. L. Moder. 1983. "Morphological Classes as Natural Categories." *Language*
59: 251-70.

Bybee, J. L., and D. I. Slobin. 1982. "Rules and Schemas in the Development and Use of the English Past Tense." *Language* 58 (2): 265-89.

Cacciari, C., N. Bolognini, I. Senna, M. C. Pellicciari, C. Miniussi, and C. Papagno. 2011. "Literal, Fictive and Metaphorical Motion Sentences Preserve the Motion Component of the Verb: A TMS Study." *Brain and Language* 119 (3): 149-57.

Carey, S., and E. Bartlett. 1978. "Acquiring a Single New Word." *Papers and Reports on Child Development* 15: 17-29.

Carpenter, M., N. Akhtar, and M. Tomasello. 1998. "Fourteen- through 18-Month-Old Infants Differentially Imitate Intentional and Accidental Actions." *Infant Behavior and Development* 21 (2): 315-30.

Carstensen, A. 2016. "Universals and Variation in Language and Thought: Concepts, Commu- nication, and Semantic Structure." PhD thesis, University of California, Berkeley.

Casenhiser, D., and A. E. Goldberg. 2005. "Fast Mapping between a Phrasal Form and Mean- ing." *Developmental Science* 8 (6): 500-508.

Chafe, W. L. 1976. "Givenness, Contrastiveness, Definiteness, Subjects, Topics, and Point of View." In *Subject and Topic*, edited by C. N. Li, 25-55. New York: Academic Press.

Chang, F., G. S. Dell, and K. Bock. 2006. "Becoming Syntactic." *Psychological Review* 113 (2): 234.

Chaves, R. P. 2012. "On the Grammar of Extraction and Coordination." *Natural Language and Linguistic Theory* 30 (2): 465-512.

Childers, J. B., and M. Tomasello. 2002. "Two-Year-Olds Learn Novel Nouns, Verbs, and Conventional Actions from Massed or Distributed Exposures." *Developmental Psychology* 38 (6): 967.

Choi, S. H., and T. Ionin. 2017. "Processing Plural Marking in the Second Language: Evidence for Transfer." Poster presented at the CUNY Sentence Processing Conference, MIT, 29 March-1 April 2017.

Chomsky, N. 1957. *Syntactic Structures*. The Hague: Mouton.

Chouinard, M. M., and E. V. Clark. 2003. "Adult Reformulations of Child Errors as Negative Evidence." *Journal of Child Language* 30 (3): 637-69.

Christiansen, M. H., and N. Chater. 2016. *Creating Language: Integrating Evolution, Acquisi- tion, and Processing*. Cambridge, MA: MIT Press.

Chung, T.T.R., and P. Gordon. 1998. "The Acquisition of Chinese Dative Constructions." In *BUCLD 22: Proceedings of the 22nd Boston University Conference on Language Development*, edited by A. Greenhill, M. Hughes, and H. Littlefield, 109-20. Cambridge, MA: Boston University.

Citron, F. M., and A. E. Goldberg. 2014. "Metaphorical Sentences Are More Emotionally En- gaging than Their Literal Counterparts." *Journal of Cognitive Neuroscience* 26 (11): 2585-95.

Clahsen, H., and C. Felser. 2006. "Grammatical Processing in Language Learners." *Applied Psycholinguistics* 27: 3-42.

Clark, E. V. 1973. "What's in a Word? On the Child's Acquisition of Semantics in His First Language." In *Cognitive Development and the Acquisition of Language*, edited by T. Moore, 65-110. New York: Academic Press.

———. 1987. The Principle of Contrast: A Constraint on Language Acquisition." In *Mecha- nisms of Language Acquisition*, edited by B. MacWhinney, 1-33. Hillsdale, NJ: Lawrence Erlbaum Associates.

―――. 1995. *The Lexicon in Acquisition*. Cambridge Studies in Linguistics 65. Cambridge, UK: Cambridge University Press.

―――. 2003. "Critical Periods, Time, and Practice." *University of Pennsylvania Working Papers in Linguistics* 9 (2): 5.

Clark, E. V., and H. H. Clark. 1979. "When Nouns Surface as Verbs." *Language* 55 (4): 767-811. Clark, H. H. 1996. *Using Language*. Cambridge, UK: Cambridge University Press.

Clark, H. H., and S. E. Haviland. 1977. "Comprehension and the Given-New Contract." In *Discourse Production and Comprehension*, edited by R. Freedle, 1-40. Santa Barbara, CA: Praeger.

Clausner, T. C., and W. Croft. 1997. "Productivity and Schematicity in Metaphors." *Cognitive Science* 21 (3): 247-82.

Clifton, C., Jr., L. Frazier, and C. Connine. 1984. "Lexical Expectations in Sentence Compre- hension." *Journal of Verbal Learning and Verbal Behavior* 23 (6): 696-708.

Colleman, T., and B. De Clerck. 2011. "Constructional Semantics on the Move: On Semantic Specialization in the English Double Object Construction." *Cognitive Linguistics* 22 (1): 183-209.

Collins, P. 1995. "The Indirect Object Construction in English: An Informational Approach."

Linguistics 33: 35-49.

Conwell, E., and K. Demuth. 2007. "Early Syntactic Productivity: Evidence from Dative Shift."

Cognition 103: 163-79.

Copestake, A., and T. Briscoe. 1995. "Semi-productive Polysemy and Sense Extension." *Jour- nal of Semantics* 12 (1): 15-67.

Coppock, E. 2009. "The Logical and Empirical Foundations of Baker's Paradox." PhD thesis, Stanford University.

Croft, W. 2001. *Radical Construction Grammar: Syntactic Theory in Typological Perspective*. Oxford: Oxford University Press.

―――. 2003. "Lexical Rules vs. Constructions: A False Dichotomy. Motivation in Language." In *Motivation in Language: Studies in Honor of Gunter Radden*, edited by H. Cuyckens,

T. Berg, R. Dirven, and K.-U. Panther, 49-68. Amsterdam: John Benjamins.

Croft, W., and D. A. Cruse. 2004. *Cognitive Linguistics*. Cambridge, UK: Cambridge University Press.

Culbertson, J., and E. L. Newport. 2017. "Innovation of Word Order Harmony across Devel- opment." *Open Mind* 1 (2): 91-100.

Culicover, P. W. 1999. *Syntactic Nuts: Hard Cases, Syntactic Theory, and Language Acquisition*.

Oxford: Oxford University Press.

Culicover, P. W., and R. S. Jackendoff. 2005. *Simpler Syntax*. Oxford: Oxford University Press. Dąbrowska, E. 2014. "Recycling Utterances: A Speaker's Guide to Sentence Processing." *Cog-*

nitive Linguistics 25 (4): 617-53.

Daelemans, W., and A. van den Bosch. 2005. *Memory-Based Language Processing*. Cambridge, UK: Cambridge University Press.

Dahan, D., D. Swingley, M. K. Tanenhaus, and J. S. Magnuson. 2000. "Linguistic Gender and Spoken-Word Recognition in French." *Journal of Memory and Language* 42 (4):

465-80.

Darwin, C. (1859) 1993. *The Origin of Species by Means of Natural Selection*. Modern Library edition. New York: Random House.

Daugherty, K., and M. Seidenberg. 1992. "Rules or Connections? The Past Tense Revisited."
Proceedings of the Annual Meeting of the Cognitive Science Society 14: 259-64.

Dautriche, I. 2015. "Weaving an Ambiguous Lexicon." PhD thesis. University of Edinburgh. Davies, M. 2004. *BYU-BNC*. Based on the British National Corpus from Oxford University Press. HYPERLINK "https://corpus.byu.edu/bnc/" https://corpus.byu.edu/bnc/.

———. 2009. "The 385+ Million Word Corpus of Contemporary American English (1990- 2008+): Design, Architecture, and Linguistic Insights." *International Journal of Corpus Linguistics* 14 (2): 159-90.

———. 2010. *The Corpus of Historical American English (COHA): 400 Million Words, 1810- 2009*. HYPERLINK "https://corpus.byu.edu/coha/" https://corpus.byu.edu/coha/.

———. (2013) Corpus of News on the Web (NOW): 3+ billion words from 20 countries, updated every day. Available online at HYPERLINK "https://corpus.byu.edu/now/" https://corpus.byu.edu/now/.

De Boer, B., W. Sandler, and S. Kirby. 2012. "New Perspectives on Duality of Patterning: Introduction to the Special Issue." *Language and Cognition* 4 (4): 251.

DeKeysar, R. M. 2005. "What Makes Learning Second Language Grammar Difficult? A Review of Issues." *Language Learning* 55: 1-25.

Delancey, S. 2012. "Still Mirative after All These Years." *Linguistic Typology* 16 (3): 529-64. Delbecque, N., J. van der Auwera, and D. Geeraerts, eds. 2005. *Perspectives on Variation: Sociolinguistic, Historical, Comparative*. Berlin: Walter de Gruyter.

DeLong, K. A, D. M. Groppe, T. P. Urbach, and M. Kutas. 2012. "Thinking Ahead or Not? Natural Aging and Anticipation during Reading." *Brain and Language* 121 (3): 226-39.

Demetras, M. J., K. N. Post, and C. E. Snow. 1986. "Feedback to First Language Learners: The Role of Repetitions and Clarification Questions." *Journal of Child Language* 13 (2): 275-92.

Desagulier, G. 2015. "A Lesson from Associative Learning: Asymmetry and Productivity in Multiple-Slot Constructions." *Corpus Linguistics and Linguistic Theory* 12 (2). doi:10.1515/ cllt-2015-0012.

Desai, R. H., J. R. Binder, L. L. Conant, Q. R. Mano, and M. S. Seidenberg. 2011. "The Neural Career of Sensory-Motor Metaphors." *Journal of Cognitive Neuroscience* 23 (9): 2376-86. Diesendruck, G., and L. Markson. 2001. "Children's Avoidance of Lexical Overlap: A Pragmatic Account." *Developmental Psychology* 3(5): 630.

DiSciullo, A. M., and E. Williams. 1987. *On the Definition of Word*. Cambridge, MA: MIT Press. Dittmar, M., K. Abbot-Smith, E. Lieven, and M. Tomasello. 2008. "German Children's Com- prehension of Word Order and Case Marking in Causative Sentences." *Child Development* 79 (4): 1152-67.

Dixon, R.M.W. 1977. "Where Have All the Adjectives Gone?" *Studies in Language* 1 (1): 19-80.

———. 1994. *Ergativity*. Cambridge, UK: Cambridge University Press.

———. 2000. "A Typology of Causatives: Form, Syntax and Meaning." In *Changing Valency: Case Studies in Transitivity*, edited by R.M.W. Dixon and A. Y. Aïkhenvald, 30-83. Cam- bridge, UK: Cambridge University Press.

Dowty, D. 1991. "Thematic Proto-roles and Argument Selection." *Language* 67 (3): 547-619. Dryer, M. S. 1986. "Primary Objects, Secondary Objects, and Antidative." *Language* 62 (4):

808-45.

Du Bois, J. W. 1987. "The Discourse Basis of Ergativity." *Language* 63 (4): 805-55.

Du Bois, J. W., L. E. Kumpf, and W. J. Ashby, eds. 2003. *Preferred Argument Structure: Gram- mar as Architecture for Function*. Studies in Discourse and Grammar 14. Amsterdam: John Benjamins.

Dunn, J. 2017. "Computational Learning of Construction Grammars." *Language and Cognition*

9 (2): 254-92.

Durkin, K., and J. Manning. 1989. "Polysemy and the Subjective Lexicon: Semantic Relat- edness and the Salience of Intraword Senses." *Journal of Psycholinguistic Research* 18 (6): 577-612.

Dussias, P. E., and N. Sagarra. 2007. "The Effect of Exposure on Syntactic Parsing in Spanish- English Bilinguals." *Bilingualism: Language and Cognition* 10 (1): 101-16.

Eberhard, K. M., M. J. Spivey-Knowlton, J. C. Sedivy, and M. K. Tanenhaus. 1995. "Eye Movements as a Window into Real-Time Spoken Language Comprehension in Natural Contexts." *Journal of Psycholinguistic Research* 24 (6): 409-36.

Eckert, P. 2012. "Three Waves of Variation Study: The Emergence of Meaning in the Study of Sociolinguistic Variation." *Annual Review of Anthropology* 41: 87-100.

Ellis, N. C. 2006. "Selective Attention and Transfer Phenomena in L2 Acquisition: Contin- gency, Cue Competition, Salience, Interference, Overshadowing, Blocking, and Percep- tual Learning." *Applied Linguistics* 27 (2): 164-94.

———. 2008. "The Periphery and the Heart of Language." In *Phraseology: An Interdisciplinary Perspective*, edited by S. Granger and F. Meunier, 1-13. Amsterdam: John Benjamins.

Ellis, N. C., and F. Ferreira-Junior. 2009. "Construction Learning as a Function of Frequency, Frequency Distribution, and Function." *Modern Language Journal* 93 (3): 370-85.

Ellis, N. C., and D. Larsen-Freeman. 2009. *Language as a Complex Adaptive System*. Hoboken, NJ: Wiley.

Ellis, N. C., R. Simpson-Vlach, and C. Maynard. 2008. "Formulaic Language in Native and Second-Language Speakers: Psycholinguistics, Corpus Linguistics, and TESOL." *TESOL Quarterly* 41: 375-96.

Elman, J. L. 1990. "Finding Structure in Time." *Cognitive Science* 14 (2): 179-211.

———. 2004. "An Alternative View of the Mental Lexicon." *Trends in Cognitive Sciences* 8 (7): 301-6.

———. 2009. "On the Meaning of Words and Dinosaur Bones: Lexical Knowledge without a Lexicon." *Cognitive Science* 33 (4): 547-82.

Emberson, L. L., A. M. Boldin, J. E. Riccio, R. Guillet, and R. N. Aslin. 2017. "Deficits in Top-Down Sensory Prediction in Infants at Risk Due to Premature Birth." *Current Biology* 27 (3): 431-36.

Emberson, L. L., C. Mazzei, and A. E. Goldberg. Unpublished MS. "The Blowfish

Effect: Subordinate Categories are Inferred from Atypical Exemplars of a Basic Level Category." Embick, D., and A. Marantz. 2008. "Architecture and Blocking." *Linguistic Inquiry* 39 (1):
1-53.

Enfield, N. J. 2002. "Functions of 'Give' and 'Take' in Lao Complex Predicates." In *Collected Papers on Southeast Asian and Pacific Languages*, edited by R. S. Bauer, 13-36. Canberra: Pacific Linguistics.

Erman, B., and B. Warren. 2000. "The Idiom Principle and the Open Choice Principle." *Text*
20 (1): 29-62.

Erteschik-Shir, N. 1979. "Discourse Constraints on Dative Movement." In *Syntax and Seman- tics*, vol. 12, *Discourse and Syntax*, edited by T. Givón, 441-67. New York: Academic Press.

———. 2007. *Information Structure: The Syntax-Discourse Interface.* Vol. 3. Oxford: Oxford University Press.

Essegbey, J. 1999. "Inherent Complement Verbs Revisited: Towards an Understanding of Argument Structure in Ewe." PhD thesis, Radboud University Nijmegen.

Evans, N. 1997. "Role or Cast? Noun Incorporation and Complex Predicates in Mayali." In *Complex Predicates*, edited by J. Bresnan, P. Sells, and A. Alsina, 397-430. Stanford, CA: Center for the Study of Language and Information.

Everett, D. L. 2005. "Cultural Constraints on Grammar and Cognition in Piraha." *Current Anthropology* 46 (4): 621-46.

Fagot, J., and R. K. Thompson. 2011. "Generalized Relational Matching by Guinea Baboons (*Papio papio*) in Two-by-Two-Item Analogy Problems." *Psychological Science* 22 (10): 1304-9.

Falkenhainer, B., K. D. Forbus, and D. Gentner. 1989. "The Structure-Mapping Engine: Al- gorithm and Examples." *Artificial Intelligence* 41 (1): 1-63.

Family, N. 2006. *Explorations of Semantic Space: The Case of Light Verb Constructions in Persian.*
Paris: Ecole des Hautes Etudes en Sciences Sociales.

Farrar, M. J. 1992. "Negative Evidence and Grammatical Morpheme Acquisition." *Develop- mental Psychology* 28 (1): 90.

Farroni, T., M. H. Johnson, E. Menon, L. Zulian, D. Faraguna, and G. Csibra. 2005. "New- borns' Preference for Face-Relevant Stimuli: Effects of Contrast Polarity." *Proceedings of the National Academy of Sciences of the USA* 102 (47): 17245-50.

Fausey, C. M., S. Jayaraman, and L. B. Smith. 2016. "From Faces to Hands: Changing Visual Input in the First Two Years." *Cognition* 152: 101-7.

Feldman, N. H., T. L. Griffiths, and J. L. Morgan. 2009. "The Influence of Categories on Per- ception: Explaining the Perceptual Magnet Effect as Optimal Statistical Inference." *Psy- chological Review* 116 (4): 752.

Fellbaum, C. 2005. "Examining the Constraints on the Benefactive Alternation by Using the World Wide Web as a Corpus." In *Linguistic Evidence: Empirical, Theoretical and Compu- tational Perspectives*, edited by S. Kepser and M. Reis, 209-40. Berlin: Walter de Gruyter.

———. 1998. *WordNet*. Hoboken, NJ: Blackwell.

Ferman, S., and A. Kami. 2010. "No Childhood Advantage in the Acquisition of Skill in Using an Artificial Language Rule." *PLoS One* 5: e12648.

Fernald, A., J. P. Pinto, D. Swingley, A. Weinbergy, and G. W. McRoberts. 1998. "Rapid

Gains in Speed of Verbal Processing by Infants in the 2nd Year." *Psychological Science* 9 (3): 228-31.

Fernald, A., K. Thorpe, and V. A. Marchman. 2010. "Blue Car, Red Car: Developing Efficiency in Online Interpretation of Adjective-Noun Phrases." *Cognitive Psychology* 60 (3): 190-217. Ferreira, F., and J. M. Henderson. 1990. "Use of Verb Information in Syntactic Parsing: Evi- dence from Eye Movements and Word-by-Word Self-Paced Reading." *Journal of Experi-*

mental Psychology: Learning, Memory, and Cognition 16 (4): 555.

Fillmore, C. J. 1968. "The Case for Case." In *Universals in Linguistic Theory*, edited by E. Bach and R. T. Harms, 1-25. London: Holt, Rinehart, and Winston.

———. 1975. "An Alternative to Checklist Theories of Meaning." *Berkeley Linguistic Society Proceedings* 1: 123-31.

———. 1976. "Frame Semantics and the Nature of Language." *Annals of the New York Academy of Sciences* 280 (1): 20-32.

———. 1977. "Topics in Lexical Semantics." In *Current Issues in Linguistic Theory*, edited by

R. W. Cole, 76-138. Bloomington, IN: Indiana University Press.

———. 1982. "Frame Semantics." In *Linguistics in the Morning Calm*, edited by the Linguistic Society of Korea, 111-38. Seoul: Hanshin.

———. 1984. "Lexical Semantics and Text Semantics." In *New Directions in Linguistics and Semiotics*, edited by J. E. Copeland, 123-47. Amsterdam: John Benjamins.

Finn, A. S., and C.L.H. Kam. 2015. "Why Segmentation Matters: Experience-Driven Segmen- tation Errors Impair 'Morpheme' Learning." *Journal of Experimental Psychology: Language, Memory, and Cognition* 41 (5): 1560.

Firestone, C., and B. J. Scholl. 2016. "Cognition Does Not Affect Perception: Evaluating the Evidence for 'Top-Down' Effects." *Behavioral and Brain Sciences* 39: 1-77.

Fisher, A. V., and V. M. Sloutsky. 2005. "When Induction Meets Memory: Evidence for Grad- ual Transition from Similarity-Based to Category-Based Induction." *Child Development* 76 (3): 583-97.

Fisher, C. L., Y. Gertner, R. M. Scott, and S. Yuan. 2010. "Syntactic Bootstrapping." *Wiley Interdisciplinary Reviews: Cognitive Science* 1 (2): 143-49.

Fisher, C. L., D. G. Hall, S. Rakowitz, and L. Gleitman. 1994. "When It Is Better to Receive Than to Give: Syntactic and Conceptual Constraints on Vocabulary Growth." *Lingua* 92: 333-75.

Fisher, C. L, and H. Tokura. 1996. "Acoustic Cues to Grammatical Structure in Infant Directed Speech: Cross-Linguistic Evidence." *Child Development* 67: 3192-218.

Fitz, H., F. Chang, and M. H. Christiansen. 2011. "A Connectionist Account of the Acquisi- tion and Processing of Relative Clauses." In *The Acquisition of Relative Clauses*, edited by

E. Kidd, 39-60. Amsterdam: John Benjamins.

Flege, J. E. 2009. "Give Input a Chance." In *Input Matters in SLA*, edited by T. Piske and M. Young-Scholten, 175-90. Bristol, UK: Multilingual Matters.

Flemming, T. M., R. K. Thompson, and J. Fagot. 2013. "Baboons, Like Humans, Solve Analogy by Categorical Abstraction of Relations." *Animal Cognition* 16 (3): 519-24.

Floyd, S., and A. E. Goldberg. Unpublished MS. "Children Make Use of Relationships across Meanings in Word Learning." Princeton University.

Fodor, J. A. 1975. *The Language of Thought*. Cambridge, MA: Harvard University

Press. Fodor, J. A., M. F. Garrett, E. C. Walker, and C. H. Parkes. 1980. "Against Definitions." *Cog-*
nition 8 (3): 263-367.

Foley, W. A. 2008. "The Place of Philippine Languages in a Typology of Voice Systems." In
Voice and Grammatical Relations in Austronesian Languages, edited by P. K. Austin and S. Musgrave, 22-44. Stanford, CA: Center for the Study of Language and Information.

Foley, W. A., and R. D. Van Valin Jr. 1984. *Functional Syntax and Universal Grammar.* Cam-
bridge Studies in Linguistics 38. Cambridge, UK: Cambridge University Press.

Foraker, S., T. Regier, N. Khetarpal, A. Perfors, and J. Tenenbaum. 2009. "Indirect Evidence and the Poverty of the Stimulus: The Case of Anaphoric One." *Cognitive Science* 33 (2): 287-300. Foucart, A., and C. Frenck-Mestre. 2011. "Grammatical Gender Processing in L2: Electro- physiological Evidence of the Effect of L1-L2 Syntactic Similarity." *Bilingualism: Language*
and Cognition 14 (3): 379-99.

Foucart, A., C. D. Martin, E. Moreno, and A. Costa. 2014. "Can Bilinguals See It Coming? Word Anticipation in L2 Reading." *Journal of Experimental Psychology: Learning, Memory and Cognition* 40 (5): 1461-69.

François, A. 2008. "Semantic Maps and the Typology of Colexification." In *From Polysemy to Semantic Change: Towards a Typology of Lexical Semantic Associations*, edited by M. Van- hove, 163-215. Studies in Language Companion Series 106. Amsterdam: John Benjamins. Frankland, S. M., and J. D. Greene. 2015. "An Architecture for Encoding Sentence Meaning in Left Mid-Superior Temporal Cortex." *Proceedings of the National Academy of Sciences*
of the USA 112 (37): 11732-37.

Fried, M. 1995. "Grammatical Subject and Its Role in the Grammar of Case Languages." PhD thesis, University of California, Berkeley.

Fried, M., and J. O. Östman, eds. 2004. *Construction Grammar in a Cross-Language Perspective.*
Vol. 2. Amsterdam: John Benjamins.

Friederici, A. D., A. Hahne, and A. Mecklinger. 1996. "Temporal Structure of Syntactic Pars- ing: Early and Late Event-Related Brain Potential Effects." *Journal of Experimental Psy- chology: Learning, Memory, and Cognition* 22 (5): 1219.

Futrell, R., L. Stearns, D. L. Everett, S. T. Piantadosi, and E. Gibson. 2016. "A Corpus Inves- tigation of Syntactic Embedding in Pirahã." *PLoS One* 11 (3): e0145289.

Gahl, S., and S. M. Garnsey. 2004. "Knowledge of Grammar, Knowledge of Usage: Syntactic Probabilities Affect Pronunciation Variation." *Language* 80 (4): 748-75.

Gahl, S., and A. C. Yu. 2006. "Introduction to the Special Issue on Exemplar-Based Models in Linguistics." *Linguistic Review* 23 (3): 213-16.

Garnsey, S. M., N. J. Pearlmutter, E. Myers, and M. A. Lotocky. 1997. "The Contributions of Verb Bias and Plausibility to the Comprehension of Temporarily Ambiguous Sentences." *Journal of Memory and Language* 37 (1): 58-93.

Gaskell, M. G., and N. Dumay. 2003. "Lexical Competition and the Acquisition of Novel Words." *Cognition* 89 (2): 105-32.

Gauger, H. M. 1973. *Die Anfänge der Synonymik: Girard (1718) und Roubaud (1785); ein Beitrag zur Geschichte der lexikalischen Semantik.* Vol. 39. Tübingen: G. Narr.

Gause, G. F. 1934. "Experimental Analysis of Vito Volterra's Mathematical Theory of the

Strug- gle for Existence." *Science* 79 (2036): 16-17.

Geeraerts, D. 1993. "Vagueness's Puzzles, Polysemy's Vagaries." *Cognitive Linguistics* 4 (3): 223-72.

Gelman, S. A., and L. Naigles. 1995. "Overextensions in Comprehension and Production Re- visited: Preferential-Looking in a Study of Dog, Cat, and Cow." *Journal of Child Language* 22 (1): 19-46.

Gentner, D. 1983. "Structure-Mapping: A Theoretical Framework for Analogy." *Cognitive Science* 7 (2): 155-70.

———. 2003. "Why We're So Smart." In *Language in Mind: Advances in the Study of Lan- guage and Thought*, edited by D. Gentner and S. Goldin-Meadow, 195-235. Cambridge, MA: MIT Press.

Gentner, D., and K. D. Forbus. 2011. "Computational Models of Analogy." *Wiley Interdisci- plinary Reviews: Cognitive Science* 2 (3): 266-76.

Gentner, D., M. Imai, and L. Boroditsky. 2002. "As Time Goes By: Evidence for Two Systems in Processing Space→Time Metaphors." *Language and Cognitive Processes* 17 (5): 537-65. Gentner, D., and A. B. Markman. 1997. "Structure Mapping in Analogy and Similarity." *Amer- ican Psychologist* 52 (1): 45.

Gershkoff-Stowe, L. 2001. "The Course of Children's Naming Errors in Early Word Learning." *Journal of Cognition and Development* 2 (2): 131-55.

Gertner, Y., and C. Fisher. 2012. "Predicted Errors in Children's Early Sentence Comprehen- sion." *Cognition* 124 (1): 85-94.

Gertner, Y., C. Fisher, and J. Eisengart. 2006. "Learning Words and Rules: Abstract Knowl- edge of Word Order in Early Sentence Comprehension." *Psychological Science* 17 (8): 684-91.

Gibson, E., S. T. Piantadosi, K. Brink, L. Bergen, E. Lim, and R. Saxe. 2013. "A Noisy-Channel Account of Crosslinguistic Word-Order Variation." *Psychological Science* 24 (7): 1079-88.

Givón, T. 1979. *On Understanding Grammar*. Cambridge, MA: Academic Press.

———. 1984. "Direct Object and Dative Shifting: Semantic and Pragmatic Case." In *Objects: Towards a Theory of Grammatical Relations*, edited by F. Plank, 151-82. Cambridge, MA: Academic Press.

Gleitman, L. 1990. "The Structural Sources of Verb Meanings." *Language Acquisition* 1 (1): 3-55.

Godden, D. R., and A. D. Baddeley. 1975. "Context-Dependent Memory in Two Natural En- vironments: On Land and Underwater." *British Journal of Psychology* 66: 325-31.

Goldberg, A. E. 1992a. "Argument Structure Constructions." PhD thesis, University of Cal- ifornia, Berkeley.

———. 1992b. "The Inherent Semantics of Argument Structure: The Case of the English Ditransitive Construction." *Cognitive Linguistics* 3 (1): 37-74.

———. 1995. *Constructions: A Construction Grammar Approach to Argument Structure*. Chi- cago, IL: Chicago University Press.

———. 1997. "The Relationships between Verbs and Constructions." In *Lexical and Syntac- tical Constructions and the Construction of Meaning*, edited by M. Verspoor, K. D. Lee, and E. Sweetser, 383-98. Amsterdam: John Benjamins.

———. 1999. "The Emergence of Argument Structure Semantics." In *The Emergence of*

Lan- guage, edited by B. MacWhinney, 197-212. Mahwah, NJ: Lawrence Erlbaum Associates.

———. 2002. "Surface Generalizations: An Alternative to Alternations." *Cognitive Linguistics*
13 (4): 327-56.

———. 2003. "Constructions: A New Theoretical Approach to Language." *Trends in Cognitive Sciences* 7 (5): 219-24.

———. 2004. "Pragmatics and Argument Structure." In *The Handbook of Pragmatics*, edited by L. R. Horn and G. Ward, 427-43. Malden, MA: Blackwell.

———. 2006. *Constructions at Work: The Nature of Generalization in Language*. Oxford: Ox- ford University Press.

———. 2010. "Verbs, Constructions, and Semantic Frames." In *Syntax, Lexical Semantics and Event Structure*, edited by M. Rappaport Hovav, E. Doron, and I. Sichel, 39-58. Oxford: Oxford University Press.

———. 2011a. "Are *A*-Adjectives Like Afraid Prepositional Phrases Underlying and Does It Matter from a Learnability Perspective?" Unpublished MS, Princeton University.

———. 2011b. "Corpus Evidence of the Viability of Statistical Preemption." *Cognitive Lin- guistics* 22: 131-53.

———. 2013. "Constructionist Approaches." In *The Oxford Handbook of Construction Gram- mar*, edited by T. Hoffmann and G. Trousdale, 15-31. Oxford: Oxford University Press.

———. 2014. "Fitting a Slim Dime between the Verb Template and Argument Structure Construction Approaches." *Theoretical Linguistics* 40 (1-2): 113-35.

———. 2015. "Compositionality." In *The Routledge Handbook of Semantics*, edited by N. Rei- mer, 419-34. London: Routledge.

———. 2016. "Tuning in to the English Verb-Particle Construction." In *Approaches to Com- plex Predicates*, Syntax and Semantics 41, edited by L. Nash and P. Samavilian, 50-65. Leiden: Brill.

Goldberg, A. E., L. Barak, and K. Tachihara. Unpublished MS. "A Closer Look at Whether Conservatism via Entrenchment Plays a Role in un- Prefixation." Princeton University.

Goldberg, A. E., and J. K. Boyd. 2015. "*A*-Adjectives, Statistical Preemption, and the Evidence: Reply to Yang." *Language* 91 (4): e184-97.

Goldberg, A. E., D. M. Casenhiser, and N. Sethuraman. 2004. "Learning Argument Structure Generalizations." *Cognitive Linguistics* 15 (3): 289-316.

———. 2005. "The Role of Prediction in Construction-Learning." *Journal of Child Language*
32 (2): 407-26.

Goldberg, A. E., and R. Jackendoff. 2004. "The English Resultative as a Family of Construc- tions." *Language* 80 (3): 532-68.

Goldberg, A. E., and L. A. Michaelis. 2017. "One among Many: Anaphoric One and Its Rela- tionship with Numeral One." *Cognitive Science* 41 (s2): 233-58.

Goldberg, A. E., and F. Perek. Forthcoming. "Ellipsis in Construction Grammar." In *Handbook of Ellipsis*, edited by J. van Craenenbroeck and T. Temmerman. Oxford University Press. Goldberg, A. E., and J. van der Auwera. 2012. "This Is to Count as a Construction." *Folia Linguistica* 46 (1): 109-32.

Goldinger, S. D. 1998. "Echoes of Echoes? An Episodic Theory of Lexical Access." *Psycho- logical Review* 105 (2): 251.

Goldwater, M. B. 2017. "Grammatical Constructions as Relational Categories." *Topics in Cog- nitive Science* 9 (3): 776-99.

Goldwater, M. B., and A. B. Markman. 2009. "Constructional Sources of Implicit Agents in Sentence Comprehension." *Cognitive Linguistics* 20 (4): 675-702.

Gordon, D., and G. Lakoff. 1971. "Conversational Postulates." *Papers from the Regional Meeting of the Chicago Linguistic Society* 7: 63-84.

Grant, P. R., and B. R. Grant. 2002. "Unpredictable Evolution in a 30-Year Study of Darwin's Finches." *Science* 296 (5568): 707-11.

Green, D. W. 1998. "Mental Control of the Bilingual Lexico-semantic System." *Bilingualism: Language and Cognition*, 1 (2): 67-81.

Green, G. M. 1974. *Semantics and Syntactic Regularity*. Bloomington, IN: Indiana University Press.

Gregory, M. L., and L. A. Michaelis. 2001. "Topicalization and Left-Dislocation: A Functional Opposition Revisited." *Journal of Pragmatics* 33 (11): 1665-706.

Grice, H. P. 1975. "Logic and Conversation." In *Syntax and Semantics*, vol. 3, *Speech Acts*, edited by P. Cole and J. L. Morgan, 41-58. New York: Academic Press.

Gries, S. T. 2003. *Multifactorial Analysis in Corpus Linguistics: A Study of Particle Placement.*

London: A. and C. Black.

Gries, S. T., and S. Wulff. 2005. "Do Foreign Language Learners also Have Constructions?"

Annual Review of Cognitive Linguistics 3 (1): 182-200.

Gropen, J., S. Pinker, M. Hollander, and R. Goldberg. 1991. "Syntax and Semantics in the Acquisition of Locative Verbs." *Journal of Child Language* 18 (1): 115-51.

Gropen, J., S. Pinker, M. Hollander, R. Goldberg, and R. Wilson. 1989. "The Learnability and Acquisition of the Dative Alternation in English." *Language* 65 (2): 203-57.

Grüter, T., N. Hurtado, V. A. Marchman, and A. Fernald. 2014. "Language Exposure and Online Processing Efficiency in Bilingual Development." *Input and Experience in Bilingual Development* 13: 15.

Gundel, J. K. 1985. "'Shared knowledge' and topicality." *Journal of Pragmatics* 9 (1): 83-107. Gurevich, O., M. A. Johnson, and A. E. Goldberg. 2010. "Incidental Verbatim Memory for

Language." *Language and Cognition* 2 (1): 45-78.

Gweon, H., P. Shafto, and L. Schulz. 2014. "Children Consider Prior Knowledge and the Cost of Information Both in Learning from and Teaching Others." *Proceedings of the Annual Meeting of the Cognitive Science Society* 36: 565-70.

Hagoort, P., C. Brown, and J. Groothusen. 1993. "The Syntactic Positive Shift (SPS) as an ERP Measure of Syntactic Processing." *Language and Cognitive Processes* 8 (4): 439-83.

Haiman, J. 1983. "Iconic and Economic Motivation." *Language* 59: 781-819.

———, ed. 1985. *Iconicity in Syntax: Proceedings of a Symposium on Iconicity in Syntax, Stan- ford, June 24-6, 1983*. Typological Studies in Language 6. Amsterdam: John Benjamins.

Hall, M. L., R. I. Mayberry, and V. S. Ferreira. 2013. "Cognitive Constraints on Constituent Order: Evidence from Elicited Pantomime." *Cognition* 129 (1): 1-17.

Halliday, M., C. M. Matthiessen, and C. Matthiessen. 2014. *An Introduction to Functional*

Grammar. London: Routledge.

Hao, J. 2015. "Abstraction versus Restriction in Syntactic Learning: An Examination of Chil- dren's Acquisition of the *a*-Adjective Restriction." Senior thesis, Princeton University.

Hare, M., J. L. Elman, T. Tabaczynski, and K. McRae. 2009. "The Wind Chilled the Spectators, but the Wine Just Chilled: Sense, Structure, and Sentence Comprehension." *Cognitive Science* 33 (4): 610-28.

Harmon, Z., and V. Kapatsinski. 2017. "Putting Old Tools to Novel Uses: The Role of Form Accessibility in Semantic Extension." *Cognitive Psychology* 98: 22-44.

Hart, B., and T. R. Risley. 1995. *Meaningful Differences in the Everyday Experience of Young American Children.* Baltimore, MD: Paul H. Brookes.

Hartshorne, J. K., J. B. Tenenbaum, & S. Pinker. (2018). A critical period for second language acquisition: Evidence from 2/3 million English speakers. *Cognition*, 177(April), 263-277. HYPERLINK "https://doi.org/10.1016/j.cognition.2018.04.007" https://doi.org/10.1016/j.cognition.2018.04.007

Haspelmath, M., ed. 2001. *Language Typology and Language Universals: An International Handbook.* Berlin: Walter de Gruyter.

———. 2010. "Comparative Concepts and Descriptive Categories in Crosslinguistic Studies."

Language 86 (3): 663-87.

———. 2015. "Ditransitive constructions." *Annual Review of Linguistics* 1 (1): 19-41.

Hauk, O., I. Johnsrude, and F. Pulvermüller. 2004. "Somatotopic Representation of Action Words in Human Motor and Premotor Cortex." *Neuron* 41 (2): 301-7.

Havel, V. 1980. *Memorandum.* New York: Grove Press.

Havik, E., L. Roberts, R. van Hout, R. Schreuder, and M. Haverkort. 2009. "Processing Subject-Object Ambiguities in the L2: A Self-Paced Reading Study with German L2 Learners of Dutch." *Language Learning* 59: 73-112.

Hay, J. B., and J. Bresnan. 2006. "Spoken Syntax: The Phonetics of Giving a Hand in New Zealand English." *Linguistic Review* 23 (3): 321-49.

Herbst, T. 2014. "The Valency Approach to Argument Structure Constructions." In *Construc- tions, Collocations, Patterns*, edited by T. Herbst, H.-J. Schmid, and S. Faulhaber, 159-207. Berlin: Walter de Gruyter.

Herbst, T., and A. E. Goldberg. Unpublished MS. "The Nice-of-You Construction and its Fragments." Erlangen University.

Herbst, T., D. Heath, I. F. Roe, and D. Götz. 2004. *A Valency Dictionary of English.* Berlin: Mouton de Gruyter.

Herbst, T., and S. Schüller. 2008. *Introduction to Syntactic Analysis: A Valency Approach.* Tübin- gen, Germany: Narr.

Hernandez, A., P. Li, and B. MacWhinney. 2005. "The Emergence of Competing Modules in Bilingualism." *Trends in Cognitive Sciences* 9 (5): 220-25.

Heylen, K., T. Wielfaert, D. Speelman, and D. Geeraerts. 2015. "Monitoring Polysemy: Word Space Models as a Tool for Large-Scale Lexical Semantic Analysis." *Lingua* 157: 153-72.

Hilpert, M. 2017. "Historical Sociolinguistics and Construction Grammar." In *Exploring Future Paths for Historical Sociolinguistics*, Advances in Historical Sociolinguistics 7, edited by

T. Säily, A. Nurmi, M. Palander-Collin, and A. Auer, 217-38. Amsterdam: John Benjamins.

Hinton, G. E., and J. A. Anderson, eds. 2014. *Parallel Models of Associative Memory*. Updated edition. New York: Psychology Press.

Hintzman, D. L. 1988. "Judgments of Frequency and Recognition Memory in a Multiple-Trace Memory Model." *Psychological Review* 95 (4): 528.

Hirsh-Pasek, K., R. Treiman, and M. Schneiderman. 1984. "Brown and Hanlon Revisited: Mothers' Sensitivity to Ungrammatical Forms." *Journal of Child Language* 2: 81-88.

Hoffmann, S., and J. Mukherjee. 2007. "Ditransitive Verbs in Indian English and British En- glish: A Corpus-Linguistic Study." *Arbeiten aus Anglistik und Amerikanistik* 32 (1): 5-24. Hoffmann, T., and G. Trousdale, eds. 2013. *The Oxford Handbook of Construction Grammar*.

Oxford: Oxford University Press.

Hopp, H. 2013. "Grammatical Gender in Adult L2 Acquisition: Relations between Lexical and Syntactic Variability." *Second Language Research* 29: 33-56.

Hopper, P. J., and S. A. Thompson. 1980. "Transitivity in Grammar and Discourse." *Language*

56 (2): 251-99.

Hopper, P. J., and E. C. Traugott. 2003. *Grammaticalization*. Cambridge, UK: Cambridge University Press.

Horner, V., and A. Whiten. 2005. "Causal Knowledge and Imitation/Emulation Switching in Chimpanzees (*Pan troglodytes*) and Children (*Homo sapiens*)." *Animal Cognition* 8 (3): 164-81.

Horst, J. S., and L. K. Samuelson. 2008. "Fast Mapping but Poor Retention by 24-Month-Old Infants." *Infancy* 13 (2): 128-57.

Hovav, M. R., and B. Levin. 1998. "Building Verb Meanings." In *The Projection of Arguments: Lexical and Compositional Factors*, edited by M. Butt and W. Geuder, 97-134. Stanford, CA: Center for the Study of Language and Information.

———. 2008. "The English Dative Alternation: The Case for Verb Sensitivity." *Journal of Linguistics* 44 (1): 129.

Hubbard, P. L., and D. Hix. 1988. "Where Vocabulary Meets Grammar: Verb Subcategoriza- tion Errors in ESL Writers." *CATESOL Journal* 1: 89-100.

Huddleston, R., and G. K. Pullum. 2002. *The Cambridge Grammar of English Language*. Cam- bridge, UK: Cambridge University Press.

Hughes, A., and P. Trudgill, P. 1996. *English Accents and Dialects*. London: Arnold.

Huth, A. G., W. A. de Heer, T. L. Griffiths, F. E. Theunissen, and J. L. Gallant. 2016. "Natural Speech Reveals the Semantic Maps that Tile the Human Cerebral Cortex." *Nature* 532: 453-58.

Huttenlocher, J. 1974. "The Origins of Language Comprehension." In *Theories in Cognitive Psychology: The Loyola Symposium*, edited by R. L. Solso, 331-68. Oxford: Lawrence Erl- baum Associates.

Hwang, J. D., 2014. "Identification and Representation of Caused Motion Constructions." PhD thesis, University of Colorado Boulder.

Imai, M., D. Gentner, and N. Uchida. 1994. "Children's Theories of Word Meaning: The Role of Shape Similarity in Early Acquisition." *Cognitive Development* 9 (1): 45-75.

Imai, M., E. Haryu, and H. Okada. 2005. "Mapping Novel Nouns and Verbs onto Dynamic Action Events: Are Verb Meanings Easier to Learn than Noun Meanings for Japanese Children?" *Child Development* 76: 340-55.

Inagaki, S. 1997. "Japanese and Chinese Learners' Acquisition of the Narrow-Range

Rules for the Dative Alternation in English." *Language Learning* 47 (4): 637-69.

Ionin, T., and S. Montrul. 2010. "The Role of L1 Transfer in the Interpretation of Articles with Definite Plurals in L2 English." *Language Learning* 60 (4): 877-925.

Israel, M. 1996. "The Way Constructions Grow." In *Conceptual Structure, Discourse and Lan- guage,* edited by A. E. Goldberg, 217-30. Stanford, CA: Center for the Study of Language and Information.

Ito, A., A. E. Martin, and M. S. Nieuwland. 2017. "On Predicting Form and Meaning in a Second Language." *Journal of Experimental Psychology: Learning, Memory, and Cognition* 43 (4): 635.

Jackendoff, R. 1990. *Semantic Structures.* Cambridge, MA: MIT Press.

———. 1992. *Semantic Structures.* Current Studies in Linguistics 18. Cambridge, MA: MIT Press.

———. 1997. "Twistin' the Night Away." *Language* 73 (3): 534-59.

———. 2002. *Foundations of Language.* Oxford: Oxford University Press.

Jackendoff, R., and J. Audring. 2016. "Morphological Schemas." *Mental Lexicon* 11 (3): 467-93. Jaeger, T. F. 2010. "Redundancy and Reduction: Speakers Manage Syntactic Information

Density." *Cognitive Psychology* 61 (1): 23-62.

Jaeger, T. F. and R. Levy. 2006. "Speakers Optimize Information Density through Syntactic Reduction." Advances in Neural Information Processing Systems 19: 849-56.

Janda, L. A. 1990. "The Radial Network of a Grammatical Category: Its Genesis and Dynamic Structure." *Cognitive Linguistics* 1 (3): 269-88.

———. 1996. *Back from the Brink: A Study of How Relic Forms in Languages Serve as Source Material for Analogical Extension.* LINCOM Studies in Slavic Linguistics 1. Munich: Lin- com Europa.

Janda, L. A., and F. Tyers, F. Forthcoming. "Less Is More: Why All Paradigms Are Defective, and Why That Is a Good Thing." *International Journal of Corpus Linguistics.*

Jäschke, K., and I. Plag. 2016. "The Dative Alternation in German-English Interlanguage."

Studies in Second Language Acquisition 38 (3): 485-521.

Jescheniak, J. D., and W. J. Levelt. 1994. "Word Frequency Effects in Speech Production: Retrieval of Syntactic Information and of Phonological Form." *Journal of Experimental Psychology: Learning, Memory, and Cognition* 20 (4): 824.

Jin, K. S., and C. Fisher. 2014. "Early Evidence for Syntactic Bootstrapping: 15-Month-Olds Use Sentence Structure in Verb Learning." In *BUCLD 38 Online Proceedings Supplement,* edited by W. Orman and M. J. Valleau. Boston, MA: Cascadilla Press. HYPERLINK "http://www.bu.edu/bucld/files/2014/04/jin.pdf" http://www.bu.edu

HYPERLINK "http://www.bu.edu/bucld/files/2014/04/jin.pdf" /bucld/files/2014/04/jin.pdf.

Johns, B. T., M. Dye, and M. N. Jones. 2016. "The Influence of Contextual Diversity on Word Learning." *Psychonomic Bulletin and Review* 23 (4): 1214-20.

Johnson, K. 2006. "Resonance in an Exemplar-Based Lexicon: The Emergence of Social Iden- tity and Phonology." *Journal of Phonetics* 34 (4): 485-99.

Johnson, M. A., and A. E. Goldberg. 2013. "Evidence for Automatic Accessing of Construc- tional Meaning: Jabberwocky Sentences Prime Associated Verbs." *Language and Cognitive Processes* 28 (10): 1439-52.

Johnson, M. A., N. Turk-Browne, and A. E. Goldberg. 2013. "Prediction is essential to language processing and development. Comment on Pickering and Garrod." *Brain and Behavioral Science* 36 (4): 360-61.

Kaan, E. 2014. "Predictive Sentence Processing in L2 and L1: What Is Different?" *Linguistic Approaches to Bilingualism* 4 (2): 257-82.

Kaan, E., A. Dallas, and N. K. Wijnen. 2010. "Syntactic Predictions in Second-Language Sen- tence Processing." In *Structure Preserved: Festschrift in the Honor of Jan Koster*, edited by J.-W. Zwart and M. de Vries, 208-13. Amsterdam: John Benjamins.

Kaan, E., J. Kirkham, and F. Wijnen. 2016. "Prediction and Integration in Native and Second- Language Processing of Elliptical Structures." *Bilingualism* 19 (1): 1.

Kachergis, G., C. Yu, and R. M. Shiffrin. 2017. "A Bootstrapping Model of Frequency and Context Effects in Word Learning." *Cognitive Science* 41 (3): 590-622.

Kádár, A., G. Chrupała, and A. Alishahi. 2017. "Representation of Linguistic Form and Func- tion in Recurrent Neural Networks." *Computational Linguistics* 43 (4): 761-80.

Kako, E. 2006. "The Semantics of Syntactic Frames." *Language and Cognitive Processes* 21 (5): 562-75.

Kalyan, S. 2012. "Similarity in Linguistic Categorization: The Importance of Necessary Prop- erties." *Cognitive Linguistics* 23 (3): 539-54.

Kam, C.L.H. 2009. "More than Words: Adults Learn Probabilities over Categories and Rela- tionships between Them." *Language Learning and Development* 5 (2): 115-45.

Kam, C.L.H., and E. L. Newport. 2005. "Regularizing Unpredictable Variation: The Roles of Adult and Child Learners in Language Formation and Change." *Language Learning and Development* 1 (2): 151-95.

———. 2009. "Getting It Right by Getting It Wrong: When Learners Change Languages."
Cognitive Psychology 59 (1): 30-66.

Kaminski, J., J. Call, and J. Fischer. 2004. "Word Learning in a Domestic Dog: Evidence for 'Fast Mapping.'" *Science* 304 (5677): 1682-83.

Kang, J. 2017. "Statistical Preemption and Korean Learners of English." *Seoul National Uni- versity Working Papers in English Language and Linguistics* 15: 40-52.

Kapatsinski, V. 2018. *Changing Minds Changing Tools: From Learning Theory to Language Acquisition to Language Change.* Cambridge, MA: MIT Press.

Kaschak, M. P. 2006. "What This Construction Needs Is Generalized." *Memory and Cognition*
34 (2): 368-79.

Kaschak, M. P., and A. Glenberg. 2000. "Constructing Meaning: The Role of Affordances and Grammatical Constructions in Sentence Comprehension." *Journal of Memory and Language* 43 (3): 508-29.

Kidd, C., S. T. Piantadosi, and R, N. Aslin. 2012. "The Goldilocks Effect: Human Infants Allocate Attention to Visual Sequences that are Neither Too Simple Nor Too Complex." *PLoS One* 7 (5): e36399.

Kidd, C., K. S. White, and R. N. Aslin. 2011. "Toddlers Use Speech Disfluencies to Predict Speakers' Referential Intentions." *Developmental Science* 14 (4): 925-34.

Kim, C. 2015. "L2 Learners' Recognition of Unfamiliar Idioms Composed of Familiar Words."
Language Awareness 25 (1-2): 89-109.

Kim, G., J. Lewis-Peacock, K. Norman, and N. B. Turk-Browne. 2014. "Pruning of Memories by Context-Based Prediction Error." *Proceedings of the National Academy of Sciences of the USA* 111 (24): 8997-9002.

Kim, J. B., and P. Sells. 2013. "The Korean Sluicing: As a Family of Constructions." *Studies in Generative Grammar* 23 (1): 103-30.

Kim, R., and H.-K. Yang. 2017. "Why Do Nonnative English Learners Perform L2 Statistical Preemption Less than Native Counterparts?: The Role of Different Repertoires for L1 and L2 Constructions." Poster session at the 42nd Annual Boston University Conference on Language Development, Boston, 3-5 November 2017.

King, J. W., and M. Kutas. 1995. "A Brain Potential Whose Latency Indexes the Length and Frequency of Words." *CRL Newsletter* 10 (2): 1-9.

Kiparsky, P. 1982. "Lexical Morphology and Phonology." In *Linguistics in the Morning Calm*, edited by I. S. Yang. Seoul: Hanshin.

Kirby, S., H. Cornish, and K. Smith. 2008. "Cumulative Cultural Evolution in the Laboratory: An Experimental Approach to the Origins of Structure in Human Language." *Proceedings of the National Academy of Sciences of the USA* 105 (31): 10681-86.

Klein, D. E., and G. L. Murphy, G. 2001. "The Representation of Polysemous Words." *Journal of Memory and Language* 45 (2): 259-82.

Kleinschmidt, D. F., and T. F. Jaeger. 2011. "A Bayesian Belief Updating Model of Phonetic Recalibration and Selective Adaptation." *Proceedings of the Workshop on Cognitive Modeling and Computational Linguistics* 2: 10-19.

———. 2015. "Robust Speech Perception: Recognize the Familiar, Generalize to the Similar, and Adapt to the Novel." *Psychological Review* 122 (2): 148.

Koenig, J., and K. Michelson. 2017. "Invariance in Argument Realization: The Case of Iro- quoian." *Language* 91 (1): 1-47.

Korsgaard, C. M., with G. A. Cohen, R. Geuss, T. Nagel, and B. Williams. 1996. *The Sources of Normativity*. Cambridge, UK: Cambridge University Press.

Kotovsky, L., and D. Gentner. 1996. "Comparison and Categorization in the Development of Relational Similarity." *Child Development* 67 (6): 2797-822.

Kousta, S. T., D. P. Vinson, and G. Vigliocco. 2009. "Emotion Words, Regardless of Polarity, Have a Processing Advantage over Neutral Words." *Cognition* 112 (3): 473-81.

Krashen, S. D., M. A. Long, and R. Scarcella. 1979. "Age, Rate, and Eventual Attainment in Second Language Acquisition." *TESOL Quarterly* 13: 573-82.

Kruschke, J. K. 1992. "ALCOVE: An Exemplar-Based Connectionist Model of Category Learn- ing." *Psychological Review* 99 (1): 22.

Kuczaj, S. A. 1982. "Young Children's Overextensions of Object Words in Comprehension and/or Production: Support for a Prototype Theory of Early Object Word Meaning." *First Language* 3 (8): 93-105.

Kuhl, P. K., K. A. Williams, F. Lacerda, K. N. Stevens, and B. Lindblom. 1992. "Linguistic Experience Alters Phonetic Perception in Infants by 6 Months of Age." *Science* 255 (5044): 606-8.

Kutas, M., and S. A. Hillyard. 1984. "Brain Potentials during Reading Reflect Word Expectancy and Semantic Association." *Nature* 307 (5947): 161-63.

Labov, W. 2011. *Principles of Linguistic Change*. Vol. 3, *Cognitive and Cultural Factors*. Hobo- ken, NJ: Wiley.

Lacey, S., R. Stilla, and K. Sathian. 2012. "Metaphorically Feeling: Comprehending Textural Metaphors Activates Somatosensory Cortex." *Brain and Language* 120 (3): 416-21.

Lakoff, G. 1966. "Irregularity in Syntax." PhD thesis, Indiana University.

———. 1987. *Women, Fire, and Dangerous Things: What Categories Reveal about the Mind.* Chicago: University of Chicago Press.

Lambrecht, K. 1990. "'What, Me Worry?': 'Mad Magazine Sentences' Revisited." In *Proceed- ings of the Sixteenth Annual Meeting of the Berkeley Linguistics Society,* edited by K. Hall, J.-P. Koenig, M. Meacham, S. Reinman, and L. A. Sutton, 215-28. Berkeley, CA: Berkeley Linguistics Society.

———. 1994. *Information Structure and Sentence Form.* Cambridge, UK: Cambridge University Press.

Landau, B., and L. R. Gleitman. 1985. *Language and Experience: Evidence from a Blind Child.*
Cambridge, MA: Harvard University Press.

Landau, B., L. B. Smith, and S. S. Jones. 1988. "The Importance of Shape in Early Lexical Learning." *Cognitive Development* 3 (3): 299-321.

Landauer, T. K. 2006. *Latent Semantic Analysis.* Hoboken, NJ: Wiley.

Langacker, R. W. 1987. *Foundations of Cognitive Grammar.* Vol. 1, *Theoretical Prerequisites.*
Stanford, CA: Stanford University Press.

———. 1988. "A Usage-Based Model." *Topics in Cognitive Linguistics* 50: 127-63.

———. 2008. *Cognitive Grammar: A Basic Introduction.* Oxford: Oxford University Press.

LaPolla, R. J. 1994. "Parallel Grammaticalizations in Tibeto-Burman Languages: Evidence of Sapir's 'Drift.'" *Linguistics of the Tibeto-Burman Area* 17 (1): 61-80.

———. 2009. "Chinese as a Topic-Comment (Not Topic-Prominent and Not SVO) Language." In *Studies of Chinese Linguistics: Functional Approaches,* edited by J. Xing, 9-22. Hong Kong: Hong Kong University Press.

———. 2016. "On Categorization: Stick to the Facts of the Languages." *Linguistic Typology*
20 (2): 365-75.

———. 2017. "Once Again on Methodology and Argumentation in Linguistics." *Linguistics of the Tibeto-Burman Area* 39 (2): 282-97.

Lebani, G. E., and A. Lenci. 2016. "'Beware the Jabberwock, Dear Reader!': Testing the Distributional Reality of Constructional Semantics." In *CogALex@COLING: Proceed- ings of the Workshop on Cognitive Aspects of the Lexicon,* Osaka, Japan, 11-17 December 2016, 8-18.

Leech, G. 2003. "Modality on the Move: The English Modal Auxiliaries 1961-1992." *Topics in English Linguistics* 44: 223-40.

Leow, R. P. 1998. "The Effects of Amount and Type of Exposure on Adult Learners' L2 De- velopment in SLA." *Modern Language Journal* 82 (1): 49-68.

Levelt, W. J. 1983. "Monitoring and Self-Repair in Speech." *Cognition* 14 (1): 41-104.
Levin, B. 1993. *English Verb Classes and Alternations.* Chicago: Chicago University Press.

———. 2008. "Dative Verbs: A Crosslinguistic Perspective." *Lingvisticæ Investigationes* 31 (2): 285-312.

Levinson, S. C. 1983. *Pragmatics.* Cambridge, UK: Cambridge University Press.

———. 1996. "Relativity in Spatial Conception and Description." In *Rethinking Linguistic Relativity,* edited by J. J. Gumperz and S. C. Levinson, 177-202. Cambridge, UK: Cam- bridge University Press.

Levy, R. 2008. "A Noisy-Channel Model of Rational Human Sentence Comprehension under Uncertain Input." In *Proceedings of the 13th Conference on Empirical Methods in Natural Language Processing*, 234-43. Vancouver: Association for Computational Linguistics.

Levy, R., K. Bicknell, T. Slattery, and K. Rayner. 2009. "Eye Movement Evidence that Readers Maintain and Act on Uncertainty about Past Linguistic Input." *Proceedings of the National Academy of Sciences of the USA* 106 (50): 21086-90.

Lewis, M. 2008. "The Idiom Principle in L2 English: Assessing Elusive Formulaic Sequences as Indicators of Idiomaticity, Fluency, and Proficiency." PhD thesis, Uppsala University, English Institute.

Lew-Williams, C., and A. Fernald. 2007. "Young Children Learning Spanish Make Rapid Use of Grammatical Gender in Spoken Word Recognition." *Psychological Science* 33: 193-98.

———. 2010. "Real-Time Processing of Gender-Marked Articles by Native and Non-native Spanish Speakers." *Journal of Memory and Language* 63 (4): 447-64.

Li, P., I. Farkas, and B. MacWhinney. 2004. "Early Lexical Development in a Self-Organizing Neural Network." *Neural Networks* 17: 1345-62.

Liang, J. 2002. "Verbs and Argument Structure Constructions." Masters thesis, Gunangdong University of Foreign Studies.

Lidz, J., H. Gleitman, and L. Gleitman. 2003. "Understanding How Input Matters: Verb Learn- ing and the Footprint of Universal Grammar." *Cognition* 87 (3): 151-78.

Lieven, E., J. Pine, and G. Baldwin. 1997. "Lexically-Based Learning and Early Grammatical Development." *Journal of Child Language* 24 (1): 187-220.

Light, L. L., and L. Carter-Sobell. 1970. "Effects of Changed Semantic Context on Recognition Memory." *Journal of Verbal Learning and Verbal Behavior* 9: 1-11.

Linck, J. A., J. F. Kroll, and G. Sunderman. 2009. "Losing Access to the Native Language while Immersed in a Second Language: Evidence for the Role of Inhibition in Second-Language Learning." *Psychological Science* 20: 1507-15.

Linzen, T., and T. F. Jaeger. 2014. "Investigating the Role of Entropy in Sentence Processing." In *CMCL@ACL: Proceedings of the 2014 Workshop on Cognitive Modeling and Computa- tional Linguistics*, 10-18. Baltimore, MD: Association of Computational Linguistics.

Liu, M., M. C. Machado, G. Tesauro, and M. Campbell. 2017. "The Eigenoption-Critic Frame- work." Cornell University Library, *arXiv*, submitted 11 December 2017. HYPERLINK "http://arxiv.org/abs/1712.04065" http://arxiv.org HYPERLINK "http://arxiv.org/abs/1712.04065" /abs/1712.04065.

Long, R. B. 1961. *The Sentence and Its Parts: A Grammar of Contemporary English.* Chicago, IL: University of Chicago Press.

Luk, Z.P.S., and Y. Shirai. 2009. "Is the Acquisition Order of Grammatical Morphemes Imper- vious to L1 Knowledge? Evidence from the Acquisition of Plural -s, Articles, and Possessive 's." *Language Learning* 59 (4): 721-54.

Lukyanenko, C., and C. Fisher. 2016. "Where Are the Cookies? Two-and Three-Year-Olds Use Number-Marked Verbs to Anticipate Upcoming Nouns." *Cognition* 146: 349-70.

MacDonald, M. C. 2013. "How Language Production Shapes Language Form and Compre- hension." *Frontiers in Psychology* 4 (April): 226.

MacDonald, M. C., N. J. Pearlmutter, and M. S. Seidenberg. 1994. "The Lexical Nature of Syntactic Ambiguity Resolution." *Psychological Review* 101 (4): 676.

MacWhinney, B. 1982. "Basic Syntactic Processes." *Language Acquisition* 1: 73-136.

———. 2006. "Emergent Fossilizaton." In *Studies of Fossilization in Second Language Acqui- sition*, vol. 14, edited by Z. Han and T. Odlin, 134-56. Buffalo, NY: Multilingual Matters. Madlener, K. 2016. "Input optimization." In *Experience Counts: Frequency Effects in Language,*

edited by H. Behrens and S. Pfänder, 133-174. Berlin: Walter de Gruyter.

Manela-Arnold, E., J. L. Evans, and J. A. Coady. 2010. "Explaining Lexical-Semantic Defi- cits in Specific Language Impairment: The Role of Phonological Similarity, Phonological Working Memory, and Lexical Competition." *Journal of Speech, Language, and Hearing Research* 53 (6): 1742-56.

Marantz, A. 1997. "No Escape from Syntax: Don't Try Morphological Analysis in the Privacy of Your Own Lexicon." *University of Pennsylvania Working Papers in Linguistics* 4 (2): 14. Marchman, V. A. 1997. "Children's Productivity in the English Past Tense: The Role of Fre-

quency, Phonology, and Neighborhood Structure." *Cognitive Science* 21 (3): 283-304.

Marcotte, J. 2005. "Causative Alternation Errors in Child Language Acquisition." PhD thesis, Stanford University.

Marcus, G. F., S. Vijayan, S. B. Rao, and P. M. Vishton. 1999. "Rule Learning by Seven-Month- Old Infants." *Science* 283 (5398): 77-80.

Marian, V., and M. Spivey. 2003. "Competing Activation in Bilingual Language Processing: Within-and Between-Language Competition." *Bilingualism: Language and Cognition* 6

(2): 97-115.

Marinova-Todd, S.H., D. B. Marshall, and C. E. Snow. 2000. "Three Misconceptions about Age and L2 Learning." *TESOL Quarterly* 34 (1): 9-34.

Markman, A. B., and D. Gentner. 1993. "Structural Alignment during Similarity Comparisons."

Cognitive Psychology 25 (4): 431-67.

———. 2001. "Thinking." *Annual Review of Psychology* 52 (1): 223-47.

Markman, E. M. 1989. *Categorization and Naming in Children: Problems of Induction.* Cam- bridge, MA: MIT Press.

Markman, E. M., and J. E. Hutchinson. 1984. "Children's Sensitivity to Constraints on Word Meaning: Taxonomic versus Thematic Relations." *Cognitive Psychology* 16 (1): 1-27.

Markman, E. M., and G. F. Wachtel. 1988. "Children's Use of Mutual Exclusivity to Constrain the Meanings of Words." *Cognitive Psychology* 20 (2): 121-57.

Marshall, L., and J. Born. 2007. "The Contribution of Sleep to Hippocampus-Dependent Mem- ory Consolidation." *Trends in Cognitive Sciences* 11 (10): 442-50.

Marslen-Wilson, W., and P. Zwitserlood. 1989. "Accessing Spoken Words: The Importance of Word Onsets." *Journal of Experimental Psychology: Human Perception and Performance* 15 (3): 576.

Martin, C. D., G. Thierry, J. Kuipers, B. Boutonnet, A. Foucart, and A. Costa. 2013. "Bilinguals Reading in Their Second Language Do Not Predict Upcoming Words as Native Readers Do." *Journal of Memory and Language* 69 (4): 574-88.

Matthews, D., and C. Bannard. 2010. "Children's Production of Unfamiliar Word Sequences Is Predicted by Positional Variability and Latent Classes in a Large Sample of Child-Directed Speech." *Cognitive Science* 34 (3): 465-88.

Matusevych, Y., A. Alishahi, and A. Backus. 2017. "The Impact of First and Second Language Exposure on Learning Second Language Constructions." *Bilingualism:*

Language and Cognition 20 (1): 128-49.

Mauri, C., and A. Sansò. 2011. "How Directive Constructions Emerge: Grammaticalization, Constructionalization, Cooptation." *Journal of Pragmatics* 43 (14): 3489-521.

McCawley, J. 1978. "Conversational Implicature and the Lexicon." In *Syntax and Semantics*, vol. 9, *Pragmatics*, edited by Peter Cole, 245-59. New York: Academic Press.

McClelland, J. L., and J. L. Elman. 1986. "The TRACE Model of Speech Perception." *Cognitive Psychology* 18 (1): 1-86.

McClelland, J. L., and K. Patterson. 2002. "Rules or Connections in Past-Tense Inflections: What Does the Evidence Rule Out?" *Trends in Cognitive Sciences* 6 (11): 465-72.

McDonald, S. A., and R. C. Shillcock. 2001. "Rethinking the Word Frequency Effect: The Neglected Role of Distributional Information in Lexical Processing." *Language and Speech* 44 (3): 295-322.

McDonough, K., and Y. Kim. 2009. "Syntactic Priming, Type Frequency, and EFL Learners' Production of Wh-Questions." *Modern Language Journal* 93 (3): 386-98.

McDonough, K., and T. Nekrasova-Becker. 2014. "Comparing the Effect of Skewed and Bal- anced Input on English as a Foreign Language Learners' Comprehension of the Double- Object Dative Construction." *Applied Psycholinguistics* 35 (2): 419-42.

McGuigan, N., J. Makinson, and A. Whiten. 2011. "From Over-Imitation to Super-Copying: Adults Imitate Causally Irrelevant Aspects of Tool Use with Higher Fidelity than Young Children." *British Journal of Psychology* 102 (1): 1-18.

McMurray, B., M. K. Tanenhaus, R. N. Aslin, and M. J. Spivey. 2003. "Probabilistic Constraint Satisfaction at the Lexical/Phonetic Interface: Evidence for Gradient Effects of Within- Category VOT on Lexical Access." *Journal of Psycholinguistic Research* 32 (1): 77-97.

McRae, K., M. J. Spivey-Knowlton, and M. K. Tanenhaus. 1998. "Modeling the Influence of Thematic Fit (and Other Constraints) in On-Line Sentence Comprehension." *Journal of Memory and Language* 38 (3): 283-312.

Mervis, C. B., R. M. Golinkoff, and J. Bertrand. 1994. "Two-Year-Olds Readily Learn Multiple Labels for the Same Basic-Level Category." *Child Development* 65 (4): 1163-77.

Meyer, D. E., and R. W. Schvaneveldt. 1971. "Facilitation in Recognizing Pairs of Words: Evidence of a Dependence between Retrieval Operations." *Journal of Experimental Psy- chology* 90 (2): 227.

Michaelis, L. A. 2003. "Word Meaning, Sentence Meaning, and Syntactic Meaning." In *Cog- nitive Approaches to Lexical Semantics*, edited by H. Cuyckens, R. Dirven, and J. R. Taylor, 163-209. Berlin: Mouton de Gruyter.

———. 2005. "Entity and Event Coercion in a Symbolic Theory of Syntax." In *Construction Grammars: Cognitive Grounding and Theoretical Extensions*, edited by J.-O. Östman and

M. Fried, 45-88. Amsterdam: John Benjamins.

Michaelis, L. A., and K. Lambrecht. 1996. "Toward a Construction-Based Theory of Language Function: The Case of Nominal Extraposition." *Language* 72 (2): 215-47.

Mithun, M. 1984. "The Evolution of Noun Incorporation." *Language* 60 (4): 847-94.

———. 1986. "On the Nature of Noun Incorporation." *Language* 62 (1): 32-37.

Mondorf, B. 2014. "(Apparently) Competing Motivations in Morpho-syntactic

Variation." In: *Competing Motivations in Grammar and Usage*, edited by E. A. Moravcsik, A. Malchukov, and B. MacWhinney, 209-28. Oxford: Oxford University Press.

Montag, J. L., K. Matsuki, J. Y. Kim, and M. C. MacDonald. 2017. "Language Specific and Lan- guage General Motivations of Production Choices: A Multi-Clause and Multi-Language Investigation." *Collabra: Psychology* 3 (1): 1-22.

Montgomery, M., and J. S. Hall. 2004. *Dictionary of Smoky Mountain English*. Knoxville, TN: University of Tennessee Press.

Montrul, S., and T. Ionin. 2012. "Dominant Language Transfer in Spanish Heritage Speakers and Second Language Learners in the Interpretation of Definite Articles." *Modern Lan- guage Journal* 96 (1): 70-94.

Moon, C., R. P. Cooper, and W. P. Fifer. 1993. "Two-Day-Olds Prefer Their Native Language."
Infant Behavior and Development 16 (4): 495-500.

Morgan, J. L., K. M. Bonamo, and L. L. Travis. 1995. "Negative Evidence on Negative Evi- dence." *Developmental Psychology* 31 (2): 180.

Moyer, A. 1999. "Ultimate Attainment in L2 Phonology." *Studies in Second Language Acqui- sition* 21 (1): 81-108.

Müller, S. 2002. *Complex Predicates: Verbal Complexes, Resultative Constructions, and Particle Verbs in German*. Studies in Constraint-Based Lexicalism 13. Stanford, CA: Center for the Study of Language and Information.

———. 2007. "Phrasal or Lexical Constructions: Some Comments on Underspecification of Constituent Order, Compositionality, and Control. In *Proceedings of the 14th International Conference on Head-Driven Phrase Structure Grammar*, edited by S. Müller, 373-93. Stan- ford, CA: Center for the Study of Language and Information.

Müller, S., and S. Wechsler. 2014. "Lexical Approaches to Argument Structure." *Theoretical Linguistics* 40 (1-2): 1-76.

Munakata, Y. 2001. Graded representations in behavioral dissociations. Trends in cognitive sciences, 5(7), 309-315.

Munakata, Y., J. L. McClelland, M. H., Johnson, and R. S. Siegler. 1997. "Rethinking Infant Knowledge: Toward an Adaptive Process Account of Successes and Failures in Object Permanence Tasks." *Psychological Review* 104 (4): 686.

Muñoz, C., and D. Singleton, 2011. "A Critical Review of Age-Related Research on L2 Ultimate Attainment." *Language Teaching* 44 (1): 1-35.

Münte, T. F., H. J. Heinze, M. Matzke, B. M. Wieringa, and S. Johannes. 1998. "Brain Potentials and Syntactic Violations Revisited: No Evidence for Specificity of the Syntactic Positive Shift." *Neuropsychologia* 36 (3): 217-26.

Murphy, G. L. 2002. *The Big Book of Concepts*. Cambridge, MA: Bradford Books.

Murphy, G. L., and E. J. Wisniewski. 1989. "Categorizing Objects in Isolation and in Scenes: What a Superordinate Is Good For. *Journal of Experimental Psychology: Learning, Memory, and Cognition* 15 (4): 572.

Murray, T. E., T. C. Frazer, and B. L. Simon. 1996. "Need + Past Participle in American En- glish." *American Speech* 71 (3): 255-71.

Nagy, W. E., and R. C. Anderson. 1984. "How Many Words Are There in Printed School English?" *Reading Research Quarterly* 19 (3): 304-30.

Naigles, L., A. Fowler, and A. Helm. 1992. "Developmental Shifts in the Construction of Verb Meanings." *Cognitive Development* 7(4): 403-27.

Naigles, L., H. Gleitman, and L. Gleitman. 1993. "Syntactic Bootstrapping and Verb

Acquisi- tion." In *Language and Cognition: A Developmental Perspective*, edited by E. Dromi, 104-40. Norwood, NJ: Ablex.

Naigles, L., E. Hoff, and D. Vear. 2009. "Flexibility in Early Verb Use: Evidence from a Multiple-N Diary Study." *Monographs of the Society for Research in Child Development* 74

(2): vii-112.

Nelson, A. B., and R. M. Shiffrin. 2013. "The Co-evolution of Knowledge and Event Memory."

Psychological Review 120 (2): 356-94.

Newman, E. L., and K. Norman. 2010. "Moderate Excitation Leads to Weakening of Perceptual Representations." *Cerebral Cortex* 20 (11): 2760-70.

Newport, E. L. 1990. "Maturational Constraints on Language Learning." *Cognitive Science*

14 (1): 11-28.

Noble, C. H., C. F. Rowland, and J. M. Pine. 2011. "Comprehension of Argument Structure and Semantic Roles: Evidence from English-Learning Children and the Forced-Choice Pointing Paradigm. *Cognitive Science* 35 (5): 963-82.

Norman, D. A., and D. E. Rumelhart, eds. 1975. *Explorations in Cognition*. San Francisco: Freeman.

Norman, K. A., E. L. Newman, and G. Detre. 2007. "A Neural Network Model of Retrieval- Induced Forgetting." *Psychological Review* 114 (4): 887-953.

Nosofsky, R. M. 1986. "Attention, Similarity, and the Identification-Categorization Relation- ship." *Journal of Experimental Psychology: General* 115 (1): 39.

N次ez-Peña, M. I., and M. L. Honrubia-Serrano. 2004. "P600 Related to Rule Violation in an Arithmetic Task." *Cognitive Brain Research* 18 (2): 130-41.

O'Donnell, T. 2015. *Productivity and Reuse in Language*. Cambridge, MA: MIT Press. Oehrle, R. T. 1976. "The Grammatical Status of the English Dative Alternation." PhD thesis,

MIT.

Oh, E. 2010. "Recovery from First-Language Transfer: The Second Language Acquisition of English Double Objects by Korean Speakers." *Second Language Research* 26 (3): 407-39. Oldfield, R. C., and A. Wingfield. 1965. "Response Latencies in Naming Objects." *Quarterly*

Journal of Experimental Psychology 17 (4): 273-81.

Ortega, L. 2014. *Understanding Second Language Acquisition*. Abingdon, UK: Routledge. Osherson, D. N., E. E. Smith, O. Wilkie, A. Lopez, and E. Shafir. 1990. "Category-Based

Induction." *Psychological Review* 97 (2): 185.

Osterhout, L., and P. J. Holcomb. 1992. "Event-Related Brain Potentials Elicited by Syntactic Anomaly." *Journal of Memory and Language* 31 (6): 785-806.

Östman, J. O., and G. Trousdale. 2013. "Dialects, Discourse, and Construction Grammar." In *The Oxford Handbook of Construction Grammar*, edited by T. Hoffmann and G. Trousdale, 476-90. Oxford: Oxford University Press.

Palmer, G. B. 1996. *Toward a Theory of Cultural Linguistics*. Austin, TX: University of Texas Press. Palmeri, T. J., S. D. Goldinger, and D. B. Pisoni. 1993. "Episodic Encoding of Voice Attributes and Recognition Memory for Spoken Words." *Journal of Experimental Psychology: Learn-*

ing, Memory, and Cognition 19 (2): 309.

Parisien, C., and S. Stevenson. 2010. "Learning Verb Alternations in a Usage-Based Bayesian Model." *Proceedings of the Annual Meeting of the Cognitive Science Society* 32: 540-45.

Partee, B. H. 1970. *On the Requirement that Transformations Preserve Meaning.* [Bloomington, IN]: Indiana University Linguistics Circle.

Paul, H. 1888. *Principles of the History of Language.* London: Swan Sonnenschein, Lowrey.

Pawley, A., and F. H. Syder. 1983. "Two Puzzles for Linguistic Theory: Nativelike Selection and Nativelike Fluency." In *Language and Communication,* edited by J. C. Richards and

R. W. Schmidt, 191-225. London: Longman.

Peng, R. 2016. "The Integration of Exemplars and Prior Knowledge in the Extension of Sche- matic Constructions: Evidence from Chinese Emerge-Hide Construction." *Language Sci- ences* 56: 1-29.

Perek, F. 2016. "Using Distributional Semantics to Study Syntactic Productivity in Diachrony: A Case Study." *Linguistics* 54 (1): 149-88.

———. Unpublished MS. "Productivity and Schematicity in Constructional Change." Uni- versity of Birmingham, UK.

Perek, F., and A. E. Goldberg. 2015. "Generalizing beyond the Input: The Functions of the Constructions Matter." *Journal of Memory and Language* 84: 108-27.

———. 2017. "Linguistic Generalization on the Basis of Function and Constraints on the Basis of Statistical Preemption." *Cognition* 168: 276-93.

Perfors, A., J. B. Tenenbaum, and E. Wonnacott. 2010. "Variability, Negative Evidence, and the Acquisition of Verb Argument Constructions." *Journal of Child Language* 37 (3): 607-42.

Pesetsky, D. M. 1996. *Zero Syntax: Experiencers and Cascades.* Cambridge, MA: MIT Press. Piantadosi, S. T., H. Tily, and E. Gibson. 2011. "Word Lengths are Optimized for Efficient Communication." *Proceedings of the National Academy of Sciences of the USA* 108 (9): 3526-29.

———. 2012. "The Communicative Function of Ambiguity in Language." *Cognition* 122 (3): 280-91.

Pickering, M. J., and S. Garrod. 2013. "An Integrated Theory of Language Production and Comprehension." *Behavioral and Brain Sciences* 36 (4): 329-47.

Pierrehumbert, J. 2001. "Stochastic Phonology." *Glot International* 5 (6): 195-207.

———. 2002. "Word-Specific Phonetics." *Laboratory Phonology* 7: 101-39.

Pinker, S. 1987. "The Bootstrapping Problem in Language Acquisition." In *Mechanisms of Language Acquisition,* edited by B. MacWhinney, 399-441. Hillsdale, NJ: Lawrence Erl- baum Associates.

———. 1989. *Learnability and Cognition.* Cambridge, MA: MIT Press.

———. 1999. *Words and Rules: The Ingredients of Language.* New York: Hatchet Book Group. Pinker, S., and A. Prince. 1988. "On Language and Connectionism: Analysis of a Parallel Distributed Processing Model of Language Acquisition." *Cognition* 28 (1): 73-193.

Pinker, S., and M. T. Ullman. 2002. "The Past-Tense Debate: The Past and Future of the Past Tense." *Trends in Cognitive Sciences* 6 (11): 456-63.

Plunkett, K., and V. Marchman. 1991. "U-Shaped Learning and Frequency Effects in a Multi-layered Perception: Implications for Child Language Acquisition." *Cognition*

38

(1): 43-102.

———. 1993. "From Rote Learning to System Building: Acquiring Verb Morphology in Chil- dren and Connectionist Nets." *Cognition* 48 (1): 21-69.

Potter, C. 2016. "Learning and Generalization of Multiple Structures by Children and Adults." PhD thesis, University of Madison Psychology Department.

Potter, M. C., and L. Lombardi. 1990. "Regeneration in the Short-Term Recall of Sentences."

Journal of Memory and Language 29 (6): 633-54.

Poznan, L., L. R. Gleitman, and J. Trueswell. 2016. "Semantic Ambiguity and Syntactic Boot- strapping: The Case of Conjoined-Subject Intransitive Sentences." *Language Learning and Development* 12 (1): 14-41.

Pulvermüller, F., Y. Shtyrov, and R. Ilmoniemi, R. 2005. "Brain Signatures of Meaning Access in Action Word Recognition." *Journal of Cognitive Neuroscience* 17 (6): 884-92.

Pustejovsky, J., ed. 2012. *Semantics and the Lexicon.* Studies in Linguistics and Philosophy 49.

Dordrecht, Netherlands: Springer Science and Business Media.

Quine, W. V. 1960. "Carnap and Logical Truth." *Synthese* 12 (4): 350-74.

Ramscar, M. 2002. "The Role of Meaning in Inflection: Why the Past Tense Does Not Require a Rule." *Cognitive Psychology* 45 (1): 45-94.

Ratcliff, R., P. Gomez, and G. McKoon. 2004. "A Diffusion Model Account of the Lexical Decision Task." *Psychological Review* 111 (1): 159.

Raviv, L., and I. Arnon. 2017. "Differences between Children and Adults in the Emergence of Linguistic Structure." Poster presented at the CUNY Conference on Human Sentence Processing, MIT, Cambridge, MA, 30 March-1 April 2017.

Rayner, K., and S. A. Duffy. 1986. "Lexical Complexity and Fixation Times in Reading: Effects of Word Frequency, Verb Complexity, and Lexical Ambiguity." *Memory and Cognition* 14

(3): 191-201.

Rayner, K., and C. J. Springer. 1986. "Graphemic and Semantic Similarity Effects in the Pic- ture: Word Interference Task. *British Journal of Psychology* 77 (2): 207-22.

Reali, F., and M. H. Christiansen. 2007. "Word Chunk Frequencies Affect the Processing of Pronominal Object-Relative Clauses." *Quarterly Journal of Experimental Psychology* 60

(2): 161-70.

Reali, F., and T. L. Griffiths. 2009. "The Evolution of Frequency Distributions: Relating Reg- ularization to Inductive Biases through Iterated Learning." *Cognition* 111 (3): 317-28.

Regel, S., A. Opitz, G. Müller, and A. D. Friederici. 2015. "The Past Tense Debate Revisited: Electrophysiological Evidence for Subregularities of Irregular Verb Inflection." *Journal of Cognitive Neuroscience* 27 (9): 1870-85.

Regier, T., and P. Kay. 2009. "Language, Thought, and Color: Whorf Was Half Right." *Trends in Cognitive Sciences* 13 (10): 439-46.

Rescorla, R. A., and A. R. Wagner. 1972. "A Theory of Pavlovian Conditioning: Variations in the Effectiveness of Reinforcement and Nonreinforcement." In *Classical Conditioning II: Current Theory and Research*, edited by A. H. Black and W. F. Prokasy, 64-99. New York: Appleton-Century-Crofts.

Rhodes, M., S. A. German, and D. Brinkman. 2010. "Children's Attention to Sample Com- position in Learning, Teaching and Discovery." *Developmental Science* 13 (3): 421-29.

Richerson, P. J., and M. H. Christiansen, eds. 2013. *Cultural Evolution: Society, Technology, Language, and Religion.* Cambridge, MA: MIT Press.

Rickford, J. R. 1997. "Prior Creolization of African-American Vernacular English?: Sociohis- torical and Textual Evidence from the 17th and 18th Centuries." *Journal of Sociolinguistics* 1 (3): 315-36.

Robenalt, C., and A. E. Goldberg. 2015. "Judgment Evidence for Statistical Preemption: It Is Relatively Better to *Vanish* than to *Disappear* a Rabbit, but a Lifeguard Can Equally Well *Backstroke* or *Swim* Children to Shore." *Cognitive Linguistics* 26 (3): 467-503.

———. 2016. "Nonnative Speakers Do Not Take Competing Alternative Expressions into Account the Way Native Speakers Do." *Language Learning* 66 (1): 60-93.

Rossi, E., M. Diaz, J. F. Kroll, and P. E. Dussias. 2017 "Late Bilinguals Are Sensitive to Unique Aspects of Second Language Processing: Evidence from Clitic Pronouns Word-Order." *Frontiers in Psychology* 8: 342.

Rothschild, G., E. Eban, and L. M. Frank. 2017. "A Cortical-Hippocampal-Cortical Loop of Information Processing during Memory Consolidation." *Nature Neuroscience* 20 (2): 251. Rovee-Collier, C. 1997. "Dissociations in Infant Memory: Rethinking the Development of Implicit and Explicit Memory." *Psychological Review* 104 (3): 467.

Rowland, C. F., and C. L. Noble. 2010. "The Role of Syntactic Structure in Children's Sen- tence Comprehension: Evidence from the Dative." *Language Learning and Development* 7 (1): 55-75.

Rowland, C. F., and J. M. Pine. 2000. "Subject-Auxiliary Inversion Errors and Wh-Question Acquisition: 'What Children Do Know?'" *Journal of Child Language* 27 (1): 157-81.

Rowland, C. F., J. M. Pine, E. V. Lieven, and A. L. Theakston. 2003. "Determinants of Acqui- sition Order in Wh-Questions: Re-evaluating the Role of Caregiver Speech." *Journal of Child Language* 30 (3): 609-35.

Russek, E. M., I. Momennejad, M. M. Botvinick, S. J. Gershman, and N. D. Daw. 2017. "Pre- dictive Representations Can Link Model-Based Reinforcement Learning to Model-Free Mechanisms." *PLoS Computational Biology* 13 (9): e1005768.

Rutherford, W. E. 1989. "Preemption and the Learning of L2 Grammars." *Studies in Second Language Acquisition* 11 (4): 441-57.

Sabourin, L., L. A. Stowe, and G. J. de Haan. 2006. "Transfer Effects in Learning a Second Language Grammatical Gender System." *Second Language Research* 22 (1): 1-29.

Sachs, J. S. 1967. "Recognition Memory for Syntactic and Semantic Aspects of Connected Discourse." *Perception and Psychophysics* 2 (9): 437-42.

Saffran, J. R., S. D. Pollak, R. L. Seibel, and A. Shkolnik. 2007. "Dog Is a Dog Is a Dog: Infant Rule Learning Is Not Specific to Language." *Cognition* 105 (3): 669-80.

Samara, A., K. Smith, H. Brown, and E. Wonnacott. 2017. "Acquiring Variation in an Artificial Language: Children and Adults Are Sensitive to Socially Conditioned Linguistic Variation." *Cognitive Psychology* 94: 85-114.

Savage, C., E. Lieven, A. Theakston, and M. Tomasello. 2003. "Testing the Abstractness of Children's Linguistic Representations: Lexical and Structural Priming of Syntactic

Con- structions in Young Children." *Developmental Science* 6 (5): 557-67.

Saxton, M. 1997. "The Contrast Theory of Negative Input." *Journal of Child Language* 24 (1): 139-61.

Schlichting, M. L., and A. R. Preston. 2016. "Hippocampal-Medial Prefrontal Circuit Supports Memory Updating during Learning and Post-Encoding Rest." *Neurobiology of Learning and Memory* 134: 91-106.

Schmid, H. J., ed. 2017. *Entrenchment, Memory and Automaticity: The Psychology of Linguistic Knowledge and Language Learning.* Berlin: Mouton de Gruyter.

Schuler, K., C. Yang, and E. Newport. 2016. "Testing the Tolerance Principle: Children Form Productive Rules when It Is More Computationally Efficient to Do So." *Proceedings of the Annual Meeting of the Cognitive Science Society* 38: 2321-26.

Schultz, W., P. Dayan, and P. R. Montague. 1997. "A Neural Substrate of Prediction and Re- ward." *Science* 275 (5306): 1593-99.

Schwab, J. F., and C. Lew-Williams. 2016. "Language Learning, Socioeconomic Status, and Child-Directed Speech." *Wiley Interdisciplinary Reviews: Cognitive Science* 7 (4): 264-75.

Schwab, J. F., C. Lew-Williams, and A. E. Goldberg. 2018. "When Regularization Gets It Wrong: Children Over-Simplify Language Input Only in Production." *Journal of Child Language,* 21 February 2018. doi:10.1017/S0305000918000041.

Schwartz, B. D., and R. A. Sprouse. 1996. "L2 Cognitive States and the Full Transfer/ Full Access Model." *Second Language Research* 12 (1): 40-72.

Sedivy, J. C., M. K. Tanenhaus, C. G. Chambers, and G. N. Carlson. 1999. "Achieving Incremen- tal Semantic Interpretation through Contextual Representation." *Cognition* 71 (2): 109-47. Selinker, L., and U. Lakshmanan. 1992. "Language Transfer and Fossilization: The Multiple Effects Principle." In *Language Transfer in Language Learning,* rev. ed., edited by S. M.

Gass and L. Selinker, 197-216. Amsterdam: John Benjamins.

Sethuraman, N., A. E. Goldberg, and J. Goodman. 1997. "Using the Semantics Associated with Syntactic Frames for Interpretation without the Aid of Non-linguistic Context." In *Pro- ceedings of the Twenty-eighth Annual Child Language Research Forum,* edited by E. Clark, 283-94. Stanford, CA: Center for the Study of Language and Information.

Seuren, P. A. 1990. "Serial Verb Constructions." In *When Verbs Collide: Papers from the Ohio State Mini-Conference on Serial Verbs,* edited by B. D. Joseph and A. M. Zwicky, 14-32. Columbus, OH: Ohio State University Department of Linguistics.

Shibatani, M. 1976. *The Grammar of Causative Constructions.* Syntax and Semantics 6. New York: Academic Press.

Siegelman, N., and I. Arnon. 2015. "The Advantage of Starting Big: Learning from Unseg- mented Input Facilitates Mastery of Grammatical Gender in an Artificial Language." *Jour- nal of Memory and Language* 85: 60-75.

Siewierska, A., and W. B. Hollmann. 2007. "Ditransitive Clauses in English with Special Ref- erence to Lancashire Dialect." In *Structural-Functional Studies in English Grammar,* edited by M. Hannay and G. J. Steen, 83-102. Amsterdam: John Benjamins.

Sinclair, J. 1991. *Corpus, Concordance, Collocation.* Oxford: Oxford University Press.

Singleton, J. L., and E. L. Newport. 2004. "When Learners Surpass Their Models: The Ac- quisition of American Sign Language from Inconsistent Input." *Cognitive Psychology* 49

(4): 370-407.

Siskind, J. M. 1996. "A Computational Study of Cross-Situational Techniques for Learning Word-to-Meaning Mappings." *Cognition* 61 (1-2): 39-91.

Slobin, D. I. 1977. "Language Change in Childhood and in History." In *Language Learning and Thought: Perspectives in Neurolinguistics and Psycholinguistics*, edited by J. Macnamara, 185-214. New York: Academic Press.

———. 1996a. "From 'Thought and Language' to 'Thinking for Speaking.'" In *Rethinking Linguistic Relativity*, edited by J. J. Gumperz and S. C. Levinson, 70-96. Cambridge, UK: Cambridge University Press.

———. 1996b. "Two Ways to Travel: Verbs of Motion in English and Spanish." In *Grammat- ical Constructions: Their Form and Meaning*, edited by M. Shibatani and S. A. Thompson, 195-217. Oxford: Oxford University Press.

———. 2004. "The Many Ways to Search for a Frog: Linguistic Typology and the Expres- sion of Motion Events." In *Relating Events in Narrative*, vol. 2, *Typological and Contextual Perspectives*, edited by S. Strömqvist and L. Verhoven, 219-57. Mahwah, NJ: Lawrence Erlbaum Associates.

Smith, K., A. Perfors, O. Fehér, A. Samara, K. Swoboda, and E. Wonnacott. 2017. "Language Learning, Language Use and the Evolution of Linguistic Variation." *Philosophical Trans- actions of the Royal Society of London, B* 372 (1711): 20160051.

Smith, K., and E. Wonnacott. 2010. "Eliminating Unpredictable Variation through Iterated Learning." *Cognition* 116 (3): 444-49.

Smith, S. M. 1979. "Remembering in and out of Context." *Journal of Experimental Psychology: Human Learning and Memory* 5 (5): 460-71.

Snow, C. E., and M. Hoefnagel-Höhle. 1978. "The Critical Period for Language Acquisition: Evidence from Second Language Learning." *Child Development* 49 (4): 1114-28.

Soja, N. N., S. Carey, and E. S. Spelke. 1991. "Ontological Categories Guide Young Children's Inductions of Word Meaning: Object Terms and Substance Terms." *Cognition* 38 (2): 179-211.

Stallings, L. M., M. C. MacDonald, and P. G. O'Seaghdha. 1998. "Phrasal Ordering Constraints in Sentence Production: Phrase Length and Verb Disposition in Heavy-NP Shift." *Journal of Memory and Language* 417: 392-417.

Standing, L. 1973. "Learning 10,000 Pictures." *Quarterly Journal of Experimental Psychology* 25 (2): 207-22.

Stearns, L. 2012. "Watermelon, Honeydew, and Antelope: An ERP Study of Semantically Anomalous but Phonologically Expected Words in Sentences." Honors thesis collection, Wellesley College.

Steels, L. 2005. "The Emergence and Evolution of Linguistic Structure: From Lexical to Gram- matical Communication Systems." *Connection Science* 17 (3-4): 213-30.

Stefanowitsch, A. 2008. "Negative Entrenchment: A Usage-Based Approach to Negative Ev- idence." *Cognitive Linguistics* 19 (3): 513-31.

Stefanowitsch, A., and S. T. Gries. 2003. "Collostructions: Investigating the Interaction of Words and Constructions." *International Journal of Corpus Linguistics* 8 (2): 209-43.

———. 2009. "Corpora and Grammar." In *Corpus Linguistics: An International Handbook*, vol. 2, edited by A. Lüdeling and M. Kytö, 933-51. Berlin: Walter de Gruyter.

Stephens, G. J., L. J. Silbert, and U. Hasson. 2010. "Speaker-Listener Neural Coupling Under- lies Successful Communication." *Proceedings of the National Academy of Sciences of the USA* 107 (32): 14425-30.

Stevens, J. S., L. R. Gleitman, J. C. Trueswell, and C. Yang. 2017. "The Pursuit of Word Mean- ings." *Cognitive Science* 41 (s4): 638-76.

Stickgold, R. 2005. "Sleep-Dependent Memory Consolidation." *Nature* 437 (7063): 1272- 78. Storm, B. C., and B. J. Levy. 2012. "A Progress Report on the Inhibitory Account of Retrieval-

Induced Forgetting." *Memory and Cognition* 40 (6): 827-43.

Strapp, C. M., D. M. Bleakney, A. L. Helmick, and H. M. Tonkovich. 2008. "Developmental Differences in the Effects of Negative and Positive Evidence." *First Language* 28 (1): 35-53. Sung, M. C., and H. K. Yang. 2016. "Effects of Construction Centered Instruction on Korean Students' Learning of English Transitive Resultative Constructions." 56. In *Applied Con- struction Grammar*, Applications of Cognitive Linguistics 32, edited by S. de Knop and

G. Gilquin, 89-114. Berlin: Mouton de Gruyter.

Suttle, L., and A. E. Goldberg. 2011. "The Partial Productivity of Constructions as Induction."

Linguistics 49 (6): 1237-69.

Sutton, R. S., and A. G. Barto. 1998. *Reinforcement Learning: An Introduction.* Vol. 1. Cam- bridge, MA: MIT Press.

Swingley, D., J. P. Pinto, and A. Fernald. 1999. "Continuous Processing in Word Recognition at 24 Months." *Cognition* 71 (2): 73-108.

Tachihara, K., and A. E. Goldberg. 2018. "L2 Speakers Know what They've Heard but They Don't Take Competing Alternatives into Account the Same Way as L1 Speakers Do." Poster presented at CUNY Human Sentence Processing Conference, Davis, CA, 15-17 March 2018.

Tagliamonte, S. A., and A. D'Arcy. 2009. "Peaks beyond Phonology: Adolescence, Incremen- tation, and Language Change." *Language* 85 (1): 58-108.

Talmy, L. 1985. "Lexicalization Patterns: Semantic Structure in Lexical Forms." *Language Typology and Syntactic Description* 3 (99): 36-149.

———. 2003. *Toward a Cognitive Semantics.* Vol. 1. Cambridge, MA: MIT Press.

Tanenhaus, M. K., M. J. Spivey-Knowlton, K. M. Eberhard, and J. C. Sedivy. 1995. "Integra- tion of Visual and Linguistic Information in Spoken Language Comprehension." *Science* 268 (5217): 1632-34.

Tenny, C. 1998. "Psych Verbs and Verbal Passives in Pittsburghese." *Linguistics* 36: 591- 98. Tesnière, L. 1953. *Esquisse d'une syntaxe structurale.* Paris: Klincksieck.

Theakston, A. L. 2004. "The Role of Entrenchment in Children's and Adults' Performance on Grammaticality Judgment Tasks." *Cognitive Development* 19: 15-34.

Theakston, A. L., P. Ibbotson, D. Freudenthal, E. V. Lieven, and M. Tomasello. 2015. "Pro- ductivity of Noun Slots in Verb Frames." *Cognitive Science* 39 (6): 1369-95.

Theakston, A. L., E. V. Lieven, J. M. Pine, and C. F. Rowland. 2001. "The Role of Performance Limitations in the Acquisition of Verb-Argument Structure: An Alternative Account." *Journal of Child Language* 28 (1): 127-52.

Thompson, S. A. 1990. "Information Flow and Dative Shift in English Discourse." In *Devel- opment and Diversity*, edited by J. A. Edmondson, C. Feagin, and P. Mühlhäusler, 239-53. Dallas, TX: Summer Institute of Linguistics.

———. 1995. "The Iconicity of 'Dative Shift' in English: Considerations from

Information Flow in Discourse." In *Syntactic Iconicity and Linguistic Freezes: The Human Dimension*, edited by M. E. Landsberg, 155-75. Berlin: Mouton de Gruyter.

Thompson, S. A., and P. J. Hopper. 2001. "Transitivity, Clause Structure, and Argument Structure: Evidence from Conversation." In *Frequency and the Emergence of Linguistic Structure*, Typological Studies in Language 45, edited by J. Bybee and P. Hopper, 27-60. Amsterdam: John Benjamins.

Thothathiri, M., and M. G. Rattinger. 2016. "Acquiring and Producing Sentences: Whether Learners Use Verb-Specific or Verb-General Information Depends on Cue Validity." *Fron- tiers in Psychology* 7: 404.

Tily, H., S. Gahl, I. Arnon, N. Snider, A. Kothari, and J. Bresnan. 2009. "Syntactic Probabil- ities Affect Pronunciation Variation in Spontaneous Speech." *Language and Cognition* 1

(2): 147-65.

Tomasello, M. 1992. *First Verbs: A Case Study of Early Grammatical Development.* Cambridge, UK: Cambridge University Press.

———. 2000. "Do Young Children Have Adult Syntactic Competence?" *Cognition* 74 (3): 209-53.

———. 2001. "Perceiving Intentions and Learning Words in the Second Year of Life." In *Lan- guage Acquisition and Conceptual Development*, edited by M. Bowerman and S. Levinson, 132-58. Cambridge, UK: Cambridge University Press.

———. 2003. *Constructing a Language: A Usage-Based Theory of Language Acquisition.* Cam- bridge, MA: Harvard University Press.

———. 2009. *Why We Cooperate.* Cambridge, MA: MIT Press.

———. 2016. "The Ontogeny of Cultural Learning." *Current Opinion in Psychology* 8: 1-4.

Tomasello, M., N. Akhtar, K. Dodson, and L. Rekau. 1997. "Differential Productivity in Young

Children's Use of Nouns and Verbs." *Journal of Child Language* 24 (2): 373-87.

Tomasello, M., and M. E. Barton. 1994. "Learning Words in Nonostensive Contexts." *Devel- opmental Psychology* 30 (5): 639.

Tomasello, M., and K. Haberl. 2003. "Understanding Attention: 12- and 18-Month-Olds Know What Is New for Other Persons." *Developmental Psychology* 39 (5), 906-12.

Traugott, E. C. 2015. "Toward a Coherent Account of Grammatical Constructionalization." In

Diachronic Construction Grammar, edited by J. Barðdal, E. Smirnova, L. Sommerer, and S. Gildea, 51-80. Amsterdam: John Benjamins.

Traugott, E. C., and G. Trousdale. 2013. *Constructionalization and Constructional Changes.*

Vol. 6. Oxford: Oxford University Press.

Tremblay, A., B. Derwing, G. Libben, and G. Westbury. 2011. "Processing Advantages of Lexical Bundles: Evidence from Self-Paced Reading and Sentence Recall Tasks." *Language Learning* 61: 569-613.

Trudgill, P. 2011. *Sociolinguistic Typology: Social Determinants of Linguistic Complexity.* Ox- ford: Oxford University Press.

Trueswell, J. C., T. N. Medina, A. Hafri, and L. R. Gleitman. 2013. "Propose but Verify: Fast Mapping Meets Cross-Situational Word Learning." *Cognitive Psychology* 66: 126-56.

Trueswell, J. C., M. K. Tanenhaus, and C. Kello. 1993. "Verb-Specific Constraints in Sentence Processing: Separating Effects of Lexical Preference from Garden-Paths."

Journal of Ex- perimental Psychology: Learning, Memory, and Cognition 19 (3): 528.

Tsao, N., and D. Wible. 2013. "Word Similarity Using Constructions as Contextual Features." In *Proceedings of the Joint Symposium on Semantic Processing: Textual Inference and Structures in Corpora*, edited by A. Lavelli and O. Popescu, 51-59. Trento, Italy: SIGLEX.

Tuggy, D. 1993. "Ambiguity, Polysemy and Vaguess." *Cognitive Linguistics* 4 (3): 273-90. Tummeltshammer, K., and D. Amso. 2017. "Top-Down Contextual Knowledge Guides

Visual Attention in Infancy." *Developmental Science*, 26 October 2017. doi:10.1111/desc.12599.

Ullman, M. T. 2001. "The Declarative/Procedural Model of Lexicon and Grammar." *Journal of Psycholinguistic Research* 30 (1): 37-69.

Uther, M., M. A. Knoll, and D. Burnham. 2007. "Do You Speak E-NG-LI-SH? A Comparison of Foreigner- and Infant-Directed Speech." *Speech Communication* 49 (1): 2-7.

Vaidya, C. J., M. Zhao, J. E. Desmond, and J. D. Gabrieli. 2002. "Evidence for Cortical Encoding Specificity in Episodic Memory: Memory-Induced Re-activation of Picture Processing Areas." *Neuropsychologia* 40 (12): 2136-43.

Van de Meerendonk, N., H. H. Kolk, D. J. Chwilla, and C.T.W. Vissers. 2009. "Monitoring in Language Perception." *Language and Linguistics Compass* 3 (5): 1211-24.

Van Trijp, R., and L. Steels. 2012. "Multilevel Alignment Maintains Language Systematicity."

Advances in Complex Systems 15 (03n04): 1250039.

Von Humboldt, W. (1832) 1999. *On Language: The Diversity of Human Language-Structure and Its Influence on the Mental Development of Mankind*. Cambridge, UK: Cambridge Uni- versity Press.

Vygotsky, L. S. 1978. "Interaction between Learning and Development." In *Mind in Society: The Development of Higher Psychological Processes*, edited by M. Cole, V. John-Steiner,

S. Scribner, and E. Souberman, 79-91. Cambridge, MA: Harvard University Press. Wagner, S. E., and S. A. Tagliamonte. 2016. "Vernacular Stability: Comparative Evidence from

Two Lifespan Studies." Paper presented at New Ways of Analyzing Variation (NWAV) 45, Vancouver, 3-6 November 2016. Abstract 161.

Walker, A., and J. Hay. 2011. "Congruence between 'Word Age' and 'Voice Age' Facilitates Lexical Access." *Laboratory Phonology* 2 (1): 219-37.

Walther, D. B., E. Caddigan, L. Fei-Fei, and D. M. Beck. 2009. "Natural Scene Categories Revealed in Distributed Patterns of Activity in the Human Brain." Journal of *Neuroscience* 29 (34): 10573-81.

Wasow, T. 2002. *Postverbal Behavior*. Stanford, CA: Center for Study of Language and Information.

Wasow, T., T. F. Jaeger, and D. Orr. 2011. "Lexical Variation in Relativizer Frequency." In *Expecting the Unexpected: Exceptions in Grammar*, Trends in Linguistics: Studies

and Monographs 216, edited by H. J. Simon and H. Wiese, 175-96. Berlin: Mouton de Gruyter.

Waxman, S. R., and D. B. Markow. 1995. "Words as Invitations to Form Categories: Evidence from 12-to 13-Month-Old Infants." *Cognitive Psychology* 29 (3): 257-302.

Webelhuth, G., and C. J. Dannenberg. 2006. "Southern American English Personal

Datives: The Theoretical Significance of Dialectal Variation." *American Speech* 81 (1): 31-55.

Werker, J. F., J. H. Gilbert, K. Humphrey, and R. C. Tees. 1981. "Developmental Aspects of Cross-Language Speech Perception." *Child Development* 52 (1): 349-55.

Werker, J. F., and R. C. Tees. 1984a. "Cross-Language Speech Perception: Evidence for Per- ceptual Reorganization during the First Year of Life." *Infant Behavior and Development* 7

(1): 49-63.

———. 1984b. "Phonemic and Phonetic Factors in Adult Cross-Language Speech Percep- tion." *Journal of the Acoustical Society of America* 75 (6): 1866-78.

Wible, D., and N. L. Tsao. 2017. "Constructions and the Problem of Discovery: A Case for the Paradigmatic." *Corpus Linguistics and Linguistic Theory*, 8 July 2017. doi:10.1515/ cllt-2017-0008.

Williams, E. 1994. "Remarks on Lexical Knowledge." *Lingua* 92: 7-34.

———. 2007. "Dumping Lexicalism." In *The Oxford Handbook of Linguistic Interfaces*, edited by G. Ramchand and C. Reiss, 353-82. Oxford: Oxford University Press.

Willits, J. A., M. S. Amato, and M. C. MacDonald. (2015). "Language Knowledge and Event Knowledge in Language Use." *Cognitive Psychology* 78: 1-27.

Wilson, F. 2009. "Processing at the Syntax-Discourse Interface in Second Language Acquisi- tion." PhD thesis, University of Edinburgh.

Wittgenstein, L. 1953. *Philosophical Investigations*. New York: Macmillan.

Wonnacott, E., J. K. Boyd, J. Thomson, and A. E. Goldberg. 2012. "Input Effects on the Ac- quisition of a Novel Phrasal Construction in 5 Year Olds." *Journal of Memory and Language* 66 (3): 458-78.

Wonnacott, E., H. Brown, and K. Nation. 2017. "Skewing the Evidence: The Effect of Input Structure on Child and Adult Learning of Lexically-Based Patterns in an Artificial Lan- guage." *Journal of Memory and Language* 95: 36-48.

Wonnacott, E., E. L. Newport, and M. K. Tanenhaus. 2008. "Acquiring and Processing Verb Argument Structure: Distributional Learning in a Miniature Language." *Cognitive Psy- chology* 56 (3): 165-209.

Woodard, K., L. R. Gleitman, and J. C. Trueswell. 2016. "Two- and Three-Year-Olds Track a Single Meaning during Word Learning: Evidence for Propose-but-Verify." *Language Learning and Development* 12 (3): 252-61.

Woodward, A. L., E. M. Markman, and C. M. Fitzsimmons. 1994. "Rapid Word Learning in 13- and 18-Month-Olds." *Developmental Psychology* 30: 553-66.

Wray, A. 2002. *Formulaic Language and the Lexicon*. Cambridge, UK: Cambridge University Press.

Wulff, S., A. Stefanowitsch, and S. T. Gries. 2007. "Brutal Brits and Persuasive Americans: Variety-Specific Meaning Construction in the *Into*-Causative." In *Aspects of Meaning Con- struction*, edited by G. Radden, K.-M. Köpcke, and T. Berg, 265-81. Amsterdam: John Benjamins.

Xu, F. 2002. "The Role of Language in Acquiring Object Kind Concepts in Infancy." *Cognition*

85 (3): 223-50.

Xu, F., and J. B. Tenenbaum. 2007. "Word Learning as Bayesian Inference." *Psychological Review* 114 (2): 245.

Yang, C. D. 2016. *The Price of Linguistic Productivity: How Children Learn to Break the Rules of Language.* Cambridge, MA: MIT Press.

Yoshida, H., and L. B. Smith. 2008. "What's in View for Toddlers? Using a Head Camera to Study Visual Experience." *Infancy* 13 (3): 229-48.

Yuan, S., C. Fisher, and J. Snedeker. 2012. "Counting the Nouns: Simple Structural Cues to Verb Meaning." *Child Development* 83 (4): 1382-99.

Yurovsky, D., C. Yu, and L. B. Smith. 2013. "Competitive Processes in Cross-Situational Word Learning." *Cognitive Science* 37 (5): 891-921.

Zanuttini, R., and J. B. Bernstein. 2014. "Transitive Expletives in Appalachian English." In *Micro-syntactic Variation in North American English*, edited by R. Zanuttini and L. R. Horn, 143-77. Oxford: Oxford University Press.

Zeldes, A. 2013. *Productivity in Argument Selection: From Morphology to Syntax.* Trends in Linguistics, Studies and Monographs 260. Berlin: Mouton de Gruyter.

Zeschel, A. 2012. *Incipient Productivity: A Construction-Based Approach to Linguistic Creativity.*

Cognitive Linguistics Research 49. Berlin: Mouton de Gruyter.

Zettersten, M., and G. Lupyan. 2018. "Finding Categories through Words: More Nameable Features Improve Category Learning." *PsyArXiv*, 2 March 2018. doi:10.17605/OSF.IO/ UZ2M9.

Zettersten, M., E. Wojcik, V. L. Benitez, and J. Saffran. 2018. "The Company Objects Keep: Linking Referents Together during Cross-Situational Word Learning." *Journal of Memory and Language* 99: 62-73.

Zhang, X., and C. Mai. 2018. "Effects of Entrenchment and Preemption in Second Language Learners' Acceptance of English Denominal Verbs." *Applied Psycholinguistics* 39 (2): 413-36.

Ziegler, J., A. Kocab, and J. Snedeker. 2017. "The Effect of Population Size on Intergenerational Language Convergence: An Artificial Language Learning Paradigm." Poster presented at the 42nd Boston University Conference on Language Development, Boston, MA, No- vember 2017.

Zwicky, A. M. 1971. "In a Manner of Speaking." *Linguistic Inquiry* 2 (2): 223-33.
Zwitserlood, P. 1989. "The Locus of the Effects of Sentential-Semantic Context in Spoken-
Word Processing." *Cognition* 32 (1): 25-64.

한국어

ㄱ

가변성(variability)　　27, 52, 118, 144, 146-150, 153-154, 156-157, 160-161, 251, 275, 279

간섭(interference)　　235

강화된(entrenched)　　124, 167, 186

강화를 통한 언어적 보수주의(conservatism via entrenchment)　　33, 169-171, 173, 181, 253-254, 256-263, 293

강화(entrenchment)　　28, 33, 46, 50-51, 65, 73, 81, 92, 120, 124, 126-127, 129, 136, 150, 153, 163, 167, 169-171, 170, 173, 181, 185-186, 194, 196-198, 202-203, 233, 238-239, 247-248, 253, 253-263, 292-293

개념공간(conceptual space)　　27, 28, 29, 30, 32, 50, 51, 52, 73, 90, 118, 143, 150, 154, 157, 161, 162, 202, 222, 228, 233, 236, 237, 239, 240, 245, 247, 251, 265, 275, 289, 292

개방 슬롯　　114, 115, 134

결과구문(resultative construction)　　89, 90, 93, 130, 140, 155, 156

결합가(valency)　　95

경동사(light verb) 구문　　192

경쟁(competition)　　16, 17, 27, 28, 29, 31, 64, 65, 68, 69, 70, 71, 73, 118, 144, 146, 157, 161, 164, 165, 166, 169, 170, 171, 172, 175, 181, 186, 188, 190, 192, 193, 194, 195, 196, 197, 198, 200, 233, 243, 244, 245, 255, 256, 257, 259, 260, 263, 264, 275, 279, 280, 286, 288, 290, 292, 293

계층적 군집화 알고리즘(hierarchical clustering algorithm)　　152

고빈도 연관어(high-frequency associates)　　85

고빈도(high frequency)　　123

고전적인 간섭(classic interference)　　71

공지시(coreferential)　　135

과소일반화(undergeneralize)　　66, 67

과잉일반화(overgeneralization)　　66, 67, 165, 166, 229, 230, 232, 233, 245, 290

관계 구조(relational structure)　　144

관습적인 다의성(conventional POLYSEMY)　　55

관용어 원리(Idiom Principle)　　137

구문 네트워크(network of construction)　　13, 16, 31, 115, 240, 288

구문목록(construct-i-con)　　87, 90, 91

구문의미(constructional meaning)　　81, 82, 83, 84, 87

구문-합치적 해석(construction-congruent interpretation)　　81

구별 가능한 해석(distinguishable CONSTRUAL)　　68

구정보(old information)　　31, 288

구조적 정렬(STRUCTURAL ALIGNMENT)　　144

군집화(clustering, cluster)　　27, 29, 30, 33, 50, 51, 92, 118, 143, 145, 146, 152, 157, 158, 160, 162, 199, 212, 214, 230, 234, 238, 245, 251, 273, 275, 285

규범의 준수(Obeying conventions)　　34

규칙화(regularize, regularization)　　206, 207, 219, 220, 245

기억의 흔적(memory traces)　　46, 51, 67, 119, 124, 126, 127, 129, 222, 288, 289

ㅇ

| 지은이 소개 |

ADELE E. GOLDBERG

현 프린스턴대학교 심리학과 교수. 펜실베이니아대학교에서 수학과 철학을 전공하여 학사 학위를 취득한 후, 버클리대학교에서 언어학 박사학위를 취득하였다. 2022-2023년 국제인지과학학회 회장을 역임하였다. 주요 연구 분야는 구문문법, 언어습득, 심리언어학, 실험언어학 등이며, 사용 기반의 구문문법적 언어관을 견지한 학자이다. 대표 저서로는 『Explain me this: Creativity, Competition and the Partial Productivity of Constructions』, 『Constructions at Work: the nature of generalization in Language』, 『Constructions: A Construction Grammar Approach to Argument Structure』 등이 있으며, 구문문법 및 인지언어학 관련 논문을 다수 발표하였다.

| 옮긴이 소개 |

강병규

현 서강대학교 중국문화학과 교수. 중국 北京大學 전산언어학연구소에서 박사학위를 취득하였다. 주요 연구 분야는 현대중국어어법, 언어유형학, 코퍼스언어학, 자연어처리 등이며, 주요 논저로는 「중국어 명사구 어순에 대한 언어 유형론적인 고찰」, 「현대중국어 좌향전이 이중타동구문의 논항 실현 양상 고찰」, 「딥러닝 언어모델과 중국어 문법」, 『중국어 어순의 지리적 변이와 유형학적인 의미』 등이 있고, 그 외 관련 분야 논문이 다수 있다.

박원기

현 원광대학교 중국학과 교수. 중국 上海 復旦大學에서 박사학위를 취득하였다. 주요 연구 분야는 漢語史 방면으로 근대한어어법, 중국어의 문법화, 중국어 구문문법, 상고한어형태 등이며, 주요 논저로는 「중고중국어 'V+(O)+令/使+(O)+XP'구문의 구문론적 해석」, 「상고중국어 名源動詞의 분류 및 형태론적 의미」, 『중국어와 문법화』, 『구문문법연구』, 『구문화와 구문변화』 등이 있고, 그 외 관련 분야 논문이 다수 있다.

유수경

현 영남대학교 중국언어문화학과 교수. 성균관대학교 중어중문학과에서 박사학위를 취득하였다. 주요 연구 분야는 현대중국어어법, 언어유형학, 중국어교육 등이며, 주요 논저로는 「언어유형학적 관점에서 본 현대중국어 동사중첩의 어법특성과 발전기제 고찰」, 「현대중국어 시량구 분포와 특징 분석-긍정문의 '시량구+동사 술어'구조를 중심으로」, 「한국인 학습자의 把자문 습득에 관한 실험 연구」 등이 있고, 그 외 관련 분야 논문이 다수 있다.

박민준

현 덕성여자대학교 중어중문학전공·소프트웨어전공 교수. 중국 北京大學 중문과에서 박사학위를 취득하였다. 주요 연구 분야는 자연어처리(NLP) 기법을 활용한 코퍼스 기반의 현대중국어 통사 및 의미 연구이며, 주요 논저로는 「중국어 어휘 유사도 계산과 언어학적 고찰」, 「중국어 동등 비교문의 비교 의미역 식별」, 「Linguistic knowledge-driven approach to chinese comparative elements extraction」 외 다수가 있다.

Explain Me This

구문문법 : 구문의 창의성, 경쟁 그리고 부분적 생산성

초판 인쇄 2024년 7월 10일
초판 발행 2024년 7월 25일

지 은 이 | Adele E. Goldberg
옮 긴 이 | 강병규, 박원기, 유수경, 박민준
펴 낸 이 | 하운근
펴 낸 곳 | 學古房

주   소 | 경기도 고양시 덕양구 통일로 140 삼송테크노밸리 A동 B224
전   화 | (02)353-9908 편집부(02)356-9903
팩   스 | (02)6959-8234
홈페이지 | www.hakgobang.co.kr
전자우편 | www.hakgobang@naver.com, hakgobang@chol.com
등록번호 | 제311-1994-000001호

ISBN 979-11-6995-505-8 93700

값 27,000원